新世纪工程管理类系列教材

# 工程建设法规与法律实务

### 第2版

主　编　隋海波
副主编　吕剑亮
参　编　吉　林　查胜华

机械工业出版社

本书在分析了工程建设法规的概念和调整对象、工程建设法律法规体系、工程建设基本程序的基础上，系统介绍了工程建设项目各阶段相关的主要法律法规。全书共10章，主要内容包括：工程建设法规概述，工程建设项目审批、核准、备案，城乡规划法，土地管理法，建筑法，招标投标法，建设工程合同相关法律规定，政府和社会资本合作模式及相关法律问题，其他有关工程建设法规，工程建设纠纷处理。本书的编写既考虑到工程建设法规知识体系的完整性，又根据实用原则突出了重点和实际应用，每章均包含工程建设法律实务专题内容。

本书主要作为高等院校土木工程、工程管理、工程造价等相关专业的本科教材，还可作为相关执业资格考试的应试参考书。

### 图书在版编目（CIP）数据

工程建设法规与法律实务／隋海波主编．—2 版．—北京：机械工业出版社，2021.6（2023.8 重印）
新世纪工程管理类系列教材
ISBN 978-7-111-68553-1

Ⅰ.①工⋯　Ⅱ.①隋⋯　Ⅲ.①建筑法-中国-高等学校-教材　Ⅳ.①D922.297

中国版本图书馆 CIP 数据核字（2021）第 121511 号

机械工业出版社（北京市百万庄大街22号　邮政编码100037）
策划编辑：冷　彬　　责任编辑：冷　彬
责任校对：梁　倩　　封面设计：张　静
责任印制：张　博
北京雁林吉兆印刷有限公司印刷
2023年8月第2版第2次印刷
184mm×260mm・17.75 印张・435 千字
标准书号：ISBN 978-7-111-68553-1
定价：49.80 元

电话服务　　　　　　　　　网络服务
客服电话：010-88361066　　机　工　官　网：www.cmpbook.com
　　　　　010-88379833　　机　工　官　博：weibo.com/cmp1952
　　　　　010-68326294　　金　书　网：www.golden-book.com
封底无防伪标均为盗版　　　机工教育服务网：www.cmpedu.com

# 前 言

本书第1版于2013年出版。出版后至今，国家经济发展、建筑业改革、司法审判实践的形势都发生了非常大的变化，尤其是工程建设项目审批制度改革全面铺开、《政府投资条例》的颁布、工程总承包的大力推行、必须招标工程范围的缩小、《最高人民法院关于审理建设工程施工合同纠纷案件适用法律问题的解释（二）》的颁布以及政府和社会资本合作（PPP）的推广，对整个建筑行业的发展影响巨大。与此相应的是国家颁布、修改了大量的政策文件、法律法规、部门规章等。在这一背景下，本书编者团队启动了修订工作。此次第2版修订仍以国家现行工程建设基本程序为主线，分阶段介绍工程建设领域的相关法规，增加了部分新颁布的法律法规、规章，删减了已经废止的法律法规、规章，调整了被修订的法律法规、规章，增加了政府和社会资本合作（PPP）的基本内容，以全面反映近年来国内工程建设法规的新变化和新发展。同时，延续第1版紧密结合工程和法律实践的风格，每章的最后仍以专题形式分析、解决工程建设法律实务问题。

本书的特色是：既考虑工程建设法规知识体系的完整性，又依据实用原则突出重点和实务；在内容的编选上充分考虑了造价工程师、监理工程师、建造师等执业资格考试关于工程建设法规知识的要求，并且编入大量案例分析。

本书由长春工程学院隋海波担任主编。具体的编写分工为：第1章、第2章由吉林（长春工程学院）编写，第3章、第4章由吕剑亮（长春工程学院）编写，第5章、第6章、第7章、第10章由隋海波编写，第8章、第9章由查胜华（长春工程学院）编写。

由于工程建设法规内容复杂而繁多，加之编者水平和精力有限，本书难免存在疏漏，恳请读者批评指正。

编　者

# 目 录

**前 言**

**第 1 章　工程建设法规概述 / 1**

1.1　工程建设法规的概念和调整对象 / 1
1.2　工程建设法律法规体系 / 2
1.3　工程建设基本程序 / 5
1.4　工程建设法律实务专题1——工程建设全过程合规管理与法律风险防控综述 / 14

案例分析 / 16

复习题 / 21

**第 2 章　工程建设项目审批、核准、备案 / 22**

2.1　投资体制改革综述 / 22
2.2　政府投资项目 / 23
2.3　企业投资项目 / 25
2.4　国际金融组织和外国政府贷款投资项目管理 / 29
2.5　工程建设法律实务专题2——工程建设项目立项法律风险防控 / 32

案例分析 / 33

复习题 / 37

**第 3 章　城乡规划法 / 38**

3.1　城乡规划法概述 / 38
3.2　城乡规划的实施 / 41
3.3　国土空间规划 / 44
3.4　工程建设法律实务专题3——城乡规划法律风险防控 / 49

案例分析 / 51

复习题 / 56

# 目 录

## 第 4 章　土地管理法 / 57
4.1　我国土地所有制和土地用途管制 / 57
4.2　建设用地 / 58
4.3　工程建设法律实务专题4——土地法律实务 / 62
案例分析 / 74
复习题 / 76

## 第 5 章　建筑法 / 77
5.1　建筑法概述 / 77
5.2　从业资格 / 78
5.3　建设工程发包与承包 / 81
5.4　建设工程计价 / 91
5.5　建筑工程施工许可 / 97
5.6　建设工程安全生产管理 / 99
5.7　建设工程质量管理 / 103
5.8　工程建设法律实务专题5——建筑法律实务 / 110
案例分析 / 130
复习题 / 144

## 第 6 章　招标投标法 / 145
6.1　招标投标法概述 / 145
6.2　招标 / 147
6.3　投标 / 152
6.4　开标、评标和中标 / 155
6.5　电子招标投标 / 157
6.6　工程建设法律实务专题6——工程招标投标法律实务 / 160
案例分析 / 170
复习题 / 172

## 第 7 章　建设工程合同相关法律规定 / 173
7.1　建设工程合同概述 / 173
7.2　建设工程施工合同 / 176
7.3　工程建设法律实务专题7——建设工程施工合同纠纷案件主要裁判规则 / 185
案例分析 / 191

复习题 / 206

# 第 8 章 政府和社会资本合作模式及相关法律问题 / 207

8.1 政府和社会资本合作概述 / 207
8.2 政府和社会资本合作的基本流程 / 209
8.3 PPP 相关法律问题 / 213
8.4 工程建设法律实务专题 8——政府和社会资本合作法律实务 / 216
案例分析 / 224
复习题 / 226

# 第 9 章 其他有关工程建设法规 / 227

9.1 市政基础设施工程法律法规 / 227
9.2 建设项目环境保护法律法规 / 235
9.3 建筑节能法规 / 241
9.4 工程建设法律实务专题 9——建设项目环境保护及建筑节能法律责任分析 / 243
案例分析 / 246
复习题 / 249

# 第 10 章 工程建设纠纷处理 / 250

10.1 工程建设民事纠纷处理 / 250
10.2 工程建设行政纠纷处理 / 258
10.3 工程建设法律实务专题 10——建设工程施工合同纠纷案件证据 / 267
案例分析 / 272
复习题 / 275

**参考文献** / 276

# 第 1 章　工程建设法规概述

## 1.1　工程建设法规的概念和调整对象

### 1.1.1　工程建设法规的概念

工程建设法规是调整、规范工程建设活动中发生的社会关系的法律规范总称。工程建设活动，是以建设工程（包括土木工程、建筑工程、线路管道和设备安装工程、装修工程等）为对象，进行的立项、规划、土地、资金筹集、勘察设计、施工、竣工验收、评估等一系列的活动。工程建设投资属于固定资产投资的范畴。

关于建设工程的分类，2012 年 12 月 25 日，住房和城乡建设部发布《建设工程分类标准》（GB/T 50841—2013），自 2013 年 5 月 1 日起实施。根据该标准，建设工程是为人类生活、生产提供物质技术基础的各类建（构）筑物和工程设施。建设工程按照自然属性分为建筑工程、土木工程、机电工程三大类。

建筑工程，是指供人们进行生产、生活或其他活动的房屋或场所，按使用性质分为民用建筑工程、工业建筑工程、构筑物工程及其他建筑工程等；按组成结构可分为地基与基础工程、主体结构工程、建筑屋面工程、建筑装饰装修工程和室外建筑工程。

土木工程，是指建造在地上或地下、陆上或水中，直接或间接为人类生活、生产、科研等服务的各类工程，可分为道路工程、轨道交通工程、桥涵工程、隧道工程、水工工程、矿山工程、架线与管沟工程及其他土木工程。

机电工程，是指按照一定的工艺和方法，将不同规格、型号、性能、材质的设备、管路、线路等有机组合起来，满足使用功能要求的工程，可分为机械设备工程、静设备与工艺金属结构工程、电气工程、自动化控制仪表工程、建筑智能化工程、管道工程、消防工程、净化工程、通风与空调工程、设备与管道防腐蚀与绝热工程、工业炉工程、电子与通信及广电工程等。

本书主要研究建筑工程的相关法律法规等。

### 1.1.2　工程建设法规的调整对象

工程建设法规的调整对象包括工程建设民事关系和工程建设行政关系。

**1. 工程建设民事关系**

工程建设民事关系是指因从事工程建设活动而产生的平等主体之间的财产关系和人身关系，

主要包括：工程建设中发生的有关自然人损害、侵权、赔偿关系；工程设计著作权的财产关系、人身关系；工程勘察、设计、施工合同关系；商品房买卖关系、房屋租赁关系、物业服务合同关系等。

**2. 工程建设行政关系**

工程建设行政关系是指国家及其相关行政主管部门与工程建设活动中行政相对人之间发生的工程建设行政管制关系，主要有土地利用规划关系、工程建设规划关系、土地利用审批关系、项目建设审批关系、建筑市场监管关系、房地产市场监管关系等。

可见，工程建设法规的内容十分广泛，既包括民事法律规范性质的内容，如建设工程（房地产）所有权、转让、租赁等，又包括行政法律规范性质的内容，如规划管理、土地管理、开发管理、房屋销售管理等。因此，在处理工程建设实际问题时，应正确区分法律关系的性质是民事法律关系还是行政法律关系，这两种法律关系往往是有交叉的。只有正确确定法律关系的性质，才能正确选择适用法律解决实际问题。

## 1.2 工程建设法律法规体系

工程建设法律法规有其完备的体系，它是按照一定的原则、功能、层次所组成的相互联系、相互配合、相互补充、相互制约、协调一致的有机整体。该体系中的基本法主要有《中华人民共和国城乡规划法》（简称《城乡规划法》）、《中华人民共和国城市房地产管理法》（简称《城市房地产管理法》）、《中华人民共和国土地管理法》（简称《土地管理法》）、《中华人民共和国建筑法》（简称《建筑法》）、《中华人民共和国招标投标法》（简称《招标投标法》）等，以基本法为基础，国家还制定了大量的行政法规、规章、地方性法规、规章等。可以说，目前我国工程建设法律法规体系已基本形成，具体介绍如下。

### 1.2.1 宪法

《中华人民共和国宪法》（简称《宪法》），主要涉及土地所有制、土地利用基本制度。

### 1.2.2 工程建设法律

全国人民代表大会、全国人民代表大会常务委员会制定的工程建设方面的法律主要有：

1）《城市房地产管理法》（1995年1月1日生效，2019年第三次修正）。
2）《城乡规划法》（2008年1月1日生效）。
3）《建筑法》（1998年3月1日生效，2019年第二次修正）。
4）《招标投标法》（2000年1月1日生效，2017年修正）。
5）《土地管理法》（1999年1月1日生效，2019年第三次修正）。

### 1.2.3 工程建设行政法规

国务院根据宪法和法律，制定行政法规。工程建设行政法规主要有：

1）《城市房地产开发经营管理条例》（1998年7月20日生效，2019年修正）。
2）《中华人民共和国土地管理法实施条例》（简称《土地管理法实施条例》）（1999年1月1

日生效，2014 年第二次修正）。

3）《国有土地上房屋征收与补偿条例》（2011 年 1 月 21 日生效）。

4）《物业管理条例》（2003 年 9 月 1 日生效，2018 年修订）。

5）《中华人民共和国招标投标法实施条例》（简称《招标投标法实施条例》）（2012 年 2 月 1 日生效，2019 年修订）。

6）《建设工程质量管理条例》（2000 年 1 月 30 日生效，2019 年修订）。

7）《建设工程安全生产管理条例》（2004 年 2 月 1 日生效）。

8）《建设工程勘察设计管理条例》（2000 年 9 月 25 日生效，2017 年修订）。

9）《保障农民工工资支付条例》（2020 年 5 月 1 日生效）。

10）《政府投资条例》（2019 年 7 月 1 日生效）。

11）《企业投资项目核准和备案管理条例》（2017 年 2 月 1 日生效）。

## 1.2.4 工程建设地方性法规

省、自治区、直辖市的人民代表大会及其常务委员会根据本行政区域的具体情况和实际需要，在不与宪法、法律、行政法规相抵触的前提下，可以制定地方性法规。较大的市（指省、自治区的人民政府所在地的市，经济特区所在地的市和经国务院批准的较大的市）的人民代表大会及其常务委员会根据本市的具体情况和实际需要，在不同宪法、法律、行政法规和本省、自治区的地方性法规相抵触的前提下，可以制定地方性法规。

省、自治区、直辖市、较大的市人民代表大会及其常务委员会制定了很多关于工程建设方面的地方性法规，在解决工程建设法律问题时，也应当掌握这些地方性法规的规定。

## 1.2.5 工程建设部门规章

国务院各部、委员会、中国人民银行、审计署和具有行政管理职能的直属机构，可以根据法律和国务院的行政法规、决定、命令，在本部门的权限范围内，制定部门规章。工程建设部门规章主要有：

1）《房地产开发企业资质管理规定》（2000 年 3 月 29 日生效，2018 年修订）。

2）《商品房销售管理办法》（2001 年 6 月 1 日生效）。

3）《城市商品房预售管理办法》（1995 年 1 月 1 日生效，2004 年修订）。

4）《城市房地产转让管理规定》（1995 年 9 月 1 日生效，2001 年修正）。

5）《商品房屋租赁管理办法》（2011 年 2 月 1 日生效）。

6）《城市房地产抵押管理办法》（1997 年 6 月 1 日生效，2001 年修正）。

7）《土地登记办法》（2008 年 2 月 1 日生效）。

8）《房屋登记办法》（2008 年 7 月 1 日生效）。

9）《房地产经纪管理办法》（2011 年 4 月 1 日生效）。

10）《协议出让国有土地使用权规定》（2003 年 8 月 1 日生效）。

11）《招标拍卖挂牌出让国有建设用地使用权规定》（2007 年 11 月 1 日生效）。

12）《城市国有土地使用权出让转让规划管理办法》（1993 年 1 月 1 日生效，2011 年修正）。

13)《建设用地审查报批管理办法》(1999年3月2日生效,2016年修正)。
14)《建筑工程施工许可管理办法》(1999年12月1日生效,2018年修正)。
15)《建筑业企业资质管理规定》(2007年9月1日生效,2018年修正)。
16)《建设工程监理范围和规模标准规定》(2001年1月17日生效)。
17)《房屋建筑和市政基础设施工程竣工验收规定》(2013年12月2日生效)。
18)《必须招标的工程项目规定》(2018年6月1日生效)。
19)《工程建设项目施工招标投标办法》(2003年5月1日生效,2013年修订)。
20)《工程建设项目勘察设计招标投标办法》(2003年8月1日生效,2013年修正)。
21)《房屋建筑和市政基础设施工程施工招标投标管理办法》(2001年6月1日生效,2019年修正)。
22)《电子招标投标办法》(2013年5月1日生效)。
23)《房屋建筑和市政基础设施工程施工分包管理办法》(2004年4月1日生效,2019年修订)。
24)《房屋建筑和市政基础设施项目工程总承包管理办法》(2020年3月1日生效)。

## 1.2.6 工程建设地方政府规章

省、自治区、直辖市和较大的市的人民政府,可以根据法律、行政法规和本省、自治区、直辖市的地方性法规,制定规章。上述人民政府制定的工程建设地方政府规章很多,在解决工程建设法律问题时,也应当掌握这些地方政府规章的规定。

## 1.2.7 最高人民法院司法解释

关于工程建设方面的最高人民法院司法解释主要有:

1)《最高人民法院关于审理商品房买卖合同纠纷案件适用法律若干问题的解释》(2003年6月1日生效)。

2)《最高人民法院关于审理建设工程施工合同纠纷案件适用法律问题的解释》(2005年1月1日生效),简称《施工合同司法解释(一)》。

3)《最高人民法院关于审理涉及国有土地使用权合同纠纷案件适用法律问题的解释》(2005年8月1日生效)。

4)《最高人民法院关于审理建筑物区分所有权纠纷案件具体应用法律若干问题的解释》(2009年10月1日生效)。

5)《最高人民法院关于审理物业服务纠纷案件具体应用法律若干问题的解释》(2009年10月1日生效)。

6)《最高人民法院关于审理城镇房屋租赁合同纠纷案件具体应用法律若干问题的解释》(2009年9月1日生效)。

7)《最高人民法院关于审理建设工程施工合同纠纷案件适用法律问题的解释(二)》(2019年2月1日生效),简称《施工合同司法解释(二)》。

根据2000年7月1日生效、2015年修正的《中华人民共和国立法法》(简称《立法法》)规定，宪法具有最高的法律效力，一切法律、行政法规、地方性法规、自治条例和单行条例、规章都不得同宪法相抵触；法律的效力高于行政法规、地方性法规、规章；行政法规的效力高于地方性法规、规章；地方性法规的效力高于本级和下级地方政府规章；省、自治区的人民政府制定的规章的效力高于本行政区域内的设区的市、自治州的人民政府制定的规章；部门规章之间、部门规章与地方政府规章之间具有同等效力，在各自的权限范围内施行。

同一机关制定的法律、行政法规、地方性法规、自治条例和单行条例、规章，特别规定与一般规定不一致的，适用特别规定；新的规定与旧的规定不一致的，适用新的规定。

法律、行政法规、地方性法规、自治条例和单行条例、规章不溯及既往，但为了更好地保护公民、法人和其他组织的权利和利益而做的特别规定除外。

法律之间对同一事项的新的一般规定与旧的特别规定不一致，不能确定如何适用时，由全国人民代表大会常务委员会裁决。

行政法规之间对同一事项的新的一般规定与旧的特别规定不一致，不能确定如何适用时，由国务院裁决。

地方性法规、规章之间不一致时，由有关机关依照下列规定的权限做出裁决：

1）同一机关制定的新的一般规定与旧的特别规定不一致时，由制定机关裁决。

2）地方性法规与部门规章之间对同一事项的规定不一致，不能确定如何适用时，由国务院提出意见，国务院认为应当适用地方性法规的，应当决定在该地方适用地方性法规的规定；认为应当适用部门规章的，应当提请全国人民代表大会常务委员会裁决。

3）部门规章之间、部门规章与地方政府规章之间对同一事项的规定不一致时，由国务院裁决。

根据授权制定的法规与法律规定不一致，不能确定如何适用时，由全国人民代表大会常务委员会裁决。

## 1.3 工程建设基本程序

工程建设法规是调整、规范工程建设活动的，为了更好地学习、研究工程建设法规，应当首先对我国现行工程建设基本程序做全面了解。然后以此为主线，再分阶段研究相关法律规定和问题。研究工程建设基本程序问题，首先应掌握我国关于工程建设的三个基本制度。

**1. 投资管理体制**

工程建设、房地产开发是固定资产投资活动，要研究建设、开发程序，必须了解我国投资管理体制。2004年，国务院颁布了《国务院关于投资体制改革的决定》（国发〔2004〕20号），根据该文件，政府投资资金按项目安排，根据资金来源、项目性质和调控需要，可分别采取直接投资、资本金注入、投资补助、转贷和贷款贴息等方式。对于政府投资项目，采用直接投资和资本金注入方式的，从投资决策角度只审批项目建议书和可行性研究报告，除特殊情况外不再审批开工报告，同时应严格政府投资项目的初步设计、概算审批工作；采用投资补助、转贷和贷款贴息方式的，只审批资金申请报告。对于企业不使用政府投资建设的项目，一律不再实行审批制，区别不同情况实行核准制和备案制。对于企业使用政府补助、转贷、贴息投资建设的项目，政府只审批资金申请报告。企业投资建设实行核准制的项目，仅需向政府提交项目申请报告，不再经过批准项目建议书、可行性研究报告和开工报告的程序。

严格限定实行政府核准制的范围，并根据变化的情况适时调整。《政府核准的投资项目目录（2004年本）》（简称《目录》）由国务院投资主管部门会同有关部门研究提出，报国务院批准后实施。未经国务院批准，各地区、各部门不得擅自增减《目录》规定的范围。

对于《目录》以外的企业投资项目，实行备案制，除国家另有规定外，由企业按照属地原则向地方政府投资主管部门备案。

2016年7月5日，发布了《中共中央 国务院关于深化投融资体制改革的意见》，规定建立投资项目"三个清单"管理制度。及时修订并公布政府核准的投资项目目录，实行企业投资项目管理负面清单制度，除目录范围内的项目外，一律实行备案制，由企业按照有关规定向备案机关备案。建立企业投资项目管理权力清单制度，将各级政府部门行使的企业投资项目管理职权以清单形式明确下来，严格遵循职权法定原则，规范职权行使，优化管理流程。建立企业投资项目管理责任清单制度，厘清各级政府部门企业投资项目管理职权所对应的责任事项，明确责任主体，健全问责机制。建立健全"三个清单"动态管理机制，根据情况变化适时调整。清单应及时向社会公布，接受社会监督，做到依法、公开、透明。

综上，工程建设项目应根据不同情况，分别执行审批制、核准制、备案制的立项制度。

**2. 工程建设项目审批制度**

工程建设项目是政府审批、许可的主要对象，因此，研究基本程序应当以政府对建设项目审批、许可为主线展开。2013年，政府大力推进"放管服"改革，具体是指简政放权、放管结合、优化服务。在这样的大背景下，工程建设项目审批制度改革也开始进行。

工程建设项目审批制度改革是推进政府职能转变和"放管服"改革的重要内容。2018年3月，李克强总理在《政府工作报告》中明确提出"工程建设项目审批时间再压减一半"的要求。

2018年5月14日，国务院办公厅发布了《关于开展工程建设项目审批制度改革试点的通知》（国办发〔2018〕33号），明确改革覆盖工程建设项目审批全过程（包括从立项到竣工验收和公共设施接入服务），试点地区有北京市、天津市、上海市、重庆市、沈阳市、大连市、南京市、厦门市、武汉市、广州市、深圳市、成都市、贵阳市、渭南市、延安市和浙江省。2018年，试点地区建成工程建设项目审批制度框架和管理系统，按照规定的流程，审批时间压减一半以上，由目前平均200多个工作日压减至120个工作日。2019年，总结推广试点经验，在全国范围开展工程建设项目审批制度改革，上半年将审批时间压减至120个工作日，试点地区审批事项和时间进一步减少；地级及以上城市建成工程建设项目审批制度框架和管理系统。2020年，基本建成全国统一的工程建设项目审批和管理体系。

2019年3月13日，国务院办公厅发布了《关于全面开展工程建设项目审批制度改革的实施意见》（国办发〔2019〕11号），明确对工程建设项目审批制度实施全流程、全覆盖改革，改革覆盖工程建设项目审批全过程（包括从立项到竣工验收和公共设施接入服务）；主要是房屋建筑和城市基础设施等工程，不包括特殊工程和交通、水利、能源等领域的重大工程；覆盖行政许可等审批事项和技术审查、中介服务、市政公用服务以及备案等其他类型事项，推动流程优化和标准化。到2020年底，基本建成全国统一的工程建设项目审批和管理体系。将工程建设项目审批流程主要划分为立项用地规划许可、工程建设许可、施工许可、竣工验收四个阶段。其中，立项用地规划许可阶段主要包括项目审批核准、选址意见书核发、用地预审、用地规划许可证核发等。工程建设许可阶段主要包括设计方案审查、建设工程规划许可证核发等。施工许可阶段主要包括设计审核确认、施工许可证核发等。竣工验收阶段主要包括规划、土地、消防、人防、档案等验收及竣工验收备案等。其他行政许可、强制性评估、中介服务、市政公用服务以及备案等事项纳入相关阶段办理或与相关阶段并行推进。每个审批阶段确定一家牵头部门，实行"一家牵头、并联审批、限时办结"，由牵头部门组织协调相关部门严格按照限定时间完成审批。

**3. 土地管理制度**

工程建设（包括房地产项目开发）必须要取得建设用地（房地产开发用地）。关于我国土地的分类，从所有制角度分，我国《土地管理法》第二条规定："中华人民共和国实行土地的社会主义公有制，即全民所有制和劳动群众集体所有制。"第九条规定："城市市区的土地属于国家所有。农村和城市郊区的土地，除由法律规定属于国家所有的以外，属于农民集体所有；宅基地和自留地、自留山，属于农民集体所有。"从用途角度，国家实行土地用途管制制度。国家编制土地利用总体规划，规定土地用途，将土地分为农用地、建设用地和未利用地。建设用地，是指建造建筑物、构筑物的土地，包括城乡住宅和公共设施用地、工矿用地、交通水利设施用地、旅游用地、军事设施用地等。很显然，房地产开发用地属于建设用地，关于建设用地的规定，应适用于房地产开发用地。

根据2019年新修订的《土地管理法》，经批准的建设项目需要使用国有建设用地的，建设单位应当持法律、行政法规规定的有关文件，向有批准权的县级以上人民政府自然资源主管部门提出建设用地申请，经自然资源主管部门审查，报本级人民政府批准。建设单位使用国有土地，应当以出让等有偿使用方式取得；但是，下列建设用地，经县级以上人民政府依法批准，可以以划拨方式取得：①国家机关用地和军事用地；②城市基础设施用地和公益事业用地；③国家重点扶持的能源、交通、水利等基础设施用地；④法律、行政法规规定的其他用地。土地利用总体规划、城乡规划确定为工业、商业等经营性用途，并经依法登记的集体经营性建设用地，土地所有权人可以通过出让、出租等方式交由单位或者个人使用，并应当签订书面合同，载明土地界址、面积、动工期限、使用期限、土地用途、规划条件和双方其他权利义务。

《物权法》第一百三十七条也明确规定，设立建设用地使用权，可以采取出让或者划拨等方式。工业、商业、旅游、娱乐和商品住宅等经营性用地以及同一土地有两个以上意向用地者的，应当采取招标、拍卖等公开竞价的方式出让。严格限制以划拨方式设立建设用地使用权。采取划拨方式的，应当遵守法律、行政法规关于土地用途的规定。

国有建设用地取得方式主要是出让和划拨，出让可采取招标、拍卖、挂牌、双方协议的方式。集体经营性建设用地可以通过出让、出租等方式交由单位或个人使用。

在明确上述三个基本制度的基础上，我国工程建设的基本程序具体如下：

## 1.3.1 立项用地规划许可阶段

本阶段主要包括项目审批核准、选址意见书核发和用地预审、用地规划许可证核发等，基本环节如下：

(1) 建设项目用地预审

建设项目用地预审，是指国土资源主管部门在建设项目审批、核准、备案阶段，依法对建设项目涉及的土地利用事项进行的审查。2001 年 7 月发布了《建设项目用地预审管理办法》，2016 年 11 月 25 日国土资源部第 4 次部务会议审议通过第二次修正，自 2017 年 1 月 1 日起施行。根据该办法规定，需要审批的建设项目在可行性研究阶段，由建设用地单位提出预审申请；需要核准的建设项目在项目申请报告核准前，由建设单位提出用地预审申请；需要备案的建设项目在办理备案手续后，由建设单位提出用地预审申请。

预审应当审查：

1) 建设项目用地是否符合国家供地政策和土地管理法律法规规定的条件。

2) 建设项目选址是否符合土地利用总体规划，属《土地管理法》第二十六条规定情形，建设项目用地需修改土地利用总体规划的，规划修改方案是否符合法律、法规的规定。

3) 建设项目用地规模是否符合有关土地使用标准的规定对国家和地方尚未颁布土地使用标准和建设标准的建设项目，以及确需突破土地使用标准确定的规模和功能分区的建设项目，是否已经组织建设项目节地评价并出具评审论证意见。

占用基本农田或者其他耕地规模较大的建设项目，还应当审查是否已经组织踏勘论证。

预审意见是有关部门审批项目可行性研究报告、核准项目申请报告的必备文件。

(2) 出让土地或办理选址意见书

应当根据《土地管理法》《物权法》的规定，确定是通过哪种方式取得建设用地使用权，土地出让方式的项目和土地划拨方式的项目在办理程序上有所区别。

土地使用权出让应当与建设项目相结合。城市规划行政主管部门和有关部门要根据城市规划实施的步骤和要求，编制城市国有土地使用权出让规划和计划，包括地块数量、用地面积、地块位置、出让步骤等，保证城市国有土地使用权的出让有规划、有步骤、有计划地进行。根据 2016 年 8 月 1 日生效的《公共资源交易平台管理暂行办法》规定，国有土地使用权出让应当纳入公共资源交易平台。

如果需要以划拨方式取得土地使用权的，应符合《城乡规划法》第三十六条规定，按照国家规定需要有关部门批准或者核准的建设项目，以划拨方式提供国有土地使用权的，建设单位在报送有关部门批准或者核准前，应当向城乡规划主管部门申请核发选址意见书。前款规定以外的建设项目不需要申请选址意见书。

(3) 项目审批、核准和备案

项目审批、核准和备案主要包括政府投资项目建议书审批、政府投资项目可行性研究报告审批、企业投资项目核准、企业投资项目备案，在本书第 2 章有详细介绍。

(4) 办理建设用地规划许可证

如果是出让土地的，应符合《城乡规划法》第三十八条规定，以出让方式取得国有土地使用权的建设项目，建设单位在签订国有土地使用权出让合同后，应当持建设项目的批准、核准、备案文件和国有土地使用权出让合同，向城市、县人民政府城乡规划主管部门领取建设用地规划许可证。城市、县人民政府城乡规划主管部门不得在建设用地规划许可证中，擅自改变作为国有土地使用权出让合同组成部分的规划条件。

如果是划拨土地的，应符合《城乡规划法》第三十七条规定，在城市、镇规划区内以划拨方式提供国有土地使用权的建设项目，经有关部门批准、核准、备案后，建设单位应当向城市、县人民政府城乡规划主管部门提出建设用地规划许可申请，由城市、县人民政府城乡规划主管部门依据控制性详细规划核定建设用地的位置、面积、允许建设的范围，核发建设用地规划许可证。

建设单位在取得建设用地规划许可证后，方可向县级以上地方人民政府土地主管部门申请用地，经县级以上人民政府审批后，由土地主管部门划拨土地。

（5）建设用地申请与批准

根据《土地管理法》第五十三条规定，经批准的建设项目需要使用国有建设用地的，建设单位应当持法律、行政法规规定的有关文件，向有批准权的县级以上人民政府自然资源主管部门提出建设用地申请，经自然资源主管部门审查，报本级人民政府批准。

根据《土地管理法实施条例》规定，具体建设项目需要使用土地的，建设单位应当根据建设项目的总体设计一次申请、办理建设用地审批手续；分期建设的项目，可以根据可行性研究报告确定的方案分期申请建设用地，分期办理建设用地有关审批手续。具体建设项目需要占用土地利用总体规划确定的城市建设用地范围内的国有建设用地的，建设单位持建设项目的有关批准文件，向市、县人民政府土地行政主管部门提出建设用地申请，由市、县人民政府土地行政主管部门审查，拟订供地方案，报市、县人民政府批准；需要上级人民政府批准的，应当报上级人民政府批准。供地方案经批准后，由市、县人民政府向建设单位颁发建设用地批准书。有偿使用国有土地的，由市、县人民政府土地行政主管部门与土地使用者签订国有土地有偿使用合同；划拨使用国有土地的，由市、县人民政府土地行政主管部门向土地使用者核发国有土地划拨决定书。

（6）土地使用者申请土地登记

《物权法》第一百三十九条规定，设立建设用地使用权的，应当向登记机构申请建设用地使用权登记。建设用地使用权自登记时设立。登记机构应当向建设用地使用权人发放建设用地使用权证书。

国务院颁布了《不动产登记暂行条例》，自2015年3月1日起施行。国土资源部、中央编办于2015年4月13日颁布了《关于地方不动产登记职责整合的指导意见》，将土地登记、房屋登记、林地登记、草原登记、海域登记等职责整合由一个部门承担，县级以上地方人民政府应当确定一个部门为本地区的不动产登记机构，负责不动产登记工作。

2015年6月29日，国土资源部第三次部务会议审议通过《不动产登记暂行条例实施细则》，2016年1月1日公布，自公布之日起施行。细则规定，办理国有建设用地使用权首次登记，应提交土地权属来源材料，根据权利取得方式的不同，包括国有建设用地划拨决定书、国有建设用地使用权出让合同等。

除以上基本环节外，审批事项还包括招标备案（勘察设计、工程总承包、全过程咨询）、涉及国家安全事项建设项目审批、迁移古树名木审批、砍伐（移植）城市树木审批、临时占用城市绿化用地审批、公路建设项目设计审批、临时占用林地审批等。

2019年9月20日，国家自然资源部发布《关于以"多规合一"为基础推进规划用地"多审合一、多证合一"改革的通知》，该通知执行有效期为5年。该通知要求，将建设项目选址意见书、建设项目用地预审意见合并，自然资源主管部门统一核发建设项目用地预审与选址意见书，不再单独核发建设项目选址意见书、建设项目用地预审意见。将建设用地规划许可证、建设用地批准书合并，自然资源主管部门统一核发新的建设用地规划许可证，不再单独核发建设用地批准书。以划拨方式取得国有土地使用权的，建设单位向所在地的市、县自然资源主管部门提出建设用地规划许可申请，经有建设用地批准权的人民政府批准后，市、县自然资源主管部门向建设单位同步核发建设用地规划许可证、国有土地划拨决定书。以出让方式取得国有土地使用权的，市、县自然资源主管部门依据规划条件编制土地出让方案，经依法批准后组织土地供应，将规划条件纳入国有建设用地使用权出让合同。建设单位在签订国有建设用地使用权出让合同后，市、县自然资源主管部门向建设单位核发建设用地规划许可证。

将建设用地审批、城乡规划许可、规划核实、竣工验收和不动产登记等多项测绘业务整合，归口成果管理，推进"多测合并、联合测绘、成果共享"。不得重复审核和要求建设单位或者个人多次提交对同一标的物的测绘成果；确有需要的，可以进行核实更新和补充测绘。在建设项目竣工验收阶段，将自然资源主管部门负责的规划核实、土地核验、不动产测绘等合并为一个验收事项。

### 1.3.2 工程建设许可阶段

本阶段主要包括设计方案审查、建设工程规划许可证核发等，基本环节如下：

（1）勘察、设计及招标、投标

2000年9月25日生效的《建设工程勘察设计管理条例》（2017年修订）明确了先勘察、后设计、再施工的原则。建设工程勘察，是指根据建设工程的要求，查明、分析、评价建设场地的地质地理环境特征和岩土工程条件，编制建设工程勘察文件的活动。建设工程设计，是指根据建设工程的要求，对建设工程所需的技术、经济、资源、环境等条件进行综合分析、论证，编制建设工程设计文件的活动。

建设工程勘察、设计应当依照《招标投标法》的规定，实行招标发包。根据《招标投标法》第三条规定，在中华人民共和国境内进行大型基础设施、公用事业等关系社会公共利益、公众安全的项目，全部或者部分使用国有资金投资或者国家融资的项目，使用国际组织或者外国政府贷款、援助资金的项目的勘察、设计必须进行招标。根据2018年6月1日起生效的《必须招标的工程项目规定》，全部或者部分使用国有资金投资或者国家融资的项目包括：①使用预算资金200万元人民币以上，并且该资金占投资额10%以上的项目；②使用国有企业事业单位资金，并且该资金占控股或者主导地位的项目。使用国际组织或者外国政府贷款、援助资金的项目包括：①使用世界银行、亚洲开发银行等国际组织贷款、援助资金的项目；②使用外国政府及其机构贷款、援助资金的项目。不属于上述规定情形的大型基础设施、公用事业等关系社会公共利益、公众安全的项目，必须招标的具体范围由国务院发展改革部门会同国务院有关部门按照确有必要、严格限定的原则制定，报国务院批准。

对于上述规定范围内的项目勘察、设计等服务的采购，单项合同估算价在100万元人民币以上的，必须招标；同一项目中可以合并进行的勘察、设计、施工、监理以及与工程建设有关的重要设备、材料等的采购，合同估算价合计达到前款规定标准的，必须招标。

（2）办理建设工程规划许可证

根据《城乡规划法》第四十条规定，在城市、镇规划区内进行建筑物、构筑物、道路、管线和其他工程建设的，建设单位或者个人应当向城市、县人民政府城乡规划主管部门或者省、自治区、直辖市人民政府确定的镇人民政府申请办理建设工程规划许可证。

申请办理建设工程规划许可证，应当提交使用土地的有关证明文件、建设工程设计方案等材料。需要建设单位编制修建性详细规划的建设项目，还应当提交修建性详细规划。对符合控制性详细规划和规划条件的，由城市、县人民政府城乡规划主管部门或者省、自治区、直辖市人民政府确定的镇人民政府核发建设工程规划许可证。

城市、县人民政府城乡规划主管部门或者省、自治区、直辖市人民政府确定的镇人民政府应当依法将经审定的修建性详细规划、建设工程设计方案的总平面图予以公布。

除以上基本环节外，还包括设计方案联合审查，绿色建筑（海绵城市）设计审查备案，政府投资项目初步设计审批，建设工程绿化规划许可，危险化学品建设项目安全条件审查，危险化学品建设项目安全设施设计审查，生产、储存烟花爆竹建设项目安全设施设计审查，矿山、金属冶炼建设项目和用于生产、储存危险物品的建设项目安全设施设计审查，建设工程文物保护和考古许可（在文物保护单位的范围内进行其他建设工程或者爆破、钻探、挖掘等作业的审批，文物保护单位的建设控制地带内建设工程设计方案审核，需进行文物考古调查、勘探与发掘的大型基本建设工程审批），乡村建设规划许可证核发，江河、湖泊新建、改建或者扩大排污口审核，宗教活动场所内改建或者新建建筑物审批等。

## 1.3.3 施工许可阶段

本阶段主要包括设计审核确认、施工许可证核发等，基本环节如下：

（1）设计审核

2000年1月实施的《建设工程质量管理条例》第十一条规定，施工图设计文件审查的具体办法，由国务院建设行政主管部门、国务院其他有关部门制定。施工图设计文件未经审查批准的，不得使用。根据改革要求，将消防、人防、技防等技术审查并入施工图设计文件审查，相关部门不再进行技术审查。2018年12月29日，住房和城乡建设部（简称住建部）修改了《房屋建筑和市政基础设施工程施工图设计文件审查管理办法》，将消防安全性、人防工程（不含人防指挥工程）防护安全性纳入施工图审查内容。

根据该办法规定，国家实施施工图设计文件（含勘察文件，简称施工图）审查制度。施工图审查，是指施工图审查机构（简称审查机构）按照有关法律法规，对施工图涉及公共利益、公众安全和工程建设强制性标准的内容进行的审查。施工图审查应当坚持先勘察、后设计的原则。施工图未经审查合格的，不得使用。从事房屋建筑工程、市政基础设施工程施工、监理等活动，以及实施对房屋建筑和市政基础设施工程质量安全监督管理，应当以审查合格的施工图为依据。

审查机构应当对施工图审查下列内容：①是否符合工程建设强制性标准；②地基基础和主体结构的安全性；③消防安全性；④人防工程（不含人防指挥工程）防护安全性；⑤是否符合

民用建筑节能强制性标准，对执行绿色建筑标准的项目，还应当审查是否符合绿色建筑标准；⑥勘察设计企业和注册执业人员以及相关人员是否按规定在施工图上加盖相应的图章和签字；⑦法律法规、规章规定必须审查的其他内容。

(2) 办理施工许可证

根据改革的要求，环境影响评价、节能评价等评估评价和取水许可等事项在开工前完成即可；将供水、供电、燃气、热力、排水、通信等市政公用基础设施报装提前到开工前办理。

根据《建筑法》规定，建筑工程开工前，建设单位应当按照国家有关规定向工程所在地县级以上人民政府建设行政主管部门申请领取施工许可证；但是，国务院建设行政主管部门确定的限额以下的小型工程（工程投资额在30万元以下或建筑面积在300$m^2$以下的建筑工程）除外。按照国务院规定的权限和程序批准开工报告的建筑工程，不再领取施工许可证。

除以上基本环节外，还包括施工图审查情况备案，安全监督备案，建设工程质量监督手续办理，建设工程消防设计审查，建设工程施工招标文件（最高投标限价）、文件澄清或修改备案，建设工程招标投标情况书面报告，建设项目定位验线核准（核发建设工程定位验线合格通知书），特定工程和场所防雷装置设计审核，人防工程拆除、报废审批，城市地下交通干线及其他地下工程建设兼顾人防需要审批，应建防空地下室的民用建筑项目报建审批，人防工程（兼顾人防需要）设计审核（备案），人防工程质量监督登记，联合报装（供水、排水、燃气、热力、通信、供电、广播电视），改装、拆除或者迁移城市公共供水设施审批，跨越、穿越公路及在公路用地范围内架设、埋设管线、电缆等设施或者利用公路桥梁、公路隧道、涵洞铺设电缆等设施许可，城市建筑垃圾处置核准，在公路增设或改造平面交叉道口审批，占用城市道路审批，挖掘城市道路审批，道路改建、养护中断道路交通的审批，依附于城市道路建设各种管线、杆线等设施的审批，城市桥梁上架设各类市政管线审批，因工程建设需要拆除、改动、迁移供水、排水与污水处理设施审核，公路建设项目施工许可等。

## 1.3.4 建设施工阶段

工程开工后，即进入整个工程项目的施工及管理环节，各方当事人应当重点做好项目管理和合同管理工作。对于房地产开发项目，还应当根据《中华人民共和国城市房地产管理法》的要求，向县级以上人民政府房产管理部门办理预售登记，取得商品房预售许可证明；商品房预售人应当按照国家有关规定将预售合同报县级以上人民政府房产管理部门和土地管理部门登记备案。

## 1.3.5 竣工验收阶段

本阶段主要包括规划、土地、消防、人防、档案等验收及竣工验收备案等，基本环节如下：

(1) 政府联合验收

根据改革要求，实行规划、土地、消防、人防、档案等事项限时联合验收，统一竣工验收图和验收标准，统一出具验收意见。对于验收涉及的测绘工作，实行一次委托、联合测绘、成果共享，主要包括规划条件核实、建设用地检查核验、人防工程竣工验收备案、建设工程消防验收或备案、特定工程和场所防雷装置竣工验收、市政公用设施验收（供水、排水、燃气、热力、通信、供电、广播电视）、建设工程城建档案验收、质量竣工验收监督、特种设备使用登记等。

（2）当事人验收

根据《建设工程质量管理条例》规定，建设单位收到建设工程竣工报告后，应当组织设计、施工、工程监理等有关单位进行竣工验收。建设工程经验收合格的，方可交付使用。

（3）工程竣工验收备案

根据《建设工程质量管理条例》规定，建设单位应当自建设工程竣工验收合格之日起15日内，将建设工程竣工验收报告和规划、公安消防、环保等部门出具的认可文件或者准许使用文件报建设行政主管部门或者其他有关部门备案。

建设行政主管部门或者其他有关部门发现建设单位在竣工验收过程中有违反国家有关建设工程质量管理规定行为的，责令停止使用，重新组织竣工验收。

最后强调一点，在工程建设实践中应当充分利用信息数据平台。国家发改委颁布的《全国投资项目在线审批监管平台运行管理暂行办法》自2017年6月25日实施。根据该办法，各级政府及其部门应当通过在线平台实现项目网上申报、并联审批、信息公开、协同监管，不断优化办事流程，提高服务水平，并加强事中、事后监管，主动接受社会监督。在线平台适用于各类项目建设实施全过程的审批、监管和服务，包括行政许可、政府内部审批、备案、评估评审、技术审查，项目实施情况监测，以及政策法规、规划咨询服务等。涉密项目及信息不得通过在线平台办理和传递。在线平台由中央平台和地方平台组成。中央平台负责管理由国务院及其相关部门审批、核准和备案的项目（以下简称"中央项目"）。地方平台负责管理地方各级政府及其相关部门审批、核准和备案的项目（以下简称"地方项目"）。各类项目实行统一代码制度。项目代码是项目整个建设周期的唯一身份标识，一项一码。项目代码由在线平台生成，项目办理信息、监管（处罚）信息，以及工程实施过程中的重要信息，统一汇集成项目代码。项目审批信息、监管信息、处罚结果等要及时通过在线平台向社会公开。项目单位可凭项目代码查询项目办理过程及审批结果。全国信用信息共享平台、全国公共资源交易平台和招标投标公共服务平台、公共政务信息共享平台以及各级政府有关部门相关信息系统应当依据法律法规并按照权限与"在线平台"开展数据共享与交换。与统计部门的数据共享和交换，应当符合政府统计法律制度。

根据《国务院办公厅关于全面开展工程建设项目审批制度改革的实施意见》，建立完善工程建设项目审批管理系统。地级及以上地方人民政府要按照"横向到边、纵向到底"的原则，整合建设覆盖地方各有关部门和区、县的工程建设项目审批管理系统，并与国家工程建设项目审批管理系统对接，实现审批数据实时共享。省级工程建设项目审批管理系统要将省级工程建设项目审批事项纳入系统管理，并与国家和本地区各城市工程建设项目审批管理系统实现审批数据实时共享。研究制定工程建设项目审批管理系统管理办法，通过工程建设项目审批管理系统加强对工程建设项目审批的指导和监督。地方工程建设项目审批管理系统要具备"多规合一"业务协同、在线并联审批、统计分析、监督管理等功能，在"一张蓝图"基础上开展审批，实现统一受理、并联审批、实时流转、跟踪督办。以应用为导向，打破"信息孤岛"，2019年底前实现工程建设项目审批管理系统与全国一体化在线政务服务平台的对接，推进工程建设项目审批管理系统与投资项目在线审批监管平台等相关部门审批信息系统的互联互通。地方人民政府要在工程建设项目审批管理系统整合建设资金安排上给予保障。

工程建设基本程序见表1-1。

**表1-1 工程建设基本程序一览表**

| 序号 | 主要阶段 | 具体环节 | 办理部门 |
|---|---|---|---|
| 一 | 立项用地规划许可阶段 | 1）核发建设项目用地预审与选址意见书 | 自然资源主管部门 |
| | | 2）土地出让 | 自然资源主管部门 |
| | | 3）项目审批、核准、备案 | 国家发改委 |
| | | 4）建设用地申请与建设用地规划许可<br>新的建设用地规划许可证（包含原建设用地批准书）<br>划拨土地的，同步核发建设用地规划许可证、国有土地划拨决定书 | 自然资源主管部门<br>有批准权的人民政府 |
| | | 5）土地使用权登记 | 不动产登记机构 |
| 二 | 工程建设许可阶段 | 1）勘察、设计及招标、投标 | 勘察、设计单位 |
| | | 2）办理建设工程规划许可证 | 自然资源主管部门 |
| 三 | 施工许可阶段 | 1）设计审核 | 施工图审查机构 |
| | | 2）环境影响评价、节能评价等评估评价等事项在开工前完成 | 环境保护主管部门、国家发改委 |
| | | 3）办理施工许可证 | 建设主管部门 |
| 四 | 建设施工阶段 | 1）项目管理与合同管理 | 相关当事人 |
| | | 2）房地产开发项目，预售商品房的，应当办理预售登记，取得商品房预售许可证明 | 房产管理部门 |
| 五 | 竣工验收阶段 | 1）政府联合验收<br>根据改革要求，实行规划、土地、消防、人防、档案等事项限时联合验收，统一竣工验收图和验收标准，统一出具验收意见 | 规划、土地、消防、人防、档案等部门 |
| | | 2）当事人验收<br>建设单位收到建设工程竣工报告后，应当组织设计、施工、工程监理等有关单位进行竣工验收 | 建设、勘察、设计、施工、监理单位 |
| | | 3）工程竣工验收备案 | 建设主管部门 |

## 1.4 工程建设法律实务专题1——工程建设全过程合规管理与法律风险防控综述

学习的目的是学以致用。学习、掌握工程建设法规的主要目的是在工程实践中做到工程建设的合规性，防控合规风险，保障工程建设的顺利进行。因此，在全面学习工程建设法律法规的基础上，我们应当具备工程建设全过程合规管理的基本能力。当然，工程建设当事人众多，尤其是政府、建设单位（房地产开发企业）、建筑施工企业、勘察设计单位、监理单位，应该增强合规意识，聘请专业法律顾问为自己提供法律服务，维护自己的合法权益，防范合规风险。

2019年3月15日，国家发改委和住房和城乡建设部联合发布《关于推进全过程工程咨询服务发展的指导意见》，提出大力发展全过程工程咨询服务模式。在项目决策和建设实施两个阶段,着力破除制度性障碍,重点培育发展"投资决策综合性咨询"和"工程建设全过程咨询",为固定资产投资及工程建设活动提供高质量智力技术服务,全面提升投资效益、工程建设质量和运营效率,推动高质量发展。全过程工程咨询单位应当在技术、经济、管理、法律等方面具有丰富经验,具有与全过程工程咨询业务相适应的服务能力,同时具有良好的信誉。鼓励投资咨询、招标代理、勘察、设计、监理、造价、项目管理等企业,采取联合经营、并购重组等方式发展全过程工程咨询。咨询单位要高度重视全过程工程咨询项目负责人及相关专业人才的培养,加强技术、经济、管理及法律等方面的理论知识培训,培养一批符合全过程工程咨询服务需求的综合型人才,为开展全过程工程咨询业务提供人才支撑。

可以说,全过程工程咨询的发展,也要求培养具备工程建设全过程合规管理能力的专业人员。

## 1.4.1 合规管理的基本概念

关于基本概念,可以借鉴 2018 年 11 月 2 日国务院国资委发布的《中央企业合规管理指引(试行)》。根据该指引,合规是指中央企业及其员工的经营管理行为符合法律法规、监管规定、行业准则和企业章程、规章制度以及国际条约、规则等要求。合规风险,是指中央企业及其员工因不合规行为,引发法律责任、受到相关处罚、造成经济或声誉损失以及其他负面影响的可能性。合规管理,是指以有效防控合规风险为目的,以企业和员工经营管理行为为对象,开展包括制度制定、风险识别、合规审查、风险应对、责任追究、考核评价、合规培训等有组织、有计划的管理活动。

这里所说的工程建设全过程合规管理,指的是企业合规管理,具体来说就是以有效防控工程建设合规风险为目的,以工程建设所涉及企业和员工工程建设行为为对象,开展包括制度制定、风险识别、合规审查、风险应对、责任追究、考核评价、合规培训等有组织、有计划的全过程管理活动。

很显然,合规是一个大概念,包含了符合法律法规的要求;合规风险主要包括了法律风险。下面从企业的角度出发,重点研究工程建设法律风险防控的基本问题。

## 1.4.2 企业法律风险

**1. 定义**

国务院国资委颁布的、2004 年 6 月 1 日起生效的《国有企业法律顾问管理办法》第一次正式提出企业法律风险的概念。关于这一概念有很多说法,如企业法律风险是指企业预期与实际结果发生差异而带来负面影响的可能性。根据 2012 年 2 月 1 日起实施的《企业法律风险管理指南》,企业法律风险,是指基于法律规定或者合同约定,由于企业外部环境及其变化,或者企业及其利益相关者的作为或不作为导致的不确定性,对企业实现目标的影响。

**2. 企业法律风险的特征**

1)发生原因的法定性或约定性。这是区别于其他企业风险的一个最根本特征,即法律风险其产生原因都是基于法律规定或合同约定。违反,产生风险。

2)发生结果的强制性。违反法律规定或合同约定,要承担法律责任(民事责任、行政责任、刑事责任），具有强制性，不受企业或其他任何个人的意志左右。

3）发生领域的广泛性。法律风险存在于企业生产经营各个环节之中，贯穿于企业设立到终止的全过程。

4）发生后果的可预见性。企业法律风险的产生因违反法律规定或合同的约定，而法律规定或合同约定最基本的功能就是给当事人明确规定该做什么、不该做什么以及相应的法律后果是什么。因此，法律风险可以事前预见，即通过对法律规定或合同约定解读，预先判断哪些行为可能带来法律风险以及后果，进而可以通过有效手段加以防范和控制。

根据上述基本原理，工程建设法律风险的产生主要是因为违反了法律规定或者合同约定。因此，学习工程建设法规基本知识，是做好工程建设法律风险防控的前提和基础。

### 1.4.3 工程建设法律风险防控

企业法律风险防控，是指企业对法律风险进行的评估、识别、监控与化解等活动的总称。法律风险防控是法律风险管理的关键环节。

借鉴上述概念，工程建设法律风险防控是指工程建设主体对工程建设法律风险进行的评估、识别、监控与化解等活动的总称。按照不同的标准可以进行不同的划分：以工程建设基本程序为标准，包括立项用地规划许可阶段法律风险防控、工程建设许可阶段法律风险防控、施工许可阶段法律风险防控、建设施工阶段法律风险防控、竣工验收阶段法律风险防控；以参与工程建设的当事人为标准，包括建设单位工程建设法律风险防控、建筑业企业（施工企业）工程建设法律风险防控、勘察单位工程建设法律风险防控、设计单位工程建设法律风险防控、监理单位工程建设法律风险防控等。

工程建设法律风险防控的关键是识别工程建设过程中的法律风险事件，最终形成法律风险清单，并提出监控与化解的具体方案。

---

**案例分析**

## A 房地产开发有限公司、B 集团有限公司建设工程施工合同纠纷案

### 【案情介绍】

B 集团有限公司（简称 B 公司）先行进场施工后，经招标投标程序于 2012 年 12 月 2 日中标案涉工程中的第一批工程，于 2012 年 12 月 9 日中标案涉工程中的第二批工程。

2012 年 12 月 17 日，B 公司与 A 房地产开发有限公司（简称 A 公司）签订案涉工程的第一批工程和第二批工程的建设工程施工合同，并已经备案。该合同约定：承包范围为建筑物外 2m 以内的土建、装饰、采暖、给排水、电气、消防水、消防电等工程图内的工程；开工日期为 2012 年 12 月 10 日，竣工日期为 2013 年 12 月 30 日；计价方式为清单综合单价，第一批工程金额为 87853963.52 元，第二批工程金额为 92383993.29 元。同日，B 公司与 A 公司签订工程施工协议书，约定：工程名称为米兰·水木清华工程 1#、2#、3#、4#、5#、6#、7#、8#、9#、10#、附属三层（地下一层、地上二层商服）及 A、B、C 区地下车库；工程地点位于黑龙江省双鸭山市尖山区石材路东；建筑面积约 140767m²，以实际竣工图为准；本工程 1#、2#、3#、4#、5#、8#、9#、10#住宅楼地下一层、地上二层为商服用房，地上三至十七层为住宅，6#、7#楼

地下一层为设备用房,地上一至十七层为住宅,临街独立商服用房共三层(地下一层、地上两层),厂区内为地下一层停车位;工程承包范围为建筑物外墙外边线外扩 2m 以内的土建、装饰、给水排水、采暖、通风、空调、电气等(A 公司分包外,施工图中包括的其他所有施工内容,A 公司分包范围另行商定);承包方式为包工包料;开工日期为 2012 年 9 月 1 日(暂定),竣工日期为 2013 年 12 月 30 日(暂定)。该协议第五条对工程造价的确定、工程款拨付方式的约定:工程造价采用一口价形式,材料单价按双鸭山市 2012 年建设工程材料 8 月指导价格执行,结算时不再找补人工、材料、机械的差价(注:钢材价格必须根据施工期间双鸭山市建设工程材料指导价格加权平均单价执行)。依据 A 公司提供的设计文件、2010 年《黑龙江省建筑工程计价定额》、2010 年《黑龙江省装饰装修工程计价定额》、2010 年《黑龙江省给排水、暖通、消防及生活用燃气安装工程计价定额》、2010 年《黑龙江省电气设备及建筑智能化系统设备安装工程计价定额》、2010 年《黑龙江省建设工程费用定额》,按照下列标准进行测算。材料价格:测算参照当月双鸭山市建设工程造价信息的材料价格执行(当月材料信息价没有下发的,执行上月信息价格),定额单价及信息价格没有的主材、周转材料及装饰石材,结合市场调查,双方协商定价,其余材料价格执行定额价格,如设计钢筋为三级钢,则在同规格的二级钢信息价基础上增加每吨 200 元作为三级钢的信息价。工程结算时商品混凝土及砌块按施工期间双鸭山市建设工程造价信息中材料价格的加权平均价与上述测算时双鸭山市建设工程造价信息中材料价格比较,如涨幅超过±5%,包括 5% 以内不调整,调整±5% 以外部分。该条中还约定了一般措施费、企业管理费、利润等的取费标准,以及越冬维护费、赶工措施费、规费、税金等的计取方式。还约定:A 公司供材料及指定分包项目计取 1% 的总承包服务费,总承包服务费计算基数按照 2010 年《黑龙江省建设工程费用定额》规定计算;各项规费按定额标准测算,结算时按工程所在地建设行政主管部门规定计取。该协议约定,电梯设备安装工程、消防工程、通信及宽带工程、有线电视、楼宇智能化工程由 A 公司通过招标方式直接包给专业施工单位,由 B 公司负责与其签订备案合同。该协议还约定了 A 公司、B 公司的权利和义务,安全生产及文明施工,材料供应,工程结算,工程竣工验收与保修,其他有关事宜以及争议的处理等。该协议第十四条约定:"本协议与经有关部门鉴证的建设工程施工合同具有同等法律效力,双方要共同履行,两者之间相抵触时以本协议条款为准。"

案涉工程中的 5#、8#、9#、10# 楼现未完成施工并由 B 公司管理,其他工程已于 2013 年 11 月交付 A 公司。

A 公司于 2013 年 3 月 20 日给付 B 公司工程款(安全生产措施费)10 万元,于 2013 年 7 月 5 日给付 B 公司工程款 17853377 元,于 2013 年 7 月 22 日给付 B 公司工程款 400 万元,于 2013 年 9 月 30 日给付 B 公司工程款 100 万元,于 2013 年 10 月 29 日给付 B 公司工程款 500 万元,于 2013 年 11 月 29 日给付 B 公司工程款 116500 元,于 2013 年 12 月 16 日给付 B 公司工程款 12 万元,于 2013 年 12 月 27 日给付 B 公司工程款(代扣代缴税金)125501.53 元,于 2014 年 8 月 29 日给付 B 公司工程款 1500 万元,于 2014 年 9 月 27 日给付 B 公司工程款 1200 万元,于 2014 年 11 月 12 日给付 B 公司工程款 500 万元,于 2015 年 8 月 12 日给付 B 公司工程款 900 万元,以上共计 69315378.53 元。

B公司第一审向人民法院提出诉讼请求：①A公司给付工程款105907727.47元及利息；②诉讼费用由A公司负担。2019年6月4日，B公司变更诉讼请求为：①A公司给付拖欠的工程款106727598.09元；②A公司给付拖欠工程款自2013年5月至2019年6月1日的利息5200万元；③B公司在上述欠付工程款和利息范围内对黑龙江省双鸭山市水木清华住宅小区工程5#、8#、9#、10#楼享有建设工程价款优先受偿权；④诉讼费用及鉴定费用由A公司负担。

第一审法院认为：B公司系先行进场施工后，经招标投标程序于2017年12月17日与A公司签订建设工程施工合同，故B公司与A公司之间的行为属于未招先定的串通投标行为，违反《招标投标法》第四十三条的规定："在确定中标人前，招标人不得与投标人就投标价格、投标方案等实质性内容进行谈判。"中标无效。根据《施工合同司法解释（一）》第一条第三项的规定，建设工程必须进行招标而未招标或者中标无效的，应当根据《合同法》第五十二条第五项的规定，认定无效。因案涉工程中标无效，故B公司与A公司依据中标通知书签订的建设工程施工合同无效。案涉工程施工协议书记载的签订时间与建设工程施工合同的签订时间均为2012年12月17日，如B公司与A公司先行签订工程施工协议书，则该协议属于未招先定的串通投标行为，因违反《招标投标法》的上述规定而无效；如B公司与A公司在签订《黑龙江省建设工程施工合同》后再行签订该协议，因该协议与《黑龙江省建设工程施工合同》约定的工程价款计算方式不同，属实质性内容背离，依照《招标投标法》第四十六条关于"招标人和中标人应当自中标通知书发出之日起三十日内，按照招标文件和中标人的投标文件订立书面合同。招标人和中标人不得再行订立背离合同实质性内容的其他协议"的规定，该协议也属无效。根据当事人起诉、答辩及举证质证情况，本案应解决以下焦点问题：

1）案涉工程的工程价款结算依据。A公司主张，建设工程施工合同为双方实际履行的合同，应按照该合同约定的清单计价计算案涉工程的工程价款，对于清单外的项目，应当适用《合同法》第六十二条关于合同补缺规则的规定计算；B公司则主张，建设工程施工合同仅为办理开工手续而签订，双方实际履行的是工程施工协议书，故应按照该协议的约定计算案涉工程的工程价款。《施工合同司法解释（二）》第十一条规定，当事人就同一建设工程订立的数份建设工程施工合同均无效，但建设工程质量合格，一方当事人请求参照实际履行的合同结算建设工程价款的，人民法院应予支持。因案涉建设工程施工合同和工程施工协议书均属无效，故双方当事人实际履行的合同即为案涉工程的工程价款结算依据。所谓工程量清单计价，即固定单价，按照《黑龙江省建设工程施工合同》通用条款第10.1项规定，双方在合同中约定综合单价包含的风险范围和风险费用的计算方法，在约定的风险范围内综合单价不再调整，风险范围以外的综合单价调整方法，应当在合同专用条款中约定。据此，工程价款的结算仅依据清单计价并不完整，需要辅之以履行中存在的风险、实际施工情况的变化等，确定与之相关的系列计价方法、标准内容等才能计算工程价款。一方面，案涉工程的招标文件中并无工程量清单，B公司的投标文件虽附有部分清单，但并不完整，第一审法院在此情况下释明A公司提交附有完整清单的招标文件，该公司明确表示无法提供。另一方面，《黑龙江省建设工程施工合同》专用条款部分并未约定风险范围以外的综合单价调整方法，也未约定合同外工程的计价依据，双方当事人对此也无法达成一致意见。因此，参照《黑龙江省建设工程施工合同》的约定，无法计算案涉工程的工程价款。案涉工程施工协议书约定工程造价采用"一口价形式"，虽无具体的平方米造价数额，但该协议明确约定了材料价格的确定方式、费率、人工费、总承包服务费、措施费、规费等，并非简单的定额结算，关于结算标准、方法已经形成比较完整的体系，符合行业通行的约定形式，参照该协议的约定，能够计算案涉工程的工程价款。同时，该协议第十四条约定："本协议与经有关部门鉴证的建设工程施工合同具有同等法律效力，双方要共同履行。两者之间相抵触时以本协议条款为准。"据此，B 公司的主张更具客观合理性，案涉工程施工协议书应为双方当事人的真实意思表示，为双方当事人实际履行的合同，案涉工程应参照该协议的约定结算工程价款。

2) A 公司欠付 B 公司工程款的数额。关于应付工程款的数额，根据鉴定意见，B 公司已施工完成的案涉工程的工程造价为 176013247.65 元，对此，A 公司主张因安全生产措施费没有测定，应按照 3393579.44 元的 50% 计取；配合费用因双方已协商一致，应为 219973.91 元。关于安全生产措施费，虽未经建设行政主管部门评价核定，但黑龙江省建设工程造价管理总站于 2016 年 3 月 31 日做出《关于安全文明施工费计取有关事项的通知》，规定："自 2016 年 1 月 1 日起，新开工以及之前开工但未竣工的工程，工程造价管理机构不再出具安全文明施工费标准核定表，其安全文明施工费在结算时，按照省工程造价管理部门规定的标准计算。"因案涉工程至今未进行竣工验收，工程造价管理机构不再为该工程出具安全文明施工费标准核定表，而安全生产措施费为施工过程中实际发生的费用，在结算时应按照黑龙江省工程造价管理部门规定的标准计取，A 公司主张按照 50% 计取，无事实和法律依据，该院不予支持。

关于配合费用，A 公司虽主张已与 B 公司协商一致为 219973.91 元，但未能举证证实其主张成立，故该院也不予支持。

关于已付工程款的数额，A 公司与 B 公司均无异议的已付工程款为 69315378.53 元，除此，A 公司主张其支付的维修费用 27160.50 元及涂料款 3 万元应计入已付工程款，但 B 公司对此不予认可。对于维修费用，因 A 公司未能举证证明曾通知 B 公司进行维修，且付款凭证中并无 B 公司签章，故对 A 公司主张的维修费用 27160.50 元应计入已付工程款，该院不予支持。对于涂料款，因 A 公司未能举证证明 B 公司曾委托其支付此笔款项，也未能举证证明涂料由 B 公司使用，该笔款项应由 B 公司支付，故对 A 公司主张该笔款项应计入已付工程款，该院也不予支持。

据此，A 公司欠付 B 公司工程款 106697869.12 元。

3) B 公司主张的欠付工程款利息。关于利息起算时间，如前所述，B 公司与 A 公司签订的《黑龙江省建设工程施工合同》和工程施工协议书因违反法律的强制性规定而无效，故依照《施工合同司法解释（一）》第十八条规定，利息从应付工程价款之日计付。当事人对付款时间没有约定或者约定不明的，下列时间视为应付款时间：①建设工程已实际交付的，为交付之日；②建设工程没有交付的，为提交竣工结算文件之日；③建设工程未交付，工程价款也未结算的，为当事人起诉之日。对于案涉工程中已经交付的部分，应付款时间为交付之日，即 2013 年 11 月，因双方当事人未明确具体日期，故认定为 2013 年 11 月 15 日；而对于未交付的 5#、8#、9#、10#楼（工程价款为 39662743.22 元），因双方当事人未进行结算，故应付款时间为B公司起诉之日，即2017年9月4日。应付而未付时，即应给付欠付工程款的利息。B公司主张自2013年5月起计算欠付工程款的利息，因其主张的部分利息为欠付进度款的利息，而该公司未能举证证明已完成的工程量和应付进度款的具体数额，应付进度款由该公司自行计算，A公司对此不予认可，故对B公司的主张不予支持。

关于利息计算标准，B公司依据其与A公司于2013年8月29日签订的还款协议，主张欠付工程款利息按照月息1.8%计算，并诉请A公司给付至2019年6月1日的利息5200万元。因第一审法院对还款协议不予采信，故应视为双方当事人对欠付工程款利息计算标准没有约定，依照《施工合同司法解释（一）》第十七条关于"当事人对欠付工程价款利息计付标准有约定的，按照约定处理；没有约定的，按照中国人民银行发布的同期同类贷款利率计息"的规定，欠付工程款的利息应按照中国人民银行同期同类贷款利率计算，对于与按照还款协议计算的利息差额部分，B公司可待该协议的效力确定后，另行主张权利。

关于利息计算基数，因A公司已给付B公司部分工程款，故应付工程款扣除已给付的工程款，既为欠付工程款，也为计算迟延给付工程款利息的基数。按照A公司给付工程款的时间和金额，至2013年11月16日欠付工程款108397127.43元，至2013年11月30日欠付工程款108280627.43元，至2013年12月17日欠付工程款108160627.43元，至2013年12月28日欠付工程款108035125.90元，至2014年8月30日欠付工程款93035125.90元，至2014年9月28日欠付工程款81035125.90元，至2014年11月13日欠付工程款76035125.90元，至2015年8月13日欠付工程款67035125.90元，至2017年9月4日欠付工程款106697869.12元（含5#、8#、9#、10#楼工程价款）。

4) B公司主张的工程价款优先受偿权。本案中，B公司于2019年6月4日法庭辩论终结前增加在A公司欠付工程款106727598.09元及利息5200万元范围内，其对案涉工程中的5#、8#、9#、10#楼享有工程价款优先受偿权的诉讼请求，符合《最高人民法院关于适用〈中华人民共和国民事诉讼法〉的解释》第二百三十二条规定，在案件受理后，法庭辩论结束前，原告增加诉讼请求，被告提出反诉，第三人提出与本案有关的诉讼请求，可以合并审理的，人民法院应当合并审理。A公司不同意B公司增加上述诉讼请求，无法律依据，B公司增加的上述诉讼请求应在本案中合并审理。《施工合同司法解释（二）》第二十一条规定，承包人就逾期支付建设工程价款的利息、违约金、损害赔偿金等主张优先受偿的，人民法院不予支持，故B公司就欠付工程款利息主张优先受偿权，无法律依据，该院不予支持。《施工合同司法解释（二）》第二十二条规定，承包人行使建设工程价款优先受偿权的期限为6个月，自发包人应当给付建设工程价款之日起算。因案涉工程已交付部分的应付工程价款时间为2013年11月，未交付的5#、8#、9#、10#楼的应付工程价款时间为2017年9月4日，至B公司于2019年6月4日主张优先受偿权，均已超过6个月，故对B公司主张的工程价款优先受偿权，该院不予支持。

综上，依照《合同法》第一百零九条，《招标投标法》第四十三条、第四十六条，《施工合同司法解释（一）》第一条、第十七条、第十八条，《施工合同司法解释（二）》第十一条、第二十一条、第二十二条规定，第一审法院于2019年9月11日做出民事判决：①A公司于判决生效后十日内给付 B 公司工程款 106697869.12 元及利息（按照中国人民银行同期同类贷款利率计算，2013 年 11 月 16 日起至 2013 年 11 月 29 日止计息基数为 108397127.43 元，2013 年 11 月 30 日起至 2013 年 12 月 16 日止计息基数为 108280627.43 元，2013 年 12 月 17 日起至 2013 年 12 月 27 日止计息基数为 108160627.43 元，2013 年 12 月 28 日起至 2014 年 8 月 29 日止计息基数为 108035125.90 元，2014 年 8 月 30 日起至 2014 年 9 月 27 日止计息基数为 93035125.90 元，2014 年 9 月 28 日起至 2014 年 11 月 12 日止计息基数为 81035125.90 元，2014 年 11 月 13 日起至 2015 年 8 月 12 日止计息基数为 76035125.90 元，2015 年 8 月 13 日起至 2017 年 9 月 3 日止计息基数为 67035125.90 元，2017 年 9 月 4 日起至 2019 年 6 月 4 日止计息基数为 106697869.12 元）；②驳回 B 公司的其他诉讼请求。案件受理费 835437 元，由 B 公司负担 134947 元，由 A 公司负担 700490 元；鉴定费 1769115.66 元（B 公司已预交）由 A 公司负担。

第一审判决后，A 房地产开发有限公司不服，向最高人民法院提出上诉，经最高人民法院审理，驳回上诉。

【案例评析】

本案涉及了大量法律问题，如施工合同效力、工程款结算依据、利息的计算、建设工程价款优先受偿权等。作为工程建设当事人来讲，应当熟悉相关法律规定，既要正确行使自己的权利，又要注意规避法律风险。

## 复 习 题

1. 工程建设法规的概念和调整对象是什么？
2. 简述工程建设基本程序。
3. 工程建设全过程合规管理的概念是什么？
4. 工程建设法律风险防控的概念是什么？

# 第 2 章 工程建设项目审批、核准、备案

工程建设项目是固定资产投资活动,应当符合国家关于投资管理的要求,这是整个工程建设活动中涉及的第一个主要的法律问题。

## 2.1 投资体制改革综述

改革开放以来,国家对原有的投资体制进行了一系列改革,打破了传统计划经济体制下高度集中的投资管理模式。2004年7月,国务院颁布了《国务院关于投资体制改革的决定》(简称《决定》),标志着我国投资体制改革进入快速发展的新时期。根据该《决定》,确立了对投资项目分别实行审批、核准、备案三种管理体制,彻底改革现行不分投资主体、不分资金来源、不分项目性质,一律按投资规模大小分别由各级政府及有关部门审批的企业投资管理办法。对于企业不使用政府投资建设的项目,一律不再实行审批制,区别不同情况实行核准制和备案制。其中,政府仅对重大项目和限制类项目从维护社会公共利益角度进行核准,其他项目无论规模大小,均改为备案制,项目的市场前景、经济效益、资金来源和产品技术方案等均由企业自主决策、自担风险,并依法办理环境保护、土地使用、资源利用、安全生产、城市规划等许可手续和减免税确认手续。对于企业使用政府补助、转贷、贴息投资建设的项目,政府只审批资金申请报告。各地区、各部门要相应改进管理办法,规范管理行为,不得以任何名义截留下放给企业的投资决策权利。对于政府投资项目,采用直接投资和资本金注入方式的,从投资决策角度只审批项目建议书和可行性研究报告,除特殊情况外不再审批开工报告,同时应严格政府投资项目的初步设计、概算审批工作;采用投资补助、转贷和贷款贴息方式的,只审批资金申请报告。

2016年7月5日,《中共中央 国务院关于深化投融资体制改革的意见》(简称《意见》)发布。根据该《意见》,及时修订并公布政府核准的投资项目目录,实行企业投资项目管理负面清单制度,除目录范围内的项目外,一律实行备案制,由企业按照有关规定向备案机关备案。建立企业投资项目管理权力清单制度,将各级政府部门行使的企业投资项目管理职权以清单形式明确下来,严格遵循职权法定原则,规范职权行使,优化管理流程。建立企业投资项目管理责任清单制度,厘清各级政府部门企业投资项目管理职权所对应的责任事项,明确责任主体,健全问责机制。建立健全"三个清单"动态管理机制,根据情况变化适时调整。清单应及时向社会公布,接受社会监督,做到依法、公开、透明。政府投资资金按项目安排,以直接投资方式为主。对确需支持的经营性项目,主要采取资本金注入方式投入,也可适当采取投资补助、贷款贴息等方式

进行引导。安排政府投资资金应当在明确各方权益的基础上平等对待各类投资主体，不得设置歧视性条件。根据发展需要，依法发起设立基础设施建设基金、公共服务发展基金、住房保障发展基金、政府出资产业投资基金等各类基金，充分发挥政府资金的引导作用和放大效应。加快地方政府融资平台的市场化转型。

关于投资管理，国家颁布了很多文件，如2007年11月颁发了《国务院办公厅关于加强和规范新开工项目管理的通知》（国办发〔2007〕64号），2013年5月，颁发了《国务院关于取消和下放一批行政审批项目等事项的决定》（国发〔2013〕19号），2013年12月国家发改委等部门颁发了《关于改进规范投资项目核准行为加强协同监管的通知》（发改投资〔2013〕2662号），2014年12月颁发了《国务院办公厅关于印发精简审批事项规范中介服务实行企业投资项目网上并联核准制度工作方案的通知》（国办发〔2014〕59号）、《国家发展改革委 中央编办关于一律不得将企业经营自主权事项作为企业投资项目核准前置条件的通知》（发改投资〔2014〕2999号）等。

同时，有关投资管理的相关规章陆续颁布，2004年9月发布了《企业投资项目核准暂行办法》，2004年10月发布了《外商投资项目核准暂行管理办法》《境外投资项目核准暂行管理办法》，2004年11月发布了《国家发展改革委关于实行企业投资项目备案制指导意见的通知》，2005年3月1日起施行《国际金融组织和外国政府贷款投资项目管理暂行办法》，2005年7月发布了《国家发展改革委关于审批地方政府投资项目的有关规定（暂行）》。

2013年7月15日起施行《中央预算内投资补助和贴息项目管理办法》，2014年3月1日起施行《中央预算内直接投资项目管理办法》；2014年5月8日起施行《境外投资项目核准和备案管理办法》（2004年10月发布的《境外投资项目核准暂行管理办法》同时废止）；2014年6月14日起施行《政府核准投资项目管理办法》（《企业投资项目核准暂行办法》同时废止）；2014年6月17日起施行《外商投资项目核准和备案管理办法》（国家发展和改革委员会2004年10月9日发布的《外商投资项目核准暂行管理办法》同时废止）；2017年4月8日起施行《企业投资项目核准和备案管理办法》。国家发改委颁布《企业境外投资管理办法》，自2018年3月1日起生效。国家发改委《企业投资项目事中事后监管办法》2018年2月4日起实施。

《企业投资项目核准和备案管理条例》已经2016年10月8日国务院第149次常务会议通过，自2017年2月1日起施行。《政府投资条例》已经2018年12月5日国务院第33次常务会议通过，自2019年7月1日起施行。

## 2.2 政府投资项目

### 2.2.1 政府投资的领域

政府投资资金应当投向市场不能有效配置资源的社会公益服务、公共基础设施、农业农村、生态环境保护、重大科技进步、社会管理、国家安全等公共领域的项目，以非经营性项目为主。国家完善有关政策措施，发挥政府投资资金的引导和带动作用，鼓励社会资金投向上述规定的领域。

国家建立政府投资范围定期评估调整机制，不断优化政府投资方向和结构。

### 2.2.2 政府投资方式

政府投资资金按项目安排，以直接投资方式为主；对确实需要支持的经营性项目，主要采取资本金注入方式，也可以适当采取投资补助、贷款贴息等方式。安排政府投资资金，应当符合推进中央与地方财政事权和支出责任划分改革的有关要求，并平等对待各类投资主体，不得设置歧视性条件。

国家通过建立项目库等方式，加强对使用政府投资资金项目的储备。

### 2.2.3 政府投资项目的审批

根据国务院《关于投资体制改革的决定》，对于政府投资项目，采用直接投资和资本金注入方式的，从投资决策角度只审批项目建议书和可行性研究报告，除特殊情况外不再审批开工报告，同时应严格政府投资项目的初步设计、概算审批工作；采用投资补助、转贷和贷款贴息方式的，只审批资金申请报告。上述投资体制改革的成果写入了《政府投资条例》，其第九条规定，政府投资项目是指政府采取直接投资方式、资本金注入方式投资的项目。项目单位应当编制项目建议书、可行性研究报告、初步设计，按照政府投资管理权限和规定的程序，报投资主管部门或者其他有关部门审批。项目单位应当加强政府投资项目的前期工作，保证前期工作的深度达到规定的要求，并对项目建议书、可行性研究报告、初步设计以及依法应当附具的其他文件的真实性负责。其第十四条规定，采取投资补助、贷款贴息等方式安排政府投资资金的，项目单位应当按照国家有关规定办理手续。

除涉及国家秘密的项目外，投资主管部门和其他有关部门应当通过全国投资项目在线审批监管平台（简称在线平台），使用在线平台生成的项目代码办理政府投资项目审批手续。投资主管部门和其他有关部门应当通过在线平台列明与政府投资有关的规划、产业政策等，公开政府投资项目审批的办理流程、办理时限等，并为项目单位提供相关咨询服务。

投资主管部门或者其他有关部门应当根据国民经济和社会发展规划、相关领域专项规划、产业政策等，从下列方面对政府投资项目进行审查，做出是否批准的决定：

1）项目建议书提出的项目建设的必要性。

2）可行性研究报告分析项目的技术经济可行性、社会效益以及项目资金等主要建设条件的落实情况。

3）初步设计及其提出的投资概算是否符合可行性研究报告批复以及国家有关标准和规范的要求。

4）依照法律、行政法规和国家有关规定应当审查的其他事项。

投资主管部门或者其他有关部门对政府投资项目不予批准的，应当书面通知项目单位并说明理由。对经济社会发展、社会公众利益有重大影响或者投资规模较大的政府投资项目，投资主管部门或者其他有关部门应当在中介服务机构评估、公众参与、专家评议、风险评估的基础上做出是否批准的决定。

经投资主管部门或者其他有关部门核定的投资概算是控制政府投资项目总投资的依据。初步设计提出的投资概算超过经批准的可行性研究报告提出的投资估算10%的，项目单位应当向投资主管部门或者其他有关部门报告，投资主管部门或者其他有关部门可以要求项目单位重新报送可行性研究报告。

## 2.3 企业投资项目

企业投资项目，是指企业在中国境内投资建设的固定资产投资项目。根据国务院《关于投资体制改革的决定》，对于企业不使用政府投资建设的项目，一律不再实行审批制，其中对于列入《政府核准的投资项目目录》（简称《目录》）的重大项目和限制类项目，实行核准制。对于《目录》以外的企业投资项目，实行备案制，除国家另有规定外，由企业按照属地原则向地方政府投资主管部门备案。国务院投资主管部门要对备案工作加强指导和监督，防止以备案的名义变相审批。企业投资项目备案制，既不同于传统的审批制，也不同于核准制。与这两项制度相比，备案制的程序更加简便，内容也更简略。

《企业投资项目核准和备案管理条例》确认了上述改革成果，其第三条规定，对关系国家安全、涉及全国重大生产力布局、战略性资源开发和重大公共利益等项目，实行核准管理。具体项目范围以及核准机关、核准权限依照政府核准的投资项目目录执行。政府核准的投资项目目录由国务院投资主管部门会同国务院有关部门提出，报国务院批准后实施，并适时调整。国务院另有规定的，依照其规定执行。

对前款规定以外的项目，实行备案管理。除国务院另有规定的，实行备案管理的项目按照属地原则备案，备案机关及其权限由省、自治区、直辖市和计划单列市人民政府规定。

关于企业投资项目管理的法规、文件主要包括：2004年9月发布的《企业投资项目核准暂行办法》，2014年5月8日起施行的《境外投资项目核准和备案管理办法》；2014年6月14日起施行的《政府核准投资项目管理办法》，将原办法废止；2014年6月17日起施行的《外商投资项目核准和备案管理办法》；2014年12月颁发的《国务院办公厅关于印发精简审批事项规范中介服务实行企业投资项目网上并联核准制度工作方案的通知》（国办发〔2014〕59号）（附件：《企业投资项目核准的前置审批事项及设定依据一览表》）；《企业投资项目核准和备案管理条例》2017年2月1日起实施；2017年4月8日生效的《企业投资项目核准和备案管理办法》，《政府核准投资项目管理办法》废止。

### 2.3.1 企业投资项目核准

**1. 项目申请书**

根据《企业投资项目核准和备案管理条例》规定，企业办理项目核准手续，应当向核准机关提交项目申请书；由国务院核准的项目，向国务院投资主管部门提交项目申请书。项目申请书应当包括下列内容：

1）企业基本情况。
2）项目情况，包括项目名称、建设地点、建设规模、建设内容等。
3）项目利用资源情况分析以及对生态环境的影响分析。
4）项目对经济和社会的影响分析。

企业应当对项目申请书内容的真实性负责。法律、行政法规规定办理相关手续作为项目核准前置条件的，企业应当提交已经办理相关手续的证明文件。

项目申请书由企业自主组织编制，任何单位和个人不得强制企业委托中介服务机构编制项目申请书。

核准机关应当制定并公布项目申请书示范文本，明确项目申请书编制要求。

根据《企业投资项目核准和备案管理办法》规定，项目单位在报送项目申请报告时，应当根据国家法律法规的规定附具以下文件：

1）城乡规划行政主管部门出具的选址意见书（仅指以划拨方式提供国有土地使用权的项目）。

2）国土资源（海洋）行政主管部门出具的用地（用海）预审意见（国土资源主管部门明确可以不进行用地预审的情形除外）。

3）法律、行政法规规定需要办理的其他相关手续。

**2. 审查**

项目核准机关应当从以下方面对项目进行审查：

1）是否危害经济安全、社会安全、生态安全等国家安全。

2）是否符合相关发展建设规划、产业政策和技术标准。

3）是否合理开发并有效利用资源。

4）是否对重大公共利益产生不利影响。

项目核准机关应当制定审查工作细则，明确审查具体内容、审查标准、审查要点、注意事项及不当行为需要承担的后果等。

项目符合核准条件的，项目核准机关应当对项目予以核准并向项目单位出具项目核准文件。项目不符合核准条件的，项目核准机关应当出具不予核准的书面通知，并说明不予核准的理由。

项目自核准机关出具项目核准文件或同意项目变更决定2年内未开工建设，需要延期开工建设的，项目单位应当在2年期限届满的30个工作日前，向项目核准机关申请延期开工建设。项目核准机关应当自受理申请之日起20个工作日内，做出是否同意延期开工建设的决定，并出具相应文件。开工建设只能延期一次，期限最长不得超过1年。国家对项目延期开工建设另有规定的，依照其规定。在2年期限内未开工建设也未按照规定向项目核准机关申请延期的，项目核准文件或同意项目变更决定自动失效。

## 2.3.2 企业投资项目备案

根据《企业投资项目核准和备案管理条例》规定，实行备案管理的项目，企业应当在开工建设前通过在线平台将下列信息告知备案机关：

1）企业基本情况。

2）项目名称、建设地点、建设规模、建设内容。

3）项目总投资额。

4）项目符合产业政策的声明。

企业应当对备案项目信息的真实性负责。备案机关收到本条第一款规定的全部信息即为备案；企业告知的信息不齐全的，备案机关应当指导企业补正。

企业需要备案证明的，可以要求备案机关出具或者通过在线平台自行打印。

除涉及国家秘密的项目外，项目核准、备案通过国家建立的项目在线监管平台（简称在线平台）办理。核准机关、备案机关以及其他有关部门统一使用在线平台生成的项目代码办理相关手续。

《企业投资项目核准和备案管理条例》规定，事业单位、社会团体等非企业组织在中国境内投资建设的固定资产投资项目适用本条例，但通过预算安排的固定资产投资项目除外。《企业投资项目核准和备案管理办法》规定，事业单位、社会团体等非企业组织在中国境内利用自有资金、不申请政府投资建设的固定资产投资项目，按照企业投资项目进行管理。个人投资建设项目参照本办法的相关规定执行。

### 2.3.3 企业投资项目事中事后监管

2018年1月，国家发改委发布《企业投资项目事中事后监管办法》。

项目事中事后监管，是指各级发展改革部门对项目开工前是否依法取得核准批复文件或者办理备案手续，并在开工后是否按照核准批复文件或者备案内容进行建设的监督管理。各级发展改革部门开展项目事中事后监管，应当与规划、环保、国土、建设、安全生产等主管部门的事中事后监管工作各司其职、各负其责，并加强协调配合。各级发展改革部门对项目实施分级分类监督管理。对已经取得核准批复文件的项目，由核准机关实施监督管理；对已经备案的项目，由备案机关实施监督管理。对项目是否依法取得核准批复文件或者办理备案手续，由项目所在地县级以上地方发展改革部门实施监督管理。

**1. 对核准项目的监管**

1）核准机关对本机关已核准的项目，应当对以下方面进行监督管理：是否通过在线平台如实、及时报送项目开工建设、建设进度、竣工等建设实施基本信息；需要变更已核准建设地点或者对已核准建设规模、建设内容等作较大变更的，是否按规定办理变更手续；需要延期开工建设的，是否按规定办理延期开工建设手续；是否按照核准的建设地点、建设规模、建设内容等进行建设。

2）核准机关应当根据行业特点、监管需要和简易、可操作的原则，制定、上线核准项目报送建设实施基本信息的格式文本，并对报送的建设实施基本信息进行在线监测。

3）核准机关对其核准的项目，应当在项目开工后至少开展一次现场核查。

4）已开工核准项目未如实、及时报送建设实施基本信息的，核准机关应当责令项目单位予以纠正；拒不纠正的，给予警告。

5）项目未按规定办理核准批复文件、项目变更批复文件或者批复文件失效后开工建设的，核准机关应当依法责令停止建设或者责令停产，并依法处以罚款。

6）项目未按照核准的建设地点、建设规模、建设内容等进行建设的，核准机关应当依法责令停止建设或者责令停产，并依法处以罚款。对于有关部门依法认定项目建设内容属于产业政策禁止投资建设的，核准机关应当依法责令停止建设或者责令停产并恢复原状，并依法处以罚款。

7）县级以上地方发展改革部门发现本行政区域内的项目列入《政府核准的投资项目目录》，但未依法办理核准批复文件、项目变更批复文件或者批复文件失效后开工建设的，应当报告对该项目有核准权限的机关，由核准机关依法责令停止建设或者责令停产，并依法处以罚款。

**2. 对备案项目的监管**

1）备案机关对本机关已备案的项目，应当对以下方面进行监督管理：①是否通过在线平台如实、及时报送项目开工建设、建设进度、竣工等建设实施基本信息；②是否属于实行核准管理的项目；③是否按照备案的建设地点、建设规模、建设内容进行建设；④是否属于产业政策禁止投资建设的项目。

2）备案机关应当根据行业特点、监管需要和简易、可操作的原则，制定、上线备案项目报送建设实施基本信息的格式文本，并对报送的建设实施基本信息进行在线监测。

3）项目自备案后2年内未开工建设或者未办理任何其他手续的，项目单位如果决定继续实施该项目，应当通过在线平台做出说明；如果不再继续实施，应当撤回已备案信息。前款项目既未做出说明，也未撤回备案信息的，备案机关当予以提醒。经提醒后仍未做出相应处理的，备案机关应当移除已向社会公示的备案信息，项目单位获取的备案证明文件自动失效。对其中属于故意报备不真实项目、影响投资信息准确性的，备案机关可以将项目列入异常名录，并向社会公开。

4）备案机关对其备案的项目，应当根据"双随机一公开"的原则，结合投资调控实际需要，定期制订现场核查计划。对列入现场核查计划的项目，应当在项目开工后至少开展一次现场核查。列入现场核查计划的项目数量比例，由备案机关根据实际确定。

5）已开工备案项目未如实、及时报送建设实施基本信息的，备案机关应当责令项目单位予以纠正；拒不纠正的，给予警告。

6）项目建设与备案信息不符的，备案机关应当责令限期改正；逾期不改正的，依法处以罚款并列入失信企业名单，向社会公开。对于有关部门依法认定项目建设内容属于产业政策禁止投资建设的，备案机关应当依法责令停止建设或者责令停产并恢复原状，并依法处以罚款。

7）县级以上地方发展改革部门发现本行政区域内的已开工项目应备案但未依法备案的，应当报告对该项目有备案权限的机关，由备案机关责令其限期改正；逾期不改正的，依法处以罚款并列入失信企业名单，向社会公开。

8）对本行政区域内的已开工项目，经有关部门依法认定属于产业政策禁止投资建设的，县级以上发展改革部门应当依法责令停止建设或者责令停产并恢复原状，并依法处以罚款。

**3. 监管程序和方式**

1）各级发展改革部门对项目的现场核查，可以自行开展，也可以发挥工程咨询单位等机构的专业优势，以委托第三方机构的方式开展。委托第三方机构开展现场核查的，应当建立核查机构名录，制定核查工作规范，加强对核查工作的指导和监督。委托第三方机构开展现场核查的经费由委托方承担。

2）各级发展改革部门应当依托在线平台，运用大数据、互联网、移动计算等信息技术手段，加强对各类信息的分析研判，提高发现问题线索的能力。

3）各级发展改革部门应当畅通投诉举报渠道，对投诉举报反映的问题线索及时予以处理。

4）各级发展改革部门对发现的涉嫌违法问题，应当按照法定权限和程序立案查处，并做出处理决定。对发现的涉及其他部门职权的违法违纪线索，应当及时移送。涉嫌犯罪的，应当移送司法机关追究刑事责任。

5）各级发展改革部门对项目的行政处罚信息，应当通过在线平台进行归集，并通过在线平台和"信用中国"网站向社会公开。对在项目事中事后监管中形成的项目异常名录和失信企业名单，应当通过在线平台与全国信用信息平台共享，通过"信用中国"网站向社会公开，并实施联合惩戒。

6）各级发展改革部门应当与规划、环保、国土、建设、安全生产等主管部门建立健全协同监管和联合执法机制，参加本级人民政府开展的综合执法工作，提高监管执法效率。

7）各级发展改革部门应当建立健全项目事中事后监管责任制和责任追究制，通过约谈、挂牌督办、上收核准权限等措施，督促下级发展改革部门落实工作责任。

## 2.4 国际金融组织和外国政府贷款投资项目管理

国外贷款属于国家主权外债，按照政府投资资金进行管理。国家发改委2005年2月发布了《国际金融组织和外国政府贷款投资项目管理暂行办法》，2005年3月1日实施。国外贷款主要用于公益性和公共基础设施建设，保护和改善生态环境，促进欠发达地区经济和社会发展。

### 2.4.1 概念

国际金融组织和外国政府贷款投资项目，指借用世界银行、亚洲开发银行、国际农业发展基金会等国际金融组织贷款和外国政府贷款及与贷款混合使用的赠款、联合融资等投资项目。

### 2.4.2 国外贷款备选项目规划

国外贷款备选项目规划是项目对外开展工作的依据。借用国外贷款的项目必须纳入国外贷款备选项目规划。未纳入国外贷款备选项目规划的项目，国务院各有关部门、地方各级政府和项目用款单位不得向国际金融组织或外国政府等国外贷款机构正式提出贷款申请。

国务院发展改革部门按照国民经济和社会发展规划、产业政策、外债管理及国外贷款使用原则和要求，编制国外贷款备选项目规划，并据此制订、下达年度项目签约计划。世界银行、亚洲开发银行贷款和日本政府日元贷款备选项目规划由国务院发展改革部门提出，商国务院财政部门后报国务院批准。

国务院行业主管部门、省级发展改革部门、计划单列企业集团和中央管理企业向国务院发展改革部门申报纳入国外贷款规划的备选项目。国务院行业主管部门申报的项目，由地方政府安排配套资金、承担贷款偿还责任或提供贷款担保的，应当同时出具省级发展改革部门及有关部门意见。

申报纳入国外贷款规划的备选项目材料包括以下内容：

1）项目简要情况。
2）项目建设必要性。
3）拟申请借用国外贷款的类别或国别。
4）贷款金额及用途。
5）贷款偿还责任。

已纳入国际金融组织贷款、日本政府日元贷款备选项目规划的项目，如需调整贷款来源或撤销贷款的，应当将调整内容按照本办法第七条规定的程序报国务院发展改革部门。纳入其他外国政府贷款备选项目规划的项目，如需调整贷款来源的，应当将调整内容在项目资金申请报告审批阶段一并报批。

原批准使用其他资金的项目，拟申请转用国外贷款；或已批准使用国外贷款的项目，拟申请转用其他资金的，应当按照本办法第七条规定的程序报国务院发展改革部门。

国务院发展改革部门、省级发展改革部门参与项目的有关对外工作，指导和督促国外贷款规划及年度项目签约计划的落实。

纳入国外贷款备选项目规划的项目，应当区别不同情况履行审批、核准或备案手续：

1）由中央统借统还的项目，按照中央政府直接投资项目进行管理，其项目建议书、可行性研究报告由国务院发展改革部门审批或审核后报国务院审批。

2）由省级政府负责偿还或提供还款担保的项目，按照省级政府直接投资项目进行管理，其项目审批权限，按国务院及国务院发展改革部门的有关规定执行。除应当报国务院及国务院发展改革部门审批的项目外，其他项目的可行性研究报告均由省级发展改革部门审批，审批权限不得下放。

3）由项目用款单位自行偿还且不需政府担保的项目，参照《政府核准的投资项目目录》规定办理：凡《政府核准的投资项目目录》所列的项目，其项目申请报告分别由省级发展改革部门、国务院发展改革部门核准，或由国务院发展改革部门审核后报国务院核准；《政府核准的投资项目目录》之外的项目，报项目所在地省级发展改革部门备案。

### 2.4.3 项目资金申请报告

项目纳入国外贷款备选项目规划并完成审批、核准或备案手续后，项目用款单位须向所在地省级发展改革部门提出项目资金申请报告。项目资金申请报告由省级发展改革部门初审后，报国务院发展改革部门审批。国务院行业主管部门、计划单列企业集团和中央管理企业的项目资金申请报告，直接报国务院发展改革部门审批。

由国务院及国务院发展改革部门审批的项目可行性研究报告，可行性研究报告中应当包括项目资金申请报告内容，不再单独审批项目资金申请报告。

项目资金申请报告应当具备以下内容：

1）项目概况，包括项目建设规模及内容、总投资、资本金、国外贷款及其他资金、项目业主、项目执行机构、项目建设期。

2）国外贷款来源及条件，包括国外贷款机构或贷款国别、还款期、宽限期、利率、承诺费等。

3）项目对外工作进展情况。

4）贷款使用范围，包括贷款用于土建、设备、材料、咨询和培训等的资金安排。

5）设备和材料采购清单及采购方式，包括主要设备和材料规格、数量、单价。

6）经济分析和财务评价结论。

7）贷款偿还及担保责任、还款资金来源及还款计划。

项目资金申请报告应当附以下文件：

1）项目批准文件（项目可行性研究报告批准文件、项目申请报告核准文件或项目备案文件）。

2）国际金融组织和日本国际协力银行贷款项目，应提供国外贷款机构对项目的评估报告。

3）国务院行业主管部门提出项目资金申请报告时，如项目需地方政府安排配套资金、承担贷款偿还责任或提供贷款担保的，应出具省级发展改革部门及有关部门意见。

4）申请使用限制性采购的国外贷款项目，应出具对国外贷款条件、国内外采购比例、设备价格等比选结果报告。

国务院发展改革部门审批项目资金申请报告的条件是：

1）符合国家利用国外贷款的政策及使用规定。

2）符合国外贷款备选项目规划。

3）项目已按规定履行审批、核准或备案手续。

4）国外贷款偿还和担保责任明确，还款资金来源及还款计划落实。

5）国外贷款机构对项目贷款已初步承诺。

项目资金申请报告批准后，项目建设内容、贷款金额及用途等发生变化的，须按本办法第十三条规定的程序将调整方案报国务院发展改革部门批准。

国务院及国务院发展改革部门对项目可行性研究报告或资金申请报告的批准文件，是对外谈判、签约和对内办理转贷生效、外债登记、招标采购和免税手续的依据。

未经国务院及国务院发展改革部门审批可行性研究报告或资金申请报告的项目，有关部门和单位不得对外签署贷款协定、协议和合同，外汇管理、税务、海关等部门及银行不予办理相关手续。

项目资金申请报告自批准之日起两年内，项目未签订国外贷款转贷协议的，该批准文件自动失效。

### 2.4.4 项目实施管理

国务院发展改革部门、省级发展改革部门指导和协调项目实施工作，监督有关招标投标活动。

国外贷款项目出现余款时，项目用款单位应当及时办理有关余款取消手续，并按本办法第十三条规定的程序抄报国务院发展改革部门。如将余款继续用于完善原项目建设的，应当参照项目资金申请报告的要求，编制余款使用方案，并按本办法第十三条规定的程序报国务院发展改革部门批准。

负责将国外贷款进行转贷的转贷机构，应当根据国务院及国务院发展改革部门对项目可行性研究报告或资金申请报告的批准文件，对项目的国外贷款进行转贷，并于每年6月底和12月底向国务院发展改革部门报送国外贷款支付和偿还情况。由各级政府负责偿还国外贷款或提供还款担保的项目，转贷机构原则上应当按贷款方提供的贷款条件进行转贷。如以规避外债风险为目的需对上述项目转贷条件进行调整的，转贷机构应当事先征得国务院发展改革部门同意。

项目用款单位要依法履行国外贷款偿还责任，及时进行外债登记，加强国外贷款债务风险管理。项目用款单位要建立项目信息反馈制度，并于每年6月底和12月底向批准项目的发展改革部门提交项目进度报告。

国务院发展改革部门应当对项目实施情况和省级发展改革部门批准及管理项目情况进行监督检查,并对查实的问题提出处理意见。

为确保对外还款,防止逃废债务,尚未偿还全部国外贷款的项目用款单位,在进行资产重组、产权变更或破产申请前,应当事先征得转贷机构对剩余债务偿还安排的书面认可,落实还贷责任,并将有关结果抄报国务院发展改革部门。

## 2.5 工程建设法律实务专题2——工程建设项目立项法律风险防控

无论是政府投资项目,还是企业投资项目,都应当按照法律规定办理立项手续。《政府投资条例》《企业投资项目核准和备案管理条例》以及大量的行政规章均规定了法律责任的内容,对于工程建设项目来讲,这些都属于法律风险源,必须引起相关主体的重视。

### 2.5.1 《政府投资条例》关于法律责任的规定

1)有下列情形之一的,责令改正,对负有责任的领导人员和直接责任人员依法给予处分:①超越审批权限审批政府投资项目;②对不符合规定的政府投资项目予以批准;③未按照规定核定或者调整政府投资项目的投资概算;④为不符合规定的项目安排投资补助、贷款贴息等政府投资资金;⑤履行政府投资管理职责中其他玩忽职守、滥用职权、徇私舞弊的情形。

2)有下列情形之一的,依照有关预算的法律、行政法规和国家有关规定追究法律责任:①政府及其有关部门违法违规举借债务筹措政府投资资金;②未按照规定及时、足额办理政府投资资金拨付;③转移、侵占、挪用政府投资资金。

3)项目单位有下列情形之一的,责令改正,根据具体情况,暂停、停止拨付资金或者收回已拨付的资金,暂停或者停止建设活动,对负有责任的领导人员和直接责任人员依法给予处分:①未经批准或者不符合规定的建设条件开工建设政府投资项目;②弄虚作假骗取政府投资项目审批或者投资补助、贷款贴息等政府投资资金;③未经批准变更政府投资项目的建设地点或者对建设规模、建设内容等做较大变更;④擅自增加投资概算;⑤要求施工单位对政府投资项目垫资建设;⑥无正当理由不实施或者不按照建设工期实施已批准的政府投资项目。

4)项目单位未按照规定将政府投资项目审批和实施过程中的有关文件、资料存档备查,或者转移、隐匿、篡改、毁弃项目有关文件、资料的,责令改正,对负有责任的领导人员和直接责任人员依法给予处分。

5)违反本条例规定,构成犯罪的,依法追究刑事责任。

### 2.5.2 《企业投资项目核准和备案管理条例》关于法律责任的规定

1)实行核准管理的项目,企业未依照本条例规定办理核准手续开工建设或者未按照核准的建设地点、建设规模、建设内容等进行建设的,由核准机关责令停止建设或者责令停产,对企业处项目总投资额1‰以上5‰以下的罚款;对直接负责的主管人员和其他直接责任人员处2万元以上5万元以下的罚款,属于国家工作人员的,依法给予处分。以欺骗、贿赂等不正当手段取得项目核准文件,尚未开工建设的,由核准机关撤销核准文件,处项目总投资额1‰以上5‰以下的罚款;已经开工建设的,依照前款规定予以处罚;构成犯罪的,依法追究刑事责任。

2)实行备案管理的项目,企业未依照本条例规定将项目信息或者已备案项目的信息变更情况告知备案机关,或者向备案机关提供虚假信息的,由备案机关责令限期改正;逾期不改正的,处2万元以上5万元以下的罚款。

3)企业投资建设产业政策禁止投资建设项目的,由县级以上人民政府投资主管部门责令停止建设或者责令停产并恢复原状,对企业处项目总投资额5‰以上10‰以下的罚款;对直接负责的主管人员和其他直接责任人员处5万元以上10万元以下的罚款,属于国家工作人员的,依法给予处分。法律、行政法规另有规定的,依照其规定。

4)核准机关、备案机关及其工作人员在项目核准、备案工作中玩忽职守、滥用职权、徇私舞弊的,对负有责任的领导人员和直接责任人员依法给予处分;构成犯罪的,依法追究刑事责任。

## 2.5.3 建设单位立项法律风险防控

1)政府投资项目单位,应经批准并符合规定的建设条件后开工建设政府投资项目;不弄虚作假骗取政府投资项目审批或者投资补助、贷款贴息等政府投资资金;变更政府投资项目的建设地点或者对建设规模、建设内容等做较大变更应经批准;不擅自增加投资概算;不要求施工单位对政府投资项目垫资建设;已批准的政府投资项目应按照建设工期实施,除非有无正当理由。项目单位应按照规定将政府投资项目审批和实施过程中的有关文件、资料存档备查,不转移、隐匿、篡改、毁弃项目有关文件、资料。

2)企业投资工程项目的建设单位,应依照条例规定办理核准手续开工建设,按照核准的建设地点、建设规模、建设内容等进行建设;在项目核准文件办理中不欺骗、不贿赂;实行备案管理的项目,企业应依照条例规定将项目信息或者已备案项目的信息变更情况告知备案机关,不向备案机关提供虚假信息。企业投资建设应符合产业政策。

## 【案例1】 姚某与A公司排除妨害纠纷案

【案情介绍】

2017年12月29日,陕西省西咸新区××城投资服务局做出《陕西省西咸新区××城投资服务局关于昆明池110kV输变电工程项目核准的批复》,该批复显示为了满足昆明池周边地区较快的负荷增长需求,缓解地区供电压力,依据《行政许可法》《企业投资项目核准和备案管理条例》,同意建设昆明池110kV输变电工程项目,项目建设地点(起止路线等)为××城××路以南,沣东八路以西区域,占地约6亩(1亩≈666.7$m^2$)。2018年9月13日,陕西省西咸新区国土资源与房屋管理局××城分局出具《关于国网西咸新区供电公司昆明池110kV变电站项目用地的说明》,载明:供电公司昆明池110kV变电站项目位于陕西省西咸新区××城××村××路以西,占地面积5.983亩,该项目用地符合土地利用规划,目前正在办理土地划拨手续。2018年10月31日,昆明池110kV输变电工程取得建设用地规划许可证。

A 公司于 2018 年 5、6 月开始在××镇××村建设电力设施，××村××公路。该建筑完工后，阻挡了姚某去自己家承包地的道路，姚某在该地上种植有核桃树两三千棵。2013 年开始××街××村的土地被国家以租代征，斗门街办每亩每年给付租金 2000 元，姚某未领取该款。

姚某向第一审法院起诉请求：①A 公司建设的昆明池 110kV 输变电工程停止侵害。②恢复侵害姚某约 130m 生产路原状。

【法院观点】

第一审法院认为，因西咸新区××城征地行为，××街××村包括姚某家庭承包地在内的土地被政府以"以租代征"的形式征用，政府按照每年每亩 2000 元的价格向农户发放土地占用损失，姚某虽未领取该款但征地事实已经形成，××村"以租代征"之后的土地应由政府行使使用权，姚某继续主张自家的承包地使用权缺乏法律依据，同理姚某主张排除妨害也缺乏法律依据，依法不予支持。姚某如认为 A 公司系非法征用土地或建造的建筑属于非法建筑，可自行向有关部门反映。依照《最高人民法院关于民事诉讼证据的若干规定》第二条、《关于适用〈中华人民共和国民事诉讼法〉的解释》第九十条的规定，判决：①驳回原告姚某要求被告 A 公司建设的昆明池 110kV 输变电工程停止侵害的诉讼请求。②驳回原告姚某要求被告 A 公司恢复侵害约 130m 生产路原状的诉讼请求。第一审案件受理费 100 元，姚某已预交，由姚某负担。姚某不服，提起上诉。

第二审法院认为，本案中姚某称 A 公司在通往其承包地的生产路上建设电力设施阻碍其通行，主张 A 公司停止侵害、恢复原状，但根据本案查明事实，案涉昆明池 110kV 输变电工程项目是经陕西省西咸新区××城投资服务局核准批复，陕西省西咸新区国土资源与房屋管理局××城分局也称该项目用地符合土地利用规划，且该项目也已经取得建设用地规划许可证，同时结合本案姚某所述"以租代征"的客观实际以及 A 公司建设昆明池 110kV 输变电工程项目系经相关部门核准批复，用地符合规划的事实，姚某主张 A 公司停止侵害、恢复原状，缺乏法律依据，第一审法院对其诉讼请求未予支持，并无不当。综上所述，姚某的上诉请求不能成立，应予驳回；第一审判决认定事实清楚，适用法律正确，应予维持。依照《民事诉讼法》第一百七十条第一款第一项规定，判决如下：驳回上诉，维持原判。

【知识点分析】

项目核准是本章学习的重点。本案人民法院主要依据项目已经相关部门依法核准的事实，驳回原告诉讼请求，体现了依法核准的项目应受法律保护的基本原则。

## 【案例 2】 索某诉 A 省发展和改革委员会行政批复及 A 省人民政府行政复议案

【案情介绍】

2015 年 9 月 18 日，邳州市发展改革与经济委员会（简称邳州市发改委）向 A 省发展和改革委员会（简称省发改委）报送《关于申请徐州港邳州港区邳州作业区搬迁工程项目的请示》及相关附件材料，省发改委经审核后于 2015 年 10 月 9 日做出《省发展改革委关于徐州港邳州港区邳州作业区搬迁工程项目核准的批复》（苏发改基础发〔2015〕1127 号，简称《1127 号批复》），同意邳州市润城港务有限公司在京杭运河邳州段右岸、大王庙下游约1000m处建设徐州港邳州港区邳州作业区搬迁工程。项目建设13个2000吨级泊位：3个建材泊位、4个煤炭装船泊位、1个通用泊位、3个杂货泊位、2个多用途泊位，以及相应配套设施，设计年通过能力997万t。项目总投资约126900万元，其中资本金318000万元（约占项目总投资的25%）由港务有限公司自有资金解决，其余资金企业自筹。该批复还载明，请项目单位根据本核准文件，办理规划许可、资源利用、安全生产等相关手续。

2017年2月26日，索某以省发改委为被申请人向省政府申请行政复议，称，索某于2017年1月23日通过向邳州市发改委申请政府信息公开得知《1127号批复》，索某的土地在该批复所建设项目的范围之内，省发改委做出《1127号批复》在实体上和程序上均违法，侵犯了索某的合法权益，请求依法撤销省发改委做出的《1127号批复》。省政府于2017年2月28日收到索某的行政复议申请，于2017年3月6日受理，并于同日向省发改委发出提出说明通知书。省政府经审查后，于2017年4月27日做出〔2017〕苏行复第103号《行政复议决定书》（简称《103号行政复议决定》），维持了省发改委做出的《1127号批复》。2017年4月28日，省政府向索某及省发改委邮寄送达了《103号行政复议决定》。索某不服，向法院提起行政诉讼。

**【法院观点】**

第一审法院认为，《行政诉讼法》第二十五条规定："行政行为的相对人以及其他与行政行为有利害关系的公民、法人或者其他组织，有权提起诉讼。"该条规定的"利害关系"应当是指行政行为对当事人的权利义务内容直接造成影响，而无须再凭借其他法律关系。过于宽泛地理解利害关系，将会造成行政行为效力范围的不确定。行政机关做出被诉行政行为时所适用的行政实体法律规范，是否要求行政机关考虑、尊重和保护原告诉请保护的权利和利益，是判断利害关系的标准之一。本案中，索某行政复议和诉讼所针对的是省发改委做出的《1127号批复》，理由均是认为其房屋所在地因《1127号批复》所涉港口项目建设而被列入拆迁范围，而《1127号批复》违法，侵害了其合法权益。从《1127号批复》的内容来看，该批复是省发改委根据邳州市发改委的请示，核准港务有限公司建设徐州港邳州港区邳州作业区搬迁工程，其所依据的是《国务院关于投资体制改革的决定》《政府核准投资项目管理办法》《政府核准投资项目目录（2014）年本》以及《江苏省政府核准的投资项目目录（2015年本）》的相关规定。根据《国务院关于投资体制改革的决定》《政府核准投资项目管理办法》等规定，发展改革部门对企业投资项目的核准，主要是从拟建项目是否维护经济安全、合理开发利用资源、保护生态环境、优先重大部局、保障公共利益等方面进行审查，并不涉及项目征地拆迁、安置补偿等与相对人具体权利义务相关的内容。故索某以《1127号批复》核准的项目建设影响其房屋利益为由，要求撤销《1127号批复》，因其与项目核准行为不具有利害关系，故不具有提起本案诉讼的原告主体资格。索某提起本案诉讼，不符合《行政诉讼法》第四十九条第（一）项规定提起行政诉讼的法定条件。根据原《最高人民法院关于适用〈中华人民共和国行政诉讼法〉若干问题的解释》第三条第一款第（一）项的规定，不符合《行政诉讼法》第四十九条规定，已经立案的，应当裁定驳回起诉。

本案被诉的行政行为包括省发改委做出的批复和省政府做出的行政复议决定，在省发改委做出的批复不属于人民法院行政诉讼受案范围的情况下，对于由此引发的行政复议行为，法院也不再进行审查。

综上，依照《行政诉讼法》第二十五条、第四十九条第（一）项、原《最高人民法院关于适用＜中华人民共和国行政诉讼法＞若干问题的解释》第三条第一款第（一）项的规定，第一审法院裁定驳回索某的起诉。

索某不服，上诉称，其房屋及土地均在《1127号批复》涉及的项目范围内，关系到其切身利益，其与本案被诉批复行为具有利害关系。第一审法院以其起诉不符合法定起诉条件为由裁定驳回属于适用法律错误。请求法院撤销第一审裁定，指令第一审法院继续审理。

第二审法院认为，本案的争议焦点是如何理解行政诉讼法规定的"利害关系"，即如何认定原告主体资格问题。《行政诉讼法》第二十五条第一款规定，行政行为的相对人以及其他与行政行为有利害关系的公民、法人或者其他组织，有权提起诉讼。所谓"利害关系"，应限于法律上的利害关系，不宜包括受到影响的反射性利益。实践中，多将法律规范保护的权益与请求权基础相结合，作为判断是否存在公法上利害关系的重要标准，即行政机关做出行政行为时所依据的行政实体法和所适用的行政实体法律规范体系，是否要求行政机关考虑、尊重和保护原告诉请保护的权利或法律上的利益。

就本案而言，根据《企业投资项目核准和备案管理条例》《企业投资项目核准和备案管理办法》《江苏省投资项目核准管理办法》等规定，发展改革部门对企业投资项目的核准和备案行为，主要是从维护经济安全、合理开发利用资源、保护生态环境、优化重大布局、保障公共利益、防止出现垄断等方面，判断某一项目是否应予核准或备案。考察上述一系列规定，并无任何条文要求发展改革部门必须保护或者考量项目用地范围内的土地使用权人权益保障问题，相关立法宗旨也不可能要求必须考虑类似索某等个人的房地权益的保障问题。发展改革部门在做出项目核准或备案行为时，也就无须审查项目用地范围内的征地拆迁、补偿安置等事宜，无须考虑项目用地范围内单个土地、房屋等权利人的土地使用权和房屋所有权的保护问题。因此，项目建设涉及的土地使用权人或房屋所有权人与项目核准或备案行为不具有行政法上的权利义务关系，其以项目核准或备案行为侵犯其土地使用权或房屋所有权为由，申请行政复议或提起行政诉讼，并不具有申请人或原告主体资格。具体到本案中，省发改委做出的《1127号批复》即使涉及上诉人索某依法使用的土地及所有的地上房屋，因其与该核准批复行为不具有利害关系，索某也不能以此为由提起行政诉讼。由此引发的行政复议行为，法院不再予以审查。根据《最高人民法院关于适用＜中华人民共和国行政诉讼法＞的解释》第六十九条第一款第（一）项的规定，不符合行政诉讼法第四十九条规定的，已经立案的，应当裁定驳回起诉。第一审法院据此裁定驳回索某的起诉于法有据，应予维持。

综上，第一审裁定认定事实清楚、适用法律正确。依据《行政诉讼法》第八十九条第一款第（一）项的规定，裁定如下：驳回上诉，维持原裁定。本裁定为终审裁定。

**【知识点分析】**

根据《企业投资项目核准和备案管理条例》《企业投资项目核准和备案管理办法》规定，

发展改革部门对企业投资项目的核准和备案行为，主要是从维护经济安全、合理开发利用资源、保护生态环境、优化重大布局、保障公共利益、防止出现垄断等方面，判断某一项目是否应予核准或备案。上述条例和办法并无任何条文要求发展改革部门必须保护或者考量项目用地范围内的土地使用权人权益保障问题。本案例对于正确理解发展改革部门对企业投资项目的核准和备案行为的法律性质具有重要的参考价值。

## 复 习 题

1. 对于政府投资项目，应从哪几个方面进行审查？
2. 企业办理项目核准手续，提交项目申请书应当包括哪些内容？
3. 对于投资备案项目，企业应当在开工建设前将哪些信息告知备案机关？
4. 简述企业投资项目事中事后监管的概念。
5. 建设单位针对项目立项应当如何进行法律风险防控？

# 第 3 章 城乡规划法

在整个工程建设活动中，办理城乡规划手续是必不可少的环节，也就是说工程建设活动必须受到城乡规划的规制。关于城乡规划，国家制定了很多法律法规，是办理相关规划手续必须了解的内容。

## 3.1 城乡规划法概述

### 3.1.1 城乡规划的概念及立法

城乡规划是指政府对一定时期内城市、镇、乡、村庄的建设布局、土地利用、经济和社会发展有关事项的总体安排和实施措施。

城乡规划是政府指导、调控城市和乡村建设的基本手段。因此，进行工程建设活动必须遵守规划，《城乡规划法》第三条规定："城市和镇应当依照本法制定城市规划和镇规划。城市、镇规划区内的建设活动应当符合规划要求。县级以上地方人民政府根据本地农村经济社会发展水平，按照因地制宜、切实可行的原则，确定应当制定乡规划、村庄规划的区域。在确定区域内的乡、村庄，应当依照本法制定规划，规划区内的乡、村庄建设应当符合规划要求。县级以上地方人民政府鼓励、指导前款规定以外的区域的乡、村庄制定和实施乡规划、村庄规划。"第九条规定："任何单位和个人都应当遵守经依法批准并公布的城乡规划，服从规划管理，并有权就涉及其利害关系的建设活动是否符合规划的要求向城乡规划主管部门查询。任何单位和个人都有权向城乡规划主管部门或者其他有关部门举报或者控告违反城乡规划的行为。城乡规划主管部门或者其他有关部门对举报或者控告，应当及时受理并组织核查、处理。"

2008年1月1日前，我国实行的是城乡二元结构上的规划管理体制：1989年12月26日通过的《城市规划法》和1993年6月29日国务院颁布的《村庄和集镇规划建设管理条例》，存在很多弊端。2007年10月28日通过的《城乡规划法》，自2008年1月1日起施行，此后我国开始实行城乡统筹规划、协调发展。

关于城乡规划的立法，除了《城乡规划法》外，还有1993年11月1日起施行的《村庄和集镇规划建设管理条例》、2009年10月1日起施行的《规划环境影响评价条例》，2016年2月6日发布的《中共中央国务院关于进一步加强城市规划建设管理工作的若干意见》。城乡规划的部门规章主要有：

1）2013年1月1日起施行的《城乡规划违法违纪行为处分办法》(2016年修订)。
2）2012年9月1日起施行的《城乡规划编制单位资质管理规定》(2016年修订)。
3）2011年1月1日起施行的《城市、镇控制性详细规划编制审批办法》。
4）2009年2月4日起施行的《土地利用总体规划编制审查办法》。
5）2006年4月1日起施行的《城市规划编制办法》。
6）1993年1月1日起施行的《城市国有土地使用权出让转让规划管理办法》(2011年修订)。
7）1995年7月1日起施行的《建制镇规划建设管理办法》(2011年修订)。
8）1998年1月1日起施行的《城市建设档案管理规定》(2019年修订)。
9）2001年11月20日起施行的《城市地下空间开发利用管理规定》(2011年修订)。
10）2002年11月1日起施行的《城市绿线管理办法》(2011年修订)。
11）2003年11月1日起施行的《城市抗震防灾规划管理规定》(2011年修订)。
12）2004年2月1日起施行的《城市紫线管理办法》(2011年修订)。
13）2005年5月1日起施行的《城市地下管线工程档案管理办法》(2019年修订)。
14）2006年3月1日起施行的《城市黄线管理办法》(2011年修订)。
15）2006年3月1日起施行的《城市蓝线管理办法》(2011年修订)。
16）1991年8月23日起施行的《建设项目选址规划管理办法》。
17）2012年3月1日起施行的《建设用地容积率管理办法》。

## 3.1.2 城乡规划体系

根据《城乡规划法》第二条规定，城乡规划，包括城镇体系规划、城市规划、镇规划、乡规划和村庄规划。城市规划、镇规划分为总体规划和详细规划。详细规划分为控制性详细规划和修建性详细规划。

**1. 城镇体系规划**

（1）全国城镇体系规划

国务院城乡规划主管部门会同国务院有关部门组织编制，用于指导省域城镇体系规划、城市总体规划的编制。全国城镇体系规划由国务院城乡规划主管部门报国务院审批。

（2）省域城镇体系规划

由省、自治区人民政府组织编制，报国务院审批。省域城镇体系规划的内容应当包括：城镇空间布局和规模控制，重大基础设施的布局，为保护生态环境、资源等需要严格控制的区域。

**2. 城市规划**

（1）城市总体规划

城市人民政府组织编制城市总体规划。直辖市的城市总体规划由直辖市人民政府报国务院审批。省、自治区人民政府所在地的城市以及国务院确定的城市的总体规划，由省、自治区人民政府审查同意后，报国务院审批。其他城市的总体规划，由城市人民政府报省、自治区人民政府审批。

城市总体规划、镇总体规划的内容应当包括：城市、镇的发展布局，功能分区，用地布局，综合交通体系，禁止、限制和适宜建设的地域范围，各类专项规划等。规划区范围、规划区内建设用地规模、基础设施和公共服务设施用地、水源地和水系、基本农田和绿化用地、环境保护、自然与历史文化遗产保护以及防灾减灾等内容，应当作为城市总体规划、镇总体规划的强制性内容。

根据2006年4月1日生效的《城市规划编制办法》规定，城市总体规划的强制性内容包括：①城市规划区范围。②市域内应当控制开发的地域，包括基本农田保护区，风景名胜区，湿地、水源保护区等生态敏感区，地下矿产资源分布地区。③城市建设用地，包括规划期限内城市建设用地的发展规模，土地使用强度管制区划和相应的控制指标（建设用地面积、容积率、人口容量等）；城市各类绿地的具体布局；城市地下空间开发布局。④城市基础设施和公共服务设施，包括城市干道系统网络、城市轨道交通网络、交通枢纽布局，城市水源地及其保护区范围和其他重大市政基础设施，文化、教育、卫生、体育等方面主要公共服务设施的布局。⑤城市历史文化遗产保护，包括历史文化保护的具体控制指标和规定，历史文化街区、历史建筑、重要地下文物埋藏区的具体位置和界线。⑥生态环境保护与建设目标，污染控制与治理措施。⑦城市防灾工程，包括城市防洪标准、防洪堤走向，城市抗震与消防疏散通道，城市人防设施布局，地质灾害防护规定。

城市总体规划、镇总体规划的规划期限一般为20年。城市总体规划还应当对城市更长远的发展做出预测性安排。

（2）城市详细规划

城市控制性详细规划，市人民政府城乡规划主管部门根据城市总体规划的要求，组织编制城市的控制性详细规划，经本级人民政府批准后，报本级人民代表大会常务委员会和上一级人民政府备案。

根据2011年1月1日生效的《城市、镇控制性详细规划编制审批办法》规定，控制性详细规划应当包括下列基本内容：①土地使用性质及其兼容性等用地功能控制要求。②容积率、建筑高度、建筑密度、绿地率等用地指标。③基础设施、公共服务设施、公共安全设施的用地规模、范围及具体控制要求，地下管线控制要求。④基础设施用地的控制界线（黄线）、各类绿地范围的控制线（绿线）、历史文化街区和历史建筑的保护范围界线（紫线）、地表水体保护和控制的地域界线（蓝线）等"四线"及控制要求。控制性详细规划应当自批准之日起20个工作日内，通过政府信息网站以及当地主要新闻媒体等便于公众知晓的方式公布。

城市修建性详细规划，城市、县人民政府城乡规划主管部门和镇人民政府可以组织编制重要地块的修建性详细规划。修建性详细规划应当符合控制性详细规划。根据《城市规划编制办法》规定，修建性详细规划应当包括下列内容：①建设条件分析及综合技术经济论证。②建筑、道路和绿地等的空间布局和景观规划设计，布置总平面图。③对住宅、医院、学校和托幼等建筑进行日照分析。④根据交通影响分析，提出交通组织方案和设计。⑤市政工程管线规划设计和管线综合。⑥竖向规划设计。⑦估算工程量、拆迁量和总造价，分析投资效益。

**3. 镇规划**

（1）镇总体规划

县人民政府组织编制县人民政府所在地镇的总体规划，报上一级人民政府审批。其他镇的总体规划由镇人民政府组织编制，报上一级人民政府审批。

（2）镇详细规划

镇的控制性详细规划，镇人民政府根据镇总体规划的要求，组织编制镇的控制性详细规划，报上一级人民政府审批。县人民政府所在地镇的控制性详细规划，由县人民政府城乡规划主管部门根据镇总体规划的要求组织编制，经县人民政府批准后，报本级人民代表大会常务委员会和上一级人民政府备案。

镇的修建性详细规划，镇人民政府可以组织编制重要地块的修建性详细规划。

根据《城乡规划法》的规定，修改控制性详细规划的，组织编制机关应当对修改的必要性进行论证，征求规划地段内利害关系人的意见，并向原审批机关提出专题报告，经原审批机关同意后，方可编制修改方案。修改后的控制性详细规划，应当依照本法第十九条、第二十条规定的审批程序报批。控制性详细规划修改涉及城市总体规划、镇总体规划的强制性内容的，应当先修改总体规划。

### 4. 乡、村庄规划

乡规划、村庄规划应当从农村实际出发，尊重村民意愿，体现地方和农村特色。乡规划、村庄规划的内容应当包括：规划区范围，住宅、道路、供水、排水、供电、垃圾收集、畜禽养殖场所等农村生产、生活服务设施、公益事业等各项建设的用地布局、建设要求，以及对耕地等自然资源和历史文化遗产保护、防灾减灾等的具体安排。乡规划还应当包括本行政区域内的村庄发展布局。修改乡规划、村庄规划的，应当依照本法第二十二条规定的审批程序报批。

上述规划区，是指城市、镇和村庄的建成区以及因城乡建设和发展需要，必须实行规划控制的区域。规划区的具体范围由有关人民政府在组织编制的城市总体规划、镇总体规划、乡规划和村庄规划中，根据城乡经济社会发展水平和统筹城乡发展的需要划定。

## 3.2 城乡规划的实施

为了保障城乡规划的实施，《城乡规划法》制定了七项制度，从建设单位的角度来说就是办理规划手续。

### 3.2.1 选址意见书

根据《城乡规划法》第三十六条规定，按照国家规定需要有关部门批准或者核准的建设项目，以划拨方式提供国有土地使用权的，建设单位在报送有关部门批准或者核准前，应当向城乡规划主管部门申请核发选址意见书。前款规定以外的建设项目不需要申请选址意见书。该条明确了范围和办理的时间，排除备案、出让土地项目。

根据1991年8月23日实施的《建设项目选址规划管理办法》规定，建设项目选址意见书应当包括下列内容：

1）建设项目的基本情况。主要是建设项目名称、性质，用地与建设规模，供水与能源的需求量，采取的运输方式与运输量，以及废水、废气、废渣的排放方式和排放量。

2）建设项目规划选址的主要依据：①经批准的项目建议书；②建设项目与城市规划布局的协调；③建设项目与城市交通、通信、能源、市政、防灾规划的衔接与协调；④建设项目配套的生活设施与城市生活居住及公共设施规划的衔接与协调；⑤建设项目对于城市环境可能造成的污染影响,以及与城市环境保护规划和风景名胜、文物古迹保护规划的协调。

3)建设项目选址、用地范围和具体规划要求。

### 3.2.2 建设用地规划许可证

建设用地规划许可证是确认建设用地符合规划的法律凭证(包括位置、范围等),分以下两种情况:

(1)以划拨方式提供土地的项目

《城乡规划法》第三十七条规定,在城市、镇规划区内以划拨方式提供国有土地使用权的建设项目,经有关部门批准、核准、备案后,建设单位应当向城市、县人民政府城乡规划主管部门提出建设用地规划许可申请,由城市、县人民政府城乡规划主管部门依据控制性详细规划核定建设用地的位置、面积、允许建设的范围,核发建设用地规划许可证。

建设单位在取得建设用地规划许可证后,方可向县级以上地方人民政府土地主管部门申请用地,经县级以上人民政府审批后,由土地主管部门划拨土地。

因此,该证是申请划拨土地前,规划部门确认项目位置和范围是否符合城市规划的法定凭证。

(2)以出让方式提供土地的项目

《城乡规划法》第三十八条规定,在城市、镇规划区内以出让方式提供国有土地使用权的,在国有土地使用权出让前,城市、县人民政府城乡规划主管部门应当依据控制性详细规划,提出出让地块的位置、使用性质、开发强度等规划条件,作为国有土地使用权出让合同的组成部分。未确定规划条件的地块,不得出让国有土地使用权。

以出让方式取得国有土地使用权的建设项目,在签订国有土地使用权出让合同后,建设单位应当持建设项目的批准、核准、备案文件和国有土地使用权出让合同,向城市、县人民政府城乡规划主管部门领取建设用地规划许可证。

城市、县人民政府城乡规划主管部门不得在建设用地规划许可证中,擅自改变作为国有土地使用权出让合同组成部分的规划条件。

该法第三十九条规定,规划条件未纳入国有土地使用权出让合同的,该国有土地使用权出让合同无效;对未取得建设用地规划许可证的建设单位批准用地的,由县级以上人民政府撤销有关批准文件;占用土地的,应当及时退回;给当事人造成损失的,应当依法给予赔偿。

可见,申请建设用地必须经过规划许可,依法取得城市规划行政主管部门的批准文件——建设用地规划许可证。未取得该证,土地管理部门不得批准使用土地,批准的,文件无效。

### 3.2.3 建设工程规划许可证

建设工程规划许可证是建设工程符合规划的法律凭证。《城乡规划法》第四十条规定,在城市、镇规划区内进行建筑物、构筑物、道路、管线和其他工程建设的,建设单位或者个人应当向城市、县人民政府城乡规划主管部门或者省、自治区、直辖市人民政府确定的镇人民政府申请办理建设工程规划许可证。

申请办理建设工程规划许可证，应当提交使用土地的有关证明文件、建设工程设计方案等材料。需要建设单位编制修建性详细规划的建设项目，还应当提交修建性详细规划。对符合控制性详细规划和规划条件的，由城市、县人民政府城乡规划主管部门或者省、自治区、直辖市人民政府确定的镇人民政府核发建设工程规划许可证。

城市、县人民政府城乡规划主管部门或者省、自治区、直辖市人民政府确定的镇人民政府应当依法将经审定的修建性详细规划、建设工程设计方案的总平面图予以公布。

建设单位进行建设，必须经规划许可，依法取得城市规划行政主管部门的批准文件——建设工程规划许可证。取得该证后，方可办理开工手续。

上述"一书两证"非常重要，既是工程建设合法性的凭证，也是办理不动产物权登记重要依据。根据《城乡规划法》规定，未取得建设工程规划许可证或者未按照建设工程规划许可证的规定进行建设的，由县级以上地方人民政府城乡规划主管部门责令停止建设；尚可采取改正措施消除对规划实施的影响的，限期改正，处建设工程造价5%以上10%以下的罚款；无法采取改正措施消除影响的，限期拆除，不能拆除的，没收实物或者违法收入，可以并处建设工程造价10%以下的罚款。

## 3.2.4 乡村建设规划许可证

《城乡规划法》第四十一条规定，在乡、村庄规划区内进行乡镇企业、乡村公共设施和公益事业建设的，建设单位或者个人应当向乡、镇人民政府提出申请，由乡、镇人民政府报城市、县人民政府城乡规划主管部门核发乡村建设规划许可证。

在乡、村庄规划区内使用原有宅基地进行农村村民住宅建设的规划管理办法，由省、自治区、直辖市制定。

在乡、村庄规划区内进行乡镇企业、乡村公共设施和公益事业建设以及农村村民住宅建设，不得占用农用地；确需占用农用地的，应当依照《土地管理法》有关规定办理农用地转用审批手续后，由城市、县人民政府城乡规划主管部门核发乡村建设规划许可证。

建设单位或者个人在取得乡村建设规划许可证后，方可办理用地审批手续。

应当注意的是：在选址意见书、建设用地规划许可证、建设工程规划许可证或者乡村建设规划许可证发放后，因依法修改城乡规划给被许可人合法权益造成损失的，应当依法给予补偿。

经依法审定的修建性详细规划、建设工程设计方案的总平面图不得随意修改；确需修改的，城乡规划主管部门应当采取听证会等形式，听取利害关系人的意见；因修改给利害关系人合法权益造成损失的，应当依法给予补偿。

## 3.2.5 规划条件的变更

《城乡规划法》第四十三条规定，建设单位应当按照规划条件进行建设；确实需要变更的，必须向城市、县人民政府城乡规划主管部门提出申请。变更内容不符合控制性详细规划的，城乡规划主管部门不得批准。城市、县人民政府城乡规划主管部门应当及时将依法变更后的规划条件通报同级土地主管部门并公示。

建设单位应当及时将依法变更后的规划条件报有关人民政府土地主管部门备案。

### 3.2.6 临时建设规划管理

《城乡规划法》第四十四条规定，在城市、镇规划区内进行临时建设的，应当经城市、县人民政府城乡规划主管部门批准。临时建设影响近期建设规划或者控制性详细规划的实施以及交通、市容、安全等的，不得批准。

临时建设应当在批准的使用期限内自行拆除。

临时建设和临时用地规划管理的具体办法，由省、自治区、直辖市人民政府制定。

### 3.2.7 规划核实

《城乡规划法》第四十五条规定，县级以上地方人民政府城乡规划主管部门按照国务院规定对建设工程是否符合规划条件予以核实。未经核实或者经核实不符合规划条件的，建设单位不得组织竣工验收。

建设单位应当在竣工验收后6个月内向城乡规划主管部门报送有关竣工验收资料。

## 3.3 国土空间规划

2018年5月，国务院办公厅在《关于开展工程建设项目审批制度改革试点的通知》提到，加快建立"多规合一"业务协同平台，统筹各类规划。以"多规合一"的"一张蓝图"为基础，统筹协调各部门提出项目建设条件，建设单位落实建设条件要求，相关部门加强监督管理和考核评估。2019年3月，国务院办公厅发布的《关于全面开展工程建设项目审批制度改革的实施意见》正式提出，统筹整合各类规划，划定各类控制线，构建"多规合一"的"一张蓝图"。依托工程建设项目审批管理系统，加强"多规合一"业务协同，统筹协调各部门对工程建设项目提出建设条件以及需要开展的评估评价事项等要求，为项目建设单位落实建设条件、相关部门加强监督管理提供依据，加速项目前期策划生成，简化项目审批或核准手续。2019年5月，《中共中央、国务院关于建立国土空间规划体系并监督实施的若干意见》印发，提出：到2020年，基本建立国土空间规划体系，逐步建立"多规合一"的规划编制审批体系、实施监督体系、法规政策体系和技术标准体系；基本完成市县以上各级国土空间总体规划编制，初步形成全国国土空间开发保护"一张图"。到2025年，健全国土空间规划法规政策和技术标准体系；全面实施国土空间监测预警和绩效考核机制；形成以国土空间规划为基础，以统一用途管制为手段的国土空间开发保护制度。到2035年，全面提升国土空间治理体系和治理能力现代化水平，基本形成生产空间集约高效、生活空间宜居适度、生态空间山清水秀，安全和谐、富有竞争力和可持续发展的国土空间格局。

### 3.3.1 国土空间规划体系总体框架

（1）分级分类建立国土空间规划

国土空间规划是对一定区域国土空间开发保护在空间和时间上做出的安排，包括总体规划、详细规划和相关专项规划。国家、省、市县编制国土空间总体规划，各地结合实际编制乡镇国土空间规划。相关专项规划是指在特定区域（流域）、特定领域，为体现特定功能，对空间开发保护利用做出的专门安排，是涉及空间利用的专项规划。国土空间总体规划是详细规划的依据、相关专项规划的基础;相关专项规划要相互协同,并与详细规划做好衔接。

(2) 明确各级国土空间总体规划编制重点

全国国土空间规划是对全国国土空间做出的全局安排,是全国国土空间保护、开发、利用、修复的政策和总纲,侧重战略性,由自然资源部会同相关部门组织编制,由党中央、国务院审定后印发。省级国土空间规划是对全国国土空间规划的落实,指导市县国土空间规划编制,侧重协调性,由省级政府组织编制,经同级人大常委会审议后报国务院审批。市县和乡镇国土空间规划是本级政府对上级国土空间规划要求的细化落实,是对本行政区域开发保护做出的具体安排,侧重实施性。需报国务院审批的城市国土空间总体规划,由市政府组织编制,经同级人大常委会审议后,由省级政府报国务院审批;其他市县及乡镇国土空间规划由省级政府根据当地实际,明确规划编制审批内容和程序要求。各地可因地制宜,将市县与乡镇国土空间规划合并编制,也可以几个乡镇为单元编制乡镇级国土空间规划。

(3) 强化对专项规划的指导约束作用

海岸带、自然保护地等专项规划及跨行政区域或流域的国土空间规划,由所在区域或上一级自然资源主管部门牵头组织编制,报同级政府审批;涉及空间利用的某一领域专项规划,如交通、能源、水利、农业、信息、市政等基础设施,公共服务设施,军事设施,以及生态环境保护、文物保护、林业草原等专项规划,由相关主管部门组织编制。相关专项规划可在国家、省和市县层级编制,不同层级、不同地区的专项规划可结合实际选择编制的类型和精度。

(4) 在市县及以下编制详细规划

详细规划是对具体地块用途和开发建设强度等做出的实施性安排,是开展国土空间开发保护活动、实施国土空间用途管制、核发城乡建设项目规划许可、进行各项建设等的法定依据。在城镇开发边界内的详细规划,由市县自然资源主管部门组织编制,报同级政府审批;在城镇开发边界外的乡村地区,以一个或几个行政村为单元,由乡镇政府组织编制"多规合一"的实用性村庄规划,作为详细规划,报上一级政府审批。

## 3.3.2 实施与监管

(1) 强化规划权威

规划一经批复,任何部门和个人不得随意修改、违规变更,防止出现换一届党委和政府改一次规划。下级国土空间规划要服从上级国土空间规划,相关专项规划、详细规划要服从总体规划;坚持先规划、后实施,不得违反国土空间规划进行各类开发建设活动;坚持"多规合一",不在国土空间规划体系之外另设其他空间规划。相关专项规划的有关技术标准应与国土空间规划衔接。因国家重大战略调整、重大项目建设或行政区划调整等确实需要修改规划的,须先经规划审批机关同意后,方可按法定程序进行修改。对国土空间规划编制和实施过程中的违规违纪违法行为,要严肃追究责任。

(2) 改进规划审批

按照谁审批、谁监管的原则,分级建立国土空间规划审查备案制度。精简规划审批内容,管什么就批什么,大幅缩减审批时间。减少需报国务院审批的城市数量,直辖市、计划单列市、省会城市及国务院指定城市的国土空间总体规划由国务院审批。相关专项规划在编制和审查过程中应加强与有关国土空间规划的衔接及"一张图"的核对，批复后纳入同级国土空间基础信息平台，叠加到国土空间规划"一张图"上。

(3) 健全用途管制制度

以国土空间规划为依据，对所有国土空间分区分类实施用途管制。在城镇开发边界内的建设，实行"详细规划+规划许可"的管制方式；在城镇开发边界外的建设，按照主导用途分区，实行"详细规划+规划许可"和"约束指标+分区准入"的管制方式。对以国家公园为主体的自然保护地、重要海域和海岛、重要水源地、文物等实行特殊保护制度。因地制宜制定用途管制制度，为地方管理和创新活动留有空间。

(4) 监督规划实施

依托国土空间基础信息平台，建立健全国土空间规划动态监测评估预警和实施监管机制。上级自然资源主管部门要会同有关部门组织对下级国土空间规划中各类管控边界、约束性指标等管控要求的落实情况进行监督检查，将国土空间规划执行情况纳入自然资源执法督察内容。健全资源环境承载能力监测预警长效机制，建立国土空间规划定期评估制度，结合国民经济社会发展实际和规划定期评估结果，对国土空间规划进行动态调整完善。

(5) 推进"放管服"改革

以"多规合一"为基础，统筹规划、建设、管理三大环节，推动"多审合一""多证合一"。优化现行建设项目用地（海）预审、规划选址以及建设用地规划许可、建设工程规划许可等审批流程，提高审批效能和监管服务水平。

### 3.3.3 国土空间规划立法

为了建立国土空间规划体系并有效实施，立法机关应当研究制定国土空间开发保护法，加快国土空间规划相关法律法规建设。梳理与国土空间规划相关的现行法律法规和部门规章，对"多规合一"改革涉及突破现行法律法规规定的内容和条款，按程序报批，取得授权后施行，并做好过渡时期的法律法规衔接。完善适应主体功能区要求的配套政策，保障国土空间规划有效实施。

发展改革、财政、金融、税务、自然资源、生态环境、住房城乡建设、农业农村等部门要研究制定完善主体功能区的配套政策。自然资源主管部门要会同相关部门加快推进国土空间规划立法工作。自然资源部要强化统筹协调工作，切实负起责任，会同有关部门按照国土空间规划体系总体框架，不断完善制度设计，抓紧建立规划编制审批体系、实施监督体系、法规政策体系和技术标准体系，加强专业队伍建设和行业管理。

2019年8月，全国人大常委会修改《土地管理法》，其第十八条明确规定，国家建立国土空间规划体系。编制国土空间规划应当坚持生态优先，绿色、可持续发展，科学有序统筹安排生态、农业、城镇等功能空间，优化国土空间结构和布局，提升国土空间开发、保护的质量和效率。经依法批准的国土空间规划是各类开发、保护、建设活动的基本依据。已经编制国土空间规划的，不再编制土地利用总体规划和城乡规划。

### 3.3.4 技术保障

(1) 完善技术标准体系

按照"多规合一"要求，由自然资源部会同相关部门负责构建统一的国土空间规划技术标准体系，修订完善国土资源现状调查和国土空间规划用地分类标准，制定各级各类国土空间规划编制办法和技术规程。

（2）完善国土空间基础信息平台

以自然资源调查监测数据为基础，采用国家统一的测绘基准和测绘系统，整合各类空间关联数据，建立全国统一的国土空间基础信息平台。以国土空间基础信息平台为底板，结合各级各类国土空间规划编制，同步完成县级以上国土空间基础信息平台建设，实现主体功能区战略和各类空间管控要素精准落地，逐步形成全国国土空间规划"一张图"，推进政府部门之间的数据共享以及政府与社会之间的信息交互。

## 3.3.5 国土空间规划工作的启动

2019年5月28日，《自然资源部关于全面开展国土空间规划工作的通知》发布，提出为贯彻落实《中共中央 国务院关于建立国土空间规划体系并监督实施的若干意见》（简称《若干意见》），全面启动国土空间规划编制审批和实施管理工作。

（1）全面启动国土空间规划编制，实现"多规合一"

各级自然资源主管部门要将思想和行动统一到党中央的决策部署上来，按照《若干意见》的要求，主动履职尽责，建立"多规合一"的国土空间规划体系并监督实施。按照自上而下、上下联动、压茬推进的原则，抓紧启动编制全国、省级、市县和乡镇国土空间规划（规划期至2035年，展望至2050年），尽快形成规划成果。部将印发国土空间规划编制规程、相关技术标准，明确规划编制的工作要求、主要内容和完成时限。

各地不再新编和报批主体功能区规划、土地利用总体规划、城镇体系规划、城市（镇）总体规划、海洋功能区划等。已批准的规划期至2020年后的省级国土规划、城镇体系规划、主体功能区规划，城市（镇）总体规划，以及原省级空间规划试点和市县"多规合一"试点等，要按照新的规划编制要求，将既有规划成果融入新编制的同级国土空间规划中。

（2）做好过渡期内现有空间规划的衔接协同

对现行土地利用总体规划、城市（镇）总体规划实施中存在矛盾的规划图，要结合国土空间基础信息平台的建设，按照国土空间规划"一张图"要求，做一致性处理，作为国土空间用途管制的基础。一致性处理不得突破土地利用总体规划确定的2020年建设用地和耕地保有量等约束性指标，不得突破生态保护红线和永久基本农田保护红线，不得突破土地利用总体规划和城市（镇）总体规划确定的禁止建设区和强制性内容，不得与新的国土空间规划管理要求矛盾冲突。今后工作中，主体功能区规划、土地利用总体规划、城乡规划、海洋功能区划等统称为"国土空间规划"。

（3）明确国土空间规划报批审查的要点

按照"管什么就批什么"的原则，对省级和市县国土空间规划，侧重控制性审查，重点审查目标定位、底线约束、控制性指标、相邻关系等，并对规划程序和报批成果形式做合规性审查。其中：

省级国土空间规划审查要点包括：①国土空间开发保护目标；②国土空间开发强度、建设用地规模，生态保护红线控制面积、自然岸线保有率、耕地保有量及永久基本农田保护面积，用水总量和强度控制等指标的分解下达；③主体功能区划分、城镇开发边界、生态保护红线、永久基本农田的协调落实情况；④城镇体系布局、城市群、都市圈等区域协调重点地区的空间结构；⑤生态屏障、生态廊道和生态系统保护格局，重大基础设施网络布局，城乡公共服务设施配置要求；⑥体现地方特色的自然保护地体系和历史文化保护体系；⑦乡村空间布局，促进乡村振兴的原则和要求；⑧保障规划实施的政策措施；⑨对市县级规划的指导和约束要求等。

国务院审批的市级国土空间总体规划审查要点，除对省级国土空间规划审查要点的深化细化外，还包括：①市域国土空间规划分区和用途管制规则。②重大交通枢纽、重要线性工程网络、城市安全与综合防灾体系、地下空间、邻避设施等设施布局，城镇政策性住房和教育、卫生、养老、文化体育等城乡公共服务设施布局原则和标准。③城镇开发边界内，城市结构性绿地、水体等开敞空间的控制范围和均衡分布要求，各类历史文化遗存的保护范围和要求，通风廊道的格局和控制要求；城镇开发强度分区及容积率、密度等控制指标，高度、风貌等空间形态控制要求。④中心城区城市功能布局和用地结构等。

其他市、县、乡镇级国土空间规划的审查要点，由各省（自治区、直辖市）根据本地实际，参照上述审查要点制定。

(4) 科学评估三条控制线

结合主体功能区划分，科学评估既有生态保护红线、永久基本农田、城镇开发边界等重要控制线划定情况，进行必要调整完善，并纳入规划成果。

2019年11月，中共中央办公厅、国务院办公厅发布《关于在国土空间规划中统筹划定落实三条控制线的指导意见》，提出：到2020年年底，结合国土空间规划编制，完成三条控制线划定和落地，协调解决矛盾冲突，纳入全国统一、多规合一的国土空间基础信息平台，形成一张底图，实现部门信息共享，实行严格管控。到2035年，通过加强国土空间规划实施管理，严守三条控制线，引导形成科学适度有序的国土空间布局体系。

1) 按照生态功能划定生态保护红线。生态保护红线是指在生态空间范围内具有特殊重要生态功能、必须强制性严格保护的区域。优先将具有重要水源涵养、生物多样性维护、水土保持、防风固沙、海岸防护等功能的生态功能极重要区域，以及生态极敏感脆弱的水土流失、沙漠化、石漠化、海岸侵蚀等区域划入生态保护红线。其他经评估目前虽然不能确定但具有潜在重要生态价值的区域也划入生态保护红线。对自然保护地进行调整优化，评估调整后的自然保护地应划入生态保护红线；自然保护地发生调整的，生态保护红线相应调整。生态保护红线内，自然保护地核心保护区原则上禁止人为活动，其他区域严格禁止开发性、生产性建设活动，在符合现行法律法规前提下，除国家重大战略项目外，仅允许对生态功能不造成破坏的有限人为活动，主要包括：零星的原住民在不扩大现有建设用地和耕地规模前提下，修缮生产生活设施，保留生活必需的少量种植、放牧、捕捞、养殖；因国家重大能源资源安全需要开展的战略性能源资源勘查，公益性自然资源调查和地质勘查；自然资源、生态环境监测和执法包括水文水资源监测及涉水违法事件的查处等，灾害防治和应急抢险活动；经依法批准进行的非破坏性科学研究观测、标本采集；经依法批准的考古调查发掘和文物保护活动；不破坏生态功能的适度参观旅游和相关的必要公共设施建设；必须且无法避让、符合县级以上国土空间规划的线性基础设施建设、防洪和供水设施建设与运行维护；重要生态修复工程。

2）按照保质保量要求划定永久基本农田。永久基本农田是为保障国家粮食安全和重要农产品供给，实施永久特殊保护的耕地。依据耕地现状分布，根据耕地质量、粮食作物种植情况、土壤污染状况，在严守耕地红线基础上，按照一定比例，将达到质量要求的耕地依法划入。已经划定的永久基本农田中存在划定不实、违法占用、严重污染等问题的要全面梳理整改，确保永久基本农田面积不减、质量提升、布局稳定。

3）按照集约适度、绿色发展要求划定城镇开发边界。城镇开发边界是在一定时期内因城镇发展需要，可以集中进行城镇开发建设、以城镇功能为主的区域边界，涉及城市、建制镇以及各类开发区等。城镇开发边界划定以城镇开发建设现状为基础，综合考虑资源承载能力、人口分布、经济布局、城乡统筹、城镇发展阶段和发展潜力，框定总量，限定容量，防止城镇无序蔓延。科学预留一定比例的留白区，为未来发展留有开发空间。城镇建设和发展不得违法违规侵占河道、湖面、滩地。

## 3.4 工程建设法律实务专题3——城乡规划法律风险防控

在工程建设过程中，建设单位按照国家法律法规办理城乡规划的相关手续至关重要，这涉及一项工程是否属于合法建筑的问题，如无相关手续将带来极大的法律风险。

### 3.4.1 违反城乡规划法律法规的法律责任

1）对依法应当编制城乡规划而未组织编制，或者未按法定程序编制、审批、修改城乡规划的，由上级人民政府责令改正，通报批评；对有关人民政府负责人和其他直接责任人员依法给予处分。

2）城乡规划组织编制机关委托不具有相应资质等级的单位编制城乡规划的，由上级人民政府责令改正，通报批评；对有关人民政府负责人和其他直接责任人员依法给予处分。

3）镇人民政府或者县级以上人民政府城乡规划主管部门有下列行为之一的，由本级人民政府、上级人民政府城乡规划主管部门或者监察机关依据职权责令改正，通报批评；对直接负责的主管人员和其他直接责任人员依法给予处分：①未依法组织编制城市的控制性详细规划、县人民政府所在地镇的控制性详细规划的；②超越职权或者对不符合法定条件的申请人核发选址意见书、建设用地规划许可证、建设工程规划许可证、乡村建设规划许可证的；③对符合法定条件的申请人未在法定期限内核发选址意见书、建设用地规划许可证、建设工程规划许可证、乡村建设规划许可证的；④未依法对经审定的修建性详细规划、建设工程设计方案的总平面图予以公布的；⑤同意修改修建性详细规划、建设工程设计方案的总平面图前未采取听证会等形式听取利害关系人的意见的；⑥发现未依法取得规划许可或者违反规划许可的规定在规划区内进行建设的行为，而不予查处或者接到举报后不依法处理的。

4）县级以上人民政府有关部门有下列行为之一的，由本级人民政府或者上级人民政府有关部门责令改正，通报批评，对直接负责的主管人员和其他直接责任人员依法给予处分：①对未依法取得选址意见书的建设项目核发建设项目批准文件的；②未依法在国有土地使用权出让合同中确定规划条件或者改变国有土地使用权出让合同中依法确定的规划条件的；③对未依法取得建设用地规划许可证的建设单位划拨国有土地使用权的。

5）城乡规划编制单位有下列行为之一的，由所在地城市、县人民政府城乡规划主管部门责令限期改正，处合同约定的规划编制费1倍以上2倍以下的罚款；情节严重的，责令停业整顿，由原发证机关降低资质等级或者吊销资质证书；造成损失的，依法承担赔偿责任：①超越资质等级许可的范围承揽城乡规划编制工作的；②违反国家有关标准编制城乡规划的。未依法取得资质证书承揽城乡规划编制工作的，由县级以上地方人民政府城乡规划主管部门责令停止违法行为，依照前款规定处以罚款；造成损失的，依法承担赔偿责任。以欺骗手段取得资质证书承揽城乡规划编制工作的，由原发证机关吊销资质证书，依照本条第一款规定处以罚款；造成损失的，依法承担赔偿责任。

6）城乡规划编制单位取得资质证书后，不再符合相应的资质条件的，由原发证机关责令限期改正；逾期不改正的，降低资质等级或者吊销资质证书。

7）未取得建设工程规划许可证或者未按照建设工程规划许可证的规定进行建设的，由县级以上地方人民政府城乡规划主管部门责令停止建设；尚可采取改正措施消除对规划实施的影响的，限期改正，处建设工程造价5%以上10%以下的罚款；无法采取改正措施消除影响的，限期拆除，不能拆除的，没收实物或者违法收入，可以并处建设工程造价10%以下的罚款。

8）在乡、村庄规划区内未依法取得乡村建设规划许可证或者未按照乡村建设规划许可证的规定进行建设的，由乡、镇人民政府责令停止建设、限期改正；逾期不改正的，可以拆除。

9）建设单位或者个人有下列行为之一的，由所在地城市、县人民政府城乡规划主管部门责令限期拆除，可以并处临时建设工程造价1倍以下的罚款；未经批准进行临时建设的；未按照批准内容进行临时建设的；临时建筑物、构筑物超过批准期限不拆除的。

10）建设单位未在建设工程竣工验收后6个月内向城乡规划主管部门报送有关竣工验收资料的，由所在地城市、县人民政府城乡规划主管部门责令限期补报；逾期不补报的，处1万元以上5万元以下的罚款。

11）城乡规划主管部门做出责令停止建设或者限期拆除的决定后，当事人不停止建设或者逾期不拆除的，建设工程所在地县级以上地方人民政府可以责成有关部门采取查封施工现场、强制拆除等措施。

12）违反城乡规划法规定，构成犯罪的，依法追究刑事责任。

### 3.4.2 规划条件和手续对合同效力的影响

1）根据《城乡规划法》第三十九条的规定，规划条件未纳入国有土地使用权出让合同的，该国有土地使用权出让合同无效；对未取得建设用地规划许可证的建设单位批准用地的，由县级以上人民政府撤销有关批准文件；占用土地的，应当及时退回；给当事人造成损失的，应当依法给予赔偿。

2）根据2019年2月1日实施的《施工合同司法解释（二）》的规定，当事人以发包人未取得建设工程规划许可证等规划审批手续为由，请求确认建设工程施工合同无效的，人民法院应予支持，但发包人在起诉前取得建设工程规划许可证等规划审批手续的除外。

### 3.4.3 法律风险防控

作为建设单位，应当严格遵守城乡规划法律规定，及时办理规划手续，并按照规划许可的内容进行建设。对于临时建设也应当严格办理规划手续，并按批准内容进行临时建设、按期拆除。在建设工程竣工验收后6个月内，向城乡规划主管部门报送有关竣工验收资料。

土地使用人在签订国有土地使用权出让合同时，应严格审查规划条件是否纳入合同；否则，不应签订该合同。

在签订建设工程施工合同时，应注意发包人是否取得建设工程规划许可证等规划审批手续，一般情况下，不应在未取得建设工程规划许可证等规划审批手续时签订施工合同。特殊情况下，在发包人未取得建设工程规划许可证等规划审批手续时已经签订施工合同的，应注意发包人在起诉前取得建设工程规划许可证等规划审批手续的，施工合同可不按照无效处理。

## 【案例1】 A 公司不服 B 城市规划局拆除违法建筑行政处理决定案

### 【案情介绍】

原告 A 公司不服被告 B 城市规划局做出的对其违法建筑拆除的决定，向人民法院提起行政诉讼。

原告 A 公司诉称：被告 B 城市规划局做出的令原告限期拆除违法建筑决定所依据的事实不清，适用法律法规错误。原告新建的儿童乐园大楼曾经 B 城市管理委员会同意，且报送给被告审批。该工程虽然修建手续不全，但不属于严重违反城市规划。请求法院撤销被告的限期拆除房屋决定。庭审中，原告又提出变更被告的拆除决定为罚款，保留房屋的诉讼请求。

被告 B 城市规划局未提出答辩。

人民法院经审理查明：1992年8月初，原告 A 公司欲在贵阳市主干道瑞金北路南端西侧修建一幢儿童乐园大楼，向 B 城市管理委员会和云岩区城市管理委员会提出申请。市、区城管会分别签署了"原则同意，请规划局给予支持，审定方案，办理手续"的意见。原告将修建计划报送被告 B 城市规划局审批。原告在被告尚未审批，没有取得建设工程规划许可证的情况下，于8月23日擅自动工修建儿童乐园大楼。同年12月9日，被告和市、区城管会的有关负责人到施工现场，责令原告立即停工，并写出书面检查。原告于当日向被告做出书面检查，表示愿意停止施工，接受处理，但是原告并未停止施工。

1993年2月20日，被告根据《城市规划法》第三十二条、第四十条，《贵州省关于〈中华人民共和国城市规划法〉实施办法》第二十三条、第二十四条的规定，做出违法建筑拆除决定书，限令原告在1993年3月7日前自行拆除未完工的违法修建的儿童乐园大楼。原告不服，向贵州省城乡建设环境保护厅申请复议。贵州省城乡建设环境保护厅于1993年4月7日做出维持 B 城市规划局的违法建筑拆除决定。在复议期间，原告仍继续施工，致使建筑面积为1730m² 的六层大楼主体工程基本完工。

### 【法院观点】

人民法院认为：原告新建儿童乐园大楼虽经城管部门原则同意，并向被告申请办理有关建设规划手续，但在尚未取得建设工程规划许可证的情况下即动工修建，违反了《城市规划法》第三十二条"建设单位或者个人在取得建设工程规划许可证件和其他有关批准文件后，方可申请办理开工手续"的规定，属违法建筑。B 城市规划局据此做出限期拆除违法建筑的处罚决定并无不当。鉴于该违法建筑位于贵阳市区主干道一侧，属城市规划区的重要地区，未经规划部门批准即擅自动工修建永久性建筑物，其行为本身就严重影响了该区域的整体规划，且原告在被告制止及做出处罚决定后仍继续施工，依照《贵州省关于〈中华人民共和国城市规划法〉实施办法》和《贵阳市城市建设规划管理办法》的规定，属从重处罚情节，故原告以该建筑物不属严重影响城市规划的情节为由，请求变更被告的拆除大楼的决定为罚款保留房屋的意见不予支持。依照《中华人民共和国行政诉讼法》第五十四条第（一）项的规定，该院于1993年5月21日判决：维持B城市规划局做出的违法建筑拆除决定。

【知识点分析】

无论是已经失效的《城市规划法》，还是现行的《城乡规划法》，都规定任何单位和个人都应当遵守经依法批准并公布的城乡规划，服从规划管理。进行建筑物、构筑物、道路、管线和其他工程建设的，建设单位或者个人应当向政府有关部门申请办理建设工程规划许可证，否则就属于违法建筑。

## 【案例2】 A学院诉规划局规划行政许可案

【案情介绍】

1999年7月9日，常德市鼎城区人民政府（简称鼎城区政府）为B公司颁发了常鼎国用（1999）字第1055号、1056号国有土地使用权证。因B公司的名称2008年、2012年在工商部门进行了两次变更登记，B公司遂于2008年、2012年两次向鼎城区政府申请国有土地使用权变更登记，其目前持有的国有土地使用证编号为常鼎国用（2012）第0042号、0037号。B公司享有的国有土地使用权面积共20.2亩，用途为综合用地，位于鼎城区××停车场社区（××停车场村），即金霞大道以南，大湖路以西。

2005年5月8日，常德市人民政府第24次《专题会议纪要》议定：A学院扩建部分选址在武陵镇孔家溶村和停车场村。鼎城区国土、规划、建设、环保、教育、计价等部门要相互配合，大力支持，依法搞好该学院的扩建和土地征收、品补工作，禁止在控制范围新建建筑物。2005年6月，规划局向A学院提供了规划设计蓝线图及设计条件（蓝线确定的用地面积为1430000$m^2$，折合2145亩）。2006年1月17日，规划局在A学院新校区规划总平面规划图上标注"同意按图示总图范围征地"。A学院于同日向规划局出具承诺，其报批的新校区总平面图仅供征地用。同日，规划局为A学院颁发了建设用地规划许可证，用地面积分别为667760$m^2$（折合1001亩）。因该许可证批准的用地面积过大，国土部门未同意其用地申请。同日，规划局又为A学院颁发了同一编号的建设用地规划许可证，用地面积为264590$m^2$（折合397亩），但没有收回A学院持有的用地面积为667760$m^2$的建设用地规划许可证。

2006年3月3日，鼎城区政府为落实常德市人民政府24次专题会议，召开专题会议并成立了同德学院扩建工程协调领导小组。2007年1月11日，湖南省人民政府对鼎城区政府下发《农用地转用、土地征收审批单》，同意A学院用地面积为264592$m^2$（折合396亩）。此后，A学院第一期征地396亩，建设完毕。2006年1月、2007年2月，常德市人民政府、常德市规划局两次组织技术学院新校区规划方案评审会，规划局以会议纪要的形式，同意A学院的规划目标定位和总体格局及规划用地范围。

2009年8月，A学院向规划局提交了建设项目选址（用地）申请表，申请用地1749亩，村委会、镇政府、教育、消防、环保等部门在该申请表上均签署意见并加盖单位印章。A学院凭该申请表，向规划局申请核发建设用地规划许可证，规划局以讼争地块存在用地矛盾为由，未予办理。2009年12月，A学院以规划局不履行规划行政许可法定职责为由向人民法院提起行政诉讼，该院于2010年3月30日做出行政判决，判令规划局在该判决生效之日起30日内对A学院的申请履行法定职责。该判决未实际执行。

B公司于2009年对诉争地块进行土地平整，用于修建"仁祥佳园"商住小区。2013年8月8日，规划局就"仁祥佳园"项目向国土部门提出了规划条件，2013年9月3日，规划局组织相关部门对"仁祥佳园"住宅小区的设计方案进行评审。2013年9月16日，A学院就其新校区北面约85亩用地的规划向规划局提出听证申请。2014年1月27日，规划局对"仁祥佳园"住宅小区项目的总平面规划设计方案进行了公示。2014年2月25日，规划局依A学院的申请召开了听证会，并于2014年2月28日做出听证报告。2014年6月12日，B公司向规划局申请办理建设工程规划许可证，规划局经审核，于2014年6月20日，核发了4份建设工程规划许可证。

2011年9月，湖南省人民政府批准同意了《常德市城市总体规划（2009—2030）》，该总体规划将讼争地块的用地性质确定为教育科研用地。2012年10月，鼎城区政府向常德市人民政府申请将讼争地块的用地性质调整为居住用地。2013年1月，规划局组织专家论证，同意将讼争地块调整为二类居住用地。2013年2月，规划局对讼争地块的用地性质调整情况在该局官网上进行公示。2013年3月，经规划局业务例会研究同意调整方案并报常德市人民政府批准。2014年6月13日，常德市人民政府以《常德市人民政府关于〈常德市江南城区东片区控制性详细规划〉的批复》，将讼争地块的用地性质调整为二类居住用地。

B公司2009年开始对诉争地块进行开发建设，B公司的项目名称为"仁祥佳园"商住小区，该小区有2栋住宅、2座商业楼裙。B公司于2015年1月在房管部门办理了商品房预售许可。截至2015年6月10日，"仁祥佳园"商住小区全部楼盘已接近封顶。

【法院观点】

人民法院第一审认为，本案的争议焦点是A学院是否具备原告主体资格，规划局的颁证行为是否合法。

1）关于原告主体资格问题。首先，常德市人民政府第24次会议纪要及鼎城区政府会议纪要均明确A学院扩建工程选址包括讼争地块。其次，规划局批准了A学院的规划设计蓝线图、设计条件，并在其新校区总平面图上签署"同意按图示范围征地"，前述蓝线图、设计条件、新校区总平面图均包括诉争地块。再次，A学院2009年12月向规划局提交选址申请表后，该局未在法定期限内向其核发建设用地规划许可证，A学院对此不服诉至法院，人民法院判令规划局对A学院的行政许可申请履行法定职责。最后，A学院根据规划局提供的规划设计蓝线图、设计条件等进行了新校区扩建第一期征地，已建设完毕。因此，A学院与被诉行政行为有法律上的利害关系，其具备原告主体资格。

2）规划局为B公司颁发4份建设工程规划许可证的行为合法。第一，市、区两级政府的会议纪要及省政府有关领导的批示，不能直接对外产生法律效力。两级政府的会议纪要及省政府有关领导的批示，虽然原则上同意将诉争地块作为A学院的新校区扩建用地，并要求有关部门予以支持，但会议所议决的事项，以及省政府有关领导的批示，要通过相关行政机关具体的行政行为来落实，即两级政府的会议纪要及省政府领导的批示，均属于内部行政行为，并不能直接对外发生法律效力。况且B公司取得诉争地块的土地使用权在先，市、区两级政府的会议纪要及省政府有关领导的批示在后。因此，市、区两级政府的会议纪要及省政府有关领导的批示，不能直接影响B公司对诉争地块的开发、利用。第二，A学院对诉争地块未取得实际有效的权利凭证。2005年6月，规划局为A学院提供了建设用地规划设计蓝线图及设计条件。2006年1月，规划局在其新校区总平面图上批注了"同意按图示范围征地"。2007年2月，其新校区总体规划方案通过了专家评审。但A学院未就诉争地块取得规划部门出具的选址意见书及建设用地规划许可证。按照《城乡规划法》第三十六条、三十七条的规定，以划拨方式提供国有土地使用权的建设项目，在报送有关单位批准、核准前，建设单位应当向城乡规划部门申请核发选址意见书。建设项目获批后，还应向城乡规划部门申请核发建设用地规划许可证。本案中，A学院的选址及用地申请均未得到城乡规划部门的最终许可，其对诉争地块未取得实际有效的、有关城乡规划的权利凭证。第三，鼎城区政府为B公司办理土地使用权初始登记时，诉争地块尚未确定为教育科研用地。常德市规划局向常德市人民政府提交的《关于调整江南城区规划建设用地的请示》，以及常德市政府向湖南省政府提交的《关于解决湖南同德职业学院扩建用地的请示》仅能证明常德市政府就技术学院的扩建用地问题向湖南省政府提出了修编规划的申请。而湖南省政府于2011年9月方才审批同意《常德市城市总体规划（2009—2030）》，在该总体规划中才将诉争地块确定为教育科研用地。由此可见，B公司取得诉争地块的土地使用权在先，诉争地块被确定为教育科研用地在后，且总体规划并未将诉争地块确定为A学院的教育科研用地，因此，A学院诉称"鼎城区政府在明知涉案土地已确定为教育科研用地的情况下，为B公司颁证"的理由不能成立。第四，B公司在诉争地块修建商住小区未违反法律规定。虽然《常德市城市总体规划（2009—2030）》将诉争地块的用地性质确定为教育科研用地，但常德市政府批准的《江南城区东片区控制性详细规划》，已将诉争地块的用地性质调整为二类居住用地，因此，B公司在诉争地块修建"仁祥佳园"商住小区并不违反法律规定。根据《城乡规划法》第十九条的规定："城市人民政府城乡规划主管部门根据城市总体规划的要求，组织制订城市的控制性详细规划，经本级人民政府批准后，报本级人民代表大会常务委员会和上一级人民政府备案。"因此，常德市人民政府有权审批、调整控制性详细规划。第五，规划局的颁证程序合法。规划局受理B公司提交的行政许可申请后，审查了B公司的国有土地使用证，向B公司提出了建设工程规划设计要求，审定了B公司的建设工程初步设计方案，征求了有关部门的书面意见，审查了B公司的工程施工图，经现场验线后，对B公司的建设工程设计方案总平面图进行公示，为B公司核发了4份建设工程规划许可证。因此，规划局的行政行为符合《湖南省实施〈中华人民共和国城乡规划法〉办法》第二十五条的规定，其对B公司的申请，已尽到了审慎审查义务，其行政行为合法。A学院诉称，B公司未取得建设用地规划许可证，规划局为其办理建设工程规划许可证违法。经查，建设用地规划许可证是建设单位向国土部门申请用地前，经规划行政主管部门确认建设项目位置和范围符合城市规划，许可用地的法律凭证。本案中，1998年10月9日，规划局就金霞大道以南、玉霞大道以西351亩土地为鼎城区政府颁发了建设用地规划许可证（编号9810152），本案讼争地块包含在351亩土地范围内。1998年12月31日，B公司与国土局签订《国有土地使用权出让合同》。由此可见，在B公司与国土局签订合同之前，本案讼争地块已经规划部门确认符合城市规划，B公司即凭该证向国土部门申请办理土地使用手续并无不当。根据《湖南省实施〈中华人民共和国城乡规划法〉办法》第三十条的规定，建设单位和个人的建设项目，自取得选址意见书之日起一年内未申请办理建设用地规划许可证，或者取得建设用地规划许可证之日起6个月内未申请办理土地使用手续的，应当重新申请办理规划审批手续。本案中，9810152号《建设用地规划许可证》的发证日期是1998年10月9日，B公司于1998年12月向国土局提出用地申请，因此，A学院提出9810152号建设用地规划许可证已过期的理由不能成立。

综上所述，A学院提起诉讼的理由不能成立，对其诉讼请求应不予支持。规划局对B公司的行政许可申请已尽到审慎审查义务，其颁证行为合法，适用法律正确。据此，第一审法院依照《行政诉讼法》第六十九条的规定，并经第一审法院审判委员会讨论决定，判决如下：驳回原告A学院的诉讼请求。

人民法院第二审认为：根据《行政许可法》第三十六条、第四十七条规定，行政机关对行政许可申请进行审查时，发现行政许可事项直接关系他人重大利益的应当告知该利害关系人。申请人、利害关系人有权进行陈述和申辩。行政机关应当听取申请人、利害关系人的意见。行政许可直接涉及申请人与他人之间重大利益关系的，行政机关在做出行政许可决定前，应当告知申请人、利害关系人享有要求听证的权利。本案中，2005年4月常德市政府以专题会议纪要的形式确定A学院的选址范围，明确规划、国土部门要将金霞路以南、桥南工业园以北及大湖路以西区域控制下来，并禁止在此范围新建抢建。2006年1月17日，规划局审批了A学院的总体规划平面图并颁发了《建设用地规划许可证》（1001.64亩，包括了争议地），A学院据此开始征地。2007年2月，常德市规划局再次召开技术学院新校区规划方案评审会，并以会议纪要的形式同意A学院的规划目标定位和总体格局及规划用地范围。2008年11月6日、2009年3月27日，规划局两次针对第三人申请《关于拟建项目申请提供规划设计要点和划定规划蓝线的报告》书面回复：你公司拟建地块现为湖南同德职业学院用地范围。我局据此进行了规划控制。鉴于上述原因，故对你公司申请不予同意。2011年9月，湖南省政府批准了《常德市城市总体规划（2009—2030）》，涉案地块被规划为教育用地。A学院也多次通过向各级政府、部门呼吁、向法院诉讼甚至与第三人积极协商的途径争取用地权益。因此，A学院与规划局的行政许可之间有利害关系，在规划局为第三人颁发建设工程规划许可证时，应当告知A学院并听取技术学院的意见。故规划局认为A学院与被许可事项之间不存在有利害关系，不必告知A学院并听取其意见，违反了上述法律的规定。

《城乡规划法》第十七条规定："城市总体规划的内容包括：城市的发展布局，功能分区，用地布局，综合交通体系，禁止、限制和适宜建设的地域范围，各类专项规划等。"第十九条规定:"根据城市总体规划的要求,组织编制城市控制性详细规划,经本级政府批准后,报本级人大常委会和上一级政府备案。"《城市规划编制办法》第四十一条规定,控制性详细规划应当包括"确定规划范围内不同性质用地的界限,确定各类用地内适建、不适建或者有条件地允许建设的建筑类型……"本案中,常德市政府将原城市总体规划确定的教育用地功能分区中的小部分用地调整为居住用地,未改变整个教育用地的功能分区性质,属于城市控制性详细规划的调整。A学院认为常德市政府对本案用地性质的调整是改变城市总体规划,超越职权,没有事实和法律依据。常德市政府对本案用地性质的调整没有报上一级政府备案,不影响批准调整的效力,但程序上不符合上述规定要求。

综上所述,规划局为第三人颁发建设工程规划许可证程序违法。但第三人在涉案土地上的商品房已经封顶,且已经预售了部分房屋,如果撤销会给社会公共利益和他人合法利益造成重大损害,故依法应确认违法但保留其效力。第一审判决认定事实清楚,但适用法律错误,处理结果不当,应予纠正。第二审法院根据《行政诉讼法》第七十四条第一款第一项、第八十九条第一款第二项、第三款的规定,判决:①撤销行政判决;②确认规划局为第三人颁发4份建设工程规划许可证的行为程序违法;③驳回A学院要求撤销4份建设工程规划许可证的诉讼请求。

【知识点分析】

政府部门在颁发规划许可的过程中,应严格按照《城乡规划法》规定的程序办理,否则将面临被法院确认违法的风险。

## 复 习 题

1. 简述城市规划的体系和内容。
2. 简述城乡规划"一书两证"制度的基本内容。
3. 国土空间规划的概念是什么?三条控制线是指什么?

# 第 4 章 土地管理法

整个工程建设活动中,土地的问题是一个非常重要的问题。我国关于土地方面的法律规定很多,本章主要研究建设用地的法律问题,主要涉及《土地管理法》《土地管理法实施条例》《物权法》《城市房地产管理法》等。

## 4.1 我国土地所有制和土地用途管制

### 4.1.1 我国的土地所有制

我国《土地管理法》第二条规定:"中华人民共和国实行土地的社会主义公有制,即全民所有制和劳动群众集体所有制",第九条规定:"城市市区的土地属于国家所有。农村和城市郊区的土地,除由法律规定属于国家所有的以外,属于农民集体所有;宅基地和自留地、自留山,属于农民集体所有"。《土地管理法实施条例》进一步明确下列土地属于全民所有即国家所有:

1) 城市市区的土地。
2) 农村和城市郊区中已经依法没收、征收、征购为国有的土地。
3) 国家依法征收的土地。
4) 依法不属于集体所有的林地、草地、荒地、滩涂及其他土地。
5) 农村集体经济组织全部成员转为城镇居民的,原属于其成员集体所有的土地。
6) 因国家组织移民、自然灾害等原因,农民成建制地集体迁移后不再使用的原属于迁移农民集体所有的土地。

### 4.1.2 土地用途管制

根据《土地管理法》规定,国家实行土地用途管制制度。国家编制土地利用总体规划,规定土地用途,将土地分为农用地、建设用地和未利用地。严格限制农用地转为建设用地,控制建设用地总量,对耕地实行特殊保护。

上述所称农用地是指直接用于农业生产的土地,包括耕地、林地、草地、农田水利用地、养殖水面等;建设用地是指建造建筑物、构筑物的土地,包括城乡住宅和公共设施用地、工矿用地、交通水利设施用地、旅游用地、军事设施用地等;未利用地是指农用地和建设用地以外的土地。

使用土地的单位和个人必须严格按照土地利用总体规划确定的用途使用土地。

土地利用总体规划是实施土地用途管制的重要依据。各级人民政府应当依据国民经济和社会发展规划、国土整治和资源环境保护的要求、土地供给能力以及各项建设对土地的需求,组织编制《土地利用总体规划》。国家建立国土空间规划体系。编制国土空间规划应当坚持生态优先、绿色、可持续发展,科学有序统筹安排生态、农业、城镇等功能空间,优化国土空间结构和布局,提升国土空间开发、保护的质量和效率。经依法批准的国土空间规划是各类开发、保护、建设活动的基本依据。已经编制国土空间规划的,不再编制土地利用总体规划和城乡规划。

城市建设用地规模应当符合国家规定的标准,充分利用现有建设用地,不占或者尽量少占农用地。城市总体规划、村庄和集镇规划,应当与土地利用总体规划相衔接,城市总体规划、村庄和集镇规划中建设用地规模不得超过土地利用总体规划确定的城市和村庄、集镇建设用地规模。在城市规划区内、村庄和集镇规划区内,城市和村庄、集镇建设用地应当符合城市规划、村庄和集镇规划。

各级人民政府应当加强土地利用计划管理,实行建设用地总量控制。土地利用年度计划,根据国民经济和社会发展计划、国家产业政策、土地利用总体规划以及建设用地和土地利用的实际状况编制。土地利用年度计划应当对本法第六十三条规定的集体经营性建设用地做出合理安排。土地利用年度计划的编制审批程序与土地利用总体规划的编制审批程序相同,一经审批下达,必须严格执行。

## 4.2 建设用地

### 4.2.1 农用地转用审批

建设占用土地,涉及农用地转为建设用地的,应当办理农用地转用审批手续。永久基本农田转为建设用地的,由国务院批准。在土地利用总体规划确定的城市和村庄、集镇建设用地规模范围内,为实施该规划而将永久基本农田以外的农用地转为建设用地的,按土地利用年度计划分批次按照国务院规定由原批准土地利用总体规划的机关或者其授权的机关批准。在已批准的农用地转用范围内,具体建设项目用地可以由市、县人民政府批准。在土地利用总体规划确定的城市和村庄、集镇建设用地规模范围外,将永久基本农田以外的农用地转为建设用地的,由国务院或者国务院授权的省、自治区、直辖市人民政府批准。

### 4.2.2 集体土地征收

我国《物权法》第四十二条规定,为了公共利益的需要,依照法律规定的权限和程序可以征收集体所有的土地和单位、个人的房屋及其他不动产。

征收集体所有的土地,应当依法足额支付土地补偿费、安置补助费、地上附着物和青苗的补偿费等费用,安排被征地农民的社会保障费用,保障被征地农民的生活,维护被征地农民的合法权益。

征收单位、个人的房屋及其他不动产,应当依法给予拆迁补偿,维护被征收人的合法权益;征收个人住宅的,还应当保障被征收人的居住条件。

任何单位和个人不得贪污、挪用、私分、截留、拖欠征收补偿费等费用。

2019年修订的《土地管理法》对集体土地征收做了全面的规定：

为了公共利益的需要，有下列情形之一，确需征收农民集体所有的土地的，可以依法实施征收：

1）军事和外交需要用地的。

2）由政府组织实施的能源、交通、水利、通信、邮政等基础设施建设需要用地的。

3）由政府组织实施的科技、教育、文化、卫生、体育、生态环境和资源保护、防灾减灾、文物保护、社区综合服务、社会福利、市政公用、优抚安置、英烈保护等公共事业需要用地的。

4）由政府组织实施的扶贫搬迁、保障性安居工程建设需要用地的。

5）在土地利用总体规划确定的城镇建设用地范围内，经省级以上人民政府批准由县级以上地方人民政府组织实施的成片开发建设需要用地的。

6）法律规定为公共利益需要可以征收农民集体所有的土地的其他情形。

上述规定的建设活动，应当符合国民经济和社会发展规划、土地利用总体规划、城乡规划和专项规划；第4）项、第5）项规定的建设活动，还应当纳入国民经济和社会发展年度计划；第5）项规定的成片开发并应当符合国务院自然资源主管部门规定的标准。

征收下列土地的，由国务院批准：

1）永久基本农田。

2）永久基本农田以外的耕地超过35$hm^2$（1$hm^2$=10000$m^2$）的。

3）其他土地超过70$hm^2$的。

征收上述规定以外的土地的，由省、自治区、直辖市人民政府批准。

征收农用地的，应当依照《土地管理法》第四十四条的规定先行办理农用地转用审批。其中，经国务院批准农用地转用的，同时办理征地审批手续，不再另行办理征地审批；经省、自治区、直辖市人民政府在征地批准权限内批准农用地转用的，同时办理征地审批手续，不再另行办理征地审批，超过征地批准权限的，应当依照本条第一款的规定另行办理征地审批。

国家征收土地的，依照法定程序批准后，由县级以上地方人民政府予以公告并组织实施。县级以上地方人民政府拟申请征收土地的，应当开展拟征收土地现状调查和社会稳定风险评估，并将征收范围、土地现状、征收目的、补偿标准、安置方式和社会保障等在拟征收土地所在的乡（镇）和村、村民小组范围内公告至少30日，听取被征地的农村集体经济组织及其成员、村民委员会和其他利害关系人的意见。多数被征地的农村集体经济组织成员认为征地补偿安置方案不符合法律法规规定的，县级以上地方人民政府应当组织召开听证会，并根据法律法规的规定和听证会情况修改方案。拟征收土地的所有权人、使用权人应当在公告规定期限内，持不动产权属证明材料办理补偿登记。县级以上地方人民政府应当组织有关部门测算并落实有关费用，保证足额到位，与拟征收土地的所有权人、使用权人就补偿、安置等签订协议；个别确实难以达成协议的，应当在申请征收土地时如实说明。相关前期工作完成后，县级以上地方人民政府方可申请征收土地。

征收土地应当给予公平、合理的补偿，保障被征地农民原有生活水平不降低、长远生计有保障。征收土地应当依法及时足额支付土地补偿费、安置补助费，以及农村村民住宅、其他地上附着物和青苗等的补偿费用，并安排被征地农民的社会保障费用。

征收农用地的土地补偿费、安置补助费标准由省、自治区、直辖市通过制定公布区片综合地价确定。制定区片综合地价应当综合考虑土地原用途、土地资源条件、土地产值、土地区位、土地供求关系、人口以及经济社会发展水平等因素，并至少每3年调整或者重新公布一次。

征收农用地以外的其他土地、地上附着物和青苗等的补偿标准，由省、自治区、直辖市制定。对其中的农村村民住宅，应当按照先补偿后搬迁、居住条件有改善的原则，尊重农村村民意愿，采取重新安排宅基地建房、提供安置房或者货币补偿等方式给予公平、合理的补偿，并对因征收造成的搬迁、临时安置等费用予以补偿，保障农村村民居住的权利和合法的住房财产权益。

县级以上地方人民政府应当将被征地农民纳入相应的养老等社会保障体系。被征地农民的社会保障费用主要用于符合条件的被征地农民的养老保险等社会保险缴费补贴。被征地农民社会保障费用的筹集、管理和使用办法，由省、自治区、直辖市制定。

被征地的农村集体经济组织应当将征收土地的补偿费用的收支状况向本集体经济组织的成员公布，接受监督。禁止侵占、挪用被征收土地单位的征地补偿费用和其他有关费用。

### 4.2.3 国有建设用地

经批准的建设项目需要使用国有建设用地的，建设单位应当持法律、行政法规规定的有关文件，向有批准权的县级以上人民政府自然资源主管部门提出建设用地申请，经自然资源主管部门审查，报本级人民政府批准。按照《物权法》规定，建设单位取得了建设用地使用权，建设用地使用权人依法对国家所有的土地享有占有、使用和收益的权利，有权利用该土地建造建筑物、构筑物及其附属设施。建设用地使用权人有权将建设用地使用权转让、互换、出资、赠与或者抵押，但法律另有规定的除外。

**1. 取得方式**

（1）出让

《土地管理法》规定，建设单位使用国有土地，应当以出让等有偿使用方式取得。

土地使用权出让，是指国家将国有土地使用权（简称土地使用权）在一定年限内出让给土地使用者，由土地使用者向国家支付土地使用权出让金的行为。土地使用权出让，应当签订书面出让合同。土地使用权出让合同由市、县人民政府土地管理部门与土地使用者签订。

根据1990年5月19日起实施的《城镇国有土地使用权出让和转让暂行条例》的规定，土地使用权出让的最高年限是：居住用地70年；工业用地50年；教育、科技、文化、卫生、体育用地50年；商业、旅游、娱乐用地40年；综合或者其他用地50年。

土地使用权出让，可以采取拍卖、招标或者双方协议的方式。商业、旅游、娱乐和豪华住宅用地，有条件的，必须采取拍卖、招标方式；没有条件，不能采取拍卖、招标方式的，可以采取双方协议的方式。采取双方协议方式出让土地使用权的出让金不得低于按国家规定所确定的最低价。具体规定包括国土资源部于2003年6月发布的《协议出让国有土地使用权规定》（2003年8月1日起施行）、国土资源部于2007年9月28日发布的《招标拍卖挂牌出让国有建设用地使用权规定》（2007年11月1日起施行）。

招标出让国有建设用地使用权，是指市、县人民政府国土资源行政主管部门（简称出让人）发布招标公告，邀请特定或者不特定的自然人、法人和其他组织参加国有建设用地使用权投标，根据投标结果确定国有建设用地使用权人的行为。拍卖出让国有建设用地使用权，是指出让人发布拍卖公告，由竞买人在指定时间、地点进行公开竞价，根据出价结果确定国有建设用地使用权人的行为。挂牌出让国有建设用地使用权，是指出让人发布挂牌公告，按公告规定的期限将拟出让宗地的交易条件在指定的土地交易场所挂牌公布，接受竞买人的报价申请并更新挂牌价格，根据挂牌期限截止时的出价结果或者现场竞价结果确定国有建设用地使用权人的行为。

受让人依照国有建设用地使用权出让合同的约定付清全部土地出让价款后，方可申请办理土地登记，领取《国有建设用地使用权证书》。未按出让合同约定缴清全部土地出让价款的，不得发放《国有建设用地使用权证书》，也不得按出让价款缴纳比例分割发放《国有建设用地使用权证书》。

应当以招标拍卖挂牌方式出让国有建设用地使用权而擅自采用协议方式出让的，对直接负责的主管人员和其他直接责任人员依法给予处分；构成犯罪的，依法追究刑事责任。

（2）划拨

土地使用权划拨，是指县级以上人民政府依法批准，在土地使用者缴纳补偿、安置等费用后将该幅土地交付其使用，或者将土地使用权无偿交付给土地使用者使用的行为。依照法律规定以划拨方式取得土地使用权的，除法律、行政法规另有规定外，没有使用期限的限制。

下列建设用地，经县级以上人民政府依法批准，可以以划拨方式取得：国家机关用地和军事用地；城市基础设施用地和公益事业用地；国家重点扶持的能源、交通、水利等基础设施用地；法律、行政法规规定的其他用地，如经济适用住房。

**2. 国有土地使用权收回**

有下列情形之一的，由有关人民政府自然资源主管部门报经原批准用地的人民政府或者有批准权的人民政府批准，可以收回国有土地使用权：

1）为实施城市规划进行旧城区改建以及其他公共利益需要，确需使用土地的。

2）土地出让等有偿使用合同约定的使用期限届满，土地使用者未申请续期或者申请续期未获批准的。

3）因单位撤销、迁移等原因，停止使用原划拨的国有土地的。

4）公路、铁路、机场、矿场等经核准报废的。

依照第1）项规定收回国有土地使用权的，对土地使用权人应当给予适当补偿。

## 4.2.4 集体建设用地

1）乡镇企业、乡（镇）村公共设施、公益事业、农村村民住宅等乡（镇）村建设，应当按照村庄和集镇规划，合理布局，综合开发，配套建设；建设用地，应当符合乡（镇）土地利用总体规划和土地利用年度计划，并依照《土地管理法》第四十四条、第六十条、第六十一条、第六十二条的规定办理审批手续。

农村集体经济组织使用乡（镇）土地利用总体规划确定的建设用地兴办企业或者与其他单位、个人以土地使用权入股、联营等形式共同举办企业的，应当持有关批准文件，向县级以上地方人民政府自然资源主管部门提出申请，按照省、自治区、直辖市规定的批准权限，由县级以上地方人民政府批准；其中，涉及占用农用地的，依照《土地管理法》第四十四条的规定办理审批手续。按照前款规定兴办企业的建设用地，必须严格控制。省、自治区、直辖市可以按照乡镇企业的不同行业和经营规模，分别规定用地标准。

乡（镇）村公共设施、公益事业建设，需要使用土地的，经乡（镇）人民政府审核，向县级以上地方人民政府自然资源主管部门提出申请，按照省、自治区、直辖市规定的批准权限，由县级以上地方人民政府批准；其中，涉及占用农用地的，依照《土地管理法》第四十四条的规定办理审批手续。

农村村民一户只能拥有一处宅基地，其宅基地的面积不得超过省、自治区、直辖市规定的标准。人均土地少、不能保障一户拥有一处宅基地的地区，县级人民政府在充分尊重农村村民意愿的基础上，可以采取措施，按照省、自治区、直辖市规定的标准保障农村村民实现户有所居。农村村民建住宅，应当符合乡（镇）土地利用总体规划、村庄规划，不得占用永久基本农田，并尽量使用原有的宅基地和村内空闲地。编制乡（镇）土地利用总体规划、村庄规划应当统筹并合理安排宅基地用地，改善农村村民居住环境和条件。农村村民住宅用地，由乡（镇）人民政府审核批准；其中，涉及占用农用地的，依照《土地管理法》第四十四条的规定办理审批手续。农村村民出卖、出租、赠与住宅后，再申请宅基地的，不予批准。国家允许进城落户的农村村民依法自愿有偿退出宅基地，鼓励农村集体经济组织及其成员盘活利用闲置宅基地和闲置住宅。国务院农业农村主管部门负责全国农村宅基地改革和管理有关工作。

2）土地利用总体规划、城乡规划确定为工业、商业等经营性用途，并经依法登记的集体经营性建设用地，土地所有权人可以通过出让、出租等方式交由单位或者个人使用，并应当签订书面合同，载明土地界址、面积、动工期限、使用期限、土地用途、规划条件和双方其他权利义务。前款规定的集体经营性建设用地出让、出租等，应当经本集体经济组织成员的村民会议三分之二以上成员或者三分之二以上村民代表的同意。

通过出让等方式取得的集体经营性建设用地使用权可以转让、互换、出资、赠与或者抵押，但法律、行政法规另有规定或者土地所有权人、土地使用权人签订的书面合同另有约定的除外。

集体经营性建设用地的出租，集体建设用地使用权的出让及其最高年限、转让、互换、出资、赠与、抵押等，参照同类用途的国有建设用地执行。具体办法由国务院制定。

集体建设用地的使用者应当严格按照土地利用总体规划、城乡规划确定的用途使用土地。

3）有下列情形之一的，农村集体经济组织报经原批准用地的人民政府批准，可以收回土地使用权：①为乡（镇）村公共设施和公益事业建设，需要使用土地的；②不按照批准的用途使用土地的；③因撤销、迁移等原因而停止使用土地的。为乡（镇）村公共设施和公益事业建设，收回农民集体所有的土地的，对土地使用权人应当给予适当补偿。收回集体经营性建设用地使用权，依照双方签订的书面合同办理，法律、行政法规另有规定的除外。

## 4.3 工程建设法律实务专题 4——土地法律实务

### 4.3.1 国有土地使用权合同

项目建设，离不开土地。按照现行《土地管理法》规定，项目建设应取得国有建设用地使用权或集体建设用地使用权。本部分专门介绍国有建设用地使用权取得的问题。建设用地取得有两个市场途径：

1）一级土地市场。①从《物权法》规定来说，就是设立建设用地使用权，其第一百三十七条规定："设立建设用地使用权，可以采取出让或者划拨等方式。工业、商业、旅游、娱乐和商品住宅等经营性用地以及同一土地有两个以上意向用地者的，应当采取招标、拍卖等公开竞价的方式出让。严格限制以划拨方式设立建设用地使用权。采取划拨方式的，应当遵守法律、行政法规关于土地用途的规定。"②除出让、划拨外，还可以采取国有土地租赁的方式。一方必然是政府的国土资源管理部门。

2）二级土地市场。建设用地使用权转让、互换、赠与、出资、合作开发等。合同的主体是不同的市场主体，没有政府国土资源部门。

通过建设用地使用权出让（一级市场）、转让（二级市场）两种方式取得土地，都需要签订合同。

**1. 国有土地使用权出让合同**

关于国有土地使用权出让合同，涉及的相关法律规定主要有《合同法》《城市房地产管理法》《土地管理法》《物权法》、2005年8月1日生效的《最高人民法院关于审理涉及国有土地使用权合同纠纷案件适用法律问题的解释》（简称司法解释）、《中华人民共和国城镇国有土地使用权出让和转让暂行条例》（自1990年5月19日发布之日起施行）等。

（1）概念

土地使用权出让合同，是指市、县人民政府土地管理部门作为出让方将国有土地使用权在一定年限内让与受让方，受让方支付土地使用权出让金的协议。《物权法》和2011年最高人民法院《民事案由规定》采用"建设用地使用权出让合同"一词。

《城市房地产管理法》第十四条规定："土地使用权出让，应当签订书面出让合同。土地使用权出让合同由市、县人民政府土地管理部门与土地使用者签订。"

出让方，为市、县人民政府的土地管理部门（依据授权代表国家），不包括市辖区、开发区管理委员会。《司法解释》规定，开发区管理委员会作为出让方与受让方订立的土地使用权出让合同，应当认定无效。本解释实施前，开发区管理委员会作为出让方与受让方订立的土地使用权出让合同，起诉前经市、县人民政府土地管理部门追认的，可以认定合同有效。

受让方，根据《城镇国有土地使用权出让和转让暂行条例》规定，中华人民共和国境内外的公司、企业、其他组织和个人，除法律另有规定外，均可依据本条例的规定取得土地使用权。

合同客体是国有土地使用权，即《物权法》规定的建设用地使用权，属于用益物权。具有权利有限性，地下资源、埋藏物、市政公用设施不属于受让方。

关于合同性质，有行政合同和民事合同之争，《司法解释》采用民事合同的观点。

（2）合同的主要内容

根据《物权法》第一百三十八条规定，建设用地使用权出让合同一般包括下列条款：当事人的名称和住所，土地界址、面积等，建筑物、构筑物及其附属设施占用的空间，土地用途，使用期限，出让金等费用及其支付方式，解决争议的方法。

在城市、镇规划区内以出让方式提供国有土地使用权的，在国有土地使用权出让前，城市、县人民政府城乡规划主管部门应当依据控制性详细规划，提出出让地块的位置、使用性质、开发强度等规划条件，作为国有土地使用权出让合同的组成部分。未确定规划条件的地块，不得出让国有土地使用权。规划条件未纳入国有土地使用权出让合同的，该国有土地使用权出让合同无效。

原国土资源部、国家工商行政管理总局在2000年发布了《国有土地使用权出让合同示范文本》，2006年发布了《国有土地使用权出让合同补充协议示范文本（试行）》。2008年制定发布了《国有建设用地使用权出让合同》示范文本（GF—2601），自2008年7月1日起执行。

（3）合同纠纷处理

国有土地出让合同纠纷处理的法律依据，除了基本的法律规定外，主要是《最高人民法院关于审理涉及国有土地使用权合同纠纷案件适用法律问题的解释》，主要规定有：

1）开发区管理委员会签订出让合同的效力。

开发区管理委员会作为出让方与受让方订立的土地使用权出让合同，应当认定无效。本解释实施前，开发区管理委员会作为出让方与受让方订立的土地使用权出让合同，起诉前经市、县人民政府土地管理部门追认的，可以认定合同有效。

2）协议出让土地价格的确定。

出让方式有招标投标、拍卖、挂牌、协议出让等；协议出让缺少公开透明和竞争，有很多问题。因此，城市房地产管理法第十二条规定，采取双方协议方式出让土地使用权的出让金不得低于按国家规定所确定的最低价。最低价，不低于基准地价的70%。

《司法解释》规定，经市、县人民政府批准同意以协议方式出让的土地使用权，土地使用权出让金低于订立合同时当地政府按照国家规定确定的最低价的，应当认定土地使用权出让合同约定的价格条款无效。（属于条款无效）

当事人请求按照订立合同时的市场评估价格交纳土地使用权出让金的，应予支持；受让方不同意按照市场评估价格补足，请求解除合同的，应予支持。因此造成的损失，由当事人按照过错承担责任。（解决合同的损失，主要过错方是出让方）

3）对未办理批准手续而不能交付土地合同的处理。

对出让土地的审批，《城市房地产管理法》第九条、十条、十一条有规定。

《司法解释》规定，土地使用权出让合同的出让方因未办理土地使用权出让批准手续而不能交付土地，受让方请求解除合同的，应予支持。

出让合同是有效的，嗣后不能履行。解除权利在受让方，还可以要求对方承担违约责任。

4）土地出让金的调整（改变土地用途）。

《司法解释》规定，受让方经出让方和市、县人民政府城市规划行政主管部门同意，改变土地使用权出让合同约定的土地用途，当事人请求按照起诉时同种用途的土地出让金标准调整土地出让金的，应予支持。该情况属于合同变更。

5）对擅自改变土地用途合同的处理。

《司法解释》规定，受让方擅自改变土地使用权出让合同约定的土地用途，出让方请求解除合同的，应予支持。

擅自改变用途的认定，看合同约定，商业用地、住宅用地、工业用地；无具体项目，可改变；有项目约定，不可改变。

**2. 国有土地使用权转让合同**

土地使用者取得国有土地使用权后，还可以再转让。具体法律依据有：《城镇国有土地使用权出让和转让暂行条例》（简称《条例》）第十九条规定，土地使用权转让是指土地使用者将土地使用权再转移的行为，包括出售、交换和赠与。《物权法》第一百四十三条规定，建设用地使用权人有权将建设用地使用权转让、互换、出资、赠与或者抵押，但法律另有规定的除外。第一百四十四条规定，建设用地使用权转让、互换、出资、赠与或者抵押的，当事人应当采取书面形式订立相应的合同。使用期限由当事人约定，但不得超过建设用地使用权的剩余期限。第一百四十五条规定，建设用地使用权转让、互换、出资或者赠与的，应当向登记机构申请变更登记。《条例》规定的转让是广义的，《物权法》规定的转让，是指有偿的转让，狭义的。此处所说的转让，是狭义的。

（1）转让条件

土地使用权转让分为出让地转让、划拨地转让两种情况，条件不同：

以划拨方式取得土地使用权转让应符合《城市房地产管理法》第四十条规定，以划拨方式取得土地使用权的，转让房地产时，应当按照国务院规定，报有批准权的人民政府审批。有批准权的人民政府准予转让的，应当由受让方办理土地使用权出让手续，并依照国家有关规定缴纳土地使用权出让金。

以划拨方式取得土地使用权的，转让房地产报批时，有批准权的人民政府按照国务院规定决定可以不办理土地使用权出让手续的，转让方应当按照国务院规定将转让房地产所获收益中的土地收益上缴国家或者作其他处理。

以出让方式取得的建设用地使用权转让应符合《城市房地产管理法》第三十九条规定，以出让方式取得土地使用权的，转让房地产时，应当符合下列条件：按照出让合同约定已经支付全部土地使用权出让金，并取得土地使用权证书；按照出让合同约定进行投资开发，属于房屋建设工程的，完成开发投资总额的25%以上，属于成片开发土地的，形成工业用地或者其他建设用地条件。转让房地产时房屋已经建成的，还应当持有房屋所有权证书。

实践中，在转让土地使用权时应注意符合法定条件，否则，极有可能触犯刑法，构成犯罪。《刑法》第二百二十八条规定，以牟利为目的，违反土地管理法规，非法转让、倒卖土地使用权，情节严重的，处3年以下有期徒刑或者拘役，并处或者单处非法转让、倒卖土地使用权价额5%以上20%以下罚金；情节特别严重的，处3年以上7年以下有期徒刑，并处非法转让、倒卖土地使用权价额5%以上20%以下罚金。

（2）概念

《最高人民法院关于审理涉及国有土地使用权合同纠纷案件适用法律问题的解释》第七条规定，土地使用权转让合同，是指土地使用权人作为转让方将出让土地使用权转让于受让方，受让方支付价款的协议。此规定排除了国有划拨地、集体土地。

（3）签订、履行本合同应注意事项及纠纷处理

1）注意调查是否具备土地使用权转让条件。

涉及合同效力问题。《最高人民法院关于审理涉及国有土地使用权合同纠纷案件适用法律问

题的解释》规定：转让方未取得出让土地使用权证书与受让方订立合同转让土地使用权，起诉前转让方已经取得出让土地使用权证书或者有批准权的人民政府同意转让的，应当认定合同有效。土地使用权人未经有批准权的人民政府批准，与受让方订立合同转让划拨土地使用权的，应当认定合同无效。但起诉前经有批准权的人民政府批准办理土地使用权出让手续的，应当认定合同有效。土地使用权人与受让方订立合同转让划拨土地使用权，起诉前经有批准权的人民政府同意转让，并由受让方办理土地使用权出让手续的，土地使用权人与受让方订立的合同可以按照补偿性质的合同处理。土地使用权人与受让方订立合同转让划拨土地使用权，起诉前经有批准权的人民政府决定不办理土地使用权出让手续，并将该划拨土地使用权直接划拨给受让方使用的，土地使用权人与受让方订立的合同可以按照补偿性质的合同处理。

2）土地使用期限不得超过建设用地使用权的剩余期限。

《物权法》第一百四十四条规定，建设用地使用权转让、互换、出资、赠与或者抵押的，当事人应当采取书面形式订立相应的合同。使用期限由当事人约定，但不得超过建设用地使用权的剩余期限。

3）一并转让原则。

《物权法》第一百四十六条规定，建设用地使用权转让、互换、出资或者赠与的，附着于该土地上的建筑物、构筑物及其附属设施一并处分。第一百四十七条规定，建筑物、构筑物及其附属设施转让、互换、出资或者赠与的，该建筑物、构筑物及其附属设施占用范围内的建设用地使用权一并处分。

4）同时转移原则。

《出让转让条例》第二十一条规定，土地使用权转让时，土地使用权出让合同和登记文件中所载明的权利、义务随之转移。

《城市房地产管理法》第四十二条规定，房地产转让时，土地使用权出让合同载明的权利、义务随之转移。

5）土地用途的改变。

《城市房地产管理法》第四十四条规定，以出让方式取得土地使用权的，转让房地产后，受让人改变原土地使用权出让合同约定的土地用途的，必须取得原出让方和市、县人民政府城市规划行政主管部门的同意，签订土地使用权出让合同变更协议或者重新签订土地使用权出让合同，相应调整土地使用权出让金。

6）及时办理变更登记。

《物权法》第一百四十五条规定，建设用地使用权转让、互换、出资或者赠与的，应当向登记机构申请变更登记。

根据《司法解释》规定，土地使用权人作为转让方与受让方订立土地使用权转让合同后，当事人一方以双方之间未办理土地使用权变更登记手续为由，请求确认合同无效的，不予支持。这符合《物权法》第十五条规定，当事人之间订立有关设立、变更、转让和消灭不动产物权的合同，除法律另有规定或者合同另有约定外，自合同成立时生效；未办理物权登记的，不影响合同效力。

7）一地数转纠纷的处理。

土地使用权人作为转让方就同一出让土地使用权订立数个转让合同，在转让合同有效的情况下，受让方均要求履行合同的，按照以下情形分别处理：已经办理土地使用权变更登记手续的受让方，请求转让方履行交付土地等合同义务的，应予支持；均未办理土地使用权变更登记手续，已先行合法占有投资开发土地的受让方请求转让方履行土地使用权变更登记等合同义务的，应予支持；均未办理土地使用权变更登记手续，又未合法占有投资开发土地，先行支付土地转让款的受让方请求转让方履行交付土地和办理土地使用权变更登记等合同义务的，应予支持；合同均未履行，依法成立在先的合同受让方请求履行合同的，应予支持。未能取得土地使用权的受让方请求解除合同、赔偿损失的，按照《合同法》的有关规定处理。

2019年7月19日，国务院办公厅发布了《关于完善建设用地使用权转让、出租、抵押二级市场的指导意见》，对于土地二级市场的发展指明了方向。根据该意见，明晰不同权能建设用地使用权转让的必要条件。以划拨方式取得的建设用地使用权转让，需经依法批准，土地用途符合《划拨用地目录》的，可不补缴土地出让价款，按转移登记办理；不符合《划拨用地目录》的，在符合规划的前提下，由受让方依法依规补缴土地出让价款。以出让方式取得的建设用地使用权转让，在符合法律法规规定和出让合同约定的前提下，应充分保障交易自由；原出让合同对转让条件另有约定的，从其约定。以作价出资或入股方式取得的建设用地使用权转让，参照以出让方式取得的建设用地使用权转让有关规定，不再报经原批准建设用地使用权作价出资或入股的机关批准；转让后，可保留为作价出资或入股方式，或直接变更为出让方式。

以划拨方式取得的建设用地使用权出租的，应按照有关规定上缴租金中所含土地收益，纳入土地出让收入管理。宗地长期出租，或部分用于出租且可分割的，应依法补办出让、租赁等有偿使用手续。建立划拨建设用地使用权出租收益年度申报制度，出租人依法申报并缴纳相关收益的，不再另行单独办理划拨建设用地使用权出租的批准手续。

以划拨方式取得的建设用地使用权可以依法依规设定抵押权，划拨土地抵押权实现时应优先缴纳土地出让收入。以出让、作价出资或入股等方式取得的建设用地使用权可以设定抵押权。以租赁方式取得的建设用地使用权，承租人在按规定支付土地租金并完成开发建设后，根据租赁合同约定，其地上建筑物、其他附着物连同土地可以依法一并抵押。自然人、企业均可作为抵押权人申请以建设用地使用权及其地上建筑物、其他附着物所有权办理不动产抵押相关手续，涉及企业之间债权债务合同的必须符合有关法律法规的规定。

### 4.3.2 《土地管理法》规定的法律责任及法律风险防控

1）买卖或者以其他形式非法转让土地的，由县级以上人民政府自然资源主管部门没收违法所得；对违反土地利用总体规划擅自将农用地改为建设用地的，限期拆除在非法转让的土地上新建的建筑物和其他设施，恢复土地原状，对符合土地利用总体规划的，没收在非法转让的土地上新建的建筑物和其他设施，可以并处罚款；对直接负责的主管人员和其他直接责任人员，依法给予处分；构成犯罪的，依法追究刑事责任。

2）违反本法规定，占用耕地建窑、建坟或者擅自在耕地上建房、挖砂、采石、采矿、取土等，破坏种植条件的，或者因开发土地造成土地荒漠化、盐渍化的，由县级以上人民政府自然资源主管部门、农业农村主管部门等按照职责责令限期改正或者治理，可以并处罚款；构成犯罪的，依法追究刑事责任。

3）违反本法规定，拒不履行土地复垦义务的，由县级以上人民政府自然资源主管部门责令限期改正；逾期不改正的，责令缴纳复垦费，专项用于土地复垦，可以处以罚款。

4）未经批准或者采取欺骗手段骗取批准，非法占用土地的，由县级以上人民政府自然资源主管部门责令退还非法占用的土地，对违反土地利用总体规划擅自将农用地改为建设用地的，限期拆除在非法占用的土地上新建的建筑物和其他设施，恢复土地原状，对符合土地利用总体规划的，没收在非法占用的土地上新建的建筑物和其他设施，可以并处罚款；对非法占用土地单位的直接负责的主管人员和其他直接责任人员，依法给予处分；构成犯罪的，依法追究刑事责任。超过批准的数量占用土地，多占的土地以非法占用土地论处。

5）农村村民未经批准或者采取欺骗手段骗取批准，非法占用土地建住宅的，由县级以上人民政府农业农村主管部门责令退还非法占用的土地，限期拆除在非法占用的土地上新建的房屋。超过省、自治区、直辖市规定的标准，多占的土地以非法占用土地论处。

6）无权批准征收、使用土地的单位或者个人非法批准占用土地的，超越批准权限非法批准占用土地的，不按照土地利用总体规划确定的用途批准用地的，或者违反法律规定的程序批准占用、征收土地的，其批准文件无效，对非法批准征收、使用土地的直接负责的主管人员和其他直接责任人员，依法给予处分；构成犯罪的，依法追究刑事责任。非法批准、使用的土地应当收回，有关当事人拒不归还的，以非法占用土地论处。非法批准征收、使用土地，对当事人造成损失的，依法应当承担赔偿责任。

7）侵占、挪用被征收土地单位的征地补偿费用和其他有关费用，构成犯罪的，依法追究刑事责任；尚不构成犯罪的，依法给予处分。

8）依法收回国有土地使用权当事人拒不交出土地的，临时使用土地期满拒不归还的，或者不按照批准的用途使用国有土地的，由县级以上人民政府自然资源主管部门责令交还土地，处以罚款。

9）擅自将农民集体所有的土地通过出让、转让使用权或者出租等方式用于非农业建设，或者违反本法规定，将集体经营性建设用地通过出让、出租等方式交由单位或者个人使用的，由县级以上人民政府自然资源主管部门责令限期改正，没收违法所得，并处罚款。

10）依照本法规定，责令限期拆除在非法占用的土地上新建的建筑物和其他设施的，建设单位或者个人必须立即停止施工，自行拆除；对继续施工的，做出处罚决定的机关有权制止。建设单位或者个人对责令限期拆除的行政处罚决定不服的，可以在接到责令限期拆除决定之日起15日内，向人民法院起诉；期满不起诉又不自行拆除的，由做出处罚决定的机关依法申请人民法院强制执行，费用由违法者承担。

11）自然资源主管部门、农业农村主管部门的工作人员玩忽职守、滥用职权、徇私舞弊，构成犯罪的，依法追究刑事责任；尚不构成犯罪的，依法给予处分。

法律风险防控提示：作为土地使用者，应严格遵守法律规定，避免承担行政法律责任或刑事法律责任，否则，工程建设活动将受到严重影响甚至失败。

### 4.3.3 国有土地上房屋征收与补偿

在工程建设实践中，经常会涉及国有土地上房屋征收与补偿问题，这是建设单位在取得建设用地过程中的一个重要的法律问题。2011年1月21日，国务院颁布了《国有土地上房屋征收与补偿条例》，自公布之日起施行。2011年6月3日，住房和城乡建设部发布了《国有土地上房屋征收评估办法》。2012年3月26日，最高人民法院发布了《关于办理申请人民法院强制执行国有土地上房屋征收补偿决定案件若干问题的规定》。

世界上大多数国家和地区实行土地私有化，房屋附属于土地，不存在单独房屋征收，土地征收是通行做法。房屋征收属于我国特有，是指市、县级人民政府为了公共利益的需要，代表国家对国有土地上单位、个人所有的房屋进行强制剥夺所有权同时进行公平补偿的行为。

**1. 房屋征收行政管理体制**

1）市、县级人民政府负责本行政区域的房屋征收与补偿工作。市、县级人民政府确定的房屋征收部门（简称房屋征收部门）组织实施本行政区域的房屋征收与补偿工作。市、县级人民政府有关部门应当依照条例的规定和本级人民政府规定的职责分工，互相配合，保障房屋征收与补偿工作的顺利进行。

2）房屋征收部门可以委托房屋征收实施单位，承担房屋征收与补偿的具体工作。房屋征收实施单位不得以营利为目的。房屋征收部门对房屋征收实施单位在委托范围内实施的房屋征收与补偿行为负责监督，并对其行为后果承担法律责任。

3）上级人民政府应当加强对下级人民政府房屋征收与补偿工作的监督。国务院住房和城乡建设主管部门和省、自治区、直辖市人民政府住房和城乡建设主管部门应当会同同级财政、国土资源、发展改革等有关部门，加强对房屋征收与补偿实施工作的指导。

**2. 征收决定**

为了保障国家安全、促进国民经济和社会发展等公共利益的需要，有下列情形之一，确需征收房屋的，由市、县级人民政府做出房屋征收决定：

1）国防和外交的需要。

2）由政府组织实施的能源、交通、水利等基础设施建设的需要。

3）由政府组织实施的科技、教育、文化、卫生、体育、环境和资源保护、防灾减灾、文物保护、社会福利、市政公用等公共事业的需要。

4）由政府组织实施的保障性安居工程建设的需要。

5）由政府依照城乡规划法有关规定组织实施的对危房集中、基础设施落后等地段进行旧城区改建的需要。

6）法律、行政法规规定的其他公共利益的需要。

依照上述规定，确需征收房屋的各项建设活动，应当符合国民经济和社会发展规划、土地利用总体规划、城乡规划和专项规划。保障性安居工程建设、旧城区改建，应当纳入市、县级国民经济和社会发展年度计划。制订国民经济和社会发展规划、土地利用总体规划、城乡规划和专项规划，应当广泛征求社会公众意见，经过科学论证。

房屋征收部门拟定征收补偿方案，报市、县级人民政府。市、县级人民政府应当组织有关部门对征收补偿方案进行论证并予以公布，征求公众意见。征求意见期限不得少于30日。

市、县级人民政府应当将征求意见情况和根据公众意见修改的情况及时公布。因旧城区改建需要征收房屋，多数被征收人认为征收补偿方案不符合本条例规定的，市、县级人民政府应当组织由被征收人和公众代表参加的听证会，并根据听证会情况修改方案。

市、县级人民政府做出房屋征收决定前，应当按照有关规定进行社会稳定风险评估；房屋征收决定涉及被征收人数量较多的，应当经政府常务会议讨论决定。做出房屋征收决定前，征收补偿费用应当足额到位、专户存储、专款专用。

市、县级人民政府做出房屋征收决定后应当及时公告。公告应当载明征收补偿方案和行政复议、行政诉讼权利等事项。市、县级人民政府及房屋征收部门应当做好房屋征收与补偿的宣传、解释工作。房屋被依法征收的，国有土地使用权同时收回。

房屋征收部门应当对房屋征收范围内房屋的权属、区位、用途、建筑面积等情况组织调查登记，被征收人应当予以配合。调查结果应当在房屋征收范围内向被征收人公布。

房屋征收范围确定后，不得在房屋征收范围内实施新建、扩建、改建房屋和改变房屋用途等不当增加补偿费用的行为；违反规定实施的，不予补偿。房屋征收部门应当将前款所列事项书面通知有关部门暂停办理相关手续。暂停办理相关手续的书面通知应当载明暂停期限。暂停期限最长不得超过1年。

**3. 对征收决定不服的救济**

被征收人对市、县级人民政府做出的房屋征收决定不服的，可以依法申请行政复议，也可以依法提起行政诉讼。

**4. 征收补偿**

做出房屋征收决定的市、县级人民政府对被征收人给予的补偿包括：①被征收房屋价值的补偿；②因征收房屋造成的搬迁、临时安置的补偿；③因征收房屋造成的停产停业损失的补偿。市、县级人民政府应当制定补助和奖励办法，对被征收人给予补助和奖励。征收个人住宅，被征收人符合住房保障条件的，做出房屋征收决定的市、县级人民政府应当优先给予住房保障。具体办法由省、自治区、直辖市制定。

（1）被征收房屋价值的补偿

对被征收房屋价值的补偿，不得低于房屋征收决定公告之日被征收房屋类似房地产的市场价格。被征收房屋的价值，由具有相应资质的房地产价格评估机构按照房屋征收评估办法评估确定。对评估确定的被征收房屋价值有异议的，可以向房地产价格评估机构申请复核评估。对复核结果有异议的，可以向房地产价格评估专家委员会申请鉴定。房屋征收评估办法由国务院住房城乡建设主管部门制定，制定过程中，应当向社会公开征求意见。

房地产价格评估机构由被征收人协商选定；协商不成的，通过多数决定、随机选定等方式确定，具体办法由省、自治区、直辖市制定。房地产价格评估机构应当独立、客观、公正地开展房屋征收评估工作，任何单位和个人不得干预。

被征收人可以选择货币补偿，也可以选择房屋产权调换。被征收人选择房屋产权调换的，市、县级人民政府应当提供用于产权调换的房屋，并与被征收人计算、结清被征收房屋价值与用于产权调换房屋价值的差价。因旧城区改建征收个人住宅，被征收人选择在改建地段进行房屋产权调换的，做出房屋征收决定的市、县级人民政府应当提供改建地段或者就近地段的房屋。

根据《国有土地上房屋征收评估办法》，被征收房屋价值是指被征收房屋及其占用范围内的土地使用权在正常交易情况下，由熟悉情况的交易双方以公平交易方式在评估时点自愿进行交易的金额，但不考虑被征收房屋租赁、抵押、查封等因素的影响。前款所述不考虑租赁因素的影响，是指评估被征收房屋无租约限制的价值；不考虑抵押、查封因素的影响，是指评估价值中不扣除被征收房屋已抵押担保的债权数额、拖欠的建设工程价款和其他法定优先受偿款。

注册房地产估价师应当根据评估对象和当地房地产市场状况，对市场法、收益法、成本法、假设开发法等评估方法进行适用性分析后，选用其中一种或者多种方法对被征收房屋价值进行评估。被征收房屋的类似房地产有交易的，应当选用市场法评估；被征收房屋或者其类似房地产有经济收益的，应当选用收益法评估；被征收房屋是在建工程的，应当选用假设开发法评估。可以同时选用两种以上评估方法评估的，应当选用两种以上评估方法评估，并对各种评估方法的测算结果进行校核和比较分析后，合理确定评估结果。

被征收房屋价值评估应当考虑被征收房屋的区位、用途、建筑结构、新旧程度、建筑面积以及占地面积、土地使用权等影响被征收房屋价值的因素。被征收房屋室内装饰装修价值，机器设备、物资等搬迁费用，以及停产停业损失等补偿，由征收当事人协商确定；协商不成的，可以委托房地产价格评估机构通过评估确定。

房地产价格评估机构应当按照房屋征收评估委托书或者委托合同的约定，向房屋征收部门提供分户的初步评估结果。分户的初步评估结果应当包括评估对象的构成及其基本情况和评估价值。房屋征收部门应当将分户的初步评估结果在征收范围内向被征收人公示。公示期间，房地产价格评估机构应当安排注册房地产估价师对分户的初步评估结果进行现场说明解释。存在错误的，房地产价格评估机构应当修正。分户初步评估结果公示期满后，房地产价格评估机构应当向房屋征收部门提供委托评估范围内被征收房屋的整体评估报告和分户评估报告。房屋征收部门应当向被征收人转交分户评估报告。整体评估报告和分户评估报告应当由负责房屋征收评估项目的两名以上注册房地产估价师签字，并加盖房地产价格评估机构公章。不得以印章代替签字。

被征收人或者房屋征收部门对评估结果有异议的，应当自收到评估报告之日起10日内，向房地产价格评估机构申请复核评估。申请复核评估的，应当向原房地产价格评估机构提出书面复核评估申请，并指出评估报告存在的问题。原房地产价格评估机构应当自收到书面复核评估申请之日起10日内对评估结果进行复核。复核后，改变原评估结果的，应当重新出具评估报告；评估结果没有改变的，应当书面告知复核评估申请人。

被征收人或者房屋征收部门对原房地产价格评估机构的复核结果有异议的，应当自收到复核结果之日起10日内，向被征收房屋所在地评估专家委员会申请鉴定。被征收人对补偿仍有异议的，按照《国有土地上房屋征收与补偿条例》第二十六条的规定处理。

（2）因征收房屋造成的搬迁、临时安置的补偿

因征收房屋造成搬迁的，房屋征收部门应当向被征收人支付搬迁费；选择房屋产权调换的，产权调换房屋交付前，房屋征收部门应当向被征收人支付临时安置费或者提供周转用房。

（3）因征收房屋造成的停产停业损失的补偿

对因征收房屋造成停产停业损失的补偿，根据房屋被征收前的效益、停产停业期限等因素确定。具体办法由省、自治区、直辖市制定。

市、县级人民政府及其有关部门应当依法加强对建设活动的监督管理，对违反城乡规划进

行建设的，依法予以处理。市、县级人民政府做出房屋征收决定前，应当组织有关部门依法对征收范围内未经登记的建筑进行调查、认定和处理。对认定为合法建筑和未超过批准期限的临时建筑的，应当给予补偿；对认定为违法建筑和超过批准期限的临时建筑的，不予补偿。

房屋征收部门与被征收人依照本条例的规定，就补偿方式、补偿金额和支付期限、用于产权调换房屋的地点和面积、搬迁费、临时安置费或者周转用房、停产停业损失、搬迁期限、过渡方式和过渡期限等事项，订立《补偿协议》。补偿协议订立后，一方当事人不履行补偿协议约定的义务的，另一方当事人可以依法提起诉讼。

房屋征收部门与被征收人在征收补偿方案确定的签约期限内达不成补偿协议，或者被征收房屋所有权人不明确的，由房屋征收部门报请做出房屋征收决定的市、县级人民政府依照本条例的规定，按照征收补偿方案做出《补偿决定》，并在房屋征收范围内予以公告。《补偿决定》应当公平，包括本条例第二十五条第一款规定的有关补偿协议的事项。被征收人对《补偿决定》不服的，可以依法申请行政复议，也可以依法提起行政诉讼。

**5. 房屋征收实施**

1）实施房屋征收应当先补偿、后搬迁。作出房屋征收决定的市、县级人民政府对被征收人给予补偿后，被征收人应当在补偿协议约定或者补偿决定确定的搬迁期限内完成搬迁。任何单位和个人不得采取暴力、威胁或者违反规定中断供水、供热、供气、供电和道路通行等非法方式迫使被征收人搬迁。禁止建设单位参与搬迁活动。

2）被征收人在法定期限内不申请行政复议或者不提起行政诉讼，在《补偿决定》规定的期限内又不搬迁的，由做出房屋征收决定的市、县级人民政府依法申请人民法院强制执行。强制执行申请书应当附具补偿金额和专户存储账号、产权调换房屋和周转用房的地点和面积等材料。

申请人民法院强制执行征收补偿决定案件，由房屋所在地基层人民法院管辖，高级人民法院可以根据本地实际情况决定管辖法院。人民法院应当自立案之日起30日内做出是否准予执行的裁定；有特殊情况需要延长审查期限的，由高级人民法院批准。《征收补偿决定》存在下列情形之一的，人民法院应当裁定不准予执行：①明显缺乏事实根据；②明显缺乏法律、法规依据；③明显不符合公平补偿原则，严重损害被执行人合法权益，或者使被执行人基本生活、生产经营条件没有保障；④明显违反行政目的，严重损害公共利益；⑤严重违反法定程序或者正当程序；⑥超越职权；⑦法律、法规、规章等规定的其他不宜强制执行的情形。人民法院裁定不准予执行的，应当说明理由，并在5日内将裁定送达申请机关。

人民法院裁定准予执行的，应当在5日内将裁定送达申请机关和被执行人，并可以根据实际情况建议申请机关依法采取必要措施，保障征收与补偿活动顺利实施。人民法院裁定准予执行的，一般由做出征收补偿决定的市、县级人民政府组织实施，也可以由人民法院执行。

3）房屋征收部门应当依法建立房屋征收补偿档案，并将分户补偿情况在房屋征收范围内向被征收人公布。审计机关应当加强对征收补偿费用管理和使用情况的监督，并公布审计结果。

## 4.3.4 农村宅基地管理

宅基地是保障农民安居乐业和农村社会稳定的重要基础。加强宅基地管理，对于保护农民权益、推进美丽乡村建设和实施乡村振兴战略具有十分重要的意义。由于多方面原因，当前农村宅基地管理比较薄弱，一些地方存在超标准占用宅基地、违法违规买卖宅基地、侵占耕地建设住宅等问题，损害农民合法权益的现象时有发生。2019年9月20日发布了《中央农村工作领导小组办公室 农业农村部关于进一步加强农村宅基地管理的通知》，具体要求如下：

1）按照新修订的土地管理法规定，农村村民住宅用地由乡镇政府审核批准。乡镇政府要因地制宜探索建立宅基地统一管理机制，依托基层农村经营管理部门，统筹协调相关部门宅基地用地审查、乡村建设规划许可、农房建设监管等职责，推行一个窗口对外受理、多部门内部联动运行，建立宅基地和农房乡镇联审联办制度，为农民群众提供便捷高效的服务。要加强对宅基地申请、审批、使用的全程监管，落实宅基地申请审查到场、批准后丈量批放到场、住宅建成后核查到场等"三到场"要求。要开展农村宅基地动态巡查，及时发现和处置涉及宅基地的各类违法行为，防止产生新的违法违规占地现象。要指导村级组织完善宅基地民主管理程序，探索设立村级宅基地协管员。

2）严格落实"一户一宅"规定。宅基地是农村村民用于建造住宅及其附属设施的集体建设用地，包括住房、附属用房和庭院等用地。农村村民一户只能拥有一处宅基地，面积不得超过本省、自治区、直辖市规定的标准。农村村民应严格按照批准面积和建房标准建设住宅，禁止未批先建、超面积占用宅基地。经批准易地建造住宅的，应严格按照"建新拆旧"要求，将原宅基地交还村集体。农村村民出卖、出租、赠与住宅后，再申请宅基地的，不予批准。对历史形成的宅基地面积超标和"一户多宅"等问题，要按照有关政策规定分类进行认定和处置。人均土地少、不能保障一户拥有一处宅基地的地区，县级人民政府在充分尊重农民意愿的基础上，可以采取措施，按照省、自治区、直辖市规定的标准保障农村村民实现户有所居。

3）严格落实土地用途管制，农村村民建住宅应当符合乡（镇）土地利用总体规划、村庄规划。合理安排宅基地用地，严格控制新增宅基地占用农用地，不得占用永久基本农田；涉及占用农用地的，应当依法先行办理农用地转用手续。城镇建设用地规模范围外的村庄，要通过优先安排新增建设用地计划指标、村庄整治、废旧宅基地腾退等多种方式，增加宅基地空间，满足符合宅基地分配条件农户的建房需求。城镇建设用地规模范围内，可以通过建设农民公寓、农民住宅小区等方式，满足农民居住需要。

4）鼓励村集体和农民盘活利用闲置宅基地和闲置住宅，通过自主经营、合作经营、委托经营等方式，依法依规发展农家乐、民宿、乡村旅游等。城镇居民、工商资本等租赁农房居住或开展经营的，要严格遵守合同法的规定，租赁合同的期限不得超过20年。合同到期后，双方可以另行约定。在尊重农民意愿并符合规划的前提下，鼓励村集体积极稳妥开展闲置宅基地整治，整治出的土地优先用于满足农民新增宅基地需求、村庄建设和乡村产业发展。闲置宅基地盘活利用产生的土地增值收益要全部用于农业农村。在征得宅基地所有权人同意的前提下，鼓励农村村民在本集体经济组织内部向符合宅基地申请条件的农户转让宅基地。各地可探索通过制定宅基地转让示范合同等方式，引导规范转让行为。转让合同生效后，应及时办理宅基地使用权变更手续。对进城落户的农村村民，各地可以多渠道筹集资金，探索通过多种方式鼓励其自愿有偿退出宅基地。

5）要充分保障宅基地农户资格权和农民房屋财产权。不得以各种名义违背农民意愿强制流转宅基地和强迫农民"上楼"，不得违法收回农户合法取得的宅基地，不得以退出宅基地作为农民进城落户的条件。严格控制整村撤并,规范实施程序,加强监督管理。宅基地是农村村民的基本居住保障,严禁城镇居民到农村购买宅基地,严禁下乡利用农村宅基地建设别墅大院和私人会馆。严禁借流转之名违法违规圈占、买卖宅基地。

## 案例分析

### A 酒楼、B 实业有限公司清算组与市国土资源局建设用地使用权出让合同纠纷案

**【案情介绍】**

A 酒楼、B 实业有限公司清算组向原审法院起诉称:2014 年 5 月 4 日,A 酒楼、B 实业有限公司清算组委托房地产估价师事务所对 C 市国土局出让给 A 酒楼、B 实业有限公司清算组的 9608.29m² 土地使用权市场价格进行了评估,上述土地总价值评估为 118 806 506 元。2001 年 9 月 10 日,C 市国土局将拟出让给 A 酒楼、B 实业有限公司的 9608.29m² 土地使用权报经 C 市人民政府审批之后,于 2001 年 10 月 17 日获得了批准,即《C 市划拨土地使用权转让审批表》。该审批表载明:"经讨论,同意补办土地使用权出让手续,按土地评估价的 40% 收取出让金,并直接办理出让给 B 实业有限公司、A 酒楼。"2001 年 10 月 18 日,C 市国土局与 A 酒楼、B 实业有限公司就上述土地的出让签订了《国有土地使用权出让合同》。2001 年 12 月 3 日,C 市国土局确认 C 市政府同意减免土地出让金 60%,A 酒楼、B 实业有限公司只需缴纳土地出让金 154.29 万元。2003 年 3 月 18 日,C 市国土局确认 C 市政府同意 A 酒楼、B 实业有限公司缓期一年缴纳土地出让金,并可在完税后先办理土地证。2003 年 5 月 12 日,C 市国土局向 A 酒楼、B 实业有限公司送达的《关于办理纳税手续的通知》载明:"B 实业有限公司、A 酒楼:报经有批准权一级人民政府批准,同意我局将 9608.29m² 国有土地出让给你单位作为建设用地。土地评估总价值 1102.0709 万元 (1147.00 元/m²),土地使用权出让金 440.8238 万元 (458.80 元/m²)。请贵单位持本通知于 6 月 1 日前到市地税局办理完税手续。"2008 年 5 月 20 日,C 市国土局向 A 酒楼、B 实业有限公司送达的《划拨地补办出让缴交出让金通知书》载明:"受让单位:B 实业有限公司、A 酒楼,受让面积:9608.29m²,确认的评估地价:1147 元/m²,应缴出让金金额:1147×9608.29×40%×35% 万元 = 154.29 万元,逾期每日按应缴出让金金额的 1‰ 收取滞纳金,延期付款超过 6 个月,我局有权解除《国有土地使用权出让合同》。"2008 年 5 月 20 日,C 市国土局向 A 酒楼、B 实业有限公司送达的《缴纳契税通知书》载明:"B 实业有限公司、A 酒楼:你单位申请办理土地证号是 Q21××8 号国有土地证项下 18728.89m² 中面积为 9608.29m² 划拨地补办出让并转让手续,经我局审核,应补缴的土地出让金为 154.29 万元。请你单位于 2008 年 6 月 20 日前到市地税局办理纳税手续。"2008 年 5 月 21 日,A 酒楼、B 实业有限公司按《划拨地补办出让缴交出让金通知书》缴清了上述土地出让金 154.29 万元,同年 5 月 30 日又按《缴纳契税通知书》向 C 市地税局缴清了上述土地出让的全部契税。此后,尽管 A 酒楼、B 实业有限公司及其债权人曾无数次要求 C 市国土局将出让的涉案土地使用权证办理至 A 酒楼、B 实业有限公司名下,但 C 市国土局时至今日仍以不实的理由进行拖延。综上所述,C 市国土局至今不履行交付出让土地的过错行为,不仅给 A 酒楼、B 实

业有限公司造成了重大经济损失，也给国家和社会造成了经济损失和负面影响。为维护自身合法权益，并避免和减少不必要的经济损失，依据相关法律规定诉请原审法院依法判决：①判令C市国土局迅速履行交付9608.29$m^2$土地给A酒楼、B实业有限公司清算组的法定义务；②C市国土局迅速履行交付9608.29$m^2$土地权证给A酒楼、B实业有限公司清算组的法定义务；③若C市国土局不能履行上述第一项和第二项义务，则赔偿A酒楼、B实业有限公司清算组经济损失118806506元。

【法院观点】

1）C市国土局与A酒楼、B实业有限公司形成国有土地出让合同关系。

本案是基于案涉土地使用权转让方通讯社海南分社与受让方A酒楼、B实业有限公司之间的国有划拨土地使用权转让合同，经C市国土局报经C市政府批准同意，由受让方A酒楼、B实业有限公司办理土地使用权出让手续，补交土地使用权出让金后，产生在A酒楼、B实业有限公司与C市国土局之间的纠纷。

《房地产管理法》第四十条第一款规定："以划拨方式取得土地使用权的，转让房地产时，应当按照国务院规定，报有批准权的人民政府审批。有批准权的人民政府准予转让的，应当由受让方办理土地使用权出让手续，并依照国家有关规定缴纳土地使用权出让金。"根据该条规定，划拨土地使用权转让时，需经有批准权的人民政府对划拨土地使用权转让进行审批，在审批同意之后，由土地管理部门与受让人办理土地使用权出让手续，受让人缴纳出让金。行政审批是有批准权的人民政府履行对划拨土地的使用进行监管的土地行政管理职能。在通过审批后，土地管理部门成为国有土地使用权出让合同的一方当事人，与受让人签订国有土地使用权出让合同，此时，原划拨土地使用权已经转化为出让性质的土地使用权，并且在土地管理部门与受让人之间形成国有土地使用权出让合同关系。根据《最高人民法院关于审理涉及国有土地使用权合同纠纷案件适用法律问题的解释》第十二条的规定，此时原划拨土地使用权人与受让方订立的合同可以按照补偿性质的合同处理。

本案中，虽然C市国土局主张其未与A酒楼、B实业有限公司签订国有土地使用权出让合同，但通过其向A酒楼、B实业有限公司送达的关于办理纳税手续的通知、划拨地补办出让缴交出让金通知书、缴纳契税通知书等通知书，以及A酒楼、B实业有限公司缴纳了土地出让金及契税的事实，能够认定C市国土局与A酒楼、B实业有限公司之间已经形成事实上的国有土地使用权出让合同关系。

2）本案国有土地使用权出让合同目前仍应认定为民事合同。

首先，国有土地使用权出让合同系当事人双方协商订立，遵循平等、自愿、有偿原则。《城镇国有土地使用权出让和转让暂行条例》第十一条规定："土地使用权出让合同应当按照平等、自愿、有偿的原则，由市、县人民政府土地管理部门与土地使用者签订。"这表明土地管理部门代表国家与土地使用者签订出让合同时两者的法律地位是平等的。国有土地使用权出让合同是国家作为土地所有者与土地使用者签订的设定用益物权（土地使用权）的合同，政府土地管理部门作为土地所有者的代表，与作为合同相对方的土地使用者是平等民事主体。

其次，国有土地使用权出让合同双方当事人权利义务对等。土地管理部门的主要权利是收取土地出让金，主要义务是在一定期限内向对方提供土地使用权；土地使用者的主要权利是在一定期限内获得相应土地使用权，主要义务是支付出让金和按照法律法规规定及合同约定的用途开发利用土地。《房地产管理法》第十六条规定："土地使用者必须按照出让合同约定，支付土地使用权出让金；未按照出让合同约定支付土地使用权出让金的，土地管理部门有权解除合同，并可以请求违约赔偿。"第十七条规定："土地使用者按照出让合同约定支付土地使用权出让金的，市、县人民政府土地管理部门必须按照出让合同约定，提供出让的土地；未按照出让合同约定提供出让的土地的，土地使用者有权解除合同，由土地管理部门返还土地使用权出让金，土地使用者并可以请求违约赔偿。"上述规定赋予了双方当事人平等的合同解除权，守约方享有的违约赔偿请求权应属于民事权利性质。

目前在理论界和司法实践中确有观点认为国有土地使用权出让合同是行政合同。其主要理由是：国有土地使用权出让合同的出让方为政府调控管理土地资源和执行土地政策的土地管理部门，即行使行政职权的行政机关；合同目的是土地管理部门通过签订出让土地合同这一管理方式，合理保护及开发利用有限的土地资源，进而实现社会公共利益；合同内容中将土地管理部门的法定职责细化为不得协商的合同条款，且与合同相对方的权利义务并不对等；合同履行方面土地管理部门享有优益权：可以为实现公共利益和行政管理目的，在履约中单方变更、解除合同，甚至可以依法单方做出行政强制、行政处罚行为。这些观点也具有一定的合理性，考虑到相关合同中融入了行政职权、对合同纠纷的审理需要对行政行为的合法性展开审查等因素，通过行政诉讼对行政行为的合法性与合同争议一并审查，也便于争议的一揽子解决。

但是，现行的《最高人民法院关于审理涉及国有土地使用权合同纠纷案件适用法律问题的解释》将国有土地使用权合同定性为民事合同，《民事案件案由规定》也将"建设用地使用权出让合同纠纷"列为"合同纠纷"的下级案由予以明确，审判实践中基本依据上述司法解释之规定均将此类案件作为民事诉讼案件审理。在现行法律没有修改的情况下，本案纠纷不宜作为行政争议纳入行政诉讼的范围。另外，还需注意到，修改后的行政诉讼法第十二条第（十一）项有将此类纠纷纳入行政诉讼范围的趋向，但该行政诉讼法直到2015年5月1日才实施，不能作为本案审理依据。至于此法实施后发生的法律行为产生争议是否按行政争议处理，再依据新修改的行政诉讼法及其司法解释做出判断。

法律依据：《最高人民法院关于审理涉及国有土地使用权合同纠纷案件适用法律问题的解释》。

【知识点分析】

关于国有土地使用权出让合同的性质，有民事合同与行政合同之争，《最高人民法院关于审理涉及国有土地使用权合同纠纷案件适用法律问题的解释》将国有土地使用权合同定性为民事合同。

## 复 习 题

1. 简述我国土地所有制和土地用途管制制度。
2. 简述我国集体土地征收制度的基本内容。
3. 简述国有建设用地的取得方式。

# 第 5 章 建 筑 法

建筑活动（主要包括勘察、设计、施工、监理等）是整个工程建设过程中非常重要的环节，涉及的法律问题也非常多且复杂。1997 年 11 月 1 日第八届全国人民代表大会常务委员会第二十八次会议通过《建筑法》，作为建筑业的基本大法，虽然经过 2011 年和 2019 年两次修正，但是仍存在很多不足。2017 年 2 月 21 日，国务院办公厅发布《关于促进建筑业持续健康发展的意见》（国办发〔2017〕19 号，简称〔2017〕19 号文），提出了建筑业改革发展的措施，为今后建筑业的发展和立法修改指明了方向。

## 5.1 建筑法概述

《建筑法》是建筑行业的基本法，1998 年 3 月 1 日开始实施，确立了我国建筑业基本的法律制度。该法 2011 年 4 月 22 日修正，仅修改了第四十八条，涉及建筑施工企业为职工参加工伤保险缴纳工伤保险费和为从事危险作业的职工办理意外伤害保险支付保险费的问题；2019 年 4 月 23 日修正，仅修正了第八条，涉及施工许可证的申请条件。随着我国社会主义市场经济体制的不断完善和建筑业的迅速发展，建筑市场环境发生了重大变化，《建筑法》的一些规定已明显不适应加入世贸组织后建筑业对外开放的要求，也不适应建筑业市场化、现代化的要求，主要表现为：《建筑法》的适用范围偏窄，监督管理体制不顺；缺少规范和监督建设单位行为的条款；对解决拖欠工程款问题没有做出规定；工程发承包中总包和分包的规定已不适应现实情况；缺少公共健康安全和建筑环境质量的条款；法律责任的规定过于原则，缺乏可操作性；与《招标投标法》《合同法》等相关法律的衔接不够等。现全国建筑市场工程质量和安全形势依然严峻、拖欠工程款和农民工工资严重、工程招投标中"黑白合同"问题突出、建筑领域腐败行为屡禁不止，应尽快修改《建筑法》，从而保障和促进我国建筑业的快速、健康发展。

2003 年以来，建设部根据全国人大要求对该法实施修改的决议精神，开展了一系列的调研和修改工作，并成立了以建设部副部长黄卫为组长、建设部市场管理司副司长王宁为副组长的领导小组，以及由专家和建设行政主管部门有关人员参加的专家工作委员会。2004 年 8 月，建设部公布了《建筑法修订征求意见稿》，与现行的《建筑法》相比可以说大部分条款都做了修改。该修改稿具有四个明显特点：一是改变原有以房屋建筑为主的调整范围，针对调整范围扩大至建设工程做相应规范；二是改变主要对施工企业管理的格局，注重设立对发包单位以及勘察、设计单位的相应管理制度；三是调整原仅对工程监理做规定的范围，扩大为对参与建筑活动的招标代理、工程监理、造价管理等咨询服务做规范;四是针对拖欠工程款以及黑白合同等市场不规范情况,设立相配套的各种担保、保险等市场手段为主的承发包管理制度。一些企业界人士在希望修改稿要继续加大对施工企业合法利益保护力度的同时,普遍对该稿中已经出现的有利于企业和市场发展的积极变化给予了较高评价。由于种种原因,《建筑法》并没有在此基础上进行大修大改,只是在2011年和2019年局部修改了两个条文。

作为《建筑法》的配套,国务院相继颁布了《建设工程质量管理条例》《建设工程安全生产管理条例》和《建设工程勘察设计管理条例》等,住房和城乡建设部(原国家建设部)颁布了大量的规章。

## 5.2 从业资格

根据《建筑法》的规定,从事建筑活动的建筑施工企业、勘察单位、设计单位和工程监理单位,按照其拥有的注册资本、专业技术人员、技术装备和已完成的建筑工程业绩等资质条件,划分为不同的资质等级,经资质审查合格,取得相应等级的资质证书后,方可在其资质等级许可的范围内从事建筑活动。从事建筑活动的专业技术人员,应当依法取得相应的执业资格证书,并在执业资格证书许可的范围内从事建筑活动。

关于建筑业资质资格管理的问题,〔2017〕19号文提出要优化资质资格管理。进一步简化工程建设企业资质类别和等级设置,减少不必要的资质认定。选择部分地区开展试点,对信用良好、具有相关专业技术能力、能够提供足额担保的企业,在其资质类别内放宽承揽业务范围限制,同时,加快完善信用体系、工程担保及个人执业资格等相关配套制度,加强事中事后监管。强化个人执业资格管理,明晰注册执业人员的权利、义务和责任,加大执业责任追究力度。有序发展个人执业事务所,推动建立个人执业保险制度。大力推行"互联网+政务服务",实行"一站式"网上审批,进一步提高建筑领域行政审批效率。

### 5.2.1 单位资质管理

**1. 建筑业企业资质管理**(施工单位)

建筑业企业,是指从事土木工程、建筑工程、线路管道设备安装工程的新建、扩建、改建等施工活动的企业。2007年6月26日,建设部颁布了《建筑业企业资质管理规定》(建设部令第159号)。2015年1月22日住房和城乡建设部发布了《建筑业企业资质管理规定》,自2015年3月1日起施行,原《建筑业企业资质管理规定》同时废止。2016年和2018年住房和城乡建设部两次对该规定进行修改。

(1)资质序列、分类和分级

建筑业企业资质分为施工总承包资质、专业承包资质、施工劳务资质三个序列。施工总承包资质、专业承包资质按照工程性质和技术特点分别划分为若干资质类别,各资质类别按照规定的条件划分为若干资质等级。施工劳务资质不分类别与等级。

建筑业企业资质标准和取得相应资质的企业可以承担工程的具体范围,由国务院住房和城乡建设主管部门会同国务院有关部门制定。2014年11月6日,住房和城乡建设部发布了《建筑业企业资质标准》,自2015年1月1日起施行。原建设部印发的《建筑业企业资质等级标准》

(建建〔2001〕82号)同时废止。2016年10月14日,住房和城乡建设部发布了《关于简化建筑业企业资质标准部分指标的通知》。根据《建筑业企业资质标准》,施工总承包序列设有12个类别,如建筑工程施工总承包、机电工程施工总承包等,一般分为四个等级(特级、一级、二级、三级),专业承包序列设有36个类别,如地基基础工程专业承包、电子与智能化工程专业承包、消防设施工程专业承包等,一般分为三个等级(一级、二级、三级),施工劳务序列不分类别和等级。

同时,在标准中对业务范围进行了规定,施工总承包工程由取得相应施工总承包资质的企业承担。取得施工总承包资质企业可以对承包的施工总承包工程内各专业工程全部自行施工,也可以将专业工程依法进行分包。对设有资质的专业工程分包时,应分包给具有相应专业承包资质的企业,将劳务作业分包时,应分包给具有施工劳务资质的企业。设有资质的专业工程单独发包时,应由取得相应专业承包资质的企业承担。取得专业承包资质的企业可以承接施工总承包企业分包的专业工程或者建设单位发包的专业工程;对承接的专业工程,取得专业承包资质的企业全部自行组织施工,劳务作业可以分包给具有施工劳务资质的企业。取得施工劳务资质的企业可以承接取得施工总承包资质企业或取得专业承包资质的企业分包的劳务作业。取得施工总承包资质企业可以从事资质证书许可范围内的相应工程总承包、工程项目管理等业务。

(2)资质许可

下列建筑业企业资质,由国务院住房和城乡建设主管部门许可:施工总承包资质序列特级资质、一级资质及铁路工程施工总承包二级资质;专业承包资质序列公路、水运、水利、铁路、民航方面的专业承包一级资质及铁路、民航方面的专业承包二级资质;涉及多个专业的专业承包一级资质。

下列建筑业企业资质,由企业工商注册所在地省、自治区、直辖市人民政府住房城乡建设主管部门许可:施工总承包资质序列二级资质及铁路、通信工程施工总承包三级资质;专业承包资质序列一级资质(不含公路、水运、水利、铁路、民航方面的专业承包一级资质及涉及多个专业的专业承包一级资质);专业承包资质序列二级资质(不含铁路、民航方面的专业承包二级资质);铁路方面专业承包三级资质;特种工程专业承包资质。

下列建筑业企业资质,由企业工商注册所在地设区的市人民政府住房和城乡建设主管部门许可:施工总承包资质序列三级资质(不含铁路、通信工程施工总承包三级资质);专业承包资质序列三级资质(不含铁路方面专业承包资质)及预拌混凝土、模板脚手架专业承包资质;施工劳务资质;燃气燃烧器具安装、维修企业资质。

资质许可机关应当及时将资质许可决定向社会公开,并为公众查询提供便利。

**2. 勘察、设计单位资质**

国家对从事建设工程勘察、设计活动的单位,实行资质管理制度。具体办法由国务院建设行政主管部门商同国务院有关部门制定。建设工程勘察、设计单位应当在其资质等级许可的范围内承揽建设工程勘察、设计业务。禁止建设工程勘察、设计单位超越其资质等级许可的范围或者以其他建设工程勘察、设计单位的名义承揽建设工程勘察、设计业务。禁止建设工程勘察、设计单位允许其他单位或者个人以本单位的名义承揽建设工程勘察、设计业务。

2007年6月26日,建设部颁布了《建设工程勘察设计资质管理规定》(简称《规定》),

2015年、2016年、2018年三次修订。根据该《规定》，工程勘察资质分为工程勘察综合资质、工程勘察专业资质、工程勘察劳务资质。工程勘察综合资质只设甲级；工程勘察专业资质设甲级、乙级，根据工程性质和技术特点，部分专业可以设丙级；工程勘察劳务资质不分等级。

取得工程勘察综合资质的企业，可以承接各专业（海洋工程勘察除外）、各等级工程勘察业务；取得工程勘察专业资质的企业，可以承接相应等级相应专业的工程勘察业务；取得工程勘察劳务资质的企业，可以承接岩土工程治理、工程钻探、凿井等工程勘察劳务业务。

工程设计资质分为工程设计综合资质、工程设计行业资质、工程设计专业资质和工程设计专项资质。工程设计综合资质只设甲级；工程设计行业资质、工程设计专业资质、工程设计专项资质设甲级、乙级。根据工程性质和技术特点，个别行业、专业、专项资质可以设丙级，建筑工程专业资质可以设丁级。

取得工程设计综合资质的企业，可以承接各行业、各等级的建设工程设计业务；取得工程设计行业资质的企业，可以承接相应行业相应等级的工程设计业务及本行业范围内同级别的相应专业、专项（设计施工一体化资质除外）工程设计业务；取得工程设计专业资质的企业，可以承接本专业相应等级的专业工程设计业务及同级别的相应专项工程设计业务（设计施工一体化资质除外）；取得工程设计专项资质的企业，可以承接本专项相应等级的专项工程设计业务。

建设工程勘察、工程设计资质标准和各资质类别、级别企业承担工程的具体范围由国务院住房和城乡建设主管部门商国务院有关部门制定。

**3. 工程监理单位资质**

2007年6月26日，原建设部发布了《工程监理企业资质管理规定》，2015年、2016年、2018年三次修订。工程监理企业资质分为综合资质、专业资质和事务所资质。其中，专业资质按照工程性质和技术特点划分为若干工程类别。综合资质、事务所资质不分级别。专业资质分为甲级、乙级；其中，房屋建筑、水利水电、公路和市政公用专业资质可设立丙级。

工程监理企业资质相应许可的业务范围如下：

(1) 综合资质

具有综合资质的工程监理企业可以承担所有专业工程类别建设工程项目的工程监理业务。

(2) 专业资质

1) 专业甲级资质：可承担相应专业工程类别建设工程项目的工程监理业务。

2) 专业乙级资质：可承担相应专业工程类别二级以下（含二级）建设工程项目的工程监理业务。

3) 专业丙级资质：可承担相应专业工程类别三级建设工程项目的工程监理业务。

(3) 事务所资质

具有事务所资质的工程监理企业可承担三级建设工程项目的工程监理业务，但是，国家规定必须实行强制监理的工程除外。

工程监理企业可以开展相应类别建设工程的项目管理、技术咨询等业务。

## 5.2.2 人员资格

根据《建筑法》的规定，从事建筑活动的专业技术人员，应当依法取得相应的执业资格证书，并在执业资格证书许可的范围内从事建筑活动。

按照国家目前的规定，从事建筑活动的专业技术人员主要有注册建筑师、注册建造师、注册监理工程师、注册造价工程师、注册结构工程师等。每类人员的管理都有相关规定，如住房和城乡建设部《注册建造师管理规定》《注册监理工程师管理规定》《注册造价工程师管理办法》等，在实践中遵照执行。

## 5.3 建设工程发包与承包

### 5.3.1 建设工程勘察、设计的发包与承包

建设工程勘察，是指根据建设工程的要求，查明、分析、评价建设场地的地质地理环境特征和岩土工程条件，编制建设工程勘察文件的活动。建设工程设计，是指根据建设工程的要求，对建设工程所需的技术、经济、资源、环境等条件进行综合分析、论证，编制建设工程设计文件的活动。很显然，勘察、设计是工程建设必不可少的重要环节。

**1. 发包方式**

建设工程勘察、设计发包依法实行招标发包或者直接发包。

1）建设工程勘察、设计应当依照《招标投标法》的规定，实行招标发包。建设工程勘察、设计方案评标，应当以投标人的业绩、信誉和勘察、设计人员的能力以及勘察、设计方案的优劣为依据，进行综合评定。

建设工程勘察、设计的招标人应当在评标委员会推荐的候选方案中确定中标方案。但是，建设工程勘察、设计的招标人认为评标委员会推荐的候选方案不能最大限度满足招标文件规定的要求的，应当依法重新招标。

2）下列建设工程的勘察、设计，经有关主管部门批准，可以直接发包：①采用特定的专利或者专有技术的；②建筑艺术造型有特殊要求的；③国务院规定的其他建设工程的勘察、设计。

建设工程勘察、设计的发包方与承包方应当签订建设工程勘察、设计合同。建设工程勘察、设计发包方与承包方应当执行国家有关建设工程勘察费、设计费的管理规定。

**2. 发包方义务**

发包方不得将建设工程勘察、设计业务发包给不具有相应勘察、设计资质等级的建设工程勘察、设计单位。

发包方可以将整个建设工程的勘察、设计发包给一个勘察、设计单位，也可以将建设工程的勘察、设计分别发包给几个勘察、设计单位。

**3. 承包方义务**

除建设工程主体部分的勘察、设计外，经发包方书面同意，承包方可以将建设工程其他部分的勘察、设计再分包给其他具有相应资质等级的建设工程勘察、设计单位。建设工程勘察、设计单位不得将所承揽的建设工程勘察、设计转包。承包方必须在建设工程勘察、设计资质证书规定的资质等级和业务范围内承揽建设工程的勘察、设计业务。

建设工程勘察、设计的发包方与承包方，应当执行国家规定的建设工程勘察、设计程序。

**4. 建设工程勘察设计文件的编制与实施**

（1）编制

编制建设工程勘察、设计文件，应当以下列规定为依据：①项目批准文件；②城乡规划；③工程建设强制性标准；④国家规定的建设工程勘察、设计深度要求。铁路、交通、水利等专业建设工程，还应当以专业规划的要求为依据。编制建设工程勘察文件，应当真实、准确，满足建设工程规划、选址、设计、岩土治理和施工的需要。

编制方案设计文件，应当满足编制初步设计文件和控制概算的需要。编制初步设计文件，应当满足编制施工招标文件、主要设备材料订货和编制施工图设计文件的需要。编制施工图设计文件，应当满足设备材料采购、非标准设备制作和施工的需要，并注明建设工程合理使用年限。

设计文件中选用的材料、构配件、设备，应当注明其规格、型号、性能等技术指标，其质量要求必须符合国家规定的标准。除有特殊要求的建筑材料、专用设备和工艺生产线等外，设计单位不得指定生产厂、供应商。

（2）实施

建设单位、施工单位、监理单位不得修改建设工程勘察、设计文件；确需修改建设工程勘察、设计文件的，应当由原建设工程勘察、设计单位修改。经原建设工程勘察、设计单位书面同意，建设单位也可以委托其他具有相应资质的建设工程勘察、设计单位修改。修改单位对修改的勘察、设计文件承担相应责任。

施工单位、监理单位发现建设工程勘察、设计文件不符合工程建设强制性标准、合同约定的质量要求的，应当报告建设单位，建设单位有权要求建设工程勘察、设计单位对建设工程勘察、设计文件进行补充、修改。

建设工程勘察、设计文件内容需要做重大修改的，建设单位应当报经原审批机关批准后，方可修改。

建设工程勘察、设计文件中规定采用的新技术、新材料，可能影响建设工程质量和安全，又没有国家技术标准的，应当由国家认可的检测机构进行试验、论证，出具检测报告，并经国务院有关部门或者省、自治区、直辖市人民政府有关部门组织的建设工程技术专家委员会审定后，方可使用。

建设工程勘察、设计单位应当在建设工程施工前，向施工单位和监理单位说明建设工程勘察、设计意图，解释建设工程勘察、设计文件。建设工程勘察、设计单位应当及时解决施工中出现的勘察、设计问题。

## 5.3.2 建设工程施工发包承包

**1. 建筑工程发包**

（1）发包的方式

依据《建筑法》规定，建筑工程依法实行招标发包，对不适于招标发包的，可直接发包，如保密工程、特殊专业工程等。

（2）发包行为禁止和限制

对于建筑工程发包，《建筑法》做了禁止和限制性规定，如第二十四条规定，禁止将建筑工程肢解发包；第二十五条规定，按照合同约定，建筑材料、建筑构配件和设备由工程承包单位采购的，发包单位不得指定承包单位购入用于工程的建筑材料、建筑构配件和设备或者指定生产厂、供应商。

除了《建筑法》的规定外，住房和城乡建设部发布的、2019年1月1日生效的《建筑工程施工发包与承包违法行为认定查处管理办法》对违法发包做了规定。违法发包，是指建设单位将工程发包给个人或不具有相应资质的单位、肢解发包、违反法定程序发包及其他违反法律法规规定发包的行为。存在下列情形之一的，属于违法发包：①建设单位将工程发包给个人的；②建设单位将工程发包给不具有相应资质的单位的；③依法应当招标未招标或未按照法定招标程序发包的；④建设单位设置不合理的招标投标条件，限制、排斥潜在投标人或者投标人的；⑤建设单位将一个单位工程的施工分解成若干部分发包给不同的施工总承包或专业承包单位的。按照国家相关标准的规定，"单位工程"指具有独立的设计文件，能独立组织施工，但不能独立发挥生产能力或使用功能的工程项目，是单项工程的组成部分，如主体建筑工程、精装修工程、设备安装工程等。

**2. 建筑工程承包**

（1）工程承包单位的资质要求

根据《建筑法》规定，承包建筑工程的单位应当持有依法取得的资质证书，并在其资质等级许可的业务范围内承揽工程。

禁止建筑施工企业超越本企业资质等级许可的业务范围或者以任何形式用其他建筑施工企业的名义承揽工程。禁止建筑施工企业以任何形式允许其他单位或者个人使用本企业的资质证书、营业执照，以本企业的名义承揽工程。

《建筑工程施工发包与承包违法行为认定查处管理办法》（简称《办法》）对实践中普遍存在的"挂靠"进行了界定。挂靠是指单位或个人以其他有资质的施工单位的名义承揽工程的行为。前款所称承揽工程，包括参与投标、订立合同、办理有关施工手续、从事施工等活动。存在下列情形之一的，属于挂靠：没有资质的单位或个人借用其他施工单位的资质承揽工程的；有资质的施工单位相互借用资质承揽工程的，包括资质等级低的借用资质等级高的，资质等级高的借用资质等级低的，相同资质等级相互借用的；《办法》中，第八条第（三）至（九）项规定的情形，有证据证明属于挂靠的。

（2）联合承包

大型建筑工程或者结构复杂的建筑工程，可以由两个以上的承包单位联合共同承包。共同承包的各方对承包合同的履行承担连带责任。

两个以上不同资质等级的单位实行联合共同承包的，应当按照资质等级低的单位的业务许可范围承揽工程。

（3）禁止转包

根据《建筑法》规定，禁止承包单位将其承包的全部建筑工程转包给他人，禁止承包单位将其承包的全部建筑工程肢解以后以分包的名义分别转包给他人。《建设工程质量管理条例》对转包进行了界定："本条例所称转包，是指承包单位承包建设工程后，不履行合同约定的责任和义务，将其承包的全部建设工程转给他人或者将其承包的全部建设工程肢解以后以分包的名义分别转给其他单位承包的行为。"

《建筑工程施工发包与承包违法行为认定查处管理办法》对于工程转包做了更加具体的规定:"本办法所称转包,是指承包单位承包工程后,不履行合同约定的责任和义务,将其承包的全部工程或者将其承包的全部工程肢解后以分包的名义分别转给其他单位或个人施工的行为。"

存在下列情形之一的,应当认定为转包,但有证据证明属于挂靠或者其他违法行为的除外:①承包单位将其承包的全部工程转给其他单位(包括母公司承接建筑工程后将所承接工程交由具有独立法人资格的子公司施工的情形)或个人施工的;②承包单位将其承包的全部工程肢解以后,以分包的名义分别转给其他单位或个人施工的;③施工总承包单位或专业承包单位未派驻项目负责人、技术负责人、质量管理负责人、安全管理负责人等主要管理人员,或派驻的项目负责人、技术负责人、质量管理负责人、安全管理负责人中一人及以上与施工单位没有订立劳动合同且没有建立劳动工资和社会养老保险关系,或派驻的项目负责人未对该工程的施工活动进行组织管理,又不能进行合理解释并提供相应证明的;④合同约定由承包单位负责采购的主要建筑材料、构配件及工程设备或租赁的施工机械设备,由其他单位或个人采购、租赁,或施工单位不能提供有关采购、租赁合同及发票等证明,又不能进行合理解释并提供相应证明的;⑤专业作业承包人承包的范围是承包单位承包的全部工程,专业作业承包人计取的是除上缴给承包单位"管理费"之外的全部工程价款的;⑥承包单位通过采取合作、联营、个人承包等形式或名义,直接或变相将其承包的全部工程转给其他单位或个人施工的;⑦专业工程的发包单位不是该工程的施工总承包或专业承包单位的,但建设单位依约作为发包单位的除外;⑧专业作业的发包单位不是该工程承包单位的;⑨施工合同主体之间没有工程款收付关系,或者承包单位收到款项后又将款项转拨给其他单位和个人,又不能进行合理解释并提供材料证明的。

两个以上的单位组成联合体承包工程,在联合体分工协议中约定或者在项目实际实施过程中,联合体一方不进行施工也未对施工活动进行组织管理的,并且向联合体其他方收取管理费或者其他类似费用的,视为联合体一方将承包的工程转包给联合体其他方。

(4) 分包

根据《建筑法》规定,建筑工程总承包单位可以将承包工程中的部分工程发包给具有相应资质条件的分包单位;但是,除总承包合同中约定的分包外,必须经建设单位认可。施工总承包的,建筑工程主体结构的施工必须由总承包单位自行完成。建筑工程总承包单位按照总承包合同的约定对建设单位负责;分包单位按照分包合同的约定对总承包单位负责。总承包单位和分包单位就分包工程对建设单位承担连带责任。禁止总承包单位将工程分包给不具备相应资质条件的单位。禁止分包单位将其承包的工程再分包。可见,分包包括合法分包和违法分包。

《建设工程质量管理条例》对违法分包进行了界定:违法分包,是指下列行为:①总承包单位将建设工程分包给不具备相应资质条件的单位的;②建设工程总承包合同中未有约定,又未经建设单位认可,承包单位将其承包的部分建设工程交由其他单位完成的;③施工总承包单位将建设工程主体结构的施工分包给其他单位的;④分包单位将其承包的建设工程再分包的。《建筑工程施工发包与承包违法行为认定查处管理办法》做了更加具体的规定:违法分包,是指承包单位承包工程后违反法律法规规定,把单位工程或分部分项工程分包给其他单位或个人施工的行为。存在下列情形之一的,属于违法分包:①承包单位将其承包的工程分包给个人的;②施工总承包单位或专业承包单位将工程分包给不具备相应资质单位的；③施工总承包单位将施工总承包合同范围内工程主体结构的施工分包给其他单位的，钢结构工程除外；④专业分包单位将其承包的专业工程中非劳务作业部分再分包的；⑤专业作业承包人将其承包的劳务再分包的；⑥专业作业承包人除计取劳务作业费用外，还计取主要建筑材料款和大中型施工机械设备、主要周转材料费用的。

### 5.3.3 建筑工程监理发包承包

国家推行建筑工程监理制度。国务院可以规定实行强制监理的建筑工程的范围。建设部于2000年12月29日通过《建设工程监理范围和规模标准规定》，自2001年1月17日生效。根据该规定，下列建设工程必须实行监理：①国家重点建设工程；②大中型公用事业工程；③成片开发建设的住宅小区工程；④利用外国政府或者国际组织贷款、援助资金的工程；⑤国家规定必须实行监理的其他工程。

国家重点建设工程，是指依据《国家重点建设项目管理办法》所确定的对国民经济和社会发展有重大影响的骨干项目。

大中型公用事业工程，是指项目总投资额在3000万元以上的下列工程项目：

1）供水、供电、供气、供热等市政工程项目。
2）科技、教育、文化等项目。
3）体育、旅游、商业等项目。
4）卫生、社会福利等项目。
5）其他公用事业项目。

成片开发建设的住宅小区工程，建筑面积在5万$m^2$以上的住宅建设工程必须实行监理；5万$m^2$以下的住宅建设工程，可以实行监理，具体范围和规模标准，由省、自治区、直辖市人民政府建设行政主管部门规定。为了保证住宅质量，对高层住宅及地基、结构复杂的多层住宅应当实行监理。

利用外国政府或者国际组织贷款、援助资金的工程范围包括：

1）使用世界银行、亚洲开发银行等国际组织贷款资金的项目。
2）使用国外政府及其机构贷款资金的项目。
3）使用国际组织或者国外政府援助资金的项目。

国家规定必须实行监理的其他工程是指：

1）项目总投资额在3000万元以上关系社会公共利益、公众安全的下列基础设施项目：①煤炭、石油、化工、天然气、电力、新能源等项目；②铁路、公路、管道、水运、民航以及其他交通运输业等项目；③邮政、电信枢纽、通信、信息网络等项目；④防洪、灌溉、排涝、发电、引（供）水、滩涂治理、水资源保护、水土保持等水利建设项目；⑤道路、桥梁、地铁和轻轨交通、污水排放及处理、垃圾处理、地下管道、公共停车场等城市基础设施项目；⑥生态环境保护项目；⑦其他基础设施项目。

2）学校、影剧院、体育场馆项目。

国务院建设行政主管部门商同国务院有关部门后，可以对本规定确定的必须实行监理的建设工程具体范围和规模标准进行调整。

实行监理的建筑工程，由建设单位委托具有相应资质条件的工程监理单位监理。建设单位与其委托的工程监理单位应当订立书面委托监理合同。工程监理单位应当在其资质等级许可的监理范围内，承担工程监理业务。工程监理单位应当根据建设单位的委托，客观、公正地执行监理任务。工程监理单位与被监理工程的承包单位以及建筑材料、建筑构配件和设备供应单位不得有隶属关系或者其他利害关系。工程监理单位不得转让工程监理业务。

### 5.3.4 工程总承包

工程总承包，是国际通行的建设项目组织实施方式。推进工程总承包发展，是深化我国工程建设项目组织实施方式改革的重要内容，是提高工程建设管理水平的重要措施，是增强企业综合实力和国际竞争力的重要途径。1984年9月18日国务院印发《关于改革建筑业和基本建设管理体制若干问题的暂行规定》（已废止）首次提及工程总承包模式，这是我国第一次以行政规章的形式规范工程总承包；1987年，工程总承包模式已经开始获得相对独立的法律地位。是年，由当时的国家计委、财政部、中国人民建设银行、国家物资局联合发布了《关于设计单位进行工程建设总承包试点有关问题的通知》，两年后的1989年，当时的建设部、国家计委、财政部、建设银行、物资部又联合发布了《关于扩大设计单位进行工程总承包试点及有关问题的补充通知》，在这两个通知中已经开始直接使用"工程总承包"的概念来对工程总承包进行规范化指引。

建设部于2003年2月13日发布了《关于培育发展工程总承包和工程项目管理企业的指导意见》。但是国内工程总承包模式开始较大规模的兴起，还是近两年的事情。根据住房和城乡建设部于2016年5月20日发出了《关于进一步推进工程总承包发展的若干意见》，工程总承包是指从事工程总承包的企业按照与建设单位签订的合同，对工程项目的设计、采购、施工等实行全过程的承包，并对工程的质量、安全、工期和造价等全面负责的承包方式。2017年5月4日发布国家标准《建设项目工程总承包管理规范》，编号为GB/T 50358—2017。2019年5月发布了《房屋建筑和市政基础设施项目工程总承包管理办法（征求意见稿）》。2019年12月23日，住房和城乡建设部和国家发展和改革委员会颁布《房屋建筑和市政基础设施项目工程总承包管理办法》，从2020年3月1日起实施。根据该办法，工程总承包，是指承包单位按照与建设单位签订的合同，对工程设计、采购、施工或者设计、施工等阶段实行总承包，并对工程的质量、安全、工期和造价等全面负责的工程建设组织实施方式。

**1. 适宜采取工程总承包方式的项目范围**

建设单位应当根据项目情况和自身管理能力等，合理选择工程建设组织实施方式。建设内容明确、技术方案成熟的项目，适宜采用工程总承包方式。

**2. 发包**

建设单位应当在发包前完成项目审批、核准或者备案程序。采用工程总承包方式的企业投资项目，应当在核准或者备案后进行工程总承包项目发包。采用工程总承包方式的政府投资项目，原则上应当在初步设计审批完成后进行工程总承包项目发包；其中，按照国家有关规定简化报批文件和审批程序的政府投资项目，应当在完成相应的投资决策审批后进行工程总承包项目发包。

建设单位依法采用招标或者直接发包等方式选择工程总承包单位。工程总承包项目范围内的设计、采购或者施工中，有任一项属于依法必须进行招标的项目范围且达到国家规定规模标准的，应当采用招标的方式选择工程总承包单位。

建设单位应当根据招标项目的特点和需要编制工程总承包项目招标文件，主要包括以下内容：①投标人须知；②评标办法和标准；③拟签订合同的主要条款；④发包人要求，列明项目的目标、范围、设计和其他技术标准，包括对项目的内容、范围、规模、标准、功能、质量、安全、节约能源、生态环境保护、工期、验收等的明确要求；⑤建设单位提供的资料和条件，包括发包前完成的水文地质、工程地质、地形等勘察资料，以及可行性研究报告、方案设计文件或者初步设计文件等；⑥投标文件格式；⑦要求投标人提交的其他材料。

建设单位可以在招标文件中提出对履约担保的要求，依法要求投标文件载明拟分包的内容；对于设有最高投标限价的，应当明确最高投标限价或者最高投标限价的计算方法。

**3. 承包**

工程总承包单位应当同时具有与工程规模相适应的工程设计资质和施工资质，或者由具有相应资质的设计单位和施工单位组成联合体。工程总承包单位应当具有相应的项目管理体系和项目管理能力、财务和风险承担能力，以及与发包工程相类似的设计、施工或者工程总承包业绩。

设计单位和施工单位组成联合体的，应当根据项目的特点和复杂程度，合理确定牵头单位，并在联合体协议中明确联合体成员单位的责任和权利。联合体各方应当共同与建设单位签订工程总承包合同，就工程总承包项目承担连带责任。工程总承包单位不得是工程总承包项目的代建单位、项目管理单位、监理单位、造价咨询单位、招标代理单位。政府投资项目的项目建议书、可行性研究报告、初步设计文件编制单位及其评估单位，一般不得成为该项目的工程总承包单位。政府投资项目招标人公开已经完成的项目建议书、可行性研究报告、初步设计文件的，上述单位可以参与该工程总承包项目的投标，经依法评标、定标，成为工程总承包单位。

鼓励设计单位申请取得施工资质，已取得工程设计综合资质、行业甲级资质、建筑工程专业甲级资质的单位，可以直接申请相应类别施工总承包一级资质。鼓励施工单位申请取得工程设计资质，具有一级及以上施工总承包资质的单位可以直接申请相应类别的工程设计甲级资质。完成的相应规模工程总承包业绩可以作为设计、施工业绩申报。

建设单位应当依法确定投标人编制工程总承包项目投标文件所需要的合理时间。

评标委员会应当依照法律规定和项目特点，由建设单位代表、具有工程总承包项目管理经验的专家，以及从事设计、施工、造价等方面的专家组成。

推荐使用由住房和城乡建设部会同有关部门制定的工程总承包合同示范文本。

**4. 计价与风险分担**

企业投资项目的工程总承包宜采用总价合同，政府投资项目的工程总承包应当合理确定合同价格形式。采用总价合同的，除合同约定可以调整的情形外，合同总价一般不予调整。建设单位和工程总承包单位可以在合同中约定工程总承包计量规则和计价方法。依法必须进行招标的项目，合同价格应当在充分竞争的基础上合理确定。

建设单位和工程总承包单位应当加强风险管理，合理分担风险。建设单位承担的风险主要包括：主要工程材料、设备、人工价格与招标时基期价相比，波动幅度超过合同约定幅度的部分；因国家法律法规政策变化引起的合同价格的变化；不可预见的地质条件造成的工程费用和工期的变化；因建设单位原因产生的工程费用和工期的变化；不可抗力造成的工程费用和工期的变化。具体风险分担内容由双方在合同中约定。鼓励建设单位和工程总承包单位运用保险手段增强防范风险能力。

关于工程发包与承包的问题，涉及招标投标、合同的具体法律规定等，将在后续章节介绍。

### 5.3.5 建筑市场信用管理

2017年12月11日，住房和城乡建设部发布了《建筑市场信用管理暂行办法》，对我国建筑市场信用管理做出了明确的规定，自2018年1月1日起实施。该暂行办法是为了贯彻落实《国务院办公厅关于促进建筑业持续健康发展的意见》，加快推进建筑市场信用体系建设，规范建筑市场秩序，营造公平竞争、诚信守法的市场环境，制定的依据是《建筑法》《招标投标法》《企业信息公示暂行条例》《社会信用体系建设规划纲要（2014—2020年）》等。

**1. 概念**

建筑市场信用管理是指在房屋建筑和市政基础设施工程建设活动中，对建筑市场各方主体信用信息的认定、采集、交换、公开、评价、使用及监督管理。建筑市场各方主体是指工程项目的建设单位和从事工程建设活动的勘察、设计、施工、监理等企业，以及注册建筑师、勘察设计注册工程师、注册建造师、注册监理工程师等注册执业人员。

住房和城乡建设部负责指导和监督全国建筑市场信用体系建设工作，制定建筑市场信用管理规章制度，建立和完善全国建筑市场监管公共服务平台，公开建筑市场各方主体信用信息，指导省级住房城乡建设主管部门开展建筑市场信用体系建设工作。省级住房和城乡建设主管部门负责本行政区域内建筑市场各方主体的信用管理工作，制定建筑市场信用管理制度并组织实施，建立和完善本地区建筑市场监管一体化工作平台，对建筑市场各方主体信用信息认定、采集、公开、评价和使用进行监督管理，并向全国建筑市场监管公共服务平台推送建筑市场各方主体信用信息。

**2. 信用信息采集和交换**

1）信用信息由基本信息、优良信用信息、不良信用信息构成。基本信息是指注册登记信息、资质信息、工程项目信息、注册执业人员信息等。优良信用信息是指建筑市场各方主体在工程建设活动中获得的县级以上行政机关或群团组织表彰奖励等信息。不良信用信息是指建筑市场各方主体在工程建设活动中违反有关法律法规、规章或工程建设强制性标准等，受到县级以上住房城乡建设主管部门行政处罚的信息，以及经有关部门认定的其他不良信用信息。

2）地方各级住房和城乡建设主管部门应当通过省级建筑市场监管一体化工作平台，认定、采集、审核、更新和公开本行政区域内建筑市场各方主体的信用信息，并对其真实性、完整性和及时性负责。

按照"谁监管、谁负责，谁产生、谁负责"的原则，工程项目所在地住房城乡建设主管部门依据职责，采集工程项目信息并审核其真实性。

3）各级住房和城乡建设主管部门应当建立健全信息推送机制，自优良信用信息和不良信用信息产生之日起 7 个工作日内，通过省级建筑市场监管一体化工作平台依法对社会公开，并推送至全国建筑市场监管公共服务平台。

4）各级住房和城乡建设主管部门应当加强与发展改革、人民银行、人民法院、人力资源社会保障、交通运输、水利、工商等部门和单位的联系，加快推进信用信息系统的互联互通，逐步建立信用信息共享机制。

**3. 信用信息公开和应用**

1）各级住房和城乡建设主管部门应当完善信用信息公开制度，通过省级建筑市场监管一体化工作平台和全国建筑市场监管公共服务平台，及时公开建筑市场各方主体的信用信息。公开建筑市场各方主体信用信息不得危及国家安全、公共安全、经济安全和社会稳定，不得泄露国家秘密、商业秘密和个人隐私。

2）建筑市场各方主体的信用信息公开期限为：①基本信息长期公开；②优良信用信息公开期限一般为 3 年；③不良信用信息公开期限一般为 6 个月至 3 年，并不得低于相关行政处罚期限。具体公开期限由不良信用信息的认定部门确定。

3）地方各级住房和城乡建设主管部门应当通过省级建筑市场监管一体化工作平台办理信用信息变更，并及时推送至全国建筑市场监管公共服务平台。各级住房和城乡建设主管部门应当充分利用全国建筑市场监管公共服务平台，建立完善建筑市场各方主体守信激励和失信惩戒机制。对信用好的，可根据实际情况在行政许可等方面实行优先办理、简化程序等激励措施；对存在严重失信行为的，作为"双随机、一公开"监管重点对象，加强事中事后监管，依法采取约束和惩戒措施。

4）有关单位或个人应当依法使用信用信息，不得使用超过公开期限的不良信用信息对建筑市场各方主体进行失信惩戒，法律法规或部门规章另有规定的，从其规定。

**4. 建筑市场主体"黑名单"**

1）县级以上住房和城乡建设主管部门按照"谁处罚、谁列入"的原则，将存在下列情形的建筑市场各方主体，列入建筑市场主体"黑名单"：①利用虚假材料、以欺骗手段取得企业资质的；②发生转包、出借资质，受到行政处罚的；③发生重大及以上工程质量安全事故，或 1 年内累计发生 2 次及以上较大工程质量安全事故，或发生性质恶劣、危害性严重、社会影响大的较大工程质量安全事故，受到行政处罚的；④经法院判决或仲裁机构裁决，认定为拖欠工程款，且拒不履行生效法律文书确定的义务的。

各级住房和城乡建设主管部门应当参照建筑市场主体"黑名单"，对被人力资源社会保障主管部门列入拖欠农民工工资"黑名单"的建筑市场各方主体加强监管。

2）对被列入建筑市场主体"黑名单"的建筑市场各方主体，地方各级住房和城乡建设主管部门应当通过省级建筑市场监管一体化工作平台向社会公布相关信息，包括单位名称、机构代码、个人姓名、证件号码、行政处罚决定、列入部门、管理期限等。省级住房和城乡建设主管部门应当通过省级建筑市场监管一体化工作平台，将建筑市场主体"黑名单"推送至全国建筑市场监管公共服务平台。

3）建筑市场主体"黑名单"管理期限为自被列入名单之日起 1 年。建筑市场各方主体修复失信行为并且在管理期限内未再次发生符合列入建筑市场主体"黑名单"情形行为的,由原列入部门将其从"黑名单"移出。

4)各级住房和城乡建设主管部门应当将列入建筑市场主体"黑名单"和拖欠农民工工资"黑名单"的建筑市场各方主体作为重点监管对象,在市场准入、资质资格管理、招标投标等方面依法给予限制。各级住房和城乡建设主管部门不得将列入建筑市场主体"黑名单"的建筑市场各方主体作为评优表彰、政策试点和项目扶持对象。各级住房和城乡建设主管部门可以将建筑市场主体"黑名单"通报有关部门,实施联合惩戒。

**5. 信用评价**

1)省级住房和城乡建设主管部门可以结合本地实际情况,开展建筑市场信用评价工作。鼓励第三方机构开展建筑市场信用评价。

2)建筑市场信用评价主要包括企业综合实力、工程业绩、招标投标、合同履约、工程质量控制、安全生产、文明施工、建筑市场各方主体优良信用信息及不良信用信息等内容。

3)省级住房和城乡建设主管部门应当按照公开、公平、公正的原则,制定建筑市场信用评价标准,不得设置歧视外地建筑市场各方主体的评价指标,不得对外地建筑市场各方主体设置信用壁垒。鼓励设置建设单位对承包单位履约行为的评价指标。

4)地方各级住房和城乡建设主管部门可以结合本地实际,在行政许可、招标投标、工程担保与保险、日常监管、政策扶持、评优表彰等工作中应用信用评价结果。

5)省级建筑市场监管一体化工作平台应当公开本地区建筑市场信用评价办法、评价标准及评价结果,接受社会监督。

**6. 监督管理**

1)省级住房和城乡建设主管部门应当指定专人或委托专门机构负责建筑市场各方主体的信用信息采集、公开和推送工作。各级住房和城乡建设主管部门应当加强建筑市场信用信息安全管理,建立建筑市场监管一体化工作平台安全监测预警和应急处理机制,保障信用信息安全。

2)住房和城乡建设部建立建筑市场信用信息推送情况抽查和通报制度。定期核查省级住房和城乡建设主管部门信用信息推送情况。对于应推送而未推送或未及时推送信用信息的,以及在建筑市场信用评价工作中设置信用壁垒的,住房和城乡建设部将予以通报,并责令限期整改。

3)住房和城乡建设主管部门工作人员在建筑市场信用管理工作中应当依法履职。对于推送虚假信用信息,故意瞒报信用信息,篡改信用评价结果的,应当依法追究主管部门及相关责任人责任。

4)地方各级住房和城乡建设主管部门应当建立异议信用信息申诉与复核制度,公开异议信用信息处理部门和联系方式。建筑市场各方主体对信用信息及其变更、建筑市场主体"黑名单"等存在异议的,可以向认定该信用信息的住房和城乡建设主管部门提出申诉,并提交相关证明材料。住房和城乡建设主管部门应对异议信用信息进行核实,并及时做出处理。

5)建筑市场信用管理工作应当接受社会监督。任何单位和个人均可对建筑市场信用管理工作中违反法律、法规及本办法的行为,向住房和城乡建设主管部门举报。

## 5.4 建设工程计价

关于工程造价的问题，《建筑法》仅做了一条原则性规定，即第十八条规定："建筑工程造价应当按照国家有关规定，由发包单位与承包单位在合同中约定。公开招标发包的，其造价的约定，须遵守招标投标法律的规定。发包单位应当按照合同的约定，及时拨付工程款项。"

2014年9月30日，住房和城乡建设部发布《关于进一步推进工程造价管理改革的指导意见》。2004年10月20日，建设部、财政部发布《建设工程价款结算暂行办法》，2014年12月16日，住房和城乡建设部、财政部发布修改该办法的征求意见函。2013年12月11日，住房和城乡建设部发布《建筑工程施工发包与承包计价管理办法》。2013年3月21日，住房和城乡建设部、财政部发布《建筑安装工程费用项目组成》。2012年12月25日，住房和城乡建设部发布国家标准《建设工程工程量清单计价规范》（GB 50500—2013）。2013年2月7日，住房和城乡建设部发布国家标准《工程造价术语标准》（GB/T 50875—2013）。

### 5.4.1 概念

根据《工程造价术语标准》，工程造价是指工程项目从投资决策开始到竣工投产（即建设期）所需的建设费用，可以指建设费用中的某个组成部分，如建筑安装工程费，也可以是所有建设费用的总和，如建设投资和建设期利息之和。工程造价在工程建设的不同阶段有具体的称谓，如投资决策阶段为投资估算、设计阶段为设计概算、施工图预算，招标投标阶段为招标控制价、投标报价、合同价，施工阶段为竣工结算等。在合同价形成之前都是一种预期的价格，在合同价形成并履行后则成为实际费用。可见，工程造价是一个比较大的概念，包括建设投资，而建设投资包括工程费用、工程建设其他费用和预备费。工程费用包括建筑工程费、安装工程费和设备购置费。

工程计价是指按照法律法规和标准等规定的程序、方法和依据，对工程造价及其构成内容进行的预测或确定。工程计价依据包括工程计量计价标准、工程计价定额及工程造价信息等。

在住房和城乡建设部发布的《关于进一步推进工程造价管理改革的指导意见》中提出，工程造价管理改革的主要目标是健全市场决定工程造价机制，指明了改革的方向。

### 5.4.2 建筑安装工程费用

根据2013年7月1日起施行的《建筑安装工程费用组成》，确立了建筑安装工程费用组成两种划分方法：一个是按费用构成要素划分；一个是按造价形成顺序划分，具体如下。

**1. 按费用构成要素划分**

建筑安装工程费按照费用构成要素划分：由人工费、材料（包含工程设备，下同）费、施工机具使用费、企业管理费、利润、规费和税金组成。其中人工费、材料费、施工机具使用费、企业管理费和利润包含在分部分项工程费、措施项目费、其他项目费中。

（1）人工费

人工费是指按工资总额构成规定，支付给从事建筑安装工程施工的生产工人和附属生产单位工人的各项费用。内容包括：

1) 计时工资或计件工资：是指按计时工资标准和工作时间或对已做工作按计件单价支付给个人的劳动报酬。

2) 奖金：是指对超额劳动和增收节支支付给个人的劳动报酬。如节约奖、劳动竞赛奖等。

3) 津贴补贴：是指为了补偿职工特殊或额外的劳动消耗和因其他特殊原因支付给个人的津贴，以及为了保证职工工资水平不受物价影响支付给个人的物价补贴。如流动施工津贴、特殊地区施工津贴、高温（寒）作业临时津贴、高空津贴等。

4) 加班加点工资：是指按规定支付的在法定节假日工作的加班工资和在法定日工作时间外延时工作的加点工资。

5) 特殊情况下支付的工资：是指根据国家法律、法规和政策规定，因病、工伤、产假、计划生育假、婚丧假、事假、探亲假、定期休假、停工学习、执行国家或社会义务等原因按计时工资标准或计时工资标准的一定比例支付的工资。

（2）材料费

材料费是指施工过程中耗费的原材料、辅助材料、构配件、零件、半成品或成品、工程设备的费用。内容包括：

1) 材料原价：是指材料、工程设备的出厂价格或商家供应价格。

2) 运杂费：是指材料、工程设备自来源地运至工地仓库或指定堆放地点所发生的全部费用。

3) 运输损耗费：是指材料在运输装卸过程中不可避免的损耗。

4) 采购及保管费：是指为组织采购、供应和保管材料、工程设备的过程中所需要的各项费用。包括采购费、仓储费、工地保管费、仓储损耗。

工程设备是指构成或计划构成永久工程一部分的机电设备、金属结构设备、仪器装置及其他类似的设备和装置。

（3）施工机具使用费

施工机具使用费是指施工作业所发生的施工机械、仪器仪表使用费或其租赁费。

1) 施工机械使用费：以施工机械台班耗用量乘以施工机械台班单价表示，施工机械台班单价应由下列七项费用组成：

① 折旧费：指施工机械在规定的使用年限内，陆续收回其原值的费用。

② 大修理费：指施工机械按规定的大修理间隔台班进行必要的大修理，以恢复其正常功能所需的费用。

③ 经常修理费：指施工机械除大修理以外的各级保养和临时故障排除所需的费用。包括为保障机械正常运转所需替换设备与随机配备工具附具的摊销和维护费用，机械运转中日常保养所需润滑与擦拭的材料费用及机械停滞期间的维护和保养费用等。

④ 安拆费及场外运费：安拆费指施工机械（大型机械除外）在现场进行安装与拆卸所需的人工、材料、机械和试运转费用以及机械辅助设施的折旧、搭设、拆除等费用；场外运费指施工机械整体或分体自停放地点运至施工现场或由一施工地点运至另一施工地点的运输、装卸、辅助材料及架线等费用。

⑤ 人工费：指机上司机（司炉）和其他操作人员的人工费。

⑥ 燃料动力费：指施工机械在运转作业中所消耗的各种燃料及水、电等。

⑦ 税费：指施工机械按照国家规定应缴纳的车船使用税、保险费及年检费等。

2）仪器仪表使用费：是指工程施工所需使用的仪器仪表的摊销及维修费用。

（4）企业管理费

企业管理费是指建筑安装企业组织施工生产和经营管理所需的费用。内容包括：

1）管理人员工资：是指按规定支付给管理人员的计时工资、奖金、津贴补贴、加班加点工资及特殊情况下支付的工资等。

2）办公费：是指企业管理办公用的文具、纸张、账表、印刷、邮电、书报、办公软件、现场监控、会议、水电、烧水和集体取暖降温（包括现场临时宿舍取暖降温）等费用。

3）差旅交通费：是指职工因公出差、调动工作的差旅费、住勤补助费，市内交通费和误餐补助费，职工探亲路费，劳动力招募费，职工退休、退职一次性路费，工伤人员就医路费，工地转移费以及管理部门使用的交通工具的油料、燃料等费用。

4）固定资产使用费：是指管理和试验部门及附属生产单位使用的属于固定资产的房屋、设备、仪器等的折旧、大修、维修或租赁费。

5）工具用具使用费：是指企业施工生产和管理使用的不属于固定资产的工具、器具、家具、交通工具和检验、试验、测绘、消防用具等的购置、维修和摊销费。

6）劳动保险和职工福利费：是指由企业支付的职工退职金、按规定支付给离休干部的经费，集体福利费、夏季防暑降温、冬季取暖补贴、上下班交通补贴等。

7）劳动保护费：是指企业按规定发放的劳动保护用品的支出。如工作服、手套、防暑降温饮料以及在有碍身体健康的环境中施工的保健费用等。

8）检验试验费：是指施工企业按照有关标准规定，对建筑以及材料、构件和建筑安装物进行一般鉴定、检查所发生的费用，包括自设试验室进行试验所耗用的材料等费用。不包括新结构、新材料的试验费，对构件做破坏性试验及其他特殊要求检验试验的费用和建设单位委托检测机构进行检测的费用，对此类检测发生的费用，由建设单位在工程建设其他费用中列支。但对施工企业提供的具有合格证明的材料进行检测不合格的，该检测费用由施工企业支付。

9）工会经费：是指企业按《工会法》规定的全部职工工资总额比例计提的工会经费。

10）职工教育经费：是指按职工工资总额的规定比例计提，企业为职工进行专业技术和职业技能培训，专业技术人员继续教育、职工职业技能鉴定、职业资格认定以及根据需要对职工进行各类文化教育所发生的费用。

11）财产保险费：是指施工管理用财产、车辆等的保险费用。

12）财务费：是指企业为施工生产筹集资金或提供预付款担保、履约担保、职工工资支付担保等所发生的各种费用。

13）税金：是指企业按规定缴纳的房产税、车船使用税、土地使用税、印花税等。

14）其他：包括技术转让费、技术开发费、投标费、业务招待费、绿化费、广告费、公证费、法律顾问费、审计费、咨询费、保险费等。

（5）利润

利润是指施工企业完成所承包工程获得的盈利。

(6) 规费

规费是指按国家法律法规规定，由省级政府和省级有关权力部门规定必须缴纳或计取的费用。包括：

1) 社会保险费，分为以下五种：

① 养老保险费：是指企业按照规定标准为职工缴纳的基本养老保险费。

② 失业保险费：是指企业按照规定标准为职工缴纳的失业保险费。

③ 医疗保险费：是指企业按照规定标准为职工缴纳的基本医疗保险费。

④ 生育保险费：是指企业按照规定标准为职工缴纳的生育保险费。

⑤ 工伤保险费：是指企业按照规定标准为职工缴纳的工伤保险费。

2) 住房公积金：是指企业按规定标准为职工缴纳的住房公积金。

3) 工程排污费：是指按规定缴纳的施工现场工程排污费。

其他应列而未列入的规费，按实际发生计取。

(7) 税金

税金是指国家税法规定的应计入建筑安装工程造价内的营业税、城市维护建设税、教育费附加以及地方教育附加。

**2. 按造价形成顺序划分**

建筑安装工程费按照工程造价形成由分部分项工程费、措施项目费、其他项目费、规费、税金组成，分部分项工程费、措施项目费、其他项目费包含人工费、材料费、施工机具使用费、企业管理费和利润。

(1) 分部分项工程费

分部分项工程费是指各专业工程的分部分项工程应予列支的各项费用。

1) 专业工程：是指按现行国家计量规范划分的房屋建筑与装饰工程、仿古建筑工程、通用安装工程、市政工程、园林绿化工程、矿山工程、构筑物工程、城市轨道交通工程、爆破工程等各类工程。

2) 分部分项工程：是指按现行国家计量规范对各专业工程划分的项目。如房屋建筑与装饰工程划分的土石方工程、地基处理与桩基工程、砌筑工程、钢筋及钢筋混凝土工程等。

各类专业工程的分部分项工程划分见现行国家或行业计量规范。

(2) 措施项目费

措施项目费是指为完成建设工程施工，发生于该工程施工前和施工过程中的技术、生活、安全、环境保护等方面的费用。内容包括：

1) 安全文明施工费，分为以下四种：

① 环境保护费：是指施工现场为达到环保部门要求所需要的各项费用。

② 文明施工费：是指施工现场文明施工所需要的各项费用。

③ 安全施工费：是指施工现场安全施工所需要的各项费用。

④ 临时设施费：是指施工企业为进行建设工程施工所必须搭设的生活和生产用的临时建筑物、构筑物和其他临时设施费用，包括临时设施的搭设、维修、拆除、清理费或摊销费等。

2) 夜间施工增加费：是指因夜间施工所发生的夜班补助费、夜间施工降效、夜间施工照明设备摊销及照明用电等费用。

3）二次搬运费：是指因施工场地条件限制而发生的材料、构配件、半成品等一次运输不能到达堆放地点，必须进行二次或多次搬运所发生的费用。

4）冬雨季施工增加费：是指在冬季或雨季施工需要增加的临时设施、防滑、排除雨雪，人工及施工机械效率降低等费用。

5）已完工程及设备保护费：是指竣工验收前，对已完工程及设备采取的必要保护措施所发生的费用。

6）工程定位复测费：是指工程施工过程中进行全部施工测量放线和复测工作的费用。

7）特殊地区施工增加费：是指工程在沙漠或其边缘地区、高海拔、高寒、原始森林等特殊地区施工增加的费用。

8）大型机械设备进出场及安拆费：是指机械整体或分体自停放场地运至施工现场或由一个施工地点运至另一个施工地点，所发生的机械进出场运输及转移费用及机械在施工现场进行安装、拆卸所需要的人工费、材料费、机械费、试运转费和安装所需的辅助设施的费用。

9）脚手架工程费：是指施工需要的各种脚手架搭、拆、运输费用以及脚手架购置费的摊销（或租赁）费用。

措施项目及其包含的内容详见各类专业工程的现行国家或行业计量规范。

（3）其他项目费

1）暂列金额：是指建设单位在工程量清单中暂定并包括在工程合同价款中的一笔款项。用于施工合同签订时尚未确定或者不可预见的所需材料、工程设备、服务的采购，施工中可能发生的工程变更、合同约定调整因素出现时的工程价款调整以及发生的索赔、现场签证确认等的费用。

2）计日工：是指在施工过程中，施工企业完成建设单位提出的施工图以外的零星项目或工作所需的费用。

3）总承包服务费：是指总承包人为配合、协调建设单位进行的专业工程发包，对建设单位自行采购的材料、工程设备等进行保管以及施工现场管理、竣工资料汇总整理等服务所需要的费用。

（4）规费

定义同第一种划分规定。

（5）税金

定义同第一种划分规定。

## 5.4.3 建筑工程施工发包与承包计价

2013年12月11日，住房和城乡建设部发布了《建筑工程施工发包与承包计价管理办法》，自2014年2月1日起实施。根据该办法，工程施工发包承包计价包括编制工程量清单、最高投标限价、招标标底、投标报价，进行工程结算，以及签订和调整合同价款等活动。

**1. 计价方法及工程量清单编制**

全部使用国有资金投资或者以国有资金投资为主的建筑工程（简称国有资金投资的建筑工

程），应当采用工程量清单计价；非国有资金投资的建筑工程，鼓励采用工程量清单计价。目前有效的工程量清单计价标准是2012年12月25日住房和城乡建设部发布的国家标准《建设工程工程量清单计价规范》（GB 50500—2013），自2013年7月1日起实施，适用于建设工程发承包及实施阶段的计价活动，建设工程发承包及实施阶段的工程造价应由分部分项工程费、措施项目费、其他项目费、规费和税金组成。工程量清单应当依据国家制定的工程量清单计价规范、工程量计算规范等编制。工程量清单应当作为招标文件的组成部分。

**2. 最高投标限价编制**

国有资金投资的建筑工程招标的，应当设有最高投标限价；非国有资金投资的建筑工程招标的，可以设有最高投标限价或者招标标底。最高投标限价及其成果文件，应当由招标人报工程所在地县级以上地方人民政府住房城乡建设主管部门备案。

最高投标限价应当依据工程量清单、工程计价有关规定和市场价格信息等编制。招标人设有最高投标限价的，应当在招标时公布最高投标限价的总价，以及各单位工程的分部分项工程费、措施项目费、其他项目费、规费和税金。

**3. 招标标底编制**

招标标底应当依据工程计价有关规定和市场价格信息等编制。标底是指招标人对招标项目所计算的一个期望交易价格。

**4. 投标报价**

投标报价不得低于工程成本，不得高于最高投标限价。投标报价应当依据工程量清单、工程计价有关规定、企业定额和市场价格信息等编制。

投标报价低于工程成本或者高于最高投标限价总价的，评标委员会应当否决投标人的投标。

对是否低于工程成本报价的异议，评标委员会可以参照国务院住房和城乡建设主管部门和省、自治区、直辖市人民政府住房和城乡建设主管部门发布的有关规定进行评审。

**5. 签订和调整合同价款**

招标人与中标人应当根据中标价订立合同。不实行招标投标的工程由发承包双方协商订立合同。合同价款的有关事项由发承包双方约定，一般包括合同价款约定方式，预付工程款、工程进度款、工程竣工价款的支付和结算方式，以及合同价款的调整情形等。

发承包双方在确定合同价款时，应当考虑市场环境和生产要素价格变化对合同价款的影响。实行工程量清单计价的建筑工程，鼓励发承包双方采用单价方式确定合同价款。建设规模较小、技术难度较低、工期较短的建筑工程，发承包双方可以采用总价方式确定合同价款。紧急抢险、救灾以及施工技术特别复杂的建筑工程，发承包双方可以采用成本加酬金方式确定合同价款。

发承包双方应当在合同中约定，发生下列情形时合同价款的调整方法：

1）法律法规、规章或者国家有关政策变化影响合同价款的。
2）工程造价管理机构发布价格调整信息的。
3）经批准变更设计的。
4）发包方更改经审定批准的施工组织设计造成费用增加的。
5）双方约定的其他因素。

发承包双方应当根据国务院住房和城乡建设主管部门和省、自治区、直辖市人民政府住房和城乡建设主管部门的规定，结合工程款、建设工期等情况在合同中约定预付工程款的具体事宜。预付工程款按照合同价款或者年度工程计划额度的一定比例确定和支付，并在工程进度款中予以抵扣。

承包方应当按照合同约定向发包方提交已完成工程量报告。发包方收到工程量报告后，应当按照合同约定及时核对并确认。

**6. 进行工程结算**

发承包双方应当按照合同约定，定期或者按照工程进度分段进行工程款结算和支付。

工程完工后，应当按照下列规定进行竣工结算：

1）承包方应当在工程完工后的约定期限内提交竣工结算文件。

2）国有资金投资建筑工程的发包方，应当委托具有相应资质的工程造价咨询企业对竣工结算文件进行审核，并在收到竣工结算文件后的约定期限内向承包方提出由工程造价咨询企业出具的竣工结算文件审核意见；逾期未答复的，按照合同约定处理，合同没有约定的，竣工结算文件视为已被认可。

非国有资金投资的建筑工程发包方，应当在收到竣工结算文件后的约定期限内予以答复，逾期未答复的，按照合同约定处理，合同没有约定的，竣工结算文件视为已被认可；发包方对竣工结算文件有异议的，应当在答复期内向承包方提出，并可以在提出异议之日起的约定期限内与承包方协商；发包方在协商期内未与承包方协商或者经协商未能与承包方达成协议的，应当委托工程造价咨询企业进行竣工结算审核，并在协商期满后的约定期限内向承包方提出由工程造价咨询企业出具的竣工结算文件审核意见。

3）承包方对发包方提出的工程造价咨询企业竣工结算审核意见有异议的，在接到该审核意见后一个月内，可以向有关工程造价管理机构或者有关行业组织申请调解，调解不成的，可以依法申请仲裁或者向人民法院提起诉讼。

发承包双方在合同中对第1）项、第2）项的期限没有明确约定的，应当按照国家有关规定执行；国家没有规定的，可认为其约定期限均为28日。

工程竣工结算文件经发承包双方签字确认的，应当作为工程决算的依据，未经对方同意，另一方不得就已生效的竣工结算文件委托工程造价咨询企业重复审核。发包方应当按照竣工结算文件及时支付竣工结算款。

竣工结算文件应当由发包方报工程所在地县级以上地方人民政府住房城乡建设主管部门备案。

## 5.5 建筑工程施工许可

根据《建筑法》规定，建筑工程开工前，建设单位应当按照国家有关规定向工程所在地县级以上人民政府建设行政主管部门申请领取施工许可证；但是，国务院建设行政主管部门确定的限额以下的小型工程除外。

按照国务院规定的权限和程序批准开工报告的建筑工程，不再领取施工许可证。

住房和城乡建设部颁布的《建筑工程施工许可管理办法》（简称《管理办法》），自2014年10月25日起施行（1999年10月15日建设部令第71号发布、2001年7月4日建设部令第91号修正的《建筑工程施工许可管理办法》同时废止)。2018年9月,住房和城乡建设部修正该《管理办法》。

### 5.5.1 范围

根据《管理办法》规定,在中华人民共和国境内从事各类房屋建筑及其附属设施的建造、装修装饰和与其配套的线路、管道、设备的安装,以及城镇市政基础设施工程的施工,建设单位在开工前应当依照本办法的规定,向工程所在地的县级以上地方人民政府住房和城乡建设主管部门(简称发证机关)申请领取施工许可证。

工程投资额在30万元以下或者建筑面积在300$m^2$以下的建筑工程,可以不申请办理施工许可证。省、自治区、直辖市人民政府住房和城乡建设主管部门可以根据当地的实际情况,对限额进行调整,并报国务院住房和城乡建设主管部门备案。

按照国务院规定的权限和程序批准开工报告的建筑工程,不再领取施工许可证。

### 5.5.2 申领施工许可证的条件

建设单位申请领取施工许可证,应当具备下列条件,并提交相应的证明文件:

1)依法应当办理用地批准手续的,已经办理该建筑工程用地批准手续。
2)在城市、镇规划区的建筑工程,已经取得建设工程规划许可证。
3)施工场地已经基本具备施工条件,需要征收房屋的,其进度符合施工要求。
4)已经确定施工企业。按照规定应当招标的工程没有招标,应当公开招标的工程没有公开招标,或者肢解发包工程,以及将工程发包给不具备相应资质条件的企业的,所确定的施工企业无效。
5)有满足施工需要的技术资料,施工图设计文件已按规定审查合格。
6)有保证工程质量和安全的具体措施。施工企业编制的施工组织设计中有根据建筑工程特点制定的相应质量、安全技术措施。建立工程质量安全责任制并落实到人。专业性较强的工程项目编制了专项质量、安全施工组织设计,并按照规定办理了工程质量、安全监督手续。
7)建设资金已经落实。建设单位应当提供建设资金已经落实承诺书。
8)法律、行政法规规定的其他条件。

县级以上地方人民政府住房和城乡建设主管部门不得违反法律法规规定,增设办理施工许可证的其他条件。

### 5.5.3 办理程序

申请办理施工许可证,应当按照下列程序进行:

1)建设单位向发证机关领取建筑工程施工许可证申请表。
2)建设单位持加盖单位及法定代表人印鉴的建筑工程施工许可证申请表,并附本办法第四条规定的证明文件,向发证机关提出申请。
3)发证机关在收到建设单位报送的建筑工程施工许可证申请表和所附证明文件后,对于符合条件的,应当自收到申请之日起7日内颁发施工许可证;对于证明文件不齐全或者失效的,应当当场或者 5 日内一次告知建设单位需要补正的全部内容,审批时间可以自证明文件补正齐全后作相应顺延;对于不符合条件的,应当自收到申请之日起 7 日内书面通知建设单位,并说明理由。

建筑工程在施工过程中,建设单位或者施工单位发生变更的,应当重新申请领取施工许可证。

### 5.5.4 期限

建设单位应当自领取施工许可证之日起 3 个月内开工。因故不能按期开工的,应当在期满前向发证机关申请延期,并说明理由;延期以 2 次为限,每次不超过 3 个月。既不开工又不申请延期或者超过延期次数、时限的,施工许可证自行废止。

### 5.5.5 效力——开工的法定凭证

规定必须申请领取施工许可证的建筑工程未取得施工许可证的,一律不得开工。

任何单位和个人不得将应该申请领取施工许可证的工程项目分解为若干限额以下的工程项目,规避申请领取施工许可证。

## 5.6 建设工程安全生产管理

《建筑法》确立了建筑安全生产管理基本制度。《建设工程安全生产管理条例》已经 2003 年 11 月 12 日国务院第 28 次常务会议通过,自 2004 年 2 月 1 日起施行。

### 5.6.1 责任主体

建设单位、勘察单位、设计单位、施工单位、工程监理单位及其他与建设工程安全生产有关的单位,必须遵守安全生产法律法规的规定,保证建设工程安全生产,依法承担建设工程安全生产责任。

### 5.6.2 建设单位的安全责任

1)建设单位应当向施工单位提供施工现场及毗邻区域内供水、排水、供电、供气、供热、通信、广播电视等地下管线资料,气象和水文观测资料,相邻建筑物和构筑物、地下工程的有关资料,并保证资料的真实、准确、完整。

建设单位因建设工程需要,向有关部门或者单位查询前款规定的资料时,有关部门或者单位应当及时提供。

2)建设单位不得对勘察、设计、施工、工程监理等单位提出不符合建设工程安全生产法律法规和强制性标准规定的要求,不得压缩合同约定的工期。

3)建设单位在编制工程概算时,应当确定建设工程安全作业环境及安全施工措施所需费用。

4)建设单位不得明示或者暗示施工单位购买、租赁、使用不符合安全施工要求的安全防护用具、机械设备、施工机具及配件、消防设施和器材。

5) 建设单位在申请领取施工许可证时，应当提供建设工程有关安全施工措施的资料。

依法批准开工报告的建设工程，建设单位应当自开工报告批准之日起 15 日内，将保证安全施工的措施报送建设工程所在地的县级以上地方人民政府建设行政主管部门或者其他有关部门备案。

6) 建设单位应当将拆除工程发包给具有相应资质等级的施工单位。

建设单位应当在拆除工程施工 15 日前，将下列资料报送建设工程所在地的县级以上地方人民政府建设行政主管部门或者其他有关部门备案：施工单位资质等级证明；拟拆除建筑物、构筑物及可能危及毗邻建筑的说明；拆除施工组织方案；堆放、清除废弃物的措施。

实施爆破作业的，应当遵守国家有关民用爆炸物品管理的规定。

### 5.6.3　勘察、设计、工程监理及其他有关单位的安全责任

1) 勘察单位应当按照法律、法规和工程建设强制性标准进行勘察，提供的勘察文件应当真实、准确，满足建设工程安全生产的需要。

勘察单位在勘察作业时，应当严格执行操作规程，采取措施保证各类管线、设施和周边建筑物、构筑物的安全。

2) 设计单位应当按照法律法规和工程建设强制性标准进行设计，防止因设计不合理导致生产安全事故的发生。

设计单位应当考虑施工安全操作和防护的需要，对涉及施工安全的重点部位和环节在设计文件中注明，并对防范生产安全事故提出指导意见。

采用新结构、新材料、新工艺的建设工程和特殊结构的建设工程，设计单位应当在设计中提出保障施工作业人员安全和预防生产安全事故的措施建议。

设计单位和注册建筑师等注册执业人员应当对其设计负责。

3) 工程监理单位应当审查施工组织设计中的安全技术措施或者专项施工方案是否符合工程建设强制性标准。

工程监理单位在实施监理过程中，发现存在安全事故隐患的，应当要求施工单位整改；情况严重的，应当要求施工单位暂时停止施工，并及时报告建设单位。施工单位拒不整改或者不停止施工的，工程监理单位应当及时向有关主管部门报告。

工程监理单位和监理工程师应当按照法律法规和工程建设强制性标准实施监理，并对建设工程安全生产承担监理责任。

4) 为建设工程提供机械设备和配件的单位，应当按照安全施工的要求配备齐全有效的保险、限位等安全设施和装置。

5) 出租的机械设备和施工机具及配件，应当具有生产（制造）许可证、产品合格证。

出租单位应当对出租的机械设备和施工机具及配件的安全性能进行检测，在签订租赁协议时，应当出具检测合格证明。

禁止出租检测不合格的机械设备和施工机具及配件。

6) 在施工现场安装、拆卸施工起重机械和整体提升脚手架、模板等自升式架设设施，必须由具有相应资质的单位承担。

安装、拆卸施工起重机械和整体提升脚手架、模板等自升式架设设施，应当编制拆装方案、制定安全施工措施，并由专业技术人员现场监督。

施工起重机械和整体提升脚手架、模板等自升式架设设施安装完毕后，安装单位应当自检，出具自检合格证明，并向施工单位进行安全使用说明，办理验收手续并签字。

7）施工起重机械和整体提升脚手架、模板等自升式架设设施的使用达到国家规定的检验检测期限的，必须经具有专业资质的检验检测机构检测。经检测不合格的，不得继续使用。

8）检验检测机构对检测合格的施工起重机械和整体提升脚手架、模板等自升式架设设施，应当出具安全合格证明文件，并对检测结果负责。

## 5.6.4 施工单位的安全责任

1）施工单位从事建设工程的新建、扩建、改建和拆除等活动，应当具备国家规定的注册资本、专业技术人员、技术装备和安全生产等条件，依法取得相应等级的资质证书，并在其资质等级许可的范围内承揽工程。

2）施工单位主要负责人依法对本单位的安全生产工作全面负责。施工单位应当建立健全安全生产责任制度和安全生产教育培训制度，制定安全生产规章制度和操作规程，保证本单位安全生产条件所需资金的投入，对所承担的建设工程进行定期和专项安全检查，并做好安全检查记录。

施工单位的项目负责人应当由取得相应执业资格的人员担任，对建设工程项目的安全施工负责，落实安全生产责任制度、安全生产规章制度和操作规程，确保安全生产费用的有效使用，并根据工程的特点组织制定安全施工措施，消除安全事故隐患，及时、如实报告生产安全事故。

3）施工单位对列入建设工程概算的安全作业环境及安全施工措施所需费用，应当用于施工安全防护用具及设施的采购和更新、安全施工措施的落实、安全生产条件的改善，不得挪作他用。

4）施工单位应当设立安全生产管理机构，配备专职安全生产管理人员。

专职安全生产管理人员负责对安全生产进行现场监督检查。发现安全事故隐患，应当及时向项目负责人和安全生产管理机构报告；对违章指挥、违章操作的，应当立即制止。

专职安全生产管理人员的配备办法由国务院建设行政主管部门会同国务院其他有关部门制定。

5）建设工程实行施工总承包的，由总承包单位对施工现场的安全生产负总责。

总承包单位应当自行完成建设工程主体结构的施工。

总承包单位依法将建设工程分包给其他单位的，分包合同中应当明确各自的安全生产方面的权利、义务。总承包单位和分包单位对分包工程的安全生产承担连带责任。

分包单位应当服从总承包单位的安全生产管理，分包单位不服从管理导致生产安全事故的，由分包单位承担主要责任。

6）垂直运输机械作业人员、安装拆卸工、爆破作业人员、起重信号工、登高架设作业人员等特种作业人员，必须按照国家有关规定经过专门的安全作业培训，并取得特种作业操作资格证书后，方可上岗作业。

7）施工单位应当在施工组织设计中编制安全技术措施和施工现场临时用电方案，对下列达到一定规模的危险性较大的分部分项工程编制专项施工方案，并附具安全验算结果，经施工单位技术负责人、总监理工程师签字后实施，由专职安全生产管理人员进行现场监督：①基坑支护与降水工程；②土方开挖工程；③模板工程；④起重吊装工程；⑤脚手架工程；⑥拆除、爆破工程；⑦国务院建设行政主管部门或者其他有关部门规定的其他危险性较大的工程。

对上述所列工程中涉及深基坑、地下暗挖工程、高大模板工程的专项施工方案，施工单位还应当组织专家进行论证、审查。

上述达到一定规模的危险性较大工程的标准，由国务院建设行政主管部门会同国务院其他有关部门制定。

8）建设工程施工前，施工单位负责项目管理的技术人员应当对有关安全施工的技术要求向施工作业班组、作业人员做出详细说明，并由双方签字确认。

9）施工单位应当在施工现场入口处、施工起重机械、临时用电设施、脚手架、出入通道口、楼梯口、电梯井口、孔洞口、桥梁口、隧道口、基坑边沿、爆破物及有害危险气体和液体存放处等危险部位，设置明显的安全警示标志。安全警示标志必须符合国家标准。

施工单位应当根据不同施工阶段和周围环境及季节、气候的变化，在施工现场采取相应的安全施工措施。施工现场暂时停止施工的，施工单位应当做好现场防护，所需费用由责任方承担，或者按照合同约定执行。

10）施工单位应当将施工现场的办公、生活区与作业区分开设置，并保持安全距离；办公、生活区的选址应当符合安全性要求。职工的膳食、饮水、休息场所等应当符合卫生标准。施工单位不得在尚未竣工的建筑物内设置员工集体宿舍。

施工现场临时搭建的建筑物应当符合安全使用要求。施工现场使用的装配式活动房屋应当具有产品合格证。

11）施工单位对因建设工程施工可能造成损害的毗邻建筑物、构筑物和地下管线等，应当采取专项防护措施。

施工单位应当遵守有关环境保护法律法规的规定，在施工现场采取措施，防止或者减少粉尘、废气、废水、固体废物、噪声、振动和施工照明对人和环境的危害和污染。

在城市市区内的建设工程，施工单位应当对施工现场实行封闭围挡。

12）施工单位应当在施工现场建立消防安全责任制度，确定消防安全责任人，制定用火、用电、使用易燃易爆材料等各项消防安全管理制度和操作规程，设置消防通道、消防水源，配备消防设施和灭火器材，并在施工现场入口处设置明显标志。

13）施工单位应当向作业人员提供安全防护用具和安全防护服装，并书面告知危险岗位的操作规程和违章操作的危害。

作业人员有权对施工现场的作业条件、作业程序和作业方式中存在的安全问题提出批评、检举和控告，有权拒绝违章指挥和强令冒险作业。

在施工中发生危及人身安全的紧急情况时，作业人员有权立即停止作业或者在采取必要的应急措施后撤离危险区域。

14）作业人员应当遵守安全施工的强制性标准、规章制度和操作规程，正确使用安全防护用具、机械设备等。

15）施工单位采购、租赁的安全防护用具、机械设备、施工机具及配件，应当具有生产（制造）许可证、产品合格证，并在进入施工现场前进行查验。

施工现场的安全防护用具、机械设备、施工机具及配件必须由专人管理，定期进行检查、维修和保养，建立相应的资料档案，并按照国家有关规定及时报废。

16）施工单位在使用施工起重机械和整体提升脚手架、模板等自升式架设设施前，应当组织有关单位进行验收，也可以委托具有相应资质的检验检测机构进行验收；使用承租的机械设备和施工机具及配件的，由施工总承包单位、分包单位、出租单位和安装单位共同进行验收。验收合格的方可使用。

《特种设备安全监察条例》规定的施工起重机械，在验收前应当经有相应资质的检验检测机构监督检验合格。

施工单位应当自施工起重机械和整体提升脚手架、模板等自升式架设设施验收合格之日起30日内，向建设行政主管部门或者其他有关部门登记。登记标志应当置于或者附着于该设备的显著位置。

17）施工单位的主要负责人、项目负责人、专职安全生产管理人员应当经建设行政主管部门或者其他有关部门考核合格后方可任职。

施工单位应当对管理人员和作业人员每年至少进行一次安全生产教育培训，其教育培训情况记入个人工作档案。安全生产教育培训考核不合格的人员，不得上岗。

18）作业人员进入新的岗位或者新的施工现场前，应当接受安全生产教育培训。未经教育培训或者教育培训考核不合格的人员，不得上岗作业。

施工单位在采用新技术、新工艺、新设备、新材料时，应当对作业人员进行相应的安全生产教育培训。

19）施工单位应当为施工现场从事危险作业的人员办理意外伤害保险。

意外伤害保险费由施工单位支付。实行施工总承包的，由总承包单位支付意外伤害保险费。意外伤害保险期限自建设工程开工之日起至竣工验收合格止。

## 5.7 建设工程质量管理

建设工程质量管理是《建筑法》的基本内容之一，国务院2000年1月30日颁布了《建设工程质量管理条例》（简称《条例》），2017年、2019年两次进行修正。建设工程质量管理的基本法律制度包括建设工程质量标准化制度、建设工程质量政府监督制度、建设工程质量体系认证制度、建设工程质量责任制度、建设工程竣工验收制度、建设工程质量保修制度。

### 5.7.1 建设工程质量责任制度

**1. 质量责任主体**

《条例》规定，建设单位、勘察单位、设计单位、施工单位、工程监理单位依法对建设工程质量负责。

**2. 建设单位的质量责任和义务**

1）建设单位应当将工程发包给具有相应资质等级的单位。建设单位不得将建设工程肢解发包。

2）建设单位应当依法对工程建设项目的勘察、设计、施工、监理以及与工程建设有关的重要设备、材料等的采购进行招标。

3）建设单位必须向有关的勘察、设计、施工、工程监理等单位提供与建设工程有关的原始资料。原始资料必须真实、准确、齐全。

4）建设工程发包单位，不得迫使承包方以低于成本的价格竞标，不得任意压缩合理工期。建设单位不得明示或者暗示设计单位或者施工单位违反工程建设强制性标准，降低建设工程质量。

5）施工图设计文件审查的具体办法，由国务院建设行政主管部门、国务院其他有关部门制定。施工图设计文件未经审查批准的，不得使用。

6）实行监理的建设工程，建设单位应当委托具有相应资质等级的工程监理单位进行监理，也可以委托具有工程监理相应资质等级并与被监理工程的施工承包单位没有隶属关系或者其他利害关系的该工程的设计单位进行监理。下列建设工程必须实行监理：①国家重点建设工程；②大中型公用事业工程；③成片开发建设的住宅小区工程；④利用外国政府或者国际组织贷款、援助资金的工程；⑤国家规定必须实行监理的其他工程。

7）建设单位在开工前，应当按照国家有关规定办理工程质量监督手续，工程质量监督手续可以与施工许可证或者开工报告合并办理。

8）按照合同约定，由建设单位采购建筑材料、建筑构配件和设备的，建设单位应当保证建筑材料、建筑构配件和设备符合设计文件和合同要求。建设单位不得明示或者暗示施工单位使用不合格的建筑材料、建筑构配件和设备。

9）涉及建筑主体和承重结构变动的装修工程，建设单位应当在施工前委托原设计单位或者具有相应资质等级的设计单位提出设计方案；没有设计方案的，不得施工。

房屋建筑使用者在装修过程中，不得擅自变动房屋建筑主体和承重结构。

10）建设单位收到建设工程竣工报告后，应当组织设计、施工、工程监理等有关单位进行竣工验收。建设工程竣工验收应当具备下列条件：①完成建设工程设计和合同约定的各项内容；②有完整的技术档案和施工管理资料；③有工程使用的主要建筑材料、建筑构配件和设备的进场试验报告；④有勘察、设计、施工、工程监理等单位分别签署的质量合格文件；⑤有施工单位签署的工程保修书。建设工程经验收合格的，方可交付使用。

11）建设单位应当严格按照国家有关档案管理的规定，及时收集、整理建设项目各环节的文件资料，建立、健全建设项目档案，并在建设工程竣工验收后，及时向建设行政主管部门或者其他有关部门移交建设项目档案。

**3. 勘察、设计单位的质量责任和义务**

1）从事建设工程勘察、设计的单位应当依法取得相应等级的资质证书，并在其资质等级许可的范围内承揽工程。禁止勘察、设计单位超越其资质等级许可的范围或者以其他勘察、设计单位的名义承揽工程。禁止勘察、设计单位允许其他单位或者个人以本单位的名义承揽工程。勘察、设计单位不得转包或者违法分包所承揽的工程。

2）勘察、设计单位必须按照工程建设强制性标准进行勘察、设计，并对其勘察、设计的质量负责。注册建筑师、注册结构工程师等注册执业人员应当在设计文件上签字，对设计文件负责。

3）勘察单位提供的地质、测量、水文等勘察成果必须真实、准确。

4）设计单位应当根据勘察成果文件进行建设工程设计。设计文件应当符合国家规定的设计深度要求，注明工程合理使用年限。

5）设计单位在设计文件中选用的建筑材料、建筑构配件和设备，应当注明规格、型号、性能等技术指标，其质量要求必须符合国家规定的标准。除有特殊要求的建筑材料、专用设备、工艺生产线等外，设计单位不得指定生产厂、供应商。

6）设计单位应当就审查合格的施工图设计文件向施工单位做出详细说明。

7）设计单位应当参与建设工程质量事故分析，并对因设计造成的质量事故，提出相应的技术处理方案。

**4. 施工单位的质量责任和义务**

1）施工单位应当依法取得相应等级的资质证书，并在其资质等级许可的范围内承揽工程。

禁止施工单位超越本单位资质等级许可的业务范围或者以其他施工单位的名义承揽工程。禁止施工单位允许其他单位或者个人以本单位的名义承揽工程。施工单位不得转包或者违法分包工程。

2）施工单位对建设工程的施工质量负责。施工单位应当建立质量责任制，确定工程项目的项目经理、技术负责人和施工管理负责人。

建设工程实行总承包的，总承包单位应当对全部建设工程质量负责；建设工程勘察、设计、施工、设备采购的一项或者多项实行总承包的，总承包单位应当对其承包的建设工程或者采购的设备的质量负责。

3）总承包单位依法将建设工程分包给其他单位的，分包单位应当按照分包合同的约定对其分包工程的质量向总承包单位负责，总承包单位与分包单位对分包工程的质量承担连带责任。

4）施工单位必须按照工程设计图和施工技术标准施工，不得擅自修改工程设计，不得偷工减料。施工单位在施工过程中发现设计文件和设计图有差错的，应当及时提出意见和建议。

5）施工单位必须按照工程设计要求、施工技术标准和合同约定，对建筑材料、建筑构配件、设备和商品混凝土进行检验，检验应当有书面记录和专人签字；未经检验或者检验不合格的，不得使用。

6）施工单位必须建立、健全施工质量的检验制度，严格工序管理，做好隐蔽工程的质量检查和记录。隐蔽工程在隐蔽前，施工单位应当通知建设单位和建设工程质量监督机构。

7）施工人员对涉及结构安全的试块、试件以及有关材料，应当在建设单位或者工程监理单位监督下现场取样，并送具有相应资质等级的质量检测单位进行检测。

8）施工单位对施工中出现质量问题的建设工程或者竣工验收不合格的建设工程，应当负责返修。

9）施工单位应当建立、健全教育培训制度，加强对职工的教育培训；未经教育培训或者考核不合格的人员，不得上岗作业。

**5. 工程监理单位的质量责任和义务**

1）工程监理单位应当依法取得相应等级的资质证书，并在其资质等级许可的范围内承担工程监理业务。

禁止工程监理单位超越本单位资质等级许可的范围或者以其他工程监理单位的名义承担工程监理业务。禁止工程监理单位允许其他单位或者个人以本单位的名义承担工程监理业务。工程监理单位不得转让工程监理业务。

2）工程监理单位与被监理工程的施工承包单位以及建筑材料、建筑构配件和设备供应单位有隶属关系或者其他利害关系的，不得承担该项建设工程的监理业务。

3）工程监理单位应当依照法律法规以及有关技术标准、设计文件和建设工程承包合同，代表建设单位对施工质量实施监理，并对施工质量承担监理责任。

4）工程监理单位应当选派具备相应资格的总监理工程师和监理工程师进驻施工现场。未经监理工程师签字，建筑材料、建筑构配件和设备不得在工程上使用或者安装，施工单位不得进行下一道工序的施工。未经总监理工程师签字，建设单位不得拨付工程款，不得进行竣工验收。

5）监理工程师应当按照工程监理规范的要求，采取旁站、巡视和平行检验等形式，对建设工程实施监理。

## 5.7.2 建设工程质量竣工验收制度

《合同法》第二百七十九条规定，建设工程竣工后，发包人应当根据施工图及说明书、国家颁发的施工验收规范和质量检验标准及时进行验收。验收合格的，发包人应当按照约定支付价款，并接收该建设工程。建设工程竣工经验收合格后，方可交付使用；未经验收或者验收不合格的，不得交付使用。

住房和城乡建设部颁发的《房屋建筑和市政基础设施工程竣工验收规定》2013年12月2日起实施。凡在中华人民共和国境内新建、扩建、改建的各类房屋建筑和市政基础设施工程的竣工验收（简称工程竣工验收），应当遵守本规定。国务院住房和城乡建设主管部门负责全国工程竣工验收的监督管理。县级以上地方人民政府建设主管部门负责本行政区域内工程竣工验收的监督管理，具体工作可以委托所属的工程质量监督机构实施。工程竣工验收由建设单位负责组织实施。

**1. 工程竣工验收条件**

1）完成工程设计和合同约定的各项内容。

2）施工单位在工程完工后对工程质量进行了检查，确认工程质量符合有关法律法规和工程建设强制性标准，符合设计文件及合同要求，并提出工程竣工报告。工程竣工报告应经项目经理和施工单位有关负责人审核签字。

3）对于委托监理的工程项目，监理单位对工程进行了质量评估，具有完整的监理资料，并提出工程质量评估报告。工程质量评估报告应经总监理工程师和监理单位有关负责人审核签字。

4）勘察、设计单位对勘察、设计文件及施工过程中由设计单位签署的设计变更通知书进行了检查，并提出质量检查报告。质量检查报告应经该项目勘察、设计负责人和勘察、设计单位有关负责人审核签字。

5）有完整的技术档案和施工管理资料。

6）有工程使用的主要建筑材料、建筑构配件和设备的进场试验报告，以及工程质量检测和功能性试验资料。

7）建设单位已按合同约定支付工程款。

8）有施工单位签署的工程质量保修书。

9）对于住宅工程，进行分户验收并验收合格，建设单位按户出具住宅工程质量分户验收表。

10）建设主管部门及工程质量监督机构责令整改的问题全部整改完毕。

11）法律法规规定的其他条件。

**2. 工程竣工验收程序**

1）工程完工后，施工单位向建设单位提交工程竣工报告，申请工程竣工验收。实行监理的工程，工程竣工报告必须经总监理工程师签署意见。

2）建设单位收到工程竣工报告后，对符合竣工验收要求的工程，组织勘察、设计、施工、监理等单位组成验收组，制定验收方案。对于重大工程和技术复杂工程，根据需要可邀请有关专家参加验收组。

3）建设单位应当在工程竣工验收7个工作日前将验收的时间、地点及验收组名单书面通知负责监督该工程的工程质量监督机构。

4）建设单位组织工程竣工验收。

建设、勘察、设计、施工、监理单位分别汇报工程合同履约情况和在工程建设各个环节执行法律法规和工程建设强制性标准的情况；①审阅建设、勘察、设计、施工、监理单位的工程档案资料；②实地查验工程质量；③对工程勘察、设计、施工、设备安装质量和各管理环节等方面做出全面评价，形成经验收组人员签署的工程竣工验收意见。

参与工程竣工验收的建设、勘察、设计、施工、监理等各方不能形成一致意见时，应当协商提出解决的方法，待意见一致后，重新组织工程竣工验收。

5）工程竣工验收合格后，建设单位应当及时提出工程竣工验收报告。工程竣工验收报告主要包括工程概况，建设单位执行基本建设程序情况，对工程勘察、设计、施工、监理等方面的评价，工程竣工验收时间、程序、内容和组织形式，工程竣工验收意见等内容。工程竣工验收报告还应附有下列文件：①施工许可证；②施工图设计文件审查意见；③《房屋建筑和市政基础设施工程竣工验收规定》第五条第（二）、（三）、（四）、（八）项规定的文件；④验收组人员签署的工程竣工验收意见；⑤法规、规章规定的其他有关文件。

负责监督该工程的工程质量监督机构应当对工程竣工验收的组织形式、验收程序、执行验收标准等情况进行现场监督，发现有违反建设工程质量管理规定行为的，责令改正，并将对工程竣工验收的监督情况作为工程质量监督报告的重要内容。

**3. 工程竣工验收备案**

根据《建设工程质量管理条例》规定，建设单位应当自建设工程竣工验收合格之日起15日内，将建设工程竣工验收报告和规划、公安消防、环保等部门出具的认可文件或者准许使用文件报建设行政主管部门或者其他有关部门备案。

建设行政主管部门或者其他有关部门发现建设单位在竣工验收过程中有违反国家有关建设工程质量管理规定行为的，责令停止使用，重新组织竣工验收。

建设部于 2000 年 4 月发布《房屋建筑和市政基础设施工程竣工验收备案管理办法》，2009 年 10 月修正，对竣工验收备案做了具体规定：

1）建设单位办理工程竣工验收备案应当提交下列文件：工程竣工验收备案表；工程竣工验收报告。竣工验收报告应当包括工程报建日期，施工许可证号，施工图设计文件审查意见，勘察、设计、施工、工程监理等单位分别签署的质量合格文件及验收人员签署的竣工验收原始文件；市政基础设施的有关质量检测和功能性试验资料以及备案机关认为需要提供的有关资料；法律、行政法规规定应当由规划、环保等部门出具的认可文件或者准许使用文件；法律规定应当由公安消防部门出具的对大型的人员密集场所和其他特殊建设工程验收合格的证明文件；施工单位签署的工程质量保修书；法规、规章规定必须提供的其他文件。住宅工程还应当提交住宅质量保证书和住宅使用说明书。

2）备案机关收到建设单位报送的竣工验收备案文件，验证文件齐全后，应当在工程竣工验收备案表上签署文件收讫。工程竣工验收备案表一式两份，一份由建设单位保存，一份留备案机关存档。

3）工程质量监督机构应当在工程竣工验收之日起 5 日内，向备案机关提交工程质量监督报告。

4）备案机关发现建设单位在竣工验收过程中有违反国家有关建设工程质量管理规定行为的，应当在收讫竣工验收备案文件 15 日内，责令停止使用，重新组织竣工验收。

建设单位在工程竣工验收合格之日起 15 日内未办理工程竣工验收备案的，备案机关责令限期改正，处 20 万元以上 50 万元以下罚款。

建设单位将备案机关决定重新组织竣工验收的工程，在重新组织竣工验收前，擅自使用的，备案机关责令停止使用，处工程合同价款 2% 以上 4% 以下罚款。建设单位采用虚假证明文件办理工程竣工验收备案的，工程竣工验收无效，备案机关责令停止使用，重新组织竣工验收，处 20 万元以上 50 万元以下罚款；构成犯罪的，依法追究刑事责任。

### 5.7.3 建设工程保修制度

根据《建设工程质量管理条例》规定，建设工程实行质量保修制度。

建设工程承包单位在向建设单位提交工程竣工验收报告时，应当向建设单位出具质量保修书。质量保修书中应当明确建设工程的保修范围、保修期限和保修责任等。

在正常使用条件下，建设工程的最低保修期限为：

1）基础设施工程、房屋建筑的地基基础工程和主体结构工程，为设计文件规定的该工程的合理使用年限。

2）屋面防水工程、有防水要求的卫生间、房间和外墙面的防渗漏，为 5 年。

3）供热与供冷系统，为 2 个采暖期、供冷期。

4）电气管线、给排水管道、设备安装和装修工程，为 2 年。

其他项目的保修期限由发包方与承包方约定。建设工程的保修期，自竣工验收合格之日起计算。

建设工程在保修范围和保修期限内发生质量问题的，施工单位应当履行保修义务，并对造成的损失承担赔偿责任。

建设工程在超过合理使用年限后需要继续使用的，产权所有人应当委托具有相应资质等级的勘察、设计单位鉴定，并根据鉴定结果采取加固、维修等措施，重新界定使用期。

## 5.7.4 建设工程质量政府监督制度

《建设工程质量管理条例》规定，县级以上人民政府建设行政主管部门和其他有关部门应当加强对建设工程质量的监督管理。住房和城乡建设部颁布了《房屋建筑和市政基础设施工程质量监督管理规定》，自2010年9月1日起施行。

**1. 概念**

工程质量监督管理，是指主管部门依据有关法律法规和工程建设强制性标准，对工程实体质量和工程建设、勘察、设计、施工、监理单位（简称工程质量责任主体）和质量检测等单位的工程质量行为实施监督。

工程实体质量监督，是指主管部门对涉及工程主体结构安全、主要使用功能的工程实体质量情况实施监督。

工程质量行为监督，是指主管部门对工程质量责任主体和质量检测等单位履行法定质量责任和义务的情况实施监督。

**2. 主管部门**

国务院住房和城乡建设主管部门负责全国房屋建筑和市政基础设施工程（简称工程）质量监督管理工作。

县级以上地方人民政府建设主管部门负责本行政区域内工程质量监督管理工作。

工程质量监督管理的具体工作可以由县级以上地方人民政府建设主管部门委托所属的工程质量监督机构（简称监督机构）实施。

**3. 工程质量监督管理内容**

1）执行法律法规和工程建设强制性标准的情况。
2）抽查涉及工程主体结构安全和主要使用功能的工程实体质量。
3）抽查工程质量责任主体和质量检测等单位的工程质量行为。
4）抽查主要建筑材料、建筑构配件的质量。
5）对工程竣工验收进行监督。
6）组织或者参与工程质量事故的调查处理。
7）定期对本地区工程质量状况进行统计分析。
8）依法对违法违规行为实施处罚。

**4. 工程项目质量监督程序**

1）受理建设单位办理质量监督手续。
2）制订工作计划并组织实施。

3) 对工程实体质量、工程质量责任主体和质量检测等单位的工程质量行为进行抽查、抽测。

4) 监督工程竣工验收,重点对验收的组织形式、程序等是否符合有关规定进行监督。

5) 形成工程质量监督报告。

6) 建立工程质量监督档案。

## 5.8 工程建设法律实务专题 5——建筑法律实务

### 5.8.1 建筑业企业内部承包

内部承包是目前建筑业盛行的一种企业内部经营模式。但由于现行的法律并没有对建筑业企业内部承包做出明确规定,很多企业对内部承包理解有误,往往使其转变成非法挂靠和转包工程,给企业自身带来了极大的法律风险;同时,关于建筑业企业内部承包的纠纷也越来越多,人民法院在审理这类案件中的认识也不统一。因此,十分有必要对这一经营方式从法律的角度进行深入研究,以保证内部承包在合法的轨道上正常运行,平等地维护各方的合法权益,促进建筑业的健康、有序发展。

**1. 内部承包的概念**

企业内部承包并不是一个标准的法律术语,在我国现行法律法规中,对企业内部承包问题一直没有系统性的专门规定,内部承包的经营模式并不为我国法律法规所禁止,因此内部承包模式表现出了很强大的生命力。具体来说,内部承包合同,是指在施工企业内部,与企业内部职工之间签订协议,许可内部职工完成一定的工程项目施工,实行独立核算,自负盈亏,向企业缴纳管理费等方面进行约定的合同。

(1) 产生

20 世纪 80 年代初,受农村家庭联产承包责任制的启发,企业承包责任制在国有企业中开始兴起并发展。1987 年,国家计划委员会、财政部、中国人民建设银行发布《关于改革国营施工企业经营机制的若干规定》,其中第二条规定,施工企业内部可以根据承包工程的不同情况,按照所有权与经营权适当分离的原则,实行多层次、多形式的内部承包经营责任制,以调动基层施工单位的积极性。不论采取哪种承包方式,都必须签订承包合同,明确规定双方的责权利关系。

1988 年,国务院颁布了《全民所有制工业企业承包经营责任制暂行条例》,其中第四十一条也明确要求:"承包经营企业应当按责权利相结合的原则,建立和健全企业内部经济责任制,搞好企业内部承包。"企业内部承包,以完善企业承包经营制为前提,把竞争机制引进企业内部,以合同形式明确企业与承包者的责、权、利关系,从而达到深化企业改革、增强企业活力、提高企业经济效益的目的。

从企业内部承包合同所反映出的经济关系来看,企业作为发包方与其内部的生产职能部门、分支机构、职工,为实现一定的经济目的,而就特定的生产资料及相关的经营管理权达成明确的权利义务的协议,内容具有对价性,主体地位平等、相互自愿并协商一致,合同双方表现出的是平等主体之间的横向关系(合同关系)。但从企业内部行政管理的角度而言,承包方是发包方的成员,要接受发包方的行政管理,遵守其规章制度,比如必须接受发包方关于工程质量、安全生产、劳动保险等方面的监督管理，双方是行政隶属的纵向关系（行政管理关系）。企业内部承包合同反映的是一种利益关系、管理关系，在本质上更是一种法律关系。合同当事人之间这种双重法律关系决定了企业内部承包合同与企业内部岗位责任制、一般经济合同有着不同的法律性质和特点。

（2）特点

1）内部承包合同主体上承包方必须是内部人员，即施工企业内部职工。

2）内部承包合同约定的权利义务关系上是承包人需要向施工企业缴纳管理费。缴纳的管理费与承包事项相对应，所谓承包事项，即承包的内容不是劳动权利义务关系所指向的劳动权利事项。笔者认为，这一点成为区别劳动合同的一个重要特征。

3）内部承包合同的承包人在经济上可能独立核算，自负盈亏。

另一说法，内部承包的一般特征包括如下四点：

1）从主体上看，内部承包的一方为建筑企业（简称单位），另一方为该企业内部的个人（或数人），且承包方的负责人一般会被任命为项目经理。

2）承包方要按工程标的金额的一定比例向单位缴纳管理费（承包费），此费用为固定的收取，无论项目盈亏。

3）工程由承包方组织施工，单位各职能部门参与项目的管理，包括工程项目质量、工期及成本控制等，同时协助项目部办理与业主的结算。

4）项目最终结算后的盈亏风险由承包人全部承担或由双方分担。

（3）有关企业内部承包的法律依据与司法实践

1987年11月12日，最高人民法院研究室关于人民法院可否受理企业内部承包合同纠纷案件问题电话答复新疆高级人民法院：企业内部因承包合同所产生的纠纷人民法院是否受理问题，尚无明确的法律依据。大部分应由企业或上级主管机关调处，极少数违反法律，必须由人民法院受理的，人民法院应予受理。在受理此类案件时，应严格审查、从严掌握，而不宜铺得过宽。

劳动部办公厅曾于1993年12月27日发布《关于履行企业内部承包责任合同的争议是否受理的复函》。函复阐明：企业实行内部责任制后与职工签订的承包合同与劳动合同有很大差别，一般不属于劳动合同。但是，如果承包合同中包含有工资福利等应在劳动合同中规定的劳动权利义务方面的内容，则该合同带有劳动合同的某些属性。职工与企业因执行承包合同中有关劳动权利义务方面的规定发生的争议，属于劳动争议。

企业内部承包并不是一个标准的法律术语，在我国现行法律法规中，对企业内部承包问题一直没有系统性的专门规定。企业内部承包合同的合法与有效性在实践中如何判断，由于企业组织形式不一、合同主体特殊、合同内容复杂，且无明确法律依据，因此难以简单下结论，只能根据个案、根据具体的事实和法律关系来研究确定。

在建筑行业，建筑企业的内部承包者作为建筑企业的职工，在企业的有效监督、管理下，组织管理建设工程的人、财、物，建造符合法律规定和委托方要求的建筑工程，自负盈亏，以获得相应的收益；而建筑企业通过有效的管理内部承包者，确保建设工程施工合同的有效履行和建设工程的质量，并获得相应的管理费，以进一步改善建筑企业的各类条件，更好地实现企业的扩大和资质等级的提升。这就是通过企业内部承包合同而确立的建筑企业内部承包模式。这种生产经营模式如今已经成为苏浙两个建筑强省的建筑企业的最主要经营模式。承包合同成为明确企业与职工权利义务关系而进行分工的依据，而这种分工直至目前也仍未被现行法律和行政法规所禁止，合同成立并生效。在司法实践中也不乏这方面的判例。

1995 年出现了"徐州事件"：江苏徐州某煤炭建筑安装工程公司，承接下一项工程，委派祝某任项目经理。后来，公司经理仅凭与祝某在企业中的上下级关系，置双方当初所签订的责任状和内部承包合同于不顾，行使企业行政权力，对项目经理随意撤换。祝某不服，将公司经理告到法院。省法院受理后，根据双方合同和有关材料判决祝某胜诉。这是我国首例较大的项目经理申诉企业法人非法终止合同的案件。

1997 年 7 月 20 日，山东胜利装饰有限公司与其职工王某签订一份装饰工程内部专业承包合同，公司将自己承揽的某办公楼装饰工程发包给王某施工。合同主要约定：上缴管理费基数包干；营业税、劳保基金由公司代扣代缴；公司先行扣除项目风险金、工程保修款，剩余利润全部留给王某作为工程综合费用和参与人员的工资、福利费；工程款专款专用，优先向王某提供公司设备工具，维修费由王某处理。后在双方结算时，因管理费问题诉至法院。经审理，区、市两级法院均认为，王某与公司之间是一种内部承包关系，承包合同系双方当事人的真实意思表示，不违反法律规定，合法有效，双方均应严格履行。东营市中级人民法院于 2001 年 8 月 6 日下达了（2001）东中经终字第 56 号终审民事判决书。

2006 年 2 月 10 日《中国建设报》报道了一起北京市延庆法院审理的内部承包合同纠纷案件。2002 年 7 月，某建筑公司与孟某签订了《工程施工内部承包协议》，约定建筑公司将承包的部分楼房建筑工程分包给孟某施工。后孟某与王某也订立了工程协议书将部分工程转包给王某。工程完工后，孟某未依约向王某偿付人工费。法院经审理认定孟某系职务行为，判决该建筑公司偿还王某人工费 13 万余元。建筑公司与孟某签订的内部承包协议，虽不能对抗第三人，但对协议双方具有法律约束力。建筑公司有权依据内部承包协议向孟某行使追偿权。

**2. 内部承包与挂靠、转包的区别**

（1）内部承包与挂靠的区别

所谓挂靠承包，是指单位或个人以赢利为目的，以某一工程企业名义承包工程的行为。挂靠承包的表现形式之一是企业内部承包。认定挂靠施工，首先要了解什么是挂靠施工。挂靠施工就是指没有资质的实际施工人或资质低的实际施工人（挂靠人）借用有资质或资质高的施工企业（被挂靠人）的名义承揽工程并向其交纳管理费的行为，即指最高人民法院关于《审理建设工程施工合同纠纷案件适用法律问题的解释》第一条第二款规定，没有资质的实际施工人借用有资质的建筑施工企业名义承揽工程施工。

挂靠施工的一个重要特征是挂靠人自负盈亏，挂靠一般具有如下特点：①挂靠人没有从事建筑活动的主体资格，或者虽有从事建筑活动的资格，但没有具备与建设项目的要求相适应的资质等级；②被挂靠的施工企业具有与建设项目的要求相适应的资质等级证书，但缺乏承揽该工程项目的手段和能力；③挂靠人向被挂靠的施工企业缴纳一定数额的"管理费"，而该被挂靠的施工企业也只是以企业的名义代为签订合同及办理各项手续，收取"管理费"而不实施管理，或者所谓"管理"仅仅停留在形式上，不承担技术、质量、经济责任。

通常认为，挂靠承包违反《建筑法》第二十六条、《最高法院施工合同司法解释》第四条，应认定挂靠承包施工合同无效。

但实践中挂靠施工情形复杂多样，不能一概认定挂靠承包施工合同无效。因为，有的被挂靠企业对挂靠人的工程施工确实提供了一定的人员、设备、管理和技术支持，工程施工质量并未存在问题，在此情况下认定无效不符合法律规定的价值取向。如最高人民法院认为舒某等人经贵溪市第三建筑工程公司聘任并签订内部承包合同后对外承揽工程签订的建筑工程承包合同有效。还有，对于"无资质的施工人挂靠具有资质的施工企业，无资质的施工人变相作为具有资质施工企业的内部承包单位，无资质施工人与具有资质施工企业的名义上的联营"等形式，最高法院施工合同司法解释并未将其概括为"借用具有资质施工的企业名义对外承揽工程"的形式，而是将其认定与否交给法官。

认定挂靠承包施工合同效力，关键是被挂靠企业在工程施工中是否提供了人员、管理、技术等方面的支持，是否对施工质量进行监督。如是，合同有效；反之，无效。

应当注意，就两种合同来看，挂靠施工合同与内部承包经营合同有很大的相似性但也有所区别：

1）从主体上看，挂靠施工中挂靠人一般不是企业职工，与施工企业没有行政上的隶属关系，不享受企业有关劳动保险待遇和工资待遇，而内部承包的承包人一定是公司的职工，承包人与施工企业具有隶属关系。

2）从时间上看，内部承包合同在时间上承包人先是企业职工后是签订承包协议，而挂靠施工的挂靠人没有隶属关系，一般与被挂靠企业是平等主体，不会在企业人员上反映出来，往往具有临时性的特征。

3）从内容上看，合同约定的施工单位与现场挂靠方之间有无产权关系；合同约定的施工单位与现场挂靠方之间有无统一的财务管理；合同约定的施工单位与施工现场的项目经理及主要工程管理人员之间有无合法的人事调动、任免、聘用以及社会保险关系；合同约定的施工单位与施工现场的工人之间有无合法的建筑劳动用工和社会保险关系。若有，则不是挂靠施工关系；若无，则是挂靠施工关系。

挂靠施工行为本身是违法的，有挂靠也是经过了被挂靠企业的"同意或者授权"，与被挂靠企业签订的分包合同同样无效。其本质上看，因挂靠对外签订的分包合同既不是合同法上的无权代理也不是表见代理，无权代理合同是本身是效力待定的合同，表见代理合同是有效合同，无权代理和表见代理是两者本身没有代理权，而挂靠施工签订分包合同是在已经有被挂靠企业的"授权"下订立的合同，挂靠订立分包合同无效的原因是违反了《建筑法》的强制性规定，因而无效。

（2）内部承包与转包的区别

《建设工程质量管理条例》规定，转包是指承包单位承包建设工程后，不履行合同约定的责任和义务，将其承包的全部建设工程转给他人或者将其承包的全部建设工程肢解以后以分包的名义分别转给其他单位承包的行为。《房屋建筑和市政基础设施工程施工分包管理办法》也规定不履行合同约定，将其承包的全部工程发包给他人，或者将其承包的全部工程肢解后以分包的名义分别发包给他人的，属于转包行为。

内部承包与转包的区别在于企业是否实质性地参与项目的管理，这是区分两者的关键所在。

对比转包与内部承包的特征，不难发现它们之间存在以下差别：

1) 承包人的身份不同。转包承包人不是单位的员工，与单位之间没有劳动合同关系，而内部承包人必须是单位内部员工。

2) 最为关键的，就是看项目的运作资金由谁出。一个工程项目的运作，无论发包方预付款的多少，作为承包方肯定需要相应的项目运作资金。在内部承包下，承包人作为职工的身份，只提供管理劳动，不需要为工程项目垫资。而转包的情形下，项目运作资金全部由承包人负责。

3) 单位是否实质性地参与工程的管理，并拥有对项目的最终控制权。如果回答是肯定的，那就是内部承包；如果回答是否定的，那就是转包。

4) 项目风险的承担。内部承包的承包人一般只承担部分或者全部项目的盈亏风险，对其他不可控的风险则由单位承担；而转包的项目风险责任全部由承包人承担，包括项目盈亏风险以及不可抗力、意外事件造成的项目运作风险。

**3. 内部承包法律风险及控制**

(1) 内部承包人身份确定

处理：在合同条款中明确内部承包人身份情况，并附身份证复印件。

(2) 内部承包人未解除其他劳动合同风险

处理：连带责任无法解除，只能在聘用协议中约定内部承包人在公司承担责任后，公司向其追偿。《劳动合同法》第九十一条规定，用人单位招用与其他用人单位尚未解除或者终止劳动合同的劳动者，给其他用人单位造成损失的，应当承担连带赔偿责任。

(3) 公司内部批准程序风险

处理：股东会、董事会做出决议。

(4) 公司对发包人承担施工合同违约责任风险

内部承包人如在施工中违反施工合同约定，如工期、质量等，该违约责任是由公司对发包人承担的。

处理：施工企业只能在承担责任后，再根据内部承包合同的约定追究内部承包人的责任。但因内部承包人一般为建筑企业的职工，其赔偿能力非常有限，即使施工企业根据内部承包合同起诉内部承包人且胜诉，其损失往往也很难挽回。因此，施工企业在签订内部承包合同前，应严格审查内部承包人的资信，全面了解内部承包人的从业经历、工作业绩、经营管理能力和承担风险实力。施工企业可以要求内部承包人提供一定的财产作为履行内部承包合同的担保（如交保证金）。这种担保承包，会增强内部承包人的风险意识和守法经营、安全生产、文明施工等方面的自觉性，从而有利于保证承包经营活动的效果。

(5) 劳动关系的风险

内部承包合同当中通常会约定由内部承包人自行招聘员工，安全事故责任由内部承包人承担。但江苏张家港市法院审理案件，确认企业内部承包人外聘的人员与发包企业存在劳动关系。因此，公司将面临劳动关系的风险，如工伤赔偿等。（《劳动合同法》第九十四条规定，个人承包经营违反本法规定招用劳动者，给劳动者造成损害的，发包的组织与个人承包经营者承担连带赔偿责任。)

处理：在《内部承包合同》中约定，由内部承包人承担责任，但个人偿付能力是个问题。

（6）付款风险

处理：设定合理的付款方式，既不至于让公司风险过大，也不至于让承包人丧失积极性。实践中不少公司与承包人约定公司收到工程款后在扣除管理费后将余款全额支付给承包人，在项目部未能将前期工程款专款专用的情形下，前述付款方式无疑会使公司面临的风险加大。

（7）内部承包人转包的风险

处理：鉴于承包人转包可能造成的风险，承包协议应约定承包人转包或未经公司同意即分包情形下应承担的违约责任以及公司对承包协议的单方解除权。

（8）管理风险

处理：对于公司拟对项目部采取的各项管理制度也应在承包协议中明确，以便后期管理有据。

**4. 内部承包纠纷的处理及法律后果**

（1）案件受理

多数人认为，内部承包合同发生纠纷一般受合同法的调整，但是涉及承包人与施工企业的属于劳动法调整的争议事项时，受劳动法的调整。

（2）法律后果分析

法律后果无外乎有两种可能：一是内部承包协议有效，二是内部承包协议无效。内部承包协议有效，双方都应按照合同履行，如违约，按照合同约定追究违约责任。但内部承包人的承担责任能力是个问题。内部承包协议无效，典型的情况是被认定转包，合同无效。但如双方不发生纠纷，未起诉到法院，法院是不会主动干涉的。一旦发生纠纷，公司面临的法律后果是：《合同法》第五十八条规定："合同无效或者被撤销后，因该合同取得的财产，应当予以返还；不能返还或者没有必要返还的，应当折价补偿。有过错的一方应当赔偿对方因此所受到的损失，双方都有过错的，应当各自承担相应的责任。"因此，对于已经完成的工程，采取折价补偿，内部承包人仍能取得工程价款。但如果有损失，按照过错责任赔偿，公司的过错更大一些。《施工合同司法解释（一）》第四条规定："承包人非法转包、违法分包建设工程或者没有资质的实际施工人借用有资质的建筑施工企业名义与他人签订建设工程施工合同的行为无效。人民法院可以根据民法通则第一百三十四条规定，收缴当事人已经取得的非法所得。"因此，公司还可能面临被法院收缴已经取得的非法所得。

《建筑法》第六十六条规定："建筑施工企业转让、出借资质证书或者以其他方式允许他人以本企业的名义承揽工程的，责令改正，没收违法所得，并处罚款，可以责令停业整顿，降低资质等级；情节严重的，吊销资质证书。对因该项承揽工程不符合规定的质量标准造成的损失，建筑施工企业与使用本企业名义的单位或者个人承担连带赔偿责任。"第六十七条规定："承包单位将承包的工程转包的，或者违反本法规定进行分包的，责令改正，没收违法所得，并处罚款，可以责令停业整顿，降低资质等级；情节严重的，吊销资质证书。承包单位有前款规定的违法行为的，对因转包工程或者违法分包的工程不符合规定的质量标准造成的损失，与接受转包或者分包的单位承担连带赔偿责任。"因此，公司可能面临没收违法所得，并处罚款，被责令停业整顿，降低资质等级；情节严重的，吊销资质证书等行政后果。

**5. 内部承包要点**

就内部承包的本质而言，是单位内部的一种经济责任制度，还是不能脱离劳动关系的范畴。本人认为，还是要在劳动关系的大背景下来规范这种经济管理模式，发挥其应有的生产力。

1）承包人身份确定。承包人必须限定在与单位有劳动关系的人员范围内，否则就是"外部承包"，而不是"内部承包"了。

2）项目部班子中必须有单位直接委派、管理的人员。这是单位监控项目部运作的组织基础，否则单位对项目很可能就失控了，因为单位很可能得不到项目运作真实的信息。

3）单位要实质性地参与项目管理。真正的内部承包下，单位只是将部分经营管理权让渡给承包人，以体现责权利相一致的原则。同时，基于对业主、对社会负责，单位要在承包协议中保留对项目的监督权，以及最终决定权。具体表现为对工、料、机采购的监督，以及施工组织的监督，如果发现承包人工作偏离管理目标的，单位有权纠正；严重偏离目标的，单位有权单方解除承包协议。

4）承包人经济责任要保底。承包人承担亏损责任的，单位要保证其最低工资收入。

综上所述，内部承包介于"非法转包"与"合法承包"之间，单位要采取此种经济管理模式时，要把握好以上要点，才能把内部承包做成一种合法的承包方式。否则，所谓的内部承包有可能回到转包的老路上，成为一种不受法律保护的关系。

## 5.8.2 挂靠的几个实务问题

建筑行业中，挂靠行为极为普遍，发生纠纷后，处理起来很是棘手。有几个实务问题值得研究：

**1. 合同效力**

在挂靠情形下，一般存在两个合同，一个是挂靠人与被挂靠人之间的挂靠协议，另一个是被挂靠人与发包人签订的施工合同。因违反《建筑法》的强制性规定，挂靠人与被挂靠人之间的挂靠协议无效；但施工合同是否当然无效，理论和实践中仍有争议。有观点认为应分两种情况：如果发包人知情，施工合同应按无效合同处理，实际施工人向发包人请求参照合同支付价款；发包人不知情，参照转包处理，实际施工人不能向直接向发包人主张工程款，向其合同相对人施工企业主张工程款，同时赋予发包人撤销合同的权利。"大庆建筑安装集团有限责任公司、大庆油田房地产开发有限责任公司建设工程施工合同纠纷一案"中，第二审黑龙江省高级法院认为，鉴于建安集团、创业公司均未举出油田开发公司同意或明知创业公司实际施工的证据，不应认定创业公司与建安集团形成挂靠关系，而应认定为转包，从而不影响油田公司与建安集团的施工合同效力。

**2. 挂靠人权利救济途径**

尽管挂靠行为是国家所禁止的，但是对于挂靠人的权益还是应当提供一定保护的。

有观点认为，根据《施工合同司法解释（一）》没有资质的实际施工人借用有资质的建筑施工企业名义的施工合同应认定为无效合同。施工合同无效，但建设工程经竣工验收合格，承包人请求参照合同约定支付工程价款的，应予支持。因此，在保证工程竣工验收合格的情况下，挂靠人可依据上述规定向发包人主张价款，但挂靠人和被挂靠人不能因此获利。

关于挂靠人能否依据《施工合同司法解释（一）》第二十六条以实际施工人身份起诉发包人，存在争议。最高法院之前的判决也有两种截然相反的观点。第二十六条规定："实际施工人以转包人、违法分包人为被告起诉的，人民法院应当依法受理。实际施工人以发包人为被告主张权利的，人民法院可以追加转包人或者违法分包人为本案当事人。发包人只在欠付工程价款范围内对实际施工人承担责任。"《施工合同司法解释（二）》第二十四条规定："实际施工人以发包人为被告主张权利的，人民法院应当追加转包人或者违法分包人为本案第三人，在查明发包人欠付转包人或者违法分包人建设工程价款的数额后，判决发包人在欠付建设工程价款范围内对实际施工人承担责任。"第二十五条规定："实际施工人根据合同法第七十三条规定，以转包人或者违法分包人怠于向发包人行使到期债权，对其造成损害为由，提起代位权诉讼的，人民法院应予支持。"因上述规定并未指明包括挂靠情形，于是产生争议。最高法院民一庭编著的《建设工程施工合同司法解释的理解与适用》认为，《施工合同司法解释（一）》第二十六条的实际施工人包括没有资质借用资质与他人签订施工合同的承包人。2019年2月，最高法院《西安安达房地产开发集团有限公司、沈良洪建设工程施工合同纠纷再审审查与审判监督民事裁定书》指出，安达公司主张上述法律条文中的实际施工人仅指非法转包及违法分包的施工人，不包括挂靠情形下的实际施工人，此种狭义理解不符合该条文意旨，本院不予支持。

**3. 挂靠人对外签订合同的处理**

实践中，挂靠人为完成施工，经常对外签订合同，如购销合同、租赁合同等。当挂靠人未按合同履行时，会与第三方发生纠纷，处理该类纠纷需要注意以下两个方面：

1）关于挂靠人对外签订合同效力，应从合同本身考虑，是否存在挂靠，对于合同效力不会产生影响。

2）关于对外责任，应分不同情形：①挂靠人以自己的名义对外签订合同时，则权利义务应当由其本人承受，不应当溯及基础的挂靠关系，合同相对方不得以设备、材料已用于工程建设为由而要求被挂靠方承担责任。但此时应根据《合同法》的规定，判断交易过程是否构成表见代理。如构成表见代理，被挂靠人承担合同责任，不构成表见代理，应由挂靠人承担合同责任。②挂靠人以被挂靠人名义对外签订合同，无论第三方是否明知挂靠人与被挂靠人之间存在挂靠关系，均应由挂靠人与被挂靠人对外承担连带责任。因被挂靠人对挂靠人仅仅是收取了一定比例的管理费，被挂靠人承担责任后有权向挂靠人再行追偿（见《最高人民法院建设工程施工合同司法解释（二）理解与适用》）。

**4. 挂靠情形下工程质量责任承担**

根据《施工合同司法解释（二）》第四条规定，缺乏资质的单位或者个人借用有资质的建筑施工企业名义签订建设工程施工合同，发包人请求出借方与借用方对建设工程质量不合格等因出借资质造成的损失承担连带赔偿责任的，人民法院应予支持。因此，对外来讲，挂靠人和被挂靠人对发包人因工程质量不合格等原因出借资质造成的损失承担连带赔偿责任。

赔偿后，在挂靠人和被挂靠人内部责任上，最高法院的意见是按份责任，可以考虑被挂靠人在收取管理费的范围内承担按份责任。如果发包人明知存在挂靠，应视为发包人参与到该违法行为中，存在过错，应当承担一定的过错责任（见《最高人民法院建设工程施工合同司法解释（二）理解与适用》）。

实务中，在处理挂靠纠纷时，应注意考查发包人是否明知挂靠。《施工合同司法解释（二）》第四条规定是建立在发包人对挂靠行为不知情的基础上。如果发包人明知挂靠人借用资质，应当具体分析：

第一种情形，发包人订立合同时即知道借用资质，有的还是故意参加的，因其追求或放任合同无效后果发生而具有过错，应对合同无效产生的损失承担相应责任。

第二种情形，发包人在订立合同后才知道挂靠，此时发包人应意识到挂靠行为的违法后果会导致合同无效。基于诚实信用原则，在明知后，发包人应采取措施避免无效合同造成的损失扩大：合同尚未履行或未履行完毕，一般应终止履行；合同已经履行的，应采取合理的清算措施。如果明知后未采取合理措施避免损失扩大，发包人应就扩大的损失承担相应责任。

### 5.8.3 违法发包、转包、违法分包及挂靠等违法行为查处

实践中，违法发包、转包、违法分包及挂靠等违法行为对建筑业的健康发展危害极大，应当加大查处力度。住房和城乡建设部发布的、2019年1月1日生效的《建筑工程施工发包与承包违法行为认定查处管理办法》（简称《办法》）做了比较全面的规定。

任何单位和个人发现违法发包、转包、违法分包及挂靠等违法行为的，均可向工程所在地县级以上人民政府住房和城乡建设主管部门进行举报。接到举报的住房和城乡建设主管部门应当依法受理、调查、认定和处理，除无法告知举报人的情况外，应当及时将查处结果告知举报人。

县级以上地方人民政府住房和城乡建设主管部门如接到人民法院、检察机关、仲裁机构、审计机关、纪检监察等部门转交或移送的涉及本行政区域内建筑工程发包与承包违法行为的建议或相关案件的线索或证据，应当依法受理、调查、认定和处理，并把处理结果及时反馈给转交或移送机构。

县级以上人民政府住房和城乡建设主管部门对本行政区域内发现的违法发包、转包、违法分包及挂靠等违法行为，应当依法进行调查，按照《办法》进行认定，并依法予以行政处罚。

1）对建设单位存在《办法》第五条规定的违法发包情形的处罚。

① 依据《办法》第六条第（一）、（二）项规定认定的，依据《建筑法》第六十五条、《建设工程质量管理条例》第五十四条规定进行处罚。

② 依据《办法》第六条第（三）项规定认定的，依据《招标投标法》第四十九条、《招标投标法实施条例》第六十四条规定进行处罚。

③ 依据《办法》第六条第（四）项规定认定的，依据《招标投标法》第五十一条、《招标投标法实施条例》第六十三条规定进行处罚。

④ 依据《办法》第六条第（五）项规定认定的，依据《建筑法》第六十五条、《建设工程质量管理条例》第五十五条规定进行处罚。

⑤ 建设单位违法发包，拒不整改或者整改后仍达不到要求的，视为没有依法确定施工企业，将其违法行为记入诚信档案，实行联合惩戒。对全部或部分使用国有资金的项目，同时将建设单位违法发包的行为告知其上级主管部门及纪检监察部门，并建议对建设单位直接负责的主管人员和其他直接责任人员给予相应的行政处罚。

2）对认定有转包、违法分包违法行为的施工单位，依据《建筑法》第六十七条、《建设工

程质量管理条例》第六十二条规定进行处罚。

3）对认定有挂靠行为的施工单位或个人，依据《招标投标法》第五十四条、《建筑法》第六十五条和《建设工程质量管理条例》第六十条规定进行处罚。

4）对认定有转让、出借资质证书或者以其他方式允许他人以本单位的名义承揽工程的施工单位，依据《建筑法》第六十六条、《建设工程质量管理条例》第六十一条规定进行处罚。

5）对建设单位、施工单位给予单位罚款处罚的，依据《建设工程质量管理条例》第七十三条、《招标投标法》第四十九条、《招标投标法实施条例》第六十四条规定，对单位直接负责的主管人员和其他直接责任人员进行处罚。

6）对认定有转包、违法分包、挂靠、转让出借资质证书或者以其他方式允许他人以本单位的名义承揽工程等违法行为的施工单位，可依法限制其参加工程投标活动、承揽新的工程项目，并对其企业资质是否满足资质标准条件进行核查，对达不到资质标准要求的限期整改，整改后仍达不到要求的，资质审批机关撤回其资质证书。

对 2 年内发生 2 次及以上转包、违法分包、挂靠、转让出借资质证书或者以其他方式允许他人以本单位的名义承揽工程的施工单位，应当依法按照情节严重情形给予处罚。

7）因违法发包、转包、违法分包、挂靠等违法行为导致发生质量安全事故的，应当依法按照情节严重情形给予处罚。

对于违法发包、转包、违法分包、挂靠等违法行为的行政处罚追溯期限，应当按照法工办发〔2017〕223 号文件的规定，从存在违法发包、转包、违法分包、挂靠的建筑工程竣工验收之日起计算；合同工程量未全部完成而解除或终止履行合同的，自合同解除或终止之日起计算。根据《行政处罚法》第二十九条规定，违法行为在 2 年内未被发现的，不再给予行政处罚。法律另有规定的除外。前款规定的期限，从违法行为发生之日起计算；违法行为有连续或者继续状态的，从行为终了之日起计算。

县级以上人民政府住房和城乡建设主管部门应将查处的违法发包、转包、违法分包、挂靠等违法行为和处罚结果记入相关单位或个人信用档案，同时向社会公示，并逐级上报至住房和城乡建设部，在全国建筑市场监管公共服务平台公示。

### 5.8.4 农民工特殊保护

建筑行业吸纳了大量农民工，因此保护农民工合法权益的问题就显得十分重要。2019 年 12 月 30 日，国务院颁发了《保障农民工工资支付条例》，自 2020 年 5 月 1 日起实施。

**1. 概念**

农民工，是指为用人单位提供劳动的农村居民。工资，是指农民工为用人单位提供劳动后应当获得的劳动报酬。

用人单位实行农民工劳动用工实名制管理，与招用的农民工书面约定或者通过依法制定的规章制度规定工资支付标准、支付时间、支付方式等内容。

**2. 政府主管部门的职责**

1）人力资源社会保障行政部门负责保障农民工工资支付工作的组织协调、管理指导和农民工工资支付情况的监督检查，查处有关拖欠农民工工资案件。

2）住房和城乡建设、交通运输、水利等相关行业工程建设主管部门按照职责履行行业监管责任，督办因违法发包、转包、违法分包、挂靠、拖欠工程款等导致的拖欠农民工工资案件。

3）发展改革等部门按照职责负责政府投资项目的审批管理，依法审查政府投资项目的资金来源和筹措方式，按规定及时安排政府投资，加强社会信用体系建设，组织对拖欠农民工工资失信联合惩戒对象依法依规予以限制和惩戒。

4）财政部门负责政府投资资金的预算管理，根据经批准的预算按规定及时足额拨付政府投资资金。

5）公安机关负责及时受理、侦办涉嫌拒不支付劳动报酬刑事案件，依法处置因农民工工资拖欠引发的社会治安案件。

6）司法行政、自然资源、人民银行、审计、国有资产管理、税务、市场监管、金融监管等部门，按照职责做好与保障农民工工资支付相关的工作。

**3. 工资清偿的一般规定**

1）用人单位拖欠农民工工资的，应当依法予以清偿。

2）不具备合法经营资格的单位招用农民工，农民工已经付出劳动而未获得工资的，依照有关法律规定执行。

3）用工单位使用个人、不具备合法经营资格的单位或者未依法取得劳务派遣许可证的单位派遣的农民工，拖欠农民工工资的，由用工单位清偿，并可以依法进行追偿。

4）用人单位将工作任务发包给个人或者不具备合法经营资格的单位，导致拖欠所招用农民工工资的，依照有关法律规定执行。用人单位允许个人、不具备合法经营资格或者未取得相应资质的单位以用人单位的名义对外经营，导致拖欠所招用农民工工资的，由用人单位清偿，并可以依法进行追偿。

5）合伙企业、个人独资企业、个体经济组织等用人单位拖欠农民工工资的，应当依法予以清偿；不清偿的，由出资人依法清偿。

6）用人单位合并或者分立时，应当在实施合并或者分立前依法清偿拖欠的农民工工资；经与农民工书面协商一致的，可以由合并或者分立后承继其权利和义务的用人单位清偿。

7）用人单位被依法吊销营业执照或者登记证书、被责令关闭、被撤销或依法解散的，应当在申请注销登记前依法清偿拖欠的农民工工资。未依据前款规定清偿农民工工资的用人单位主要出资人，应当在注册新用人单位前清偿拖欠的农民工工资。

**4. 工程建设领域特别规定**

1）建设单位应当有满足施工所需要的资金安排。没有满足施工所需要的资金安排的，工程建设项目不得开工建设；依法需要办理施工许可证的，相关行业工程建设主管部门不予颁发施工许可证。政府投资项目所需资金，应当按照国家有关规定落实到位，不得由施工单位垫资建设。

2）建设单位应当向施工单位提供工程款支付担保。建设单位与施工总承包单位依法订立书面工程施工合同，应当约定工程款计量周期、工程款进度结算办法以及人工费用拨付周期，并按照保障农民工工资按时足额支付的要求约定人工费用。人工费用拨付周期不得超过1个月。建设单位与施工总承包单位应当将工程施工合同保存备查。

3）施工总承包单位与分包单位依法订立书面分包合同，应当约定工程款计量周期、工程款进度结算办法。

施工总承包单位应当按照有关规定开设农民工工资专用账户，专项用于支付该工程建设项目农民工工资。开设、使用农民工工资专用账户有关资料应当由施工总承包单位妥善保存备查。

4）金融机构应当优化农民工工资专用账户开设服务流程，做好农民工工资专用账户的日常管理工作；发现资金未按约定拨付等情况的，及时通知施工总承包单位，由施工总承包单位报告人力资源社会保障行政部门和相关行业工程建设主管部门，并纳入欠薪预警系统。

工程完工且未拖欠农民工工资的，施工总承包单位公示30日后，可以申请注销农民工工资专用账户，账户内余额归施工总承包单位所有。

5）施工总承包单位或者分包单位应当依法与所招用的农民工订立劳动合同并进行用工实名登记，具备条件的行业应当通过相应的管理服务信息平台进行用工实名登记、管理。未与施工总承包单位或者分包单位订立劳动合同并进行用工实名登记的人员，不得进入项目现场施工。施工总承包单位应当在工程项目部配备劳资专管员，对分包单位劳动用工实施监督管理，掌握施工现场用工、考勤、工资支付等情况，审核分包单位编制的农民工工资支付表，分包单位应当予以配合。施工总承包单位、分包单位应当建立用工管理台账，并保存至工程完工且工资全部结清后至少3年。

6）建设单位应当按照合同约定及时拨付工程款，并将人工费用及时足额拨付至农民工工资专用账户，加强对施工总承包单位按时足额支付农民工工资的监督。因建设单位未按照合同约定及时拨付工程款导致农民工工资拖欠的，建设单位应当以未结清的工程款为限先行垫付被拖欠的农民工工资。

建设单位应当以项目为单位建立保障农民工工资支付协调机制和工资拖欠预防机制，督促施工总承包单位加强劳动用工管理，妥善处理与农民工工资支付相关的矛盾纠纷。发生农民工集体讨薪事件的，建设单位应当会同施工总承包单位及时处理，并向项目所在地人力资源社会保障行政部门和相关行业工程建设主管部门报告有关情况。

7）分包单位对所招用农民工的实名制管理和工资支付负直接责任。施工总承包单位对分包单位劳动用工和工资发放等情况进行监督。分包单位拖欠农民工工资的，由施工总承包单位先行清偿，再依法进行追偿。工程建设项目转包，拖欠农民工工资的，由施工总承包单位先行清偿，再依法进行追偿。

8）工程建设领域推行分包单位农民工工资委托施工总承包单位代发制度。

分包单位应当按月考核农民工工作量并编制工资支付表，经农民工本人签字确认后，与当月工程进度等情况一并交施工总承包单位。施工总承包单位根据分包单位编制的工资支付表，通过农民工工资专用账户直接将工资支付到农民工本人的银行账户，并向分包单位提供代发工资凭证。

用于支付农民工工资的银行账户所绑定的农民工本人社会保障卡或者银行卡，用人单位或者其他人员不得以任何理由扣押或者变相扣押。

9）施工总承包单位应当按照有关规定存储工资保证金，专项用于支付为所承包工程提供劳动的农民工被拖欠的工资。工资保证金实行差异化存储办法，对一定时期内未发生工资拖欠的单位实行减免措施,对发生工资拖欠的单位适当提高存储比例。工资保证金可以用金融机构保函替代。工资保证金的存储比例、存储形式、减免措施等具体办法,由国务院人力资源和社会保障行政部门会同有关部门制定。

10)除法律另有规定外,农民工工资专用账户资金和工资保证金不得因支付为本项目提供劳动的农民工工资之外的原因被查封、冻结或者划拨。

11)施工总承包单位应当在施工现场醒目位置设立维权信息告示牌,明示下列事项:建设单位、施工总承包单位及所在项目部、分包单位、相关行业工程建设主管部门、劳资专管员等基本信息;当地最低工资标准、工资支付日期等基本信息;相关行业工程建设主管部门和劳动保障监察投诉举报电话、劳动争议调解仲裁申请渠道、法律援助申请渠道、公共法律服务热线等信息。

12)建设单位与施工总承包单位或者承包单位与分包单位因工程数量、质量、造价等产生争议的,建设单位不得因争议不按照保障农民工工资支付条例第二十四条的规定拨付工程款中的人工费用,施工总承包单位也不得因争议不按照规定代发工资。

13)建设单位或者施工总承包单位将建设工程发包或者分包给个人或者不具备合法经营资格的单位,导致拖欠农民工工资的,由建设单位或者施工总承包单位清偿。施工单位允许其他单位和个人以施工单位的名义对外承揽建设工程,导致拖欠农民工工资的,由施工单位清偿。

14)工程建设项目违反国土空间规划、工程建设等法律法规,导致拖欠农民工工资的,由建设单位清偿。

## 5.8.5 工程总承包若干法律实务问题

**1. 对工程总承包概念的理解**

2020年3月1日起实施的《房屋建筑和市政基础设施项目工程总承包管理办法》规定,工程总承包是指承包单位按照与建设单位签订的合同,对工程设计、采购、施工或者设计、施工等阶段实行总承包,并对工程的质量、安全、工期和造价等全面负责的工程建设组织实施方式。这一定义与2019年5月该办法(征求意见稿)的规定是一致的。理解这一概念包括以下四个要点:

1)承包内容上至少包含设计与施工两个阶段,还可以包括采购、试运行,但不包括勘察。只有完成相应阶段的勘察工作才能计算较为合理的固定总价,进而明确采用工程总承包的模式。如果直接将勘察阶段纳入工程总承包的范围,在对项目地质、地理、水文条件完全"两眼一抹黑"的情况下,工程总价如何计算?总价计算都没有确凿的依据,后续自然埋下了纠纷争议的隐患。

举一案例说明:京津高速公路(北京段S15、天津段S30)发生重大设计变更、造成工程价款大幅增加的典型案例表明勘察阶段对于工程总价影响较大,不宜纳入工程总承包范围。

京津高速公路,是直通北京和天津的第二条高速公路,采取BOT方式建设的京津高速公路,2008年北京奥运会的重点工程,全线于2008年7月16日开通。合同计价采取固定总价方式。施工单位按原设计要求,该高速公路的路基须挖深1m,在硬土上开始做路基。但在实际施工过程中,竟遇有5.4km长度的路基,挖至深1m时地下仍是泥。

施工单位无法按原设计要求继续施工,设计单位指示继续挖至硬土层,结果挖深至5m才挖到了硬土，如是，施工过程中的土方量大大超出原设计土方量。并且，设计单位针对事先并不了解的地质情况，继续要求施工单位购买符合要求的新土，按设计要求的比例与干石灰现场搅拌后分层填入到设计要求的标高。设计单位为确保工程质量的变更要求本身当然是正确的，但设计单位的设计发生如此重大变更，其原因是发包人未切实完成前期工程勘察，勘察文件未显示本路段地下有古河道。

由于工程发生重大设计变更，施工单位在继续施工的同时提出高达5000多万元变更增加的工程价款。由于合同并未对发生如此重大设计变更时如何计价进行规定，双方遂引发重大争议。

由于工程总承包模式常应用于公路、港口、电站、交通枢纽等大型基础设施项目，此类项目或占地面积巨大，或为线性工程，地质、地理、水文情况变化较多，存在地质灾害隐患的情况也较一般的工业和民用建筑大大增加，勘察阶段工作更显重要，稍有不慎则可能突破固定总价。

2）承包单位的责任是对工程的质量、安全、工期和造价等全面负责。

3）从"按图施工"到"按约施工"的理念转变。

举一案例说明：英国最高法院判例MTH公司于2006年5月中标了E.ON集团的海上风力发电厂的设计、制造、安装工程总承包项目。合同目的约定：基础结构的设计应当在各方面保证20年的寿命而无须计划更换。在招标文件中，有业主方的相关技术要求，其中针对基础部分，要求符合由一家国际等级与证明机构专为海上风力涡轮装置制定的设计标准，即所谓的J101，但是此后发现该所谓的J101标准内有一项错误，并将导致基础结构存在瑕疵。MTH公司被选为承包商后，并严格遵照E.ON集团的招标文件以及其中所包括的设计MT Højgaard A/S标准和所谓的J101进行施工，但是，因为前述的瑕疵问题，最终导致基础结构倒塌并产生维修费用高达2625万欧元。此后，为了该笔巨额维修费用应当有哪一方予以承担，双方开始了长达数年的诉讼。

最终经最高院判决确定，应当由承包方承担全部的责任。英国最高法院的判决理由在于：该合同中有约定须确保该建筑物使用20年以上。法庭认为，工程总承包项目模式下，即便业主方指定或批准了某一设计，但是最终的建筑产品仍应当符合既定的合同根本目的。一般来讲，如果承包方同意按照某一设计施工，而该设计又无法满足其已经承诺的合同根本目的实现的话，承包方应当承担相应的责任。

4）现阶段的工程总承包，一般指"设计-采购-施工"（EPC）、"设计-施工"（D-B）两个模式。还可以采用设计-采购总承包（E-P）和采购-施工总承包（P-C）等方式。设计采购施工（EPC）/交钥匙工程总承包，即工程总承包企业依据合同约定，承担设计、采购、施工和试运行工作，并对承包工程的质量、安全、费用和进度等全面负责。设计-施工总承包（D-B），即工程总承包企业依据合同约定，承担工程项目的设计和施工，并对承包工程的质量、安全、费用、进度、职业健康和环境保护等全面负责。

**2. 工程总承包项目发包阶段和条件**

《住房和城乡建设部关于进一步推进工程总承包发展的若干意见》规定，建设单位可以根据项目特点，在可行性研究、方案设计或者初步设计完成后，按照确定的建设规模、建设标准、投资限额、工程质量和进度要求等进行工程总承包项目发包。2017年12月26日，住房和城乡建设部《房屋建筑和市政基础设施项目工程总承包管理办法》（征求意见稿）第八条：（发包阶段和条件）规定，建设单位应当在发包前做好工程项目前期工作，自行或者委托设计咨询单位对工程项目建设方案深入研究，在可行性研究、方案设计或者初步设计完成后，在项目范围、建设规模、建设标准、功能需求、投资限额、工程质量和进度要求确定后，进行工程总承包项目发包。

2019年5月10日，住房和城乡建设部、国家发改委发布了《房屋建筑和市政基础设施项目工程总承包管理办法（征求意见稿）》，第七条规定，（发包阶段和条件）建设范围、建设规模、建设标准、功能要求等前期条件明确的项目，适宜采用工程总承包方式。建设单位应当在发包前完成项目审批、核准或备案程序。企业投资项目应当在核准或备案后，进行工程总承包项目发包。政府投资项目原则上应当在初步设计审批完成后进行工程总承包项目发包；按照国家有关规定简化报批文件和审批程序的政府投资项目，应当在完成投资决策审批后进行工程总承包项目发包。

《房屋建筑和市政基础设施项目工程总承包管理办法》第七条规定，建设单位应当在发包前完成项目审批、核准或者备案程序。采用工程总承包方式的企业投资项目，应当在核准或者备案后进行工程总承包项目发包。采用工程总承包方式的政府投资项目，原则上应当在初步设计审批完成后进行工程总承包项目发包；其中，按照国家有关规定简化报批文件和审批程序的政府投资项目，应当在完成相应的投资决策审批后进行工程总承包项目发包。第九条规定，建设单位应当根据招标项目的特点和需要编制工程总承包项目招标文件，主要包括以下内容：①投标人须知；②评标办法和标准；③拟签订合同的主要条款；④发包人要求，列明项目的目标、范围、设计和其他技术标准，包括对项目的内容、范围、规模、标准、功能、质量、安全、节约能源、生态环境保护、工期、验收等的明确要求；⑤建设单位提供的资料和条件，包括发包前完成的水文地质、工程地质、地形等勘察资料，以及可行性研究报告、方案设计文件或者初步设计文件等；⑥投标文件格式；⑦要求投标人提交的其他材料。

从这些文件可以明确工程总承包项目的发包应满足两个条件：

1）项目必须前期条件明确——项目的目标、范围、设计和其他技术标准，包括对项目的内容、范围、规模、标准、功能、质量、安全、节约能源、生态环境保护、工期、验收等的明确要求。

2）项目至少应该完成可行性研究、方案设计或者初步设计完成后才可进行工程总承包的发包工作。

《施工合同司法解释（二）》第二条规定，当事人以发包人未取得建设工程规划许可证等规划审批手续为由，请求确认建设工程施工合同无效的，人民法院应予支持，但发包人在起诉前取得建设工程规划许可证等规划审批手续的除外。发包人能够办理审批手续而未办理，并以未办理审批手续为由请求确认建设工程施工合同无效的，人民法院不予支持。很显然，工程总承包合同不应适用该规定。

**3. 工程总承包风险分配**

《上海市工程总承包试点项目管理办法》第二十条规定，建设单位和工程总承包企业应当在招标文件以及工程总承包合同中约定总承包风险的合理分担。建设单位承担的风险包括：①建设单位提出的工期或建设标准调整、设计变更、主要工艺标准或者工程规模的调整；②因国家政策、法律法规变化引起的工程费变化；③主要工程材料价格和招标时基价相比，波动幅度超过总承包合同约定幅度的部分;④难以预见的地质自然灾害、不可预知的地下溶洞、采空区或障碍物、有毒气体等重大地质变化,其损失与处置费由建设单位承担;因总承包单位施工组织、措施不当等造成的上述问题,其损失和处置费由工程总承包企业承担;⑤其他不可抗力所造成的工程费的增加。

除上述建设单位承担的风险外,其他风险可以在工程总承包合同中约定由工程总承包企业承担。

《湖南省房屋建筑和市政基础设施工程总承包招标投标活动管理暂行规定》第十一条规定,招标文件合同条款应当按照权利义务对等的原则,约定招标人和承包人双方承担的风险以及风险费用的计算方法。招标人承担的风险至少包括:①招标人提供的文件,包括环境保护、气象水文、地质条件,初步设计、方案设计等前期工作的相关文件不准确、不及时,造成费用增加和工期延误的风险;②在经批复的初步设计或方案设计之外,提出增加建设内容;在初步设计或方案设计之内提出调整或改变工程功能,以及提高建设标准等要求,造成设备材料和人工费用增加的风险;③招标人提出的工期调整要求,或其前期工作进度而影响的工程实施进度的风险;④主要设备、材料市场价格波动超过合同约定幅度的风险。承包人承担的风险至少包括:①未充分理解招标文件要求而产生的人员、设备、费用和工期变化的风险;②未充分认识和理解通过查勘现场及周边环境(除招标人提供文件和资料之外)取得的可能对项目实施产生不利影响或作用的风险;③投标文件的遗漏和错误,以及含混不清等,引起的成本及工期增加的风险。

根据《房屋建筑和市政基础设施项目工程总承包管理办法》第十五条,建设单位和工程总承包单位应当加强风险管理,合理分担风险。建设单位承担的风险主要包括:

1)主要工程材料、设备、人工价格与招标时基期价相比,波动幅度超过合同约定幅度的部分。

2)因国家法律法规政策变化引起的合同价格的变化。

3)不可预见的地质条件造成的工程费用和工期的变化。

4)因建设单位原因产生的工程费用和工期的变化。

5)不可抗力造成的工程费用和工期的变化。

具体风险分担内容由双方在合同中约定。

鼓励建设单位和工程总承包单位运用保险手段增强防范风险能力。

现实中,绝大多数的工程总承包项目招投标和合同拟制均采取除明确应当由发包人承担的风险外,其余风险均可以在合同中约定由承包人进行承担。

总之,工程总承包是一种集工作内容(设计、采购、施工、试运行)与责任界限、风险分配、结算原则等相结合的模式,工程总承包的合同条件中应体现这些内容,也就是说EPC≠E+P+C。

## 5.8.6 工程计价几个实务问题

**1. 《建筑工程施工发包与承包计价管理办法》的法律地位**

2013年12月11日,住房和城乡建设部发布《建筑工程施工发包与承包计价管理办法》,该办法经第9次部常务会议审议通过,自2014年2月1日起施行。《立法法》第八十四条规定,部门规章应当经部务会议或者委员会会议决定。第八十五条规定，部门规章由部门首长签署命令予以公布。因此，该办法属于部门规章。2009年11月4日起施行的最高人民法院《关于裁判文书引用法律、法规等规范性法律文件的规定》，人民法院的裁判文书应当依法引用相关法律法规等规范性法律文件作为裁判依据。民事裁判文书应当引用法律解释或者司法解释。对于应当适用的行政法规、地方性法规或者自治条例和单行条例，可以直接引用。行政裁判文书应当引用法律、法律解释、行政法规或者司法解释。对于应当适用的地方性法规、自治条例和单行条例、国务院或者国务院授权的部门公布的行政法规解释或者行政规章，可以直接引用。对于本规定第三条、第四条、第五条规定之外的规范性文件，根据审理案件的需要，经审查认定为合法有效的，可以作为裁判说理的依据。因此，在民事案件中，不能直接引用部门规章，但根据审理案件的需要，经审查认定为合法有效的，可以作为裁判说理的依据。

**2. 合同价款的分类**

根据《建筑工程施工发包与承包计价管理办法》，实行工程量清单计价的建筑工程，鼓励发承包双方采用单价方式确定合同价款。建设规模较小、技术难度较低、工期较短的建筑工程，发承包双方可以采用总价方式确定合同价款。紧急抢险、救灾以及施工技术特别复杂的建筑工程，发承包双方可以采用成本加酬金方式确定合同价款。

2013《工程造价术语标准》包括了总价合同、单价合同、成本加酬金合同。总价合同是指发承包双方约定以施工图及预算和有关条件进行合同价款计算、调整和确认的建设工程施工合同。单价合同是指发承包双方约定以工程量清单及其综合单价进行合同价款计算、调整和确认的建设工程施工合同。成本加酬金合同是指发承包双方约定，以施工工程成本加合同约定酬金进行合同价款计算、调整和确认的建设工程施工合同。2013《建设工程工程量清单计价规范》也包括了总价合同、单价合同、成本加酬金合同，含义与《工程造价术语标准》相同。

**3. 国有投资建设工程计价的特殊要求**

《招标投标法》第三条将全部或者部分使用国有资金投资或者国家融资的项目列入必须招标的项目。已经失效的《工程建设项目招标范围和规模标准规定》第四条规定，使用国有资金投资项目的范围包括：①使用各级财政预算资金的项目；②使用纳入财政管理的各种政府性专项建设基金的项目；③使用国有企业事业单位自有资金，并且国有资产投资者实际拥有控制权的项目。第五条规定，国家融资项目的范围包括：①使用国家发行债券所筹资金的项目；②使用国家对外借款或者担保所筹资金的项目；③使用国家政策性贷款的项目；④国家授权投资主体融资的项目；⑤国家特许的融资项目。《必须招标的工程项目规定》第二条规定，全部或者部分使用国有资金投资或者国家融资的项目包括：①使用预算资金200万元人民币以上，并且该资金占投资额10%以上的项目；②使用国有企业事业单位资金，并且该资金占控股或者主导地位的项目。《政府投资条例》所称的政府投资，是指在中国境内使用预算安排的资金进行固定资产投资建设活动，包括新建、扩建、改建、技术改造等。

《2013建设工程工程量清单计价规范》规定，使用国有资金投资的建设工程发承包，必须采用工程量清单计价。按照条文说明，国有投资的资金包括国家融资资金和国有资金为主的投资资金。国有资金投资的工程建设项目包括：①使用各级财政预算资金的项目；②使用纳入财政管理的各种政府性专项建设资金的项目；③使用国有企业事业单位自有资金，并且国有资产投资者实际拥有控制权的项目。国家融资资金投资的工程建设项目包括：①使用国家发行债券所筹资金的项目；②使用国家对外借款或者担保所筹资金的项目；③使用国家政策性贷款的项目；④国家授权投资主体融资的项目；⑤国家特许的融资项目。国有资金为主的工程建设项目是指国有资金占投资总额50%以上，或不足50%但国有投资者在实质上拥有控制权的工程建设项目。

对于国有资金投资工程项目计价有几项特殊要求：

1)《建筑工程施工发包与承包计价管理办法》规定，全部使用国有资金投资或者以国有资金投资为主的建筑工程（简称国有资金投资的建筑工程），应当采用工程量清单计价；《2013建设工程工程量清单计价规范》规定，使用国有资金投资的建设工程发承包，必须采用工程量清单计价。

2)《建筑工程施工发包与承包计价管理办法》规定，国有资金投资的建筑工程招标的，应当设有最高投标限价。

3)《建筑工程施工发包与承包计价管理办法》规定，国有资金投资建筑工程的发包方，应当委托具有相应资质的工程造价咨询企业对竣工结算文件进行审核，并在收到竣工结算文件后的约定期限内向承包方提出由工程造价咨询企业出具的竣工结算文件审核意见；逾期未答复的，按照合同约定处理，合同没有约定的，竣工结算文件视为已被认可。

4)《建设工程定额管理办法》规定，定额是国有资金投资工程编制投资估算、设计概算和最高投标限价的依据。

5)《国务院办公厅关于促进建筑业持续健康发展的意见》审计机关应依法加强对以政府投资为主的公共工程建设项目的审计监督，建设单位不得将未完成审计作为延期工程结算、拖欠工程款的理由。

**4. 暂估价和暂列金**

在工程造价中，暂估价和暂列金是两项重要的组成部分。实践中，当事人经常因为这两项内容而发生争议，有必要专门研究。

2003年2月17日，建设部批准发布国家标准《建设工程工程量清单计价规范》（GB 50500—2003）；2008年7月9日，住房和城乡建设部发布了《建设工程工程量清单计价规范》（GB 50500—2008），2008年12月1日起实施；2012年12月25日，住房和城乡建设部发布了《建设工程工程量清单计价规范》（GB 50500—2013），2013年7月1日起实施。在2003规范中有"预留金"的说法，2008年规范将其更名为"暂列金"。2008年规范新增"暂估价"。2013年规范其他项目中有暂列金额和暂估价两项术语。

2013年2月7日，住房和城乡建设部发布国家标准《工程造价术语标准》（GB/T 50875—2013），自2013年9月1日起实施，其中包含了暂列金额和暂估价术语。

根据2013年3月21日住房和城乡建设部、财政部关于印发《建筑安装工程费用项目组成》的通知，为指导工程造价专业人员计算建筑安装工程造价，将建筑安装工程费用按工程造价形成顺序划分为分部分项工程费、措施项目费、其他项目费、规费和税金。分部分项工程费、措施项目费、其他项目费包含人工费、材料费、施工机具使用费、企业管理费和利润。"其他项目费"包括暂列金额，是指建设单位在工程量清单中暂定并包括在工程合同价款中的一笔款项。用于施工合同签订时尚未确定或者不可预见的所需材料、工程设备、服务的采购，施工中可能发生的工程变更、合同约定调整因素出现时的工程价款调整以及发生的索赔、现场签证确认等的费用。

2013年4月3日，住房和城乡建设部、国家工商行政管理总局发布《建设工程施工合同（示范文本）》（GF—2013—0201），自2013年7月1日起执行。签约合同价的组成包括暂估价和暂列金。并在通用合同条款中对暂估价和暂列金额做了解释。

（1）暂估价

根据《建设工程工程量清单计价规范》（GB 50500—2013），暂估价是指是指招标人在工程量清单中提供的用于支付必然发生但暂时不能确定价格的材料、工程设备的单价以及专业工程的金额。按照该规范条文说明，需要纳入分部分项工程项目清单综合单价中的暂估价应只是材料、工程设备费；专业工程的暂估价应是综合暂估价，包括除规费和税金以外的管理费、利润等。根据《工程造价术语标准》（GB/T 50875—2013），暂估价是指招标人在工程量清单中提供的，用于支付在施工过程中必然发生，但在施工合同签订时暂不能确定价格的材料、工程设备的单价和专业工程的价格。根据《建设工程施工合同（示范文本）》（GF—2013—0201），暂估价是指发包人在工程量清单或预算书中提供的用于支付必然发生但暂时不能确定价格的材料、工程设备的单价、专业工程以及服务工作的金额。

《建设工程工程量清单计价规范》（GB 50500—2013）9.1.1规定，暂估价和暂列金额的发生，双方应按照合同约定调整合同价款，具体如下：

1）发包人在招标工程量清单中给定暂估价的材料、工程设备属于依法必须招标的，应由发承包双方以招标的方式选择供应商，确定价格，并应以此为依据取代暂估价，调整合同价款。

2）发包人在招标工程量清单中给定暂估价的材料、工程设备不属于依法必须招标的，应由承包人按照合同约定采购，经发包人确认单价后取代暂估价，调整合同价款。

3）发包人在工程量清单中给定暂估价的专业工程不属于依法必须招标的，应按照第9.3节相应条款的规定确定专业工程价款，并应以此为依据取代专业工程暂估价，调整合同价款。

4）发包人在招标工程量清单中给定暂估价的专业工程，依法必须招标的，应当由发承包双方依法组织招标选择专业分包人，并接受有管辖权的建设工程招标投标管理机构的监督，还应符合下列要求：除合同另有约定外，承包人不参加投标的专业工程发包招标，应由承包人作为招标人，但拟定的招标文件、评标工作、评标结果应报送发包人批准。与组织招标工作有关的费用应当被认为已经包括在承包人的签约合同价（投标总报价）中。承包人参加投标的专业工程发包招标，应由发包人作为招标人，与组织招标工作有关的费用由发包人承担。同等条件下，应优先选择承包人中标。应以专业工程发包中标价为依据取代专业工程暂估价，调整合同价款。

《建设工程施工合同（示范文本）》（GF—2013—0201）通用合同条款中，将暂估价列入"变更"条款的内容，即第10.7条。该条首先约定，暂估价专业分包工程、服务、材料和工程设备的明细由合同当事人在专用合同条款中约定。其次，将暂估价项目分为依法必须招标的暂估价项目和不属于依法必须招标的暂估价项目。

1）对于依法必须招标的暂估价项目，采取以下第1种方式确定。合同当事人也可以在专用合同条款中选择其他招标方式。

① 第1种方式：对于依法必须招标的暂估价项目，由承包人招标，对该暂估价项目的确认

和批准按照以下约定执行：

A. 承包人应当根据施工进度计划，在招标工作启动前 14 天将招标方案通过监理人报送发包人审查，发包人应当在收到承包人报送的招标方案后 7 天内批准或提出修改意见。承包人应当按照经过发包人批准的招标方案开展招标工作。

B. 承包人应当根据施工进度计划，提前 14 天将招标文件通过监理人报送发包人审批，发包人应当在收到承包人报送的相关文件后 7 天内完成审批或提出修改意见；发包人有权确定招标控制价并按照法律规定参加评标。

C. 承包人与供应商、分包人在签订暂估价合同前，应当提前 7 天将确定的中标候选供应商或中标候选分包人的资料报送发包人，发包人应在收到资料后 3 天内与承包人共同确定中标人；承包人应当在签订合同后 7 天内，将暂估价合同副本报送发包人留存。

② 第 2 种方式：对于依法必须招标的暂估价项目，由发包人和承包人共同招标确定暂估价供应商或分包人的，承包人应按照施工进度计划，在招标工作启动前 14 天通知发包人，并提交暂估价招标方案和工作分工。发包人应在收到后 7 天内确认。确定中标人后，由发包人、承包人与中标人共同签订暂估价合同。

2）对于不属于依法必须招标的暂估价项目，除专用合同条款另有约定外，采取以下第 1 种方式确定。

① 第 1 种方式：对于不属于依法必须招标的暂估价项目，按本项约定确认和批准。

A. 承包人应根据施工进度计划，在签订暂估价项目的采购合同、分包合同前 28 天向监理人提出书面申请。监理人应当在收到申请后 3 天内报送发包人，发包人应当在收到申请后 14 天内给予批准或提出修改意见，发包人逾期未予批准或提出修改意见的，视为该书面申请已获得同意。

B. 发包人认为承包人确定的供应商、分包人无法满足工程质量或合同要求的，发包人可以要求承包人重新确定暂估价项目的供应商、分包人。

C. 承包人应当在签订暂估价合同后 7 天内，将暂估价合同副本报送发包人留存。

② 第 2 种方式：承包人按照《建设工程施工合同（示范文本）》第 10.7.1 项〔依法必须招标的暂估价项目〕约定的第 1 种方式确定暂估价项目。

③ 第 3 种方式：承包人直接实施的暂估价项目。承包人具备实施暂估价项目的资格和条件的，经发包人和承包人协商一致后，可由承包人自行实施暂估价项目，合同当事人可以在专用合同条款约定具体事项。该条最后约定，因发包人原因导致暂估价合同订立和履行迟延的，由此增加的费用和（或）延误的工期由发包人承担，并支付承包人合理的利润。因承包人原因导致暂估价合同订立和履行迟延的，由此增加的费用和（或）延误的工期由承包人承担。

（2）暂列金

根据《建设工程工程量清单计价规范》（GB 50500—2013），暂列金额是招标人在工程量清单中暂定并包括在合同价款中的一笔款项。用于工程合同签订时尚未确定或者不可预见的所需材料、工程设备、服务的采购，施工中可能发生的工程变更、合同约定调整因素出现时的合同价款调整以及发生的索赔、现场签证确认等的费用。根据《工程造价术语标准》（GB/T 50875—2013），暂列金额是招标人在工程量清单中暂定并包括在合同价款中的一笔款项。用于工程施工合同签订时尚未确定或者不可预见的材料、工程设备、服务的采购，施工中可能发生的工程变更、合同约定调整因素出现时的工程价款调整以及发生的索赔、现场签证确认等的费用。根据《建设工程施工合同（示范文本）》（GF—2013—0201），暂列金额是指发包人在工程量清单或预算书中暂定并包括在合同价格中的一笔款项，用于工程合同签订时尚未确定或者不可预见的所需材料、工程设备、服务的采购，施工中可能发生的工程变更、合同约定调整因素出现时的合同价格调整以及发生的索赔、现场签证确认等的费用。

《建设工程工程量清单计价规范》（GB 50500—2013）规定，暂估价和暂列金额的发生，双方应按照合同约定调整合同价款，具体如下：已签约合同价中的暂列金额应由发包人掌握使用。发包人按照规定支付后，暂列金额余额应归发包人所有。

《建设工程施工合同（示范文本）》（GF—2013—0201）通用合同条款中，将暂列金额列入"变更"条款的内容，具体如下：暂列金额应按照发包人的要求使用，发包人的要求应通过监理人发出。合同当事人可以在专用合同条款中协商确定有关事项。

（3）合同中未约定暂估价和暂列金确定条款的处理

《合同法》第六十一条规定："合同生效后，当事人就质量、价款或者报酬、履行地点等内容没有约定或者约定不明确的，可以协议补充；不能达成补充协议的，按照合同有关条款或者交易习惯确定。"根据《合同法》第六十二条，当事人就有关合同内容约定不明确，依照本法第六十一条的规定仍不能确定的，价款或者报酬不明确的，按照订立合同时履行地的市场价格履行；依法应当执行政府定价或者政府指导价的，按照规定履行。最高人民法院《关于适用〈中华人民共和国合同法〉若干问题的解释（二）》第七条规定，下列情形，不违反法律、行政法规强制性规定的，人民法院可以认定为合同法所称"交易习惯"：在交易行为当地或者某一领域、某一行业通常采用并为交易对方订立合同时所知道或者应当知道的做法；当事人双方经常使用的习惯做法。对于交易习惯，由提出主张的一方当事人承担举证责任。因此，按照《合同法》规定，当合同约定不明，应考虑交易习惯。《建设工程工程量清单计价规范》和《建设工程施工合同通用合同条款》是否构成交易习惯？值得思考。

## 案例分析

### 【案例1】 衡州大厦火灾案

**【案情介绍】**

*湖南省衡阳市衡州大厦的业主、施工及设计方违反有关法规，严重降低了工程质量标准，导致大楼在2003年11月3日发生的火灾中突然坍塌，造成15名消防员受伤，20名消防员牺牲的严重后果。*

**【法院观点】**

法庭依法以工程重大安全事故罪判处被告人魏东衡有期徒刑3年，李永开有期徒刑2年，李文革有期徒刑1年零6个月，肖伟和朱峰有期徒刑1年，以重大责任事故罪判处沈黎明有期徒刑3年。

上述被告人分别是：原衡阳市永兴集团有限公司董事长李文革、原永兴集团副总经理兼永兴建筑工程有限公司经理李永开、原衡阳市江东建筑公司施工员魏东衡、原衡阳市建筑设计院助理工程师朱峰、原衡阳市建筑设计院工程师肖伟、原衡阳永兴物业管理有限公司经理沈黎明。

1995年6月，衡阳市永兴资源开发公司（后升格为永兴集团）取得了某地段的房地产开发权，但未办理施工许可证。李文革为少交设计费用，雇请朱峰为其私下组织设计衡州大厦建筑方面的设计图。朱峰安排肖伟负责结构设计，自己负责建筑设计，并从衡阳市另一家勘察规划设计公司出图盖章。朱峰在建设方没有提供地质勘探报告的情况下，凭规划红线图就设计了一层为门面、二层以上为南北两向住宅楼的建筑图。李文革为增加建筑开发面积，要求朱峰将设计改为一层门面、二层以上为东、西、南、北回字形住宅楼的建筑设计。同时应李文革少交规费的要求，朱峰私自设计了两套设计图，一套用于向相关职能部门报建，另一套用于施工。肖伟明知朱峰有两套设计图，却未重新进行结构设计。

## 【案例2】 京民大厦火灾案终审裁定维持原判

### 【案情介绍】

京民大厦火灾案经媒体报道后引起社会广泛关注，记者今天获悉，北京第二中级人民法院（简称二中院）对该火灾责任人做出终审裁定，驳回原北京锐标装饰装潢有限公司员工朱家龙、不锈钢加工队队长陈宝东、瓦工队队长田合朋上诉，维持第一审朝阳法院以重大责任事故罪分别判处朱家龙、该公司总经理张道醇6年有期徒刑，判处陈宝东5年有期徒刑，判处田合朋3年有期徒刑的判决。

张道醇指使朱家龙伪造了建筑企业资质证书，变造了公司注册资本，于2002年3月第一次取得了北京市京民大厦的装修工程资格，此后又多次承揽京民大厦装修工程。2004年3月15日，该公司再次承揽了京民大厦西配楼一层游泳馆等处的装修工程。张道醇在明知朱家龙没有取得项目经理资格证书，不具备相应管理资质的情况下，仍然委派朱家龙作为项目经理全面负责京民大厦西配楼游泳馆装修工程。施工过程中，张道醇、朱家龙均未按国家有关规定，设置专职安全人员负责施工现场安全工作。为赶工程进度，2004年6月9日朱家龙、陈宝东、田合朋明知防水作业和不锈钢切割、焊接作业交叉施工存在安全隐患，仍然指派施工工人进行违章冒险作业。当日15时30分许，焊花引燃防水涂料，导致施工现场发生重大火灾。火灾造成了12人死亡，9人重伤，4人轻伤，22人轻微伤，造成京民大厦直接财产损失81.9万元的严重后果。

第一审法院经审理判决后，朱家龙、陈宝东、田合朋不服，上诉到二中院。

### 【法院观点】

二中院经审理认为，张道醇和朱家龙、陈宝东、田合朋，违反安全规定，发生特别重大伤亡事故，造成多人死亡、重伤、轻伤的特别严重的后果，其行为均已构成重大责任事故罪，均应依法惩处。第一审法院根据四人犯罪的事实、性质、情节及对社会的危害程度所做判决，定罪及适用法律正确，量刑适当，审判程序合法，应予维持。

## 【案例3】 258名农民工为薪资状告北京市政建设集团有限公司胜诉

### 【案情介绍】

为了要回自己应得的工资,在北京地铁5号线14号合同段项目施工的258名农民工,一纸诉状将临沂坎源建筑有限公司(简称坎源公司)及北京市政建设集团有限责任公司(简称北京市政建设集团)告上法院,起诉二被告拖欠劳务费。6月20日,北京市西城区人民法院对该案进行公开宣判,判决被告坎源公司在判决生效后3日内给付原告258人所欠工资,被告北京市政建设集团承担连带责任。在庭审中,原告258名农民工陈述,坎源公司与北京市政建设集团就北京市地铁5号线14#合同段项目签有劳务分包合同,原告是坎源公司派往该项目的实际施工者。从2005年6月开始,建筑公司每月都向原告出示该月应发工资的工资表,但均以北京市政建设集团没有给付建筑公司劳务费为由,拒绝向原告发放工资。258名农民工无奈,只得诉至法院,要求二被告共同给付欠发的工资。

被告坎源公司当庭辩称,原告258名农民工是该单位的雇佣员工,被告确实存在拖欠农民工工资的问题,原告所述的拖欠工资数额也属实。但同时表示,因北京市政建设集团没有给付坎源公司劳务费,导致坎源公司无力支付工人工资,希望法院判决。

被告北京市政建设集团当庭表示,认可与坎源公司的劳务承包合同,确认尚欠坎源公司劳务费90.02万元,现公司经济困难,对原告的诉讼请求,听从法院判决。

### 【法院观点】

西城法院经审理查明,原告258人为被告坎源公司雇佣的农民工。2005年3月至12月间,北京市政建设集团将"奥体北辰西路""地铁5号线14#合同段"及"清华南路"等工程分包给坎源公司并分别签有北京市建设工程劳务分包合同。在履行合同的过程中,北京市政建设集团在坎源公司完工以后没有如约支付合同价款,尚欠计90.02万元。而坎源公司也未支付原告258人的劳务费。

法院认为,258名原告受雇于坎源公司为其工作,付出劳动理应得到合理的报酬,该公司没有按时支付工资,实属不妥。北京市政建设集团拖欠坎源公司劳务费也是导致原告合法权益受损的重要原因,对此应承担相应的法律责任。原告的诉讼请求合理,证据充分,应予支持,故判决被告坎源公司在判决生效后3日内给付原告258人所欠工资,被告北京市政建设集团承担连带责任。

至此,该案得到圆满解决,原告在接到西城法院的判决书后,非常满意,感谢法院这么快就为他们讨回了公道,并希望能尽快拿到被拖欠的工资。而二被告也表示将遵守法院的判决,尽快为原告解决工资发放的问题。

## 【案例4】 A公司与B市城乡建设委员会行政处罚案

### 【案情介绍】

原告A公司与B市洋下小学签订了建设工程施工合同,承包B市洋下小学拆除重建工程,合同价款为人民币6984225元。该项目于2013年11月29日取得建筑工程施工许可证。原告在该项工程施工期间,未给项目技术负责人贾锋耀、土建质量负责人余千全、安装质量负责人陈湖平、安全管理负责人林爱宇缴纳社保。被告B市城乡建设委员会在巡查中发现原告的上述行为,于2015年5月14日予以立案,并进行调查,于2015年6月1日做出行政处罚告知书,同日送达原告。同月3日原告向被告申请申辩、听证,同月17日被告向原告送达听证通知书。同月24日被告就行政处罚举行听证会,听取原告申辩意见后,于2015年7月8日做出行政处罚决定书。原告不服诉至法院。

原告认为其承揽"B市洋下小学拆除重建项目"工程后,专门设立项目部,由公司聘请人员进行施工,从未对外分包、发包,也不存在允许其他单位或个人以本单位名义承揽工程的事实,公司项目技术负责人贾锋耀、土建质量负责人余千全、安装质量负责人陈湖平、安全管理负责人林爱宇与原告均签订了正式的劳动合同。但因上述人员均是C大学在编员工,基于原告是C大学的校办企业,C大学已为其缴纳医社保,原告无法为其再行缴纳医社保,原告与上述施工现场的项目负责人等均按照法律规定签订正式劳动合同,形成劳动合同关系,未替上述人员缴纳社保事出有因,故原告的行为不属于法律规定的挂靠行为。被告对原告的处罚适用法律错误。《建筑工程施工转包违法分包等违法行为认定查处管理办法(试行)》(简称《查处办法》)施行之前发生的行为,不适用该规定。本案涉案工程在2014年10月前已经完工,但因业主未支付工程款,被告未拆除脚手架等。因此,在《查处办法》生效前,涉案工程已非在建工程,不适用该规定,也非住房和城乡建设部《工程质量治理两年行动方案》的治理范围。综上,被告对原告做出行政处罚,事实不清、证据不足,适用法律错误。

【案例评析】

《查处办法》第十条规定:"本办法所称挂靠,是指单位或个人以其他有资质的施工单位的名义,承揽工程的行为。前款所称承揽工程,包括参与投标、订立合同、办理有关施工手续、从事施工等活动。"第十一条规定:"存在下列情形之一的,属于挂靠:……施工单位在施工现场派驻的项目负责人、技术负责人、质量管理负责人、安全管理负责人中一人以上与施工单位没有订立劳动合同,或没有建立劳动工资或社会养老保险关系的……"原告在承揽工程施工期间,未给项目技术负责人贾锋耀、土建质量负责人余千全、安装质量负责人陈湖平、安全管理负责人林爱宇缴纳社保,被告B市城乡建设委员会据此认定原告在该项目施工中存在挂靠行为,属于允许其他个人以本单位名义承揽工程的情形,认定事实清楚、符合法律规定。原告关于未替上述人员缴纳社保事出有因,不属于挂靠的理由不能成立。

根据原告提供的证据,可以证明"B市洋下小学拆除重建项目"施工现场至2015年6月24日仍然处于外脚手架未落架,电梯未拆除、建筑垃圾未清理状态,原告主张施工项目于2014年10月前已经完工,不适用《查处办法》的理由缺乏事实依据。

原告在项目施工中的挂靠行为,属于允许其他个人以本单位名义承揽工程,《建筑法》第二十六条、《建设工程质量管理条例》第二十五条均规定禁止施工单位允许其他单位或者个人以本单位的名义承揽工程。《建设工程质量管理条例》第六十一条规定,违反本条例规定,勘察、设计、施工、工程监理单位允许其他单位或者个人以本单位名义承揽工程的,责令改正,没收违法所得,对勘察、设计单位和工程监理单位处合同约定的勘察费、设计费和监理酬金1

倍以上 2 倍以下的罚款；对施工单位处工程合同价款 2% 以上 4% 以下的罚款；可以责令停业整顿，降低资质等级；情节严重的，吊销资质证书。B 市城乡建设委员会对原告进行处罚，适用法律正确。

## 【案例 5】 D 建设工程集团有限公司与 A 房地产开发有限公司、B 建筑工程集团有限公司、C 建设集团有限公司建设工程纠纷案

### 【案情介绍】

2006 年 6 月 A 房地产开发有限公司（简称 A 公司）与 B 建筑工程集团有限公司（简称 B 公司）之间签订建设工程施工合同，2007 年 3 月 A 公司与 C 建设有限公司（简称 C 公司）之间签订建设工程施工合同；2007 年 3 月 A 公司、C 公司与 D 建设工程集团有限公司（简称 D 公司）之间签订建设工程施工合同，2007 年 5 月 6 日 A 公司、B 公司与 D 公司之间签订建设工程施工合同，上述三方合同未经备案。

### 【案例评析】

本案实际中标人将工程转包给 D 公司，合同效力是关键问题。

根据《建筑法》以及《施工合同司法解释（一）》的有关规定，承包人非法转包、违法分包建设工程的行为无效。本案实际中标人将中标项目转包给了 D 公司，违反了法律强制性规定，应为无效，故第二审法院依据《施工合同司法解释（一）》第二条合同无效的规定，参照合同约定确定工程价款并无不当。该条文的立法本意在于保护转包人在建设工程施工合同无效时免于承担较大风险损失，而非赋予其选择权以谋求高于合同约定的更大利益，故 D 公司提出的《施工合同司法解释（一）》第二条是赋予实际承包人以选择权，法院不能主动适用的主张，法院不予支持。

## 【案例 6】 A 开发有限公司与 B 建设集团有限公司建设工程施工合同纠纷案

### 【案情介绍】

上诉人 A 开发有限公司（简称 A 公司）与上诉人 B 建设集团有限公司（简称 B 公司）因建设工程施工合同纠纷一案，均不服一审判决，向中级人民法院提出上诉。

上诉人 A 公司上诉请求：①依法撤销一审判决，依法改判支持上诉人第一审全部诉讼请求；②本案第一审、第二审诉讼费用、鉴定费等全部由被上诉人承担。

事实与理由：

1）第一审未认定应由被上诉人承担维修责任的项目，依据事实和鉴定结论，理应由被上诉人承担维修责任。①关于市场消防及生活给水系统漏水维修责任问题。第一审法院认为，由于鉴定结论认为由于后续历次装修，无法确定责任方，故认为被上诉人无须承担维修责任。上诉人认为，上诉人在 2013 年 4 月 26 日发给被上诉人的维修联系函中曾明确提到市场消防及生活给水系统漏水需要维修的问题。被上诉人在 2013 年 10 月 27 日复函，对于市场消防及生活给水系统漏水问题，已组织专家听漏，但未发现漏水问题。由此可见，当时确实存在漏水问

题,否则被上诉人也不会组织专家来听漏,而且市场消防及生活给水系统目前仍存在漏水问题。因此,依据上述事实,市场消防及生活给水系统漏水的维修责任理应由被上诉人承担。②关于由于雨水口设置少于设计数量,导致市场积水问题的维修责任问题。第一审法院认为,虽然鉴定结论认为,雨水口设置少于设计数量,但考虑到上诉人鉴定时候提供的并非竣工图,积水可以通过加强维护的方式予以解决,故认为该维修责任被上诉人无须承担。上诉人认为,被上诉人在鉴定期间不配合鉴定,未提交任何工程图,而上诉人已向鉴定部门提交了从相关政府部门复印的工程图,一般来说设计图和竣工图是一致的,除非存在设计变更(包括存在工程变更联系单和变更设计后的设计图等),但被上诉人未提交任何证据证明竣工图和设计图不一致,因此可以认定本案的设计图和竣工图一致。退一步讲,虽然工程验收合格,但由于被上诉人未按设计图施工且擅自变更设计施工,致使排水设施无法达到使用要求,那么在保修期内,被上诉人也应对此承担维修责任。由于雨水口设置过少,雨水无法从就近的雨水口排出是关键问题,无法通其他维护方式进行解决。③关于广场地面沉降和广场雨花石修复问题的维修责任问题。第一审法院认为,经鉴定广场地面未发现明显沉降,广场雨花石在保修期间内往来函中均未提及,故认为上诉人该维修主张证据不足。上诉人认为,鉴定结论未发现明显沉降不表示没有沉降,再结合鉴定结论中认为,被上诉人广场地面施工不符合要求。可以确认广场地面沉降需要由被上诉人承担维修责任。由于广场地面的沉降,导致地面不平,最终导致广场的雨花石破碎,因此,广场雨花石修复的维修责任也需要被上诉人承担,而且从广场的雨花石破碎也可以印证广场存在地面沉降。

2)第一审维修价款鉴定结论确认的维修价格明显偏低,按此价格无法完成维修,对于维修价格应重新鉴定。对于第一审维修价款鉴定结论,上诉人在开庭质证期间就提出,该鉴定结论中的人工费用还是采用03定额人工费标准,本案维修工程发生时间最早也是在2019年6月之后,鉴定结论出具的时间也在2019年之后,明显应当按照2018年定额人工费标准计算人工费,故上诉人要求对维修价款重新鉴定,但第一审法院没有采纳上诉人的意见,继续采用错误的鉴定结论,导致本案维修价格过低,无法实际完成维修工作。

3)对已产生的维修费用人民币137270元,被上诉人理应承担全部支付责任。第一审法院认为,对于上诉人已支付的维修费用,由于上诉人自己在2015年3月5日联系函中确认是34000元,故本院在此范围内予以认定。上诉人认为,对于已产生的维修费用,上诉人已提交相关的合同、发票等凭证证明系137270元,但被上诉人并未提交任何证据反驳上述费用不是维修费。因此,对于已产生的维修费用人民币137270元,被上诉人理应承担全部支付责任。

4)对于诉讼费、鉴定费承担的比例,第一审判决明显不公,也和上诉人的上诉人请求不相符。原审法院判决,本案受理费人民币151399元,司法鉴定费人民币1281000元,鉴定人出庭费用4000元,由上诉人负担1166399元,被上诉人负担270000元。上诉人认为,第一审法院上述判决是错误的理由如下:首先,本案诉讼费当时是按21776739元标准预交的,但上诉人的第一审第二项诉讼请求是"被告未在上述合理期限内完成工程质量保修义务的,被告应支付修复费用21776739元(修复费用以鉴定为准)"也就是说修复费用当时上诉人是预估的,最后按鉴定为准。假设第一审认为修复费用是人民币4112046元的话,最后判决认定的诉讼费应按人民币 4112046 元标准收取，而且应该是由被上诉人全部承担。其次，由于被上诉人拒不履行维修责任，才导致本案产生，第一审已判决被上诉人承担绝大部分维修责任，却将本案鉴定费绝大部分判给上诉人承担，这显然是没有任何法律和事实依据的。综上所述，第一审判决认定事实不清，适用法律错误，恳请贵院能依法支持上诉人的上诉主张。上诉人 B 公司针对上诉人 A 公司的上诉辩称：

1) A 公司在保修期内确实提出过漏水问题，B 公司已积极处理并组织专家进行检测，最终检测结论认为不存在漏水问题，在本案第一次鉴定中也没有确认该问题，故 A 公司所提出的漏水问题无法确认是现实存在的。且地下管网已被 A 公司改造过，现在其又来提出管网漏水问题，无任何依据。

2) 第一审中鉴定单位及法院从未通知过 B 公司提交资料。鉴定报告做出之后，B 公司要求核对鉴定报告所依据的资料时发现鉴定中使用了 A 公司提供的伪造竣工图，伪造的竣工图与真实的竣工图以及审计报告中所确定的雨水口的数量是不同的，真实的竣工图和审计报告中数量是一致的，不存在未按图施工的问题。如果是未按图施工，案涉工程不会被确认为是验收合格。

3) 关于广场沉降问题。广场工程已经经过五方主体验收合格，真实的竣工图与施工是一致的，在保修期内也不存在广场沉降或广场雨花石开裂问题，且鉴定中也很明确载明广场没有沉降，B 公司无须承担责任。

4) 第一审关于维修价款的鉴定是完全错误的。关于维修价款的鉴定本应该是对维修费用的鉴定，但该鉴定是对重建费用的鉴定，案涉工程需要维修的部位和整体相比是极少的一部分，而鉴定的重建费用远远高于维修费用。更为重要的是，宁波科翔公司出具的报告中所引用的连廊面积和实际面积、双方结算面积均不相符。实际面积是 4000 多 $m^2$，但报告在没有依据的情况下认定了 6000 多 $m^2$。考虑到以上问题，B 公司在一审期间曾申请该鉴定单位出庭，但该单位未派员出庭接受质询，因此该鉴定单位做出的鉴定结论不能做证据使用。

5) A 公司提交的证据都不能证明已经支付了相关的维修费用，也不能证明这些费用是发生在保修期，依法不应予以支持。

6) 关于诉讼费、鉴定费等费用的承担问题。A 公司恶意提出高额诉讼，且 B 公司也不应承担连廊和女儿墙的费用，本案实际的维修费用仅几万元，第一审法院认定由 B 公司承担相应的诉讼费、鉴定费显然是错误的。

上诉人 B 公司上诉请求：①撤销一审判决第一项、第二项，驳回被上诉人第一审诉讼请求。②第一和第二审诉讼费用及一审鉴定费由被上诉人承担。

事实与理由：

(1) 一审存在程序错误

1) 一审诉裁不一且未进行释明，最终剥夺了 B 公司的维修权。A 公司起诉诉讼请求第一项为"判令被告（B 公司）立即履行工程质量保修义务，在合理期限内（具体工程修复期限以鉴定为准）修复其承建工程出现的质量问题"，B 公司明确表示如确需承担保修责任的，可由 B 公司安排维修。根据《建设工程质量管理条例》《房屋建筑工程质量保修办法》等相关法规，以及双方签订的质量保修书，施工单位承担维修责任的首要方式是直接安排维修，只有施工单位拒绝维修或双方协商同意的情况下，才以支付维修费的方式承担责任。在A公司已提出主张及B公司明确表示可自行维修的情况下，第一审无视A公司的第一项诉讼请求，且在庭审过程中未予释明的情况下，剥夺B公司直接维修的权利直接判定由B公司承担费用既违反相关法规的规定，也与双方约定及主张不符，这一判定显然属程序违法。

2）第一审组织的鉴定违反法定程序。①本案不应启动鉴定程序。省高院生效判决（〔2015〕浙民终字第4号）已对保修期间内的质量问题进行审查，并有结论"A公司无证据证明保修期内出现质量问题"，因此本案无须再对保修事项进行审查，也就无须启动鉴定程序。②本案争议项目不具备鉴定条件。本案所涉争议项目保修期（2011年12月6日—2013年12月5日）早已届满，至今已超过4年时间，工程项目早已发生变化，客观上已不具备鉴定条件。在本案中形成的浙江新世纪工程检测有限公司鉴定报告（简称"鉴定报告1"）、浙江天尚建筑设计有限公司司法鉴定报告（简称"鉴定报告2"）、宁波市科翔工程项目管理有限公司工程造价鉴定报告书（简称"鉴定报告3"），以及浙江新世纪工程检测有限公司鉴定人员出庭回复内容可知，以上三次鉴定均无法判定现今争议项目的具体时间，由此也说明已不具备通过鉴定来确定现今问题是否发生在保修期内的条件。因此，在客观上无法通过鉴定来确定争议问题是否发生在保修期内的情况下，不应进行三次鉴定。③本案无须启动第二次、第三次鉴定。鉴定报告1做出后，即已得出无法确认争议项目发生在保修期内的结论，A公司的主张不能成立，B公司无须承担保修责任。现B公司在每次鉴定前均已提出反对意见并说明理由，在此情况下仍启动第二次、第三次鉴定，违反法定程序。④第三次鉴定偏离了双方确定的鉴定内容。2017年6月27日第一次开庭过程中，双方经由法庭主持确定鉴定内容为"对原告所列清单（8项）在合同约定维修期内质量问题形成原因、维修方案、价款及期限进行鉴定"，根据这一鉴定内容，鉴定应是首先确定原告所列清单项目是否在合同约定维修期内，如在合同约定维修期发生的项目，对其质量问题形成原因、维修方案、价款及期限进行鉴定。但三次鉴定均未能按照上述内容进行鉴定，且鉴定报告3不仅未区别保修期内还是保修期外发生的项目，还将整体连廊和女儿墙作为鉴定对象，把未出现问题的部分包括其中，以上鉴定显然偏离了本案所确定的鉴定范围。⑤鉴定报告所依据的材料不明且未经质证确认。鉴定报告1、2、3中的结论所依据的材料来源不明，鉴定单位未说明做出具体结论所依据的具体材料，特别是鉴定报告1认定连廊油漆与设计不符、鉴定报告3认定连廊面积、女儿墙工程量所依据的资料不明，导致无法对相关结论所依据的具体材料一一核实并发表质证意见。在上述三份鉴定报告出具后，B公司对有关材料审核后发现部分材料是A公司单方制作且与事实不符，由此可说明相关鉴定报告中存在错误不能采信。⑥鉴定报告3的鉴定单位宁波科翔公司人员未出庭接受质询。B公司于2019年4月8日寄送申请书，申请鉴定报告3的鉴定单位宁波科翔公司人员出庭接受质询，但该公司未派员出庭接受质询，故该公司做出的鉴定报告不应作为定案依据，现判决依据该鉴定报告做出结论属程序错误。⑦B公司要求再次鉴定的申请未被允许属程序错误。B公司于2019年4月8日寄送申请书，申请对"在合同约定维修期内是否出现质量问题及形成原因进行鉴定"，第一审法院对鉴定申请未予准许属程序错误。

3) 违反一事不再审原则。①省高院（2015）浙民终4号等案件中已对涉及保修的问题做出处理。双方在2012年至2015年期间发生过数个案件，期间跨越了本案所涉保修期间，在此期间A公司与B公司之间就保修问题有较频繁函件往来，B公司接到函件后对属于保修质量问题的均处理完毕。保修期间的案件审理过程中，A公司未提供证据证明保修期内存在质量问题或B公司应保修但未保修而应扣保修金事项，在此基础上，终审判决确认退回了全部工程质量保修金，理由是"由于案涉工程保修期现已届满，且A公司未提供证据证明案涉工程主体部分、配套道路、管网部分或其他部分存在质量问题，故A公司应当支付包括工程质量保修金在内的全部工程款"。省高院经审理后也确认A公司无相关证据证明存在保修质量问题或A公司已支出了维修费用，因此判决退回保修金。第一审中认定A公司在该案中未行使诉权既无证据证明也与事实不符。②A公司在省高院（2015）浙民终4号等案件中提出过"连廊油漆"等问题，但未被支持，现A公司以保修为名再次提出"连廊油漆不符合原设计要求或双方的约定"并要求B公司承担责任，实质是对省高院生效判决结果的异议，本案再次处理本事项属一事再审。

（2）一审认定事实不清

1) 第一审认定现今的连廊生锈及女儿墙开裂是保修期限内未处理的遗留问题是错误的。①双方在保修期内（生锈为2年保修期，即竣工日期2011年12月6日至2013年12月5日）有关保修的往来函件可证明直到保修期满，当时未遗留连廊生锈及女儿墙开裂问题。要注意的是，函件中"钢连廊油漆"并非"连廊生锈"，第一审中不仅错误认定女儿墙开裂为遗留问题，还将"钢连廊油漆"和"连廊生锈"混为一谈。②（2015）浙民终字第4号民事判决已确认保修期内不存在遗留质量问题，即该生效判决对案涉工程保修期已经届满、案涉工程不存在质量问题做出终审认定。

2) 第一审判决所依据的三份鉴定报告未能完成鉴定事项且存在明显错误。①三份鉴定报告未能完成案件需要鉴定的事项，即未对"对原告所列清单（8项）在合同约定维修期内质量问题形成原因、维修方案、价款及期限进行鉴定"。②鉴定报告1确定连廊油漆与设计不符是错误的。鉴定报告1中明确做出与设计不符结论的依据是设计说明而非具体的设计文件，也未经原设计单位确认现状与当初的设计不符，该结论推翻了竣工验收合格通过的结论（竣工验收合格已证明现状符合设计要求及双方约定），也推翻了省高院的生效判决和各方当事人的统一确认。③鉴定报告3将连廊及女儿墙整体作为维修对象计算维修费用是错误的，鉴定报告1中已明确生锈与开裂为局部现象，第一审判决将未生锈的连廊及未出现开裂现象的女儿墙均做维修处理缺乏依据。④鉴定报告3中确定的连廊面积是6094$m^2$（具体计算方法鉴定单位未明确），但双方在省高院（2015）浙民终4号等案件中通过造价鉴定并据以结算的连廊面积是4108$m^2$，该面积已经生效判决确认。故鉴定报告3依据错误面积计算维修费用，第一审采信鉴定报告3中关于连廊维修费用的结论也是错误的。

3) 第一审判决错误扩大了维修期限。连廊生锈及女儿墙开裂均是自然现象引起，鉴定报告1中已有明确表述，即使从一开始就出现问题，大多数时间也是保修期之外，第一审未查明保修期内和保修期外的问题，将不属于保修期内出现的问题均判由B公司承担，扩大了B公司的责任。

4）第一审判决由 B 公司承担 43000 元已发生费用是错误的，既无证据证明 A 公司要求支付已产生的以上维修费用属于维修费用，也没有证据证明 A 公司已实际支付该笔维修费，A 公司在保修期满之后的自述不能作为认定维修费用的证据。在省高院审理双方有关工程案件结案之前，A 公司未提起这些已支付的这些维修费用，说明以上维修费用并不是发生在保修期内。另外，第一审判决中依据的函件中自述费用为"34000"元，后判定为"43000"元，该数额变化理由不明。

5）A 公司第一审中提交的 2015 年 3 月 5 日 A 工程维修联系函，在函件尾部表述"我司将先行安排对上述相关事项进行维修，因此产生费用交由贵公司一并承担"，后 A 公司也确实提交了已发生有关费用的凭证，按照 A 公司提交的这一证据，截止到 2015 年 3 月底，发生的维修为 34000 元，其后，即使再发生任何维修事项因保修期已满责任已转移而应由 A 公司自行承担维修责任。因此，第一审可认定查明所需的维修费不应超过 34000 元。

（3）认定 B 公司应承担保修责任的证据不足

本案为保修责任承担问题，前提是要明确相关问题是发生在保修期内的应由施工方承担责任的质量缺陷，但本案中 A 公司未能举证证明现在所主张的问题发生在保修期内，第一审在无证据支持的情况下作为认定 B 公司应承担保修责任的证据不足。①保修期间双方关于保修的函件均可确认"连廊生锈""女儿墙开裂"两问题并不是保修期满仍遗留的问题。②保修期间双方就包括退保修金在内的工程款支付纠纷发生诉讼，相关案件审理过程中 A 公司未提出已发生了"连廊生锈""女儿墙开裂"质量问题。③本案起诉是在保修期满 5 年之后，建筑现状早已异于当时，现今存在问题不能证明是保修期内发生的问题。④A 公司申请鉴定单位对包括"连廊生锈""女儿墙开裂"问题的发生时间是否在保修期内进行判定，鉴定单位确认无法判定，A 公司对其主张应承担举证不能的后果。

（4）第一审混淆质量返修责任与质量保修责任

1）案涉工程已竣工验收合格，经 A 公司、勘察单位、设计单位、监理单位、施工单位五方主体经验收后确认合格，证明工程符合建设强制性标准及合同约定。

2）B 公司在质量保修期内严格履行了质量保修义务。本案所涉项目保修期内（2011 年 12 月 6 日至 2013 年 12 月 5 日）B 公司对 A 公司提出的所有属于保修范围的质量问题均进行了保修。

3）B 公司不应承担质量返修责任。①《建设工程质量管理条例》第三十二条规定："施工单位对施工中出现质量问题的建设工程或者竣工验收不合格的建设工程，应当负责返修。"第四十条第三款规定："建设工程的保修期，自竣工验收合格之日起计算。"第四十一条规定："建设工程在保修范围和保修期限内发生质量问题的，施工单位应当履行保修义务，并对造成的损失承担赔偿责任。"上述规定表明，施工方对建设工程应承担的质量责任，包括对工程施工中出现的质量问题、经验收不合格工程的质量责任，以及对经验收合格的工程在使用过程中出现的质量问题的保修责任。施工日期开始到竣工验收合格日期之间的是承包人应承担的质量返修责任期间，竣工验收合格日期开始到保修期限届满之日的是承包人应承担的是质量保修责任期间。②第一审判决的内容实质是判定 B 公司承担了质量返修责任。第一审判决实质是判定 B 公司对全部连廊油漆和女儿墙进行重新施工，由 B 公司承担整体返修责任，这显然混淆了两种责任形式。

(5) 适用法律错误

1) 第一审认定 B 公司承担连廊生锈、女儿墙开裂维修责任是错误的。①"连廊生锈"现象不是《房屋建筑工程质量保修办法》第三条规定及双方所签署的工程质量保修书的约定须由 B 公司承担保修责任的事项。《房屋建筑工程质量保修办法》第三条规定的保修责任范围是不符合工程建设强制性标准以及合同约定的质量缺陷，本案无任何证据证明连廊存在不符合工程建设强制性标准以及合同的约定的情形，鉴定报告1认定连廊油漆不符合设计，所依据的是《钢结构防火涂料应用技术规程》（CECS 24—1990）、《建筑结构检测技术标准》（GB/T 50268—2008），以上规程或标准并不是国家强制性标准，根据工程已经五方主体验收合格的事实，说明连廊油漆符合设计，该争议项目不属于应承担保修责任的质量缺陷引起。②第一审将女儿墙开裂视为质量缺陷是错误的。开裂是现象而不是质量缺陷，女儿墙开裂只是一种现象，只有施工方原因造成质量缺陷引起的现象才属于保修责任范围。鉴定报告1第11页明确女儿墙开裂是环境因素作用，完全不涉及质量问题。

2) 第一审未适用合同法第一百一十九条等相关规定确定 A 公司的减损责任。《合同法》第一百一十九条规定，当事人一方违约后，对方应当采取适当措施防止损失的扩大，没有采取适当措施致使损失扩大的，不得就扩大的损失要求赔偿。本案所涉项目自 2013 年 12 月保修期届满至今已5年多，其间 A 公司对于 B 公司的态度是明了的，如确实存在需由 B 公司承担的维修责任，A 公司可以也应该自行维修，以避免损失的扩大。若 A 公司没有采取适当措施避免损失扩大，其不得就扩大的损失要求赔偿。

(6) 第一审判决造成事实上的不公并破坏法律制度的价值

1) 案涉工程已竣工验收合格且交付使用多年，现已超出保修期5年多，维修责任早已转移至 A 公司。现第一审判决不区分保修对象、保修范围、保修期限，将全部责任均判由 B 公司承担，实体处理明确错误。

2) 保修期之内因质量缺陷引起的问题由施工方承担，保修期满之后的所有问题均由建设方承担，而第一审判决突破保修期限的限制，将维修责任期间无限延长，将施工方的责任无限扩大显然破坏了房屋建筑保修制度的法律价值。

上诉人 A 公司针对上诉人 B 公司的上诉辩称：

1) 浙江省高院（2015）浙民终字第4号案件，即案涉工程的实际施工人起诉 B 公司及 A 公司支付工程款的案件，并不是 A 公司诉请要求 B 公司承担维修责任。

2) 关于保修金的问题。保修金即使退还，也不影响承担维修责任的法律义务。

3) 关于连廊、女儿墙是否维修的问题，已经有鉴定机构做出了专业判断，鉴定报告也做出了维修方案，第一审判决也对维修问题做出了说明，不存在剥夺 B 公司维修权的说法。至于其他上诉人 A 公司已在上诉中予以陈述。

A 公司向第一审法院起诉请求：①判令被告立即履行工程质量保修义务，在合理期限内

(具体工程修复期限以鉴定为准)修复其承建工程出现的质量问题;②被告未在上述合理期限内完成工程质量保修义务的,被告应支付修复费用21776739元;③被告支付已产生的维修费用143130元;④诉讼费由被告承担。

第一审法院认定事实:2011年5月8日,A公司与B公司签订了一份建设工程施工合同,约定工程内容为施工图范围内的土建、安装、消防、钢结构、内外装饰及附属工程等以及道路、管网工程,开工时间为2011年5月16日,合同工期为120天。合同还约定工程质量保证金为结算价的5%,在保证质量没有问题的前提下,1年后付至98%,2年后全部付清;工程保修为全部合同工程竣工后,仍由承包方对工程质量实施保修,保修责任和办法按建设部《建设工程质量管理条例》及相关文件执行。同时,签订工程质量保修书一份,约定质保范围包括地基基础工程、主体结构、屋面防水工程和双方约定的其他土建工程,以及电气管线、上下水管线安装,供热、供冷系统工程等,保修内容双方约定为工程量清单内所有工程项目及变更增加项目。质保期从工程实际竣工之日起算,地基基础和主体工程为设计文件规定的该工程的合理使用年限,装修工程为2年,屋面及有防水要求的卫生间、房间和外墙面的防渗漏防水工程为5年,电气管线、给水排水管道、设备安装工程为2年,供热及供冷为2个采暖期及供冷期,给水排水设施、道路等附属工程为2年。属保修项目的,被告在接到通知之日起7日内派人维修。承包人不在约定期限内派人修理,发包人可委托其他人员修理,保修费用从质量保险金内扣除。为了办理施工许可证,2011年6月13日云和县建设局组织云和商贸城一期工程邀请招标,并于2011年6月21日向被告发出中标通知书,2011年6月23日,双方再签订了一份建设工程施工合同作为备案合同,合同价款为中标价92989743.44元。此外,原、被告双方又于2011年6月28日、2011年12月8日和2012年1月8日,分别签订了《物流城新增厕所、大门围墙工程合同》《云和商贸城物流城土方外运合同》和《云和商贸物流城围墙工程》三份合同。2011年12月6日,云和商贸城一期工程通过了竣工验收,于2012年1月8日实际交付使用。

2012年6月24日,案涉工程实际施工人周建军以原、被告未付清工程款为由向绍兴市中院提起诉讼,案经第一审、第二审及重审,浙江省高院于2015年6月10日做出(2015)浙民终字第4号民事判决书,认定原、被告在确定招标前已就案涉工程的投标价、投标方案等实质性内容进行了谈判,违反了法律强制性规定,故两份建设工程施工合同均无效。并认定5月8日的合同为当事人实际履行合同作为确定双方权利义务关系的依据做出了判决。同时认为案涉工程保修期已满,A公司(原告)未提供证据证明案涉工程主体部分、配套道路、管网及其他部分存在质量问题,故判决案涉工程的质量保修金也一并予以退还。

【法院观点】

第一审法院认为,(2015)浙民终字第4号民事判决书认定在案涉工程保修期已届满的情况下,因原告未提供案涉工程存在质量问题的证据,并据此判令原告退还了保修金,该判决系针对建设工程施工合同主合同权利义务关系的认定和处理,保修金的退还并不必然导致被告维修责任的免除,且原告在该案中并未行使诉权。故被告关于本案存在一事二审的辩解,依据不足。据相关的法律规定及双方保修书的约定,施工方对建设工程竣工后保修期内产生的缺陷应承担维修责任或承担维修费用，鉴于案涉工程双方对保修责任存在争议致长期均未对案涉工程进行维修，且维修期限受很多因素的影响，重新鉴定也增加了诉讼费用和拖延了诉讼，故原告关于重新鉴定维修期限并要求被告在合理的期限内修复的主张，不予支持。被告的维修责任宜以直接支付修复费用的方式承担。其中，被告选材不当、施工不规范致钢连廊锈蚀，女儿墙的在保修期内因环境因素作用引起开裂，该缺陷自保修期内出现后的长时间里，被告长期未履行修复义务致女儿墙毁损，应由被告承担全部的修复费用。原告在保修期内自行组织修复支付的费用，按原告的联系函中自述的43000元认定。原告的其他诉求，依据不足，不予支持。为此，依照《建筑法》第六十二条、《建设工程质量管理条例》第四十一条、最高人民法院《关于审理建设工程施工合同纠纷案件适用法律问题的解释》第二十七条第一款的规定，判决：①被告B建设集团有限公司于判决生效后1个月内支付给原告A开发有限公司维修费用计人民币43000元。②被告B建设集团有限公司于判决生效后1个月内支付给原告A开发有限公司继续维修所需的费用计人民币4112046元。③驳回原告A开发有限公司的其他诉讼请求。案件受理费151399元，司法鉴定费1281000元（原告预交），鉴定人出庭费用4000元（被告预交），计人民币1436399元。由原告负担1166399元，被告负担270000元。

第二审中，上诉人B公司提交了一份证据，即照片一组，待证：①大部分连廊未发生锈蚀；②大部分女儿墙未发生开裂。上诉人A公司质证认为，该证据不属于第二审新证据，且该组照片不能反映现场的真实情况，工程检测报告中显示连廊生锈和女儿墙开裂是十分严重的。本院对该证据认定如下，该证据不能证明上诉人所要待证的事实，本院不予采信。

经审理，第二审查明的事实与第一审法院查明的事实一致。

第二审法院认为，案涉工程已经竣工验收合格，且双方已经就工程款等问题进行了诉讼，现上诉人A公司主张上诉人B公司承担保修责任，其应当举证证明其所主张的质量问题系在保修期内产生且B公司未履行维修义务。但从浙江新世纪工程检测有限公司出具的鉴定报告来看，上诉人A公司所主张的几项问题，除连廊生锈问题外，均存在依据不足的情况。关于市场消防及生活给水系统漏水维修责任问题，鉴定报告表述为"渗水可能是形成控制柜更换的原因之一"，第一审认定不属于B公司的保修责任，并无不当，本院予以维持。关于由于雨水口设置少于设计数量导致市场积水问题的问题和广场地面沉降、广场雨花石修复的问题，鉴定报告表述为未按设计施工，但本案工程已经竣工验收且双方已进行了工程款结算，现上诉人A公司以质量不符合约定主张权利，依据不足，本院不予支持。关于仓储钢柱及屋顶生锈、市场外墙面（女儿墙）开裂修复、市场楼梯间墙面开裂修复等问题，鉴定报告除了认定该几项问题"时间节点无判定条件"外，也认定该几项问题存在环境因素作用，上诉人A公司提交的其他证据也不足以证明女儿墙开裂修复是保修期内产生及是B公司的维修责任，应承担举证不能的不利后果，第一审认定由上诉人B公司承担全部女儿墙开裂修复责任存在不当，本院予以纠正。关于连廊生锈问题，上诉人B公司虽提出异议，但涂料选型及涂层厚度不符合设计规范要求系产生锈蚀的直接原因，且保修期内已经出现，考虑到锈蚀产生的原因力及相关维修费用，第一审法院认定上诉人B公司承担全部的维修责任764711元过高，第二审法院予以调整，酌定由B公司承担40万元的维修费用。上诉人B公司主张其履行维修义务而非承担维修费，第一审考虑双方对保修问题已经多次协商仍未妥善解决的实际情况，判决其承担维修费用并无不当，对其该主张，本院不予支持。经审查，第一审不存在程序严重违法情形。另外，关于上诉人 A 公司在保修期内自行维修所支付的费用，其所出具的工程维修联系函载明已产生的维修费用系 34000 元，第一审认定为 43000 元有误，本院予以纠正，上诉人 A 公司主张的其他维修费用依据不足，本院不予支持。综上，上诉人 A 公司的上诉请求不能成立，应予驳回；上诉人 B 公司的上诉请求部分成立，成立部分本院予以支持。本院依照最高人民法院《关于审理建设工程施工合同纠纷案件适用法律问题的解释》第二十七条第一款、《民事诉讼法》第一百七十条第一款第（二）项的规定，判决如下：

1）撤销一审民事判决。

2）上诉人 B 建设集团有限公司于判决生效后一个月内支付给上诉人 A 开发有限公司已产生的维修费用计人民币 34000 元。

3）上诉人 B 建设集团有限公司于判决生效后一个月内支付给上诉人 A 开发有限公司继续维修所需的费用计人民币 400000 元。

4）驳回上诉人 A 开发有限公司的其他诉讼请求。

## 【案例7】 A 公司与 B 公司建设工程施工合同纠纷案

### 【案情介绍】

因建设工程施工合同纠纷，B 公司起诉 A 公司。A 公司反诉，要求 B 公司赔偿 A 公司因工程质量不合格造成的经济损失。第一审和第二审法院均认为：B 公司所施工的工程未经验收，A 公司便擅自接收使用，依据《建设工程施工合同》第二部分通用条款第 32.8 条关于"工程未经竣工验收或竣工验收未通过的，发包人不得使用。发包人强行使用时，由此发生的质量问题及其他问题，由发包人承担责任"的规定和《最高人民法院关于审理建设工程施工合同纠纷案件适用法律问题的解释》第十三条关于"建筑工程未经竣工验收，发包人擅自使用后，又以使用部分质量不符合约定为由主张权利的，不予支持"的规定，A 公司擅自使用了涉案工程，其再以工程质量存在问题主张损失，不符合合同约定和司法解释的规定，第一和第二审法院不予支持。A 公司申请再审。

### 【案例评析】

B 公司所施工的工程未经验收，A 公司便擅自接收使用，依据《建设工程施工合同》第二部分通用条款第 32.8 条关于"工程未经竣工验收或竣工验收未通过的，发包人不得使用。发包人强行使用时，由此发生的质量问题及其他问题，由发包人承担责任"的规定和《最高人民法院关于审理建设工程施工合同纠纷案件适用法律问题的解释》第十三条关于"建筑工程未经竣工验收，发包人擅自使用后，又以使用部分质量不符合约定为由主张权利的，不予支持"的规定，A 公司擅自使用了涉案工程，其再以工程质量存在问题主张损失，不符合合同约定和司法解释的规定。

## 复 习 题

1. 作建筑业企业资质序列的关系示图。
2. 工程分包与转包的区别有哪些？
3. 挂靠的含义是什么？有哪些主要表现？
4. 转包的含义是什么？有哪些主要表现？
5. 违法分包的含义是什么？有哪些主要表现？
6. 违法发包有哪些表现形式？
7. 简述建筑安装工程费用项目的组成。
8. 办理建筑工程施工许可证的条件有哪些？
9. 建设单位和施工单位有哪些工程质量责任和义务？
10. 建设单位和施工单位有哪些安全生产责任？
11. 工程竣工验收的条件有哪些？
12. 简述工程总承包的概念。工程总承包与施工总承包有什么区别？
13. 案例分析：2002年6月份，赵先生与某开发商签订了商品房买卖合同一份。合同约定赵先生购买某开发商开发的商品房一套，开发商应当在2002年10月1日前将经验收合格的商品房交付给赵先生使用。合同签订后，赵先生按约定付清了全部房款。2002年9月30日开发商通知赵先生办理收屋手续，赵先生要求开发商出示建筑工程质量监督机构出具的竣工验收备案证。开发商声称，赵先生所购房屋已经竣工验收合格，有开发商会同勘察、设计、施工、工程监理等单位制作的工程竣工验收报告为证，但尚未取得竣工验收备案证。赵先生认为，房屋竣工验收的标志是建筑工程质量监督机构出具的竣工验收备案证，开发商未取得该证书，即表明所购房屋尚未竣工验收，不具备交付使用的条件，购房者有权拒绝收屋，并追究开发商逾期交房的违约责任。在多次协商未果的情况下，赵先生将开发商告上了法庭，要求开发商支付逾期交房违约金。

问：本案应如何处理？说明法律依据。

# 第 6 章 招标投标法

按照《建筑法》规定，工程发包的最主要方式就是招标发包。通过招标、投标，中标后发包人与承包人签订工程承包合同，可见，招标、投标也是工程合同签订的主要方式。工程招标、投标是一个很复杂的过程，涉及的法律规定和法律问题也比较多，我国制定颁布了关于招标投标的法律、条例和大量部门规章，本章专门介绍招标投标法的主要内容。

## 6.1 招标投标法概述

### 6.1.1 招标投标的概念

招标投标，是在市场经济条件下进行货物、工程和服务采购时，市场主体通过有序竞争，达成交易的一种方式，是规范选择交易主体和订立交易合同的法律程序。

所谓"采购"，是指采购主体基于消费、生产或者转售等目的，有偿获取资源的经济活动。根据采购的主体不同，可分为个人采购、企业采购、政府采购等。根据支付对价的方式不同，可分为购买、租赁、委托、雇佣等。根据采购标的物的属性不同，可分为工程采购、货物采购、服务采购。

采购的方式有很多，其中最主要的就是招标方式。工程发包也属于采购的内容，其最主要的方式也是招标发包。

具体来说，招标投标就是采购方作为招标方，通过发布招标公告或投标邀请书等方式，发出采购信息，提出招标采购条件；投标方投标，招标方从中择优选定中标人，并与其订立合同。其特征主要是引入竞争机制以求达成协议。

招标投标是规范选择合同交易对象和标的，订立交易合同的过程。招标人发出的招标公告和招标文件没有价格要素，属于要约邀请；投标人向招标人递交的投标文件属于要约；招标人向中标人发出的中标通知书属于承诺。合同是招标决策的结果。

按照特别法优于一般法的原则，以招标方式订立合同的，交易双方应遵守《招标投标法》的特别规定。特别是招标人发出中标通知书后，招标人和中标人订立书面合同时，不得自行改变价格、质量、工期和付款等中标合同的实质内容。

### 6.1.2 历史发展及立法

采用招标投标的交易方式在国外已有 200 多年的历史。我国采用的比较晚，从 20 世纪 80 年代初开始实行。先后在利用国外贷款、机电设备进口、建设工程发包、科研课题分配、出口商品配额分配等领域推行。

从建设领域看，1982年开始的鲁布革引水工程（位于云贵交界的黄泥河上，水电站项目）是新中国成立以来第一次采用国际招标投标的工程。受到该工程招标投标的冲击，我国开始进行工程招标投标的试点工作，1983年，城乡建设环境保护部发布了《建筑安装工程招标投标试行办法》。从1992年后大力推行。

从1992年至今，立法逐步完善，1999年8月30日《招标投标法》通过，2000年1月1日生效，从此招标投标进入依法进行的全面实施的新阶段。

2007年，人事部、国家发改委颁发了《招标采购专业技术人员职业水平评价暂行规定》和《招标师职业水平考试实施办法》，正式确立了招标采购专业技术人员职业水平评价制度，首次系统整合了招标采购知识能力结构体系。2013年3月4日，人力资源和社会保障部和国家发改委根据《招标投标法实施条例》发布了新的《招标师职业资格制度暂行规定》和《招标师职业资格考试实施办法》，2007年两文件同时废止。2014年6月国家发改委发布了《招标师注册执业管理办法》，2014年10月1日生效。2016年6月8日发布了《国务院关于取消一批职业资格许可和认定事项的决定》，取消了招标师的职业资格许可和认定。

招标采购专业教育得到了很大的发展。2011年，中国招标投标协会与北京建筑大学合作开展了招标采购方向本科生的培养工作，组建了招标采购专业建设委员会，完成了公共事业管理招标采购方向本科生培养计划及课程设计工作，并应用于2010～2013级本科生的培养。该专业目前是全国第一个设置"招标采购方向"的普通高校本科专业。在合作培养专业人才的过程中，协会组织专家编写了"建设项目概论""招标采购理论基础"等课程教材，并请相关专家为学生授课。该专业就业去向包括：到企事业单位从事采购和招标投标业务管理工作；到招标代理机构从事招标代理工作；到建设与房地产企业从事工程招标投标工作；到政府部门从事政府采购管理工作；到工程咨询机构从事招投标工作。

2011年11月30日，国务院通过《招标投标法实施条例》（简称《实施条例》），2012年2月1日起实施。除《招标投标法》及《实施条例》外，国家相关部委颁布了大量的招标投标规章。2019年12月3日，国家发改委发布《招标投标法》修订草案征求意见稿。2019年12月19日，住房和城乡建设部颁布《关于进一步加强房屋建筑和市政基础设施工程招标投标监管的指导意见》。

目前，我国现行有效的招标投标法律法规、规章有：

1）2000年1月1日生效的《招标投标法》（2017年修正）。

2）2012年2月1日生效的《招标投标法实施条例》（2019年修订）（简称《招标投标法实施条例》）。

3）2018年6月1日生效的国家发改委《必须招标的工程项目规定》。

4）2018年1月1日生效的《招标公告和公示信息发布管理办法》。

5）2000年7月1日生效的《工程建设项目自行招标试行办法》（2013年修订）。

6）2001年6月18日生效的《工程建设项目可行性研究报告增加招标内容和核准招标事项暂行规定》（2013年修订）。

7）2003年4月1日生效的《评标专家和评标专家库管理暂行办法》（2013年修订）。
8）2004年8月1日生效的《工程建设项目招标投标活动投诉处理办法》（2013年修订）。
9）2001年7月5日生效的《评标委员会和评标方法暂行规定》（2013年修订）。
10）2003年5月1日生效的《工程建设项目施工招标投标办法》（2013年修订）。
11）2005年3月1日生效的《工程建设项目货物招标投标办法》（2013年修订）。
12）2003年8月1日生效的《工程建设项目勘察设计招标投标办法》（2013年修订）。
13）2014年4月1日生效的《机电产品国际招标投标实施办法（试行）》。
14）2013年5月1日生效的《电子招标投标办法》。
15）2001年6月1日生效的《房屋建筑和市政基础设施工程施工招标投标管理办法》（2019年修订）。
16）2017年5月1日生效的《建筑工程设计招标投标管理办法》。
17）2003年8月1日生效的《工程建设项目勘察设计招标投标办法》（2013年修订）。
18）2007年11月1日发布的《标准施工招标资格预审文件和标准施工招标文件暂行规定》（2013年修订）。

此外，在政府采购中主要的方式也是招标采购，涉及政府采购主要法规有2003年1月1日生效的《中华人民共和国政府采购法》（简称《政府采购法》）（2014年修正）；2015年3月1日生效的《政府采购法实施条例》；2004年9月11日生效的《政府采购信息公告管理办法》；2017年10月1日生效的《政府采购货物和服务招标投标管理办法》；2004年9月11日生效的《政府采购供应商投诉处理办法》；2014年2月1日生效的《政府采购非招标采购方式管理办法》等。

本章后续将以招标投标活动的不同阶段来介绍每个阶段的主要法律规定，主要包括招标、投标、开标、评标、中标等。

## 6.2 招标

### 6.2.1 强制招标的范围

根据《招标投标法》第三条规定，在中华人民共和国境内进行下列工程建设项目包括项目的勘察、设计、施工、监理以及与工程建设有关的重要设备、材料等的采购，必须进行招标：①大型基础设施、公用事业等关系社会公共利益、公众安全的项目；②全部或者部分使用国有资金投资或者国家融资的项目；③使用国际组织或者外国政府贷款、援助资金的项目。上述项目的具体范围和规模标准，由国务院发展计划部门会同国务院有关部门制定，报国务院批准。法律或者国务院对必须进行招标的其他项目的范围有规定的，依照其规定。

根据《招标投标法实施条例》，工程建设项目，是指工程以及与工程建设有关的货物、服务。工程，是指建设工程，包括建筑物和构筑物的新建、改建、扩建及其相关的装修、拆除、修缮等。与工程建设有关的货物，是指构成工程不可分割的组成部分，且为实现工程基本功能所必需的设备、材料等。关于"不可分割""基本功能"，需要与工程同步整体设计、施工的货物，就属于与工程建设有关的货物，可以与工程分别设计、施工或者不需要设计、施工的货物属于与工程建设无关的货物。与工程建设有关的服务，是指为完成工程所需的勘察、设计、监理等服务。

《招标投标法实施条例》的规定,是为更好地处理《招标投标法》与《政府采购法》的关系。《政府采购法》规定,在中华人民共和国境内进行的政府采购适用本法。本法所称政府采购,是指各级国家机关、事业单位和团体组织,使用财政性资金采购依法制定的集中采购目录以内的或者采购限额标准以上的货物、工程和服务的行为。政府集中采购目录和采购限额标准依照本法规定的权限制定。采购,是指以合同方式有偿取得货物、工程和服务的行为,包括购买、租赁、委托、雇用等。货物,是指各种形态和种类的物品,包括原材料、燃料、设备、产品等。工程,是指建设工程,包括建筑物和构筑物的新建、改建、扩建、装修、拆除、修缮等。服务,是指除货物和工程以外的其他政府采购对象。由于《政府采购法》定义的"工程"与《招标投标法》第三条规定的"工程建设项目"在用语上不同,加之《招标投标法》没有对"工程建设项目"做出定义,实践中出现了利用两部法律概念术语的不统一来规避法律的现象。原来,与政府采购工程有关的货物和服务的招标投标活动应适用哪一部法律,缺乏明确规定。

关于工程建设项目招标范围和规模标准的规定,国家计委于 2000 年发布了《工程建设项目招标范围和规模标准规定》。2018 年 3 月 8 日,国务院批准了国家发改委《必须招标的工程项目规定》,自 2018 年 6 月 1 日起施行,《工程建设项目招标范围和规模标准规定》同时废止。2018 年 6 月 6 日,国家发改委发布了《必须招标的基础设施和公用事业项目范围规定》。

根据《必须招标的工程项目规定》《必须招标的基础设施和公用事业项目范围规定》,全部或者部分使用国有资金投资或者国家融资的项目包括:①使用预算资金 200 万元人民币以上,并且该资金占投资额 10% 以上的项目;②使用国有企业事业单位资金,并且该资金占控股或者主导地位的项目。使用国际组织或者外国政府贷款、援助资金的项目包括:①使用世界银行、亚洲开发银行等国际组织贷款、援助资金的项目;②使用外国政府及其机构贷款、援助资金的项目。不属于上述两类情形的大型基础设施、公用事业等关系社会公共利益、公众安全的项目,必须招标的具体范围包括:①煤炭、石油、天然气、电力、新能源等能源基础设施项目;②铁路、公路、管道、水运,以及公共航空和 A1 级通用机场等交通运输基础设施项目;③电信枢纽、通信信息网络等通信基础设施项目;④防洪、灌溉、排涝、引(供)水等水利基础设施项目;⑤城市轨道交通等城建项目。

上述范围内的项目,其勘察、设计、施工、监理以及与工程建设有关的重要设备、材料等的采购达到下列标准之一的,必须招标:

1)施工单项合同估算价在 400 万元人民币以上。
2)重要设备、材料等货物的采购,单项合同估算价在 200 万元人民币以上。
3)勘察、设计、监理等服务的采购,单项合同估算价在 100 万元人民币以上。

同一项目中可以合并进行的勘察、设计、施工、监理以及与工程建设有关的重要设备、材料等的采购,合同估算价合计达到前款规定标准的,必须招标。

## 6.2.2 可以不进行招标的情况

《招标投标法》第六十六条规定,涉及国家安全、国家秘密、抢险救灾或者属于利用扶贫资金实行以工代赈、需要使用农民工等特殊情况,不适宜进行招标的项目,按照国家有关规定可以不进行招标。

《招标投标法实施条例》第九条规定，除招标投标法第六十六条规定的可以不进行招标的特殊情况外，有下列情形之一的，可以不进行招标：

1）需要采用不可替代的专利或者专有技术。
2）采购人依法能够自行建设、生产或者提供。
3）已通过招标方式选定的特许经营项目投资人依法能够自行建设、生产或者提供。
4）需要向原中标人采购工程、货物或者服务，否则将影响施工或者功能配套要求。
5）国家规定的其他特殊情形。

招标人为适用上述规定弄虚作假的，属于招标投标法第四条规定的规避招标。

## 6.2.3 招标方式

根据《招标投标法》规定，招标分为公开招标和邀请招标。

**1. 公开招标**

公开招标，是指招标人以招标公告的方式邀请不特定的法人或者其他组织投标。招标人采用公开招标方式的，应当发布招标公告。依法必须进行招标的项目的招标公告，应当通过国家指定的报刊、信息网络或者其他媒介发布。招标公告应当载明招标人的名称和地址、招标项目的性质、数量、实施地点和时间以及获取招标文件的办法等事项。

国务院发展计划部门确定的国家重点项目和省、自治区、直辖市人民政府确定的地方重点项目，国有资金占控股或者主导地位的依法必须进行招标的项目，应当公开招标。

**2. 邀请招标**

邀请招标，是指招标人以投标邀请书的方式邀请特定的法人或者其他组织投标。招标人采用邀请招标方式的，应当向3个以上具备承担招标项目的能力、资信良好的特定的法人或者其他组织发出投标邀请书。投标邀请书应当载明的事项同招标公告。

国务院发展计划部门确定的国家重点项目和省、自治区、直辖市人民政府确定的地方重点项目不适宜公开招标的，经国务院发展计划部门或者省、自治区、直辖市人民政府批准，可以进行邀请招标。国有资金占控股或者主导地位的依法必须进行招标的项目，有下列情形之一的，可以邀请招标：①技术复杂、有特殊要求或者受自然环境限制，只有少量潜在投标人可供选择；②采用公开招标方式的费用占项目合同金额的比例过大。

非依法必须公开招标的项目，由招标人自主确定是公开招标还是邀请招标。

## 6.2.4 资格审查

根据《招标投标法》，招标人可以根据招标项目本身的要求，在招标公告或者投标邀请书中，要求潜在投标人提供有关资质证明文件和业绩情况，并对潜在投标人进行资格审查；国家对投标人的资格条件有规定的，依照其规定。招标人不得以不合理的条件限制或者排斥潜在投标人，不得对潜在投标人实行歧视待遇。根据《招标投标法实施条例》第三十二条规定，招标人不得以不合理的条件限制、排斥潜在投标人或者投标人。招标人有下列行为之一的，属于以不合理条件限制、排斥潜在投标人或者投标人：

1）就同一招标项目向潜在投标人或者投标人提供有差别的项目信息。

2）设定的资格、技术、商务条件与招标项目的具体特点和实际需要不相适应或者与合同履行无关。

3）依法必须进行招标的项目以特定行政区域或者特定行业的业绩、奖项作为加分条件或者中标条件。

4）对潜在投标人或者投标人采取不同的资格审查或者评标标准。

5）限定或者指定特定的专利、商标、品牌、原产地或者供应商。

6）依法必须进行招标的项目非法限定潜在投标人或者投标人的所有制形式或者组织形式。

7）以其他不合理条件限制、排斥潜在投标人或者投标人。

关于资格审查的分类，以施工招标为例，《工程建设项目施工招标投标办法》规定，资格审查分为资格预审和资格后审。

1）资格预审。资格预审是指在投标前对潜在投标人进行的资格审查。采取资格预审的，招标人应当发布资格预审公告。资格预审公告适用本办法第十三条、第十四条有关招标公告的规定。采取资格预审的，招标人应当在资格预审文件中载明资格预审的条件、标准和方法。招标人不得改变载明的资格条件或者以没有载明的资格条件对潜在投标人或者投标人进行资格审查。

经资格预审后，招标人应当向资格预审合格的潜在投标人发出资格预审合格通知书，告知获取招标文件的时间、地点和方法，并同时向资格预审不合格的潜在投标人告知资格预审结果。资格预审不合格的潜在投标人不得参加投标。

通过资格预审的申请人少于 3 个的，应当重新招标。

2）资格后审。资格后审是指在开标后对投标人进行的资格审查。

采取资格后审的，招标人应当在招标文件中载明对投标人资格要求的条件、标准和方法。经资格后审不合格的投标人的投标应予否决。

进行资格预审的，一般不再进行资格后审，但招标文件另有规定的除外。

## 6.2.5 招标文件

《招标投标法》规定，招标人应当根据招标项目的特点和需要编制招标文件。招标文件应当包括招标项目的技术要求、对投标人资格审查的标准、投标报价要求和评标标准等所有实质性要求和条件以及拟签订合同的主要条款。

国家对招标项目的技术、标准有规定的，招标人应当按照其规定在招标文件中提出相应要求。招标项目需要划分标段、确定工期的，招标人应当合理划分标段、确定工期，并在招标文件中载明。

关于招标文件文本，2002 年 11 月 21 日，建设部发布了《房屋建筑和市政基础设施工程施工招标文件范本》，2003 年 1 月 1 日实施；2007 年 11 月 1 日，国家发改委等部门发布了新范本《标准施工招标资格预审文件》《标准施工招标文件》；2010 年发布了《房屋建筑和市政工程标准施工招标资格预审文件》（2010 版本）和《房屋建筑和市政工程标准施工招标文件》（2010 年版本）等。

关于招标文件主要法律规定有：

1）招标文件不得要求或者标明特定的生产供应者以及含有倾向或者排斥潜在投标人的其他内容。

2）招标人对已发出的招标文件进行必要的澄清或者修改的，应当在招标文件要求提交投标文件截止时间至少15日前，以书面形式通知所有招标文件收受人。该澄清或者修改的内容为招标文件的组成部分。

《招标投标法实施条例》进一步明确，招标人可以对已发出的资格预审文件或者招标文件进行必要的澄清或者修改。澄清或者修改的内容可能影响资格预审申请文件或者投标文件编制的，招标人应当在提交资格预审申请文件截止时间至少3日前，或者投标截止时间至少15日前，以书面形式通知所有获取资格预审文件或者招标文件的潜在投标人；不足3日或者15日的，招标人应当顺延提交资格预审申请文件或者投标文件的截止时间。

3）公开招标的项目，应当依照招标投标法和实施条例的规定发布招标公告、编制招标文件。

依法必须进行招标的项目的资格预审公告和招标公告，应当在国务院发展改革部门依法指定的媒介发布。在不同媒介发布的同一招标项目的资格预审公告或者招标公告的内容应当一致。指定媒介发布依法必须进行招标的项目的境内资格预审公告、招标公告，不得收取费用。

4）编制依法必须进行招标的项目的资格预审文件和招标文件，应当使用国务院发展改革部门会同有关行政监督部门制定的标准文本。

5）招标人应当按照资格预审公告、招标公告或者投标邀请书规定的时间、地点发售资格预审文件或者招标文件。资格预审文件或者招标文件的发售期不得少于5日。招标人发售资格预审文件、招标文件收取的费用应当限于补偿印刷、邮寄的成本支出，不得以营利为目的。

6）潜在投标人或者其他利害关系人对资格预审文件有异议的，应当在提交资格预审申请文件截止时间2日前提出；对招标文件有异议的，应当在投标截止时间10日前提出。招标人应当自收到异议之日起3日内做出答复；做出答复前，应当暂停招标投标活动。

7）招标人编制的资格预审文件、招标文件的内容违反法律、行政法规的强制性规定，违反公开、公平、公正和诚实信用原则，影响资格预审结果或者潜在投标人投标的，依法必须进行招标的项目的招标人应当在修改资格预审文件或者招标文件后重新招标。

8）招标人对招标项目划分标段的，应当遵守招标投标法的有关规定，不得利用划分标段限制或者排斥潜在投标人。依法必须进行招标的项目的招标人不得利用划分标段规避招标。

9）招标人应当在招标文件中载明投标有效期。投标有效期从提交投标文件的截止之日起算。投标有效期是指招标文件规定的，以保证招标人有足够的时间完成评标和与中标人订立合同的有效期，从提交投标文件截止日起算。

10）对技术复杂或者无法精确拟定技术规格的项目，招标人可以分两阶段进行招标。第一阶段，投标人按照招标公告或者投标邀请书的要求提交不带报价的技术建议，招标人根据投标人提交的技术建议确定技术标准和要求，编制招标文件。第二阶段，招标人向在第一阶段提交技术建议的投标人提供招标文件，投标人按照招标文件的要求提交包括最终技术方案和投标报价的投标文件。招标人要求投标人提交投标保证金的，应当在第二阶段提出。

11）招标人终止招标的，应当及时发布公告，或者以书面形式通知被邀请的或者已经获取资格预审文件、招标文件的潜在投标人。已经发售资格预审文件、招标文件或者已经收取投标保证金的，招标人应当及时退还所收取的资格预审文件、招标文件的费用，以及所收取的投标保证金及银行同期存款利息。

### 6.2.6 标底与最高投标限价

招标人可以自行决定是否编制标底。一个招标项目只能有一个标底。标底必须保密。接受委托编制标底的中介机构不得参加受托编制标底项目的投标，也不得为该项目的投标人编制投标文件或者提供咨询。

招标人设有最高投标限价的，应当在招标文件中明确最高投标限价或者最高投标限价的计算方法。招标人不得规定最低投标限价。

## 6.3 投标

### 6.3.1 投标文件

《招标投标法》第二十七条规定，投标人应当按照招标文件的要求编制投标文件。投标文件应当对招标文件提出的实质性要求和条件做出响应。

招标项目属于建设施工的，投标文件的内容应当包括拟派出的项目负责人与主要技术人员的简历、业绩和拟用于完成招标项目的机械设备等。

实质性要求和条件主要有工期、质量、技术要求等。上述内容明确了投标文件编制的三点基本要求。

**1. 投标文件的内容和范本**

以工程建设项目施工投标文件为例，2003年5月1日起实施的、工业和信息化部、财政部等7部委颁布的《工程建设项目施工招标投标办法》（2013年修订）规定，投标文件一般包括下列内容：

1）投标函。
2）投标报价。
3）施工组织设计。
4）商务和技术偏差表。

投标人根据招标文件载明的项目实际情况，拟在中标后将中标项目的部分非主体、非关键性工作进行分包的，应当在投标文件中载明。

在国家颁布的招标文件标准或示范文本中，都有投标文件的内容和格式要求。以2007年标准施工招标文件为例，投标文件应包括下列内容：

1）投标函及投标函附录。
2）法定代表人身份证明或附有法定代表人身份证明的授权委托书。
3）联合体协议书（适用联合体投标）。
4）投标保证金。
5）已标价工程量清单。

6）施工组织设计。
7）项目管理机构。
8）拟分包项目情况表。
9）资格审查资料。
10）投标人须知前附表规定的其他材料。

**2. 编制时间**

招标人应当确定投标人编制投标文件所需要的合理时间,但是,依法必须进行招标的项目,自招标文件开始发出之日起至投标人提交投标文件截止之日止,最短不得少于 20 日。

**3. 投标文件的提交**

投标人应当在招标文件要求提交投标文件的截止时间前,将投标文件送达投标地点。招标人收到投标文件后,应当签收保存,不得开启。投标人少于 3 个的,招标人应当依照《招标投标法》重新招标。在招标文件要求提交投标文件的截止时间后送达的投标文件,招标人应当拒收。

**4. 投标文件的补充、修改、撤回**

投标人在招标文件要求提交投标文件的截止时间前,可以补充、修改或者撤回已提交的投标文件,并书面通知招标人。补充、修改的内容为投标文件的组成部分。

### 6.3.2 投标保证金

招标人在招标文件中要求投标人提交投标保证金的,投标保证金不得超过招标项目估算价的 2%。投标保证金有效期应当与投标有效期一致。依法必须进行招标的项目的境内投标单位,以现金或者支票形式提交的投标保证金应当从其基本账户转出。招标人不得挪用投标保证金。

### 6.3.3 联合投标

两个以上法人或者其他组织可以组成一个联合体,以一个投标人的身份共同投标。

联合体各方均应当具备承担招标项目的相应能力;国家有关规定或者招标文件对投标人资格条件有规定的,联合体各方均应当具备规定的相应资格条件。由同一专业的单位组成的联合体,按照资质等级较低的单位确定资质等级。

联合体各方应当签订共同投标协议,明确约定各方拟承担的工作和责任,并将共同投标协议连同投标文件一并提交招标人。联合体中标的,联合体各方应当共同与招标人签订合同,就中标项目向招标人承担连带责任。

招标人不得强制投标人组成联合体共同投标,不得限制投标人之间的竞争。招标人应当在资格预审公告、招标公告或者投标邀请书中载明是否接受联合体投标。招标人接受联合体投标并进行资格预审的,联合体应当在提交资格预审申请文件前组成。资格预审后联合体增减、更换成员的,其投标无效。联合体各方在同一招标项目中以自己名义单独投标或者参加其他联合体投标的,相关投标均无效。

### 6.3.4 投标禁止规定

根据《招标投标法》的规定,投标人不得相互串通投标报价,不得排挤其他投标人的公平竞争，损害招标人或者其他投标人的合法权益。投标人不得与招标人串通投标，损害国家利益、社会公共利益或者他人的合法权益。禁止投标人以向招标人或者评标委员会成员行贿的手段谋取中标。

投标人不得以低于成本的报价竞标，也不得以他人名义投标或者以其他方式弄虚作假，骗取中标。

**1. 投标人串通投标的表现形式**

有下列情形之一的，属于投标人相互串通投标：

1）投标人之间协商投标报价等投标文件的实质性内容。
2）投标人之间约定中标人。
3）投标人之间约定部分投标人放弃投标或者中标。
4）属于同一集团、协会、商会等组织成员的投标人按照该组织要求协同投标。
5）投标人之间为谋取中标或者排斥特定投标人而采取的其他联合行动。

有下列情形之一的，视为投标人相互串通投标：

1）不同投标人的投标文件由同一单位或者个人编制。
2）不同投标人委托同一单位或者个人办理投标事宜。
3）不同投标人的投标文件载明的项目管理成员为同一人。
4）不同投标人的投标文件异常一致或者投标报价呈规律性差异。
5）不同投标人的投标文件相互混装。
6）不同投标人的投标保证金从同一单位或者个人的账户转出。

**2. 招标人与投标人串通投标的表现形式**

有下列情形之一的，属于招标人与投标人串通投标：

1）招标人在开标前开启投标文件并将有关信息泄露给其他投标人。
2）招标人直接或者间接向投标人泄露标底、评标委员会成员等信息。
3）招标人明示或者暗示投标人压低或者抬高投标报价。
4）招标人授意投标人撤换、修改投标文件。
5）招标人明示或者暗示投标人为特定投标人中标提供方便。
6）招标人与投标人为谋求特定投标人中标而采取的其他串通行为。

**3. 以他人名义投标、弄虚作假的表现形式**

使用通过受让或者租借等方式获取的资格、资质证书投标的，属于《招标投标法》第三十三条规定的以他人名义投标。

投标人有下列情形之一的，属于《招标投标法》第三十三条规定的以其他方式弄虚作假的行为：

1）使用伪造、变造的许可证件。
2）提供虚假的财务状况或者业绩。
3）提供虚假的项目负责人或者主要技术人员简历、劳动关系证明。
4）提供虚假的信用状况。
5）其他弄虚作假的行为。

## 6.4 开标、评标和中标

### 6.4.1 开标

开标应当在招标文件确定的提交投标文件截止时间的同一时间公开进行；开标地点应当为招标文件中预先确定的地点。

开标由招标人主持，邀请所有投标人参加。开标时，由投标人或者其推选的代表检查投标文件的密封情况，也可以由招标人委托的公证机构检查并公证；经确认无误后，由工作人员当众拆封，宣读投标人名称、投标价格和投标文件的其他主要内容。

招标人在招标文件要求提交投标文件的截止时间前收到的所有投标文件，开标时都应当当众予以拆封、宣读。开标过程应当记录，并存档备查。

投标人少于3个的，不得开标；招标人应当重新招标。投标人对开标有异议的，应当在开标现场提出，招标人应当当场做出答复，并制作记录。

### 6.4.2 评标

**1. 评标委员会**

评标由招标人依法组建的评标委员会负责。

依法必须进行招标的项目，其评标委员会由招标人的代表和有关技术、经济等方面的专家组成，成员人数为5人以上单数，其中技术、经济等方面的专家不得少于成员总数的2/3。

上述专家应当从事相关领域工作满8年并具有高级职称或者具有同等专业水平，由招标人从国务院有关部门或者省、自治区、直辖市人民政府有关部门提供的专家名册或者招标代理机构的专家库内的相关专业的专家名单中确定；一般招标项目可以采取随机抽取方式，特殊招标项目可以由招标人直接确定。特殊招标项目，是指技术复杂、专业性强或者国家有特殊要求，采取随机抽取方式确定的专家难以保证胜任评标工作的项目。

与投标人有利害关系的人不得进入相关项目的评标委员会；已经进入的应当更换。

评标委员会成员的名单在中标结果确定前应当保密。

**2. 评标的主要要求**

1）招标人应当采取必要的措施，保证评标在严格保密的情况下进行。任何单位和个人不得非法干预、影响评标的过程和结果。

2）招标人应当向评标委员会提供评标所必需的信息，但不得明示或者暗示其倾向或者排斥特定投标人。招标人应当根据项目规模和技术复杂程度等因素合理确定评标时间。超过1/3的评标委员会成员认为评标时间不够的，招标人应当适当延长。

评标过程中，评标委员会成员有回避事由、擅离职守或者因健康等原因不能继续评标的，应当及时更换。被更换的评标委员会成员做出的评审结论无效，由更换后的评标委员会成员重新进行评审。

3）评标委员会成员应当依照招标投标法和实施条例的规定，按照招标文件规定的评标标准和方法，客观、公正地对投标文件提出评审意见。招标文件没有规定的评标标准和方法不得作为评标的依据。

评标委员会成员不得私下接触投标人，不得收受投标人给予的财物或者其他好处，不得向招标人征询确定中标人的意向，不得接受任何单位或者个人明示或者暗示提出的倾向或者排斥特定投标人的要求，不得有其他不客观、不公正履行职务的行为。

招标项目设有标底的，招标人应当在开标时公布。标底只能作为评标的参考，不得以投标报价是否接近标底作为中标条件，也不得以投标报价超过标底上下浮动范围作为否决投标的条件。

4) 有下列情形之一的，评标委员会应当否决其投标：①投标文件未经投标单位盖章和单位负责人签字；②投标联合体没有提交共同投标协议；③投标人不符合国家或者招标文件规定的资格条件；④同一投标人提交两个以上不同的投标文件或者投标报价，但招标文件要求提交备选投标的除外；⑤投标报价低于成本或者高于招标文件设定的最高投标限价；⑥投标文件没有对招标文件的实质性要求和条件做出响应；⑦投标人有串通投标、弄虚作假、行贿等违法行为。

5) 投标文件中有含义不明确的内容、明显文字或者计算错误，评标委员会认为需要投标人做出必要澄清、说明的，应当书面通知该投标人。投标人的澄清、说明应当采用书面形式，并不得超出投标文件的范围或者改变投标文件的实质性内容。评标委员会不得暗示或者诱导投标人做出澄清、说明，不得接受投标人主动提出的澄清、说明。

6) 评标完成后，评标委员会应当向招标人提交书面评标报告和中标候选人名单。中标候选人应当不超过3个，并标明排序。评标报告应当由评标委员会全体成员签字。对评标结果有不同意见的评标委员会成员应当以书面形式说明其不同意见和理由，评标报告应当注明该不同意见。评标委员会成员拒绝在评标报告上签字又不书面说明其不同意见和理由的，视为同意评标结果。

### 6.4.3 中标

**1. 中标的条件**

根据《招标投标法》第四十一条规定，中标人的投标应当符合下列条件之一：

1) 能够最大限度地满足招标文件中规定的各项综合评价标准。

2) 能够满足招标文件的实质性要求，并且经评审的投标价格最低，但是投标价格低于成本的除外。

**2. 中标候选人确定与公示**

1) 依法必须进行招标的项目，招标人应当自收到评标报告之日起3日内公示中标候选人，公示期不得少于3日。投标人或者其他利害关系人对依法必须进行招标的项目的评标结果有异议的，应当在中标候选人公示期间提出。招标人应当自收到异议之日起3日内做出答复；做出答复前，应当暂停招标投标活动。

2) 国有资金占控股或者主导地位的依法必须进行招标的项目，招标人应当确定排名第一的中标候选人为中标人。排名第一的中标候选人放弃中标、因不可抗力不能履行合同、不按照招标文件要求提交履约保证金，或者被查实存在影响中标结果的违法行为等情形，不符合中标条件的，招标人可以按照评标委员会提出的中标候选人名单排序依次确定其他中标候选人为中标人，也可以重新招标。

3) 中标候选人的经营、财务状况发生较大变化或者存在违法行为，招标人认为可能影响其履约能力的，应当在发出中标通知书前由原评标委员会按照招标文件规定的标准和方法审查确认。

**3. 中标通知书**

根据《招标投标法》的规定，中标人确定后，招标人应当向中标人发出中标通知书，并同时将中标结果通知所有未中标的投标人。

中标通知书对招标人和中标人具有法律效力。中标通知书发出后，招标人改变中标结果的，或者中标人放弃中标项目的，应当依法承担法律责任。

**4. 合同的订立**

1）招标人和中标人应当自中标通知书发出之日起30日内，按照招标文件和中标人的投标文件订立书面合同。招标人和中标人不得再行订立背离合同实质性内容的其他协议。

招标文件要求中标人提交履约保证金的，中标人应当提交。履约保证金不得超过中标合同金额的10%。

2）招标人和中标人应当依照《招标投标法》和《招标投标法实施条例》的规定签订书面合同，合同的标的、价款、质量、履行期限等主要条款应当与招标文件和中标人的投标文件的内容一致。招标人和中标人不得再行订立背离合同实质性内容的其他协议。招标人最迟应当在书面合同签订后5日内向中标人和未中标的投标人退还投标保证金及银行同期存款利息。

3）招标人和中标人不按照招标文件和中标人的投标文件订立合同，合同的主要条款与招标文件、中标人的投标文件的内容不一致，或者招标人、中标人订立背离合同实质性内容的协议的，由有关行政监督部门责令改正，可以处中标项目金额5‰以上10‰以下的罚款。

4）中标人应当按照合同约定履行义务，完成中标项目。中标人不得向他人转让中标项目，也不得将中标项目肢解后分别向他人转让。中标人按照合同约定或者经招标人同意，可以将中标项目的部分非主体、非关键性工作分包给他人完成。接受分包的人应当具备相应的资格条件，并不得再次分包。

中标人应当就分包项目向招标人负责，接受分包的人就分包项目承担连带责任。

上述内容多是以施工招标投标为例，如涉及工程项目货物招标投标，可执行国家发改委会同建设部、铁道部、交通部、信息产业部、水利部、民航总局等部门联合发布的、自2005年3月1日起实施的《工程建设项目货物招标投标办法》（2013年修订）。

## 6.5 电子招标投标

2013年2月4日，国家发改委、工业和信息化部、监察部、住房和城乡建设部、交通运输部、铁道部、水利部、商务部联合制定发布了《电子招标投标办法》，2013年5月1日起实施。电子招标投标活动，是指以数据电文形式，依托电子招标投标系统完成的全部或者部分招标投标交易、公共服务和行政监督活动。数据电文形式与纸质形式的招标投标活动具有同等法律效力。电子招标投标系统根据功能的不同，分为交易平台、公共服务平台和行政监督平台。交易平台是以数据电文形式完成招标投标交易活动的信息平台。公共服务平台是满足交易平台之间信息交换、资源共享需要，并为市场主体、行政监督部门和社会公众提供信息服务的信息平台。行政监督平台是行政监督部门和监察机关在线监督电子招标投标活动的信息平台。

### 6.5.1 电子招标

1) 招标人或者其委托的招标代理机构应当在其使用的电子招标投标交易平台注册登记,选择使用除招标人或招标代理机构之外第三方运营的电子招标投标交易平台的,还应当与电子招标投标交易平台运营机构签订使用合同,明确服务内容、服务质量、服务费用等权利和义务,并对服务过程中相关信息的产权归属、保密责任、存档等依法做出约定。

电子招标投标交易平台运营机构不得以技术和数据接口配套为由,要求潜在投标人购买指定的工具软件。

2) 招标人或者其委托的招标代理机构应当在资格预审公告、招标公告或者投标邀请书中载明潜在投标人访问电子招标投标交易平台的网络地址和方法。依法必须进行公开招标项目的上述相关公告应当在电子招标投标交易平台和国家指定的招标公告媒介同步发布。

3) 招标人或者其委托的招标代理机构应当及时将数据电文形式的资格预审文件、招标文件加载至电子招标投标交易平台,供潜在投标人下载或者查阅。

4) 数据电文形式的资格预审公告、招标公告、资格预审文件、招标文件等应当标准化、格式化,并符合有关法律法规以及国家有关部门颁发的标准文本的要求。

5) 除本办法和技术规范规定的注册登记外,任何单位和个人不得在招标投标活动中设置注册登记、投标报名等前置条件限制潜在投标人下载资格预审文件或者招标文件。

6) 在投标截止时间前,电子招标投标交易平台运营机构不得向招标人或者其委托的招标代理机构以外的任何单位和个人泄露下载资格预审文件、招标文件的潜在投标人名称、数量以及可能影响公平竞争的其他信息。

7) 招标人对资格预审文件、招标文件进行澄清或者修改的,应当通过电子招标投标交易平台以醒目的方式公告澄清或者修改的内容,并以有效方式通知所有已下载资格预审文件或者招标文件的潜在投标人。

### 6.5.2 电子投标

1) 电子招标投标交易平台的运营机构,以及与该机构有控股或者管理关系可能影响招标公正性的任何单位和个人,不得在该交易平台进行的招标项目中投标和代理投标。

2) 投标人应当在资格预审公告、招标公告或者投标邀请书载明的电子招标投标交易平台注册登记,如实递交有关信息,并经电子招标投标交易平台运营机构验证。

3) 投标人应当通过资格预审公告、招标公告或者投标邀请书载明的电子招标投标交易平台递交数据电文形式的资格预审申请文件或者投标文件。

4) 电子招标投标交易平台应当允许投标人离线编制投标文件,并且具备分段或者整体加密、解密功能。

投标人应当按照招标文件和电子招标投标交易平台的要求编制并加密投标文件。

投标人未按规定加密的投标文件,电子招标投标交易平台应当拒收并提示。

5) 投标人应当在投标截止时间前完成投标文件的传输递交,并可以补充、修改或者撤回投标文件。投标截止时间前未完成投标文件传输的,视为撤回投标文件。投标截止时间后送达的投标文件，电子招标投标交易平台应当拒收。

电子招标投标交易平台收到投标人送达的投标文件，应当即时向投标人发出确认回执通知，并妥善保存投标文件。在投标截止时间前，除投标人补充、修改或者撤回投标文件外，任何单位和个人不得解密、提取投标文件。

6）资格预审申请文件的编制、加密、递交、传输、接收确认等，适用本办法关于投标文件的规定。

### 6.5.3 电子开标、评标和中标

1）电子开标应当按照招标文件确定的时间，在电子招标投标交易平台上公开进行，所有投标人均应当准时在线参加开标。

2）开标时，电子招标投标交易平台自动提取所有投标文件，提示招标人和投标人按招标文件规定的方式按时在线解密。解密全部完成后，应当向所有投标人公布投标人名称、投标价格和招标文件规定的其他内容。

3）因投标人原因造成投标文件未解密的，视为撤销其投标文件；因投标人之外的原因造成投标文件未解密的，视为撤回其投标文件，投标人有权要求责任方赔偿因此遭受的直接损失。部分投标文件未解密的，其他投标文件的开标可以继续进行。

招标人可以在招标文件中明确投标文件解密失败的补救方案，投标文件应按照招标文件的要求做出响应。

4）电子招标投标交易平台应当生成开标记录并向社会公众公布，但依法应当保密的除外。

5）电子评标应当在有效监控和保密的环境下在线进行。

根据国家规定应当进入依法设立的招标投标交易场所的招标项目，评标委员会成员应当在依法设立的招标投标交易场所登录招标项目所使用的电子招标投标交易平台进行评标。

评标中需要投标人对投标文件澄清或者说明的，招标人和投标人应当通过电子招标投标交易平台交换数据电文。

6）评标委员会完成评标后，应当通过电子招标投标交易平台向招标人提交数据电文形式的评标报告。

7）依法必须进行招标的项目中标候选人和中标结果应当在电子招标投标交易平台进行公示和公布。

8）招标人确定中标人后，应当通过电子招标投标交易平台以数据电文形式向中标人发出中标通知书，并向未中标人发出中标结果通知书。

招标人应当通过电子招标投标交易平台，以数据电文形式与中标人签订合同。

9）鼓励招标人、中标人等相关主体及时通过电子招标投标交易平台递交和公布中标合同履行情况的信息。

10）资格预审申请文件的解密、开启、评审、发出结果通知书等，适用本办法关于投标文件的规定。

11）投标人或者其他利害关系人依法对资格预审文件、招标文件、开标和评标结果提出异议，以及招标人答复，均应当通过电子招标投标交易平台进行。

12）招标投标活动中的下列数据电文应当按照《中华人民共和国电子签名法》和招标文件的要求进行电子签名并进行电子存档：①资格预审公告、招标公告或者投标邀请书；②资格预审文件、招标文件及其澄清、补充和修改；③资格预审申请文件、投标文件及其澄清和说明；④资格审查报告、评标报告；⑤资格预审结果通知书和中标通知书；⑥合同；⑦国家规定的其他文件。

## 6.6 工程建设法律实务专题6——工程招标投标法律实务

### 6.6.1 现行采购法律之间的关系

采购是指采购主体基于消费、生产或者转售等目的，有偿获取资源的经济活动。根据我国《政府采购法》，采购是指以合同方式有偿取得货物、工程和服务的行为，包括购买、租赁、委托、雇用等。采购根据采购主体的不同，可分为个人采购、企业采购、公共采购等。公共采购主要指政府采购。公共采购与企业和个人采购的最大区别是，它受到诸多法律法规、政策、标准规范的限定和控制。根据上述概念，工程建设活动从大的范围来讲，是属于采购范围之内的，因此，有必要对我国现行采购法律的关系进行专门研究。

目前，我国关于采购的立法主要有《政府采购法》《招标投标法》《建筑法》《合同法》（2021年1月1日《中华人民共和国民法典》生效后，该部法律将废止）。在实践中，经常涉及这四部法律的关系问题，即适用范围问题，见表6-1。

表6-1 采购法律适用一览表

| 采购标的① | 判断要素 | | 政府采购法（广义） | 招标投标法（广义） | 建筑法（广义） | 合同法 |
|---|---|---|---|---|---|---|
| | 分类 | 采购方式③ | | | | |
| 与工程建设无关的货物 | 政府采购② | 招标 | 适用 | 适用 | 不适用 | 后适用 |
| | | 非招标 | 适用 | 不适用 | | 后适用 |
| | 非政府采购 | 招标 | 不适用 | 适用 | | 后适用 |
| | | 非招标 | 不适用 | 不适用 | | 直接适用 |
| 与工程建设无关的服务 | 政府采购 | 招标 | 适用 | 适用 | 不适用 | 后适用 |
| | | 非招标 | 适用 | 不适用 | | 后适用 |
| | 非政府采购 | 招标 | 不适用 | 适用 | | 后适用 |
| | | 非招标 | 不适用 | 不适用 | | 直接适用 |
| 工程建设项目（包括建设工程、与工程建设有关的货物和服务） | 政府采购 | 招标 | 执行采购政策 | 适用 | 适用 | 后适用 |
| | | 非招标 | 适用 | 不适用 | | 后适用 |
| | 非政府采购 | 招标 | 不适用 | 适用 | 适用 | 后适用 |
| | | 非招标 | 不适用 | 不适用 | | 直接适用 |

① 采购标的：要从设计施工上判断，需要与工程同步整体设计施工的货物属于有关货物，可以与工程分别设计、施工或不需要设计、施工的货物属无关货物；与工程建设有关的服务，是指为完成工程所需的勘察、设计、监理等服务。

② 政府采购，是指各级国家机关、事业单位和团体组织，使用财政性资金采购依法制定的集中采购目录以内的或者采购限额标准以上的货物、工程和服务的行为。非政府采购，上述三个条件，只要不具备一个，就是非政府采购。

③ 采购方式：公开招标、邀请招标、竞争性谈判、单一来源采购、询价、国务院政府采购监督管理部门认定的其他采购方式（如竞争性磋商）。

采购法律适用一览表解读：

（1）采购标的

根据《政府采购法》，采购标的包括货物、工程和服务。货物，是指各种形态和种类的物品，包括原材料、燃料、设备、产品等。工程，是指建设工程，包括建筑物和构筑物的新建、改建、扩建、装修、拆除、修缮等。服务，是指除货物和工程以外的其他政府采购对象，包括政府自身需要的服务和政府向社会公众提供的公共服务。

根据《招标投标法》，在中华人民共和国境内进行一定范围和规模标准的工程建设项目包括项目的勘察、设计、施工、监理以及与工程建设有关的重要设备、材料等的采购，必须进行招标。根据《招标投标法实施条例》，工程建设项目，是指工程以及与工程建设有关的货物、服务。工程，是指建设工程，包括建筑物和构筑物的新建、改建、扩建及其相关的装修、拆除、修缮等；与工程建设有关的货物，是指构成工程不可分割的组成部分，且为实现工程基本功能所必需的设备、材料等；与工程建设有关的服务，是指为完成工程所需的勘察、设计、监理等服务。

根据上述规定，把采购标的分为与工程建设无关的货物、与工程建设无关的服务、工程建设项目（包括建设工程、与工程建设有关的货物和服务）。

（2）政府采购与非政府采购

根据《政府采购法》规定，政府采购，是指各级国家机关、事业单位和团体组织，使用财政性资金采购依法制定的集中采购目录以内的或者采购限额标准以上的货物、工程和服务的行为。在中华人民共和国境内进行的政府采购适用本法。一项采购行为属于政府采购，应具备以下三项条件：

第一，采购主体是各级国家机关、事业单位和团体组织。

第二，使用财政性资金；财政性资金是指纳入预算管理的资金。以财政性资金作为还款来源的借贷资金，视同财政性资金。国家机关、事业单位和团体组织的采购项目既使用财政性资金又使用非财政性资金的，使用财政性资金采购的部分，适用政府采购法及实施条例；财政性资金与非财政性资金无法分割采购的，统一适用政府采购法及实施条例。

第三，采购依法制定的集中采购目录以内的或者采购限额标准以上的货物、工程和服务。属于中央预算的政府采购项目，其集中采购目录由国务院确定并公布；属于地方预算的政府采购项目，其集中采购目录由省、自治区、直辖市人民政府或者其授权的机构确定并公布。政府采购限额标准，属于中央预算的政府采购项目，由国务院确定并公布；属于地方预算的政府采购项目，由省、自治区、直辖市人民政府或者其授权的机构确定并公布。

（3）采购的方式——招标与非招标

根据《政府采购法》政府采购采用以下方式：①公开招标；②邀请招标；③竞争性谈判；④单一来源采购；⑤询价；⑥国务院政府采购监督管理部门认定的其他采购方式。公开招标应作为政府采购的主要采购方式。

（4）关于法律适用的规定

根据《民法典》合同编规定，合同是民事主体之间设立、变更、终止民事法律关系的协议。《民法典》合同编是一般法，《招标投标法》《政府采购法》《建筑法》是特别法，在法律适用上，特别法优于一般法。《招标投标法》《政府采购法》《建筑法》没有特别规定的，政府采购合同、招标投标合同适用《民法典》合同编。

各级国家机关、事业单位和团体组织（没有将国有企业和国有控股企业的采购包括使用财政资金进行的采购纳入调整范围。）使用财政性资金采购依法制定的《集中采购目录》以内的或者《采购限额标准》以上的货物、工程和服务的行为适用《政府采购法》。

政府采购工程以及与工程建设有关的货物、服务，采用招标方式采购的，适用《招标投标法》及其实施条例；采用其他方式采购的，适用政府采购法及实施条例。政府采购的法律、行政法规对政府采购货物、服务的招标投标另有规定的，从其规定。《政府采购法》和《招标投标法》相较而言，《政府采购法》是特别法，《招标投标法》是普通法，在适用上特别法优于普通法。非政府采购的工程建设项目，根据《招标投标法》第三条判断是否必须招标。

根据《招标投标法》第二条，不论是该法第三条规定的强制招标项目，还是当事人自愿采用招标方式进行采购的项目，其招标投标活动均适用《招标投标法》。

## 6.6.2 招标投标活动投诉与处理

《招标投标法》第六十五条规定："投标人和其他利害关系人认为招标投标活动不符合本法有关规定的，有权向招标人提出异议或者依法向有关行政监督部门投诉。"该条规定了投标人和其他利害关系人的异议权和投诉权。当然，与招标投标活动无直接利害关系的其他人，当然可以对招标投标活动中违法行为进行检举、揭发，但不属于该法规定的异议或投诉主体。

**1. 投诉时间**

投标人或者其他利害关系人认为招标投标活动不符合法律、行政法规规定的，可以自知道或者应当知道之日起 10 日内向有关行政监督部门投诉。投诉应当有明确的请求和必要的证明材料。

就《招标投标法实施条例》第二十二条（潜在投标人或者其他利害关系人对资格预审文件有异议的，应当在提交资格预审申请文件截止时间 2 日前提出；对招标文件有异议的，应当在投标截止时间 10 日前提出。招标人应当自收到异议之日起 3 日内做出答复；做出答复前，应当暂停招标投标活动。）、第四十四条（招标人应当按照招标文件规定的时间、地点开标。投标人少于 3 个的，不得开标；招标人应当重新招标。投标人对开标有异议的，应当在开标现场提出，招标人应当当场做出答复，并制作记录。）、第五十四条（依法必须进行招标的项目，招标人应当自收到评标报告之日起 3 日内公示中标候选人，公示期不得少于 3 日。投标人或者其他利害关系人对依法必须进行招标的项目的评标结果有异议的，应当在中标候选人公示期间提出。招标人应当自收到异议之日起 3 日内做出答复；做出答复前，应当暂停招标投标活动。）规定事项投诉的，应当先向招标人提出异议，异议答复期间不计算在前款规定的期限内。

《关于国务院有关部门实施招标投标活动行政监督的职责分工的意见》（国办发〔2000〕34号）规定，对于招标投标过程（包括招标、投标、开标、评标、中标）中泄露保密资料、泄露标底、串通招标、串通投标、歧视排斥投标等违法活动的监督执法，按现行的职责分工，分别由有关行政主管部门负责并受理投标人和其他利害关系人的投诉。按照这一原则，工业（含内贸）、水利、交通、铁道、民航、信息产业等行业和产业项目的招标投标活动的监督执法，分别由经贸、水利、交通、铁道、民航、信息产业等行政主管部门负责；各类房屋建筑及其附属设施的建造和与其配套的线路、管道、设备的安装项目和市政工程项目的招标投标活动的监督执法，由建设行政主管部门负责；进口机电设备采购项目的招标投标活动的监督执法，由外经贸行政主管部门负责。有关行政主管部门须将监督过程中发现的问题，及时通知项目审批部门，项目审批部门根据情况依法暂停项目执行或者暂停资金拨付。投标人或其他利害关系人根据上述规定确定有管辖权的行政监督部门进行投诉。

**2. 投诉处理**

投诉人就同一事项向两个以上有权受理的行政监督部门投诉的，由最先收到投诉的行政监督部门负责处理。行政监督部门应当自收到投诉之日起 3 个工作日内决定是否受理投诉，并自受理投诉之日起 30 个工作日内做出书面处理决定；需要检验、检测、鉴定、专家评审的，所需时间不计算在内。投诉人捏造事实、伪造材料或者以非法手段取得证明材料进行投诉的，行政监督部门应当予以驳回。

**3. 行政监督措施**

行政监督部门处理投诉，有权查阅、复制有关文件、资料，调查有关情况，相关单位和人员应当予以配合。必要时，行政监督部门可以责令暂停招标投标活动。行政监督部门的工作人员对监督检查过程中知悉的国家秘密、商业秘密，应当依法予以保密。

有关工程建设项目招标投标活动投诉的具体问题，按照《工程建设项目招标投标活动投诉处理办法》执行。

### 6.6.3 法律责任

有关招标投标活动法律责任的规定，是招标投标活动中重要的法律风险源，当事人应当注意。

1）违反招标投标法规定，必须进行招标的项目而不招标的，将必须进行招标的项目化整为零或者以其他任何方式规避招标的，责令限期改正，可以处项目合同金额 5‰ 以上 10‰ 以下的罚款；对全部或者部分使用国有资金的项目，可以暂停项目执行或者暂停资金拨付；对单位直接负责的主管人员和其他直接责任人员依法给予处分。依法必须进行招标的项目的招标人不按照规定发布资格预审公告或者招标公告，构成规避招标的，依照上述规定处罚。

2）招标代理机构违反招标投标法规定，泄露应当保密的与招标投标活动有关的情况和资料的，或者与招标人、投标人串通损害国家利益、社会公共利益或者他人合法权益的，处 5 万元以上 25 万元以下的罚款，对单位直接负责的主管人员和其他直接责任人员处单位罚款数额 5% 以上 10% 以下的罚款；有违法所得的，并处没收违法所得；情节严重的，禁止其 1 年至 2 年内代理依法必须进行招标的项目并予以公告，直至由工商行政管理机关吊销营业执照；构成犯罪的，依法追究刑事责任。给他人造成损失的，依法承担赔偿责任。上述行为影响中标结果的，中标无效。

招标代理机构在所代理的招标项目中投标、代理投标或者向该项目投标人提供咨询的，接受委托编制标底的中介机构参加受托编制标底项目的投标或者为该项目的投标人编制投标文件、提供咨询的，依照上述的规定追究法律责任。

3）招标人以不合理的条件限制或者排斥潜在投标人的，对潜在投标人实行歧视待遇的，强制要求投标人组成联合体共同投标的,或者限制投标人之间竞争的,责令改正,可以处1万元以上5万元以下的罚款。招标人有限制或者排斥潜在投标人行为,包括依法应当公开招标的项目不按照规定在指定媒介发布资格预审公告或者招标公告;在不同媒介发布的同一招标项目的资格预审公告或者招标公告的内容不一致,影响潜在投标人申请资格预审或者投标,按上述规定处罚。

4) 依法必须进行招标的项目的招标人向他人透露已获取招标文件的潜在投标人的名称、数量或者可能影响公平竞争的有关招标投标的其他情况的,或者泄露标底的,给予警告,可以并处1万元以上10万元以下的罚款;对单位直接负责的主管人员和其他直接责任人员依法给予处分;构成犯罪的,依法追究刑事责任。上述行为影响中标结果的,中标无效。

5) 投标人相互串通投标或者与招标人串通投标的,投标人以向招标人或者评标委员会成员行贿的手段谋取中标的,中标无效,处中标项目金额5‰以上10‰以下的罚款,对单位直接负责的主管人员和其他直接责任人员处单位罚款数额5%以上10%以下的罚款;有违法所得的,并处没收违法所得;情节严重的,取消其1年至2年内参加依法必须进行招标的项目的投标资格并予以公告,直至由工商行政管理机关吊销营业执照;构成犯罪的,依法追究刑事责任。给他人造成损失的,依法承担赔偿责任。

投标人未中标的,对单位的罚款金额按照招标项目合同金额依照招标投标法规定的比例计算。

投标人有下列行为之一的,属于上述规定的情节严重行为,由有关行政监督部门取消其1年至2年内参加依法必须进行招标的项目的投标资格:①以行贿谋取中标;②3年内2次以上串通投标;③串通投标行为损害招标人、其他投标人或者国家、集体、公民的合法利益,造成直接经济损失30万元以上;④其他串通投标情节严重的行为。投标人自规定的处罚执行期限届满之日起3年内又有该款所列违法行为之一的,或者串通投标、以行贿谋取中标情节特别严重的,由工商行政管理机关吊销营业执照。

法律、行政法规对串通投标报价行为的处罚另有规定的,从其规定。

6) 投标人以他人名义投标或者以其他方式弄虚作假,骗取中标的,中标无效,给招标人造成损失的,依法承担赔偿责任;构成犯罪的,依法追究刑事责任。

依法必须进行招标的项目的投标人有前款所列行为尚未构成犯罪的,处中标项目金额5‰以上10‰以下的罚款,对单位直接负责的主管人员和其他直接责任人员处单位罚款数额5%以上10%以下的罚款;有违法所得的,并处没收违法所得;情节严重的,取消其1年至3年内参加依法必须进行招标的项目的投标资格并予以公告,直至由工商行政管理机关吊销营业执照。

依法必须进行招标的项目的投标人未中标的,对单位的罚款金额按照招标项目合同金额依照招标投标法规定的比例计算。

投标人有下列行为之一的,属于上述规定的情节严重行为,由有关行政监督部门取消其1年至3年内参加依法必须进行招标的项目的投标资格:①伪造、变造资格、资质证书或者其他许可证件骗取中标;②3年内2次以上使用他人名义投标;③弄虚作假骗取中标给招标人造成直接经济损失30万元以上;④其他弄虚作假骗取中标情节严重的行为。投标人自规定的处罚执行期限届满之日起3年内又有该款所列违法行为之一的,或者弄虚作假骗取中标情节特别严重的,由工商行政管理机关吊销营业执照。

7）依法必须进行招标的项目，招标人违反招标投标法规定，与投标人就投标价格、投标方案等实质性内容进行谈判的，给予警告，对单位直接负责的主管人员和其他直接责任人员依法给予处分。上述行为影响中标结果的，中标无效。

8）评标委员会成员收受投标人的财物或者其他好处的，评标委员会成员或者参加评标的有关工作人员向他人透露对投标文件的评审和比较、中标候选人的推荐以及与评标有关的其他情况的，给予警告，没收收受的财物，可以并处 3000 元以上 5 万元以下的罚款，对有所列违法行为的评标委员会成员取消担任评标委员会成员的资格，不得再参加任何依法必须进行招标的项目的评标；构成犯罪的，依法追究刑事责任。

9）招标人在评标委员会依法推荐的中标候选人以外确定中标人的，依法必须进行招标的项目在所有投标被评标委员会否决后自行确定中标人的，中标无效。责令改正，可以处中标项目金额 5‰ 以上 10‰ 以下的罚款；对单位直接负责的主管人员和其他直接责任人员依法给予处分。

10）中标人将中标项目转让给他人的，将中标项目肢解后分别转让给他人的，违反本法规定将中标项目的部分主体、关键性工作分包给他人的，或者分包人再次分包的，转让、分包无效，处转让、分包项目金额 5‰ 以上 10‰ 以下的罚款；有违法所得的，并处没收违法所得；可以责令停业整顿；情节严重的，由工商行政管理机关吊销营业执照。

11）招标人与中标人不按照招标文件和中标人的投标文件订立合同的，或者招标人、中标人订立背离合同实质性内容的协议的，责令改正；可以处中标项目金额 5‰ 以上 10‰ 以下的罚款。

12）中标人不履行与招标人订立的合同的，履约保证金不予退还，给招标人造成的损失超过履约保证金数额的，还应当对超过部分予以赔偿；没有提交履约保证金的，应当对招标人的损失承担赔偿责任。中标人不按照与招标人订立的合同履行义务，情节严重的，取消其 2 年至 5 年内参加依法必须进行招标的项目的投标资格并予以公告，直至由工商行政管理机关吊销营业执照。因不可抗力不能履行合同的，不适用上述规定。

13）招标人有下列情形之一的，由有关行政监督部门责令改正，可以处 10 万元以下的罚款：①依法应当公开招标而采用邀请招标；②招标文件、资格预审文件的发售、澄清、修改的时限，或者确定的提交资格预审申请文件、投标文件的时限不符合招标投标法和实施条例规定；③接受未通过资格预审的单位或者个人参加投标；④接受应当拒收的投标文件。招标人有上述第①项、第③项、第④项所列行为之一的，对单位直接负责的主管人员和其他直接责任人员依法给予处分。

14）招标人超过招标投标法实施条例规定的比例收取投标保证金、履约保证金或者不按照规定退还投标保证金及银行同期存款利息的，由有关行政监督部门责令改正，可以处 5 万元以下的罚款；给他人造成损失的，依法承担赔偿责任。

15）出让或者出租资格、资质证书供他人投标的，依照法律、行政法规的规定给予行政处罚；构成犯罪的，依法追究刑事责任。

16）依法必须进行招标的项目的招标人不按照规定组建评标委员会，或者确定、更换评标委员会成员违反招标投标法和实施条例规定的，由有关行政监督部门责令改正，可以处 10 万元以下的罚款，对单位直接负责的主管人员和其他直接责任人员依法给予处分；违法确定或者更换的评标委员会成员做出的评审结论无效，依法重新进行评审。国家工作人员以任何方式非法干涉选取评标委员会成员的，依照《招标投标法实施条例》第八十条的规定追究法律责任。

17）评标委员会成员有下列行为之一的，由有关行政监督部门责令改正；情节严重的，禁止其在一定期限内参加依法必须进行招标的项目的评标；情节特别严重的，取消其担任评标委员会成员的资格：①应当回避而不回避；②擅离职守；③不按照招标文件规定的评标标准和方法评标；④私下接触投标人；⑤向招标人征询确定中标人的意向或者接受任何单位或者个人明示或者暗示提出的倾向或者排斥特定投标人的要求；⑥对依法应当否决的投标不提出否决意见；⑦暗示或者诱导投标人做出澄清、说明或者接受投标人主动提出的澄清、说明；⑧其他不客观、不公正履行职务的行为。

18）评标委员会成员收受投标人的财物或者其他好处的，没收收受的财物，处3000元以上5万元以下的罚款，取消担任评标委员会成员的资格，不得再参加依法必须进行招标的项目的评标；构成犯罪的，依法追究刑事责任。

19）依法必须进行招标的项目的招标人有下列情形之一的，由有关行政监督部门责令改正，可以处中标项目金额10‰以下的罚款；给他人造成损失的，依法承担赔偿责任；对单位直接负责的主管人员和其他直接责任人员依法给予处分：①无正当理由不发出中标通知书；②不按照规定确定中标人；③中标通知书发出后无正当理由改变中标结果；④无正当理由不与中标人订立合同；⑤在订立合同时向中标人提出附加条件。

20）中标人无正当理由不与招标人订立合同，在签订合同时向招标人提出附加条件，或者不按照招标文件要求提交履约保证金的，取消其中标资格，投标保证金不予退还。对依法必须进行招标的项目的中标人，由有关行政监督部门责令改正，可以处中标项目金额10‰以下的罚款。

21）招标人和中标人不按照招标文件和中标人的投标文件订立合同，合同的主要条款与招标文件、中标人的投标文件的内容不一致，或者招标人、中标人订立背离合同实质性内容的协议的，由有关行政监督部门责令改正，可以处中标项目金额5‰以上10‰以下的罚款。

22）中标人将中标项目转让给他人的，将中标项目肢解后分别转让给他人的，违反招标投标法和本条例规定将中标项目的部分主体、关键性工作分包给他人的，或者分包人再次分包的，转让、分包无效，处转让、分包项目金额5‰以上10‰以下的罚款；有违法所得的，并处没收违法所得；可以责令停业整顿；情节严重的，由工商行政管理机关吊销营业执照。

23）投标人或者其他利害关系人捏造事实、伪造材料或者以非法手段取得证明材料进行投诉，给他人造成损失的，依法承担赔偿责任。招标人不按照规定对异议做出答复，继续进行招标投标活动的，由有关行政监督部门责令改正，拒不改正或者不能改正并影响中标结果的，依照《招标投标法实施条例》第八十一条的规定处理。

24）国家建立招标投标信用制度。有关行政监督部门应当依法公告对招标人、招标代理机构、投标人、评标委员会成员等当事人违法行为的行政处理决定。

25）项目审批、核准部门不依法审批、核准项目招标范围、招标方式、招标组织形式的，对单位直接负责的主管人员和其他直接责任人员依法给予处分。有关行政监督部门不依法履行职责，对违反《招标投标法》和《招标投标法实施条例》规定的行为不依法查处，或者不按照规定处理投诉、不依法公告对招标投标当事人违法行为的行政处理决定的，对直接负责的主管人员和其他直接责任人员依法给予处分。项目审批、核准部门和有关行政监督部门的工作人员徇私舞弊、滥用职权、玩忽职守，构成犯罪的，依法追究刑事责任。

26）国家工作人员利用职务便利，以直接或者间接、明示或者暗示等任何方式非法干涉招标投标活动，有下列情形之一的，依法给予记过或者记大过处分；情节严重的，依法给予降级或者撤职处分；情节特别严重的，依法给予开除处分；构成犯罪的，依法追究刑事责任：①要求对依法必须进行招标的项目不招标，或者要求对依法应当公开招标的项目不公开招标；②要求评标委员会成员或者招标人以其指定的投标人作为中标候选人或者中标人，或者以其他方式非法干涉评标活动，影响中标结果；③以其他方式非法干涉招标投标活动。

27）依法必须进行招标的项目违反招标投标法规定，中标无效的，应当依照《招标投标法》规定的中标条件从其余投标人中重新确定中标人或者依照《招标投标法》重新进行招标。

依法必须进行招标的项目的招标投标活动违反《招标投标法》和《招标投标法实施条例》的规定，对中标结果造成实质性影响，且不能采取补救措施予以纠正的，招标、投标、中标无效，应当依法重新招标或者评标。

28）《招标投标法》规定的行政处罚，由国务院规定的有关行政监督部门决定。《招标投标法》已对实施行政处罚的机关做出规定的除外。

29）任何单位违反《招标投标法》规定，限制或者排斥本地区、本系统以外的法人或者其他组织参加投标的，为招标人指定招标代理机构的，强制招标人委托招标代理机构办理招标事宜的，或者以其他方式干涉招标投标活动的，责令改正；对单位直接负责的主管人员和其他直接责任人员依法给予警告、记过、记大过的处分，情节较重的，依法给予降级、撤职、开除的处分。个人利用职权进行前款违法行为的，依照前款规定追究责任。

30）对招标投标活动依法负有行政监督职责的国家机关工作人员徇私舞弊、滥用职权或者玩忽职守，构成犯罪的，依法追究刑事责任；不构成犯罪的，依法给予行政处分。

## 6.6.4 房屋建筑和市政基础设施工程招标投标制度改革

2019年12月19日，住房和城乡建设部印发《关于进一步加强房屋建筑和市政基础设施工程招标投标监管的指导意见》（简称《意见》）。《意见》指出，当前工程招标投标活动中招标人主体责任缺失，串通投标、弄虚作假违法违规问题依然突出。为深入贯彻落实《国务院办公厅关于促进建筑业持续健康发展的意见》《国务院办公厅转发住房和城乡建设部关于完善质量保障体系提升建筑工程品质指导意见的通知》，积极推进房屋建筑和市政基础设施工程招标投标制度改革，加强相关工程招标投标活动监管，严厉打击招标投标环节违法违规问题，维护建筑市场秩序，发布了本《意见》。

《意见》从四个方面对加强房屋建筑和市政基础设施工程招标投标监管提出了具体措施。

**1. 夯实招标人的权责**

1）落实招标人首要责任。工程招标投标活动依法应由招标人负责，招标人自主决定发起招标，自主选择工程建设项目招标代理机构、资格审查方式、招标人代表和评标方法。夯实招标投标活动中各方主体责任，党员干部严禁利用职权或者职务上的影响干预招标投标活动。

2）政府投资工程鼓励集中建设管理方式。实施相对集中专业化管理，采用组建集中建设机构或竞争选择企业实行代建的模式，严格控制工程项目投资，科学确定并严格执行合理的工程建设周期，保障工程质量安全，竣工验收后移交使用单位，提高政府投资工程的专业化管理水平。

**2. 优化招标投标方法**

1）缩小招标范围。社会投资的房屋建筑工程，建设单位自主决定发包方式，社会投资的市政基础设施工程依法决定发包方式。政府投资工程鼓励采用全过程工程咨询、工程总承包方式，减少招标投标层级，依据合同约定或经招标人同意，由总承包单位自主决定专业分包，招标人不得指定分包或肢解工程。

2）探索推进评定分离方法。招标人应科学制定评标定标方法，组建评标委员会，通过资格审查强化对投标人的信用状况和履约能力审查，围绕高质量发展要求优先考虑创新、绿色等评审因素。评标委员会对投标文件的技术、质量、安全、工期的控制能力等因素提供技术咨询建议，向招标人推荐合格的中标候选人。由招标人按照科学、民主决策原则，建立健全内部控制程序和决策约束机制，根据报价情况和技术咨询建议，择优确定中标人，实现招标投标过程的规范透明，结果的合法公正，依法依规接受监督。

3）全面推行电子招标投标。全面推行招标投标交易全过程电子化和异地远程评标，实现招标投标活动信息公开。积极创新电子化行政监督，招标投标交易平台应当与本地建筑市场监管平台实现数据对接，加快推动交易、监管数据互联共享，加大全国建筑市场监管公共服务平台工程项目数据信息的归集和共享力度。

4）推动市场形成价格机制。实施工程造价供给侧结构性改革，鼓励地方建立工程造价数据库和发布市场化的造价指标指数，促进通过市场竞争形成合同价。对标国际，建立工程计量计价体系，完善工程材料、机械、人工等各类价格市场化信息发布机制。改进最高投标限价编制方式，强化招标人工程造价管控责任，推行全过程工程造价咨询。严格合同履约管理和工程变更，强化工程进度款支付和工程结算管理，招标人不得将未完成审计作为延期工程结算、拖欠工程款的理由。

**3. 加强招标投标过程监管**

1）加强招标投标活动监管。各级住房和城乡建设主管部门应按照"双随机、一公开"的要求，加大招标投标事中事后查处力度，严厉打击串通投标、弄虚作假等违法违规行为，维护建筑市场秩序。对围标串标等情节严重的，应纳入失信联合惩戒范围，直至清出市场。

2）加强评标专家监管。各级住房和城乡建设主管部门要结合实际健全完善评标专家动态监管和抽取监督的管理制度，严格履行对评标专家的监管职责。建立评标专家考核和退出机制，对存在违法违规行为的评标专家，应取消其评标专家资格，依法依规严肃查处。

3）强化招标代理机构市场行为监管。实行招标代理机构信息自愿报送和年度业绩公示制度，完善全过程工程咨询机构从事招标投标活动的监管。加强招标代理机构从业人员考核、评价，严格依法查处从业人员违法违规行为，信用评价信息向社会公开，实行招标代理机构"黑名单"制度，构建守信激励、失信惩戒机制。

4）强化合同履约监管。加强建筑市场和施工现场"两场"联动，将履约行为纳入信用评价，中标人应严格按照投标承诺的技术力量和技术方案履约，对中标人拒不履行合同约定义务的，作为不良行为记入信用记录。

**4. 优化招标投标市场环境**

1）加快推行工程担保制度。推行银行保函制度，在有条件的地区推行工程担保公司保函和工程保证保险。招标人要求中标人提供履约担保的，招标人应当同时向中标人提供工程款支付担保。对采用最低价中标的探索实行高保额履约担保。

2）加大信息公开力度。公开招标的项目信息，包括资格预审公告、招标公告、评审委员会评审信息、资格审查不合格名单、评标结果、中标候选人、定标方法、受理投诉的联系方式等内容，应在招标公告发布的公共服务平台、交易平台向社会公开，接受社会公众的监督。

3）完善建筑市场信用评价机制。积极开展建筑市场信用评价，健全招标人、投标人、招标代理机构及从业人员等市场主体信用档案，完善信用信息的分级管理制度，对存在严重失信行为的市场主体予以惩戒，推动建筑市场信用评价结果在招标投标活动中规范应用，严禁假借信用评价实行地方保护。

4）畅通投诉渠道，规范投诉行为。招标投标监管部门要建立健全公平、高效的投诉处理机制，及时受理并依法处理招标投标投诉，加大查处力度。要规范投诉行为，投诉书应包括投诉人和被投诉人的名称地址及有效联系方式、投诉的基本事实、相关请求及主张、有效线索和相关证明材料、已提出异议的证明文件。属于恶意投诉的，应追究其相应责任。

## 6.6.5 失信惩戒

2016年8月30日，最高人民法院、国家发改委等部门联合发布《关于在招标投标活动中对失信被执行人实施联合惩戒的通知》。

1）联合惩戒对象为被人民法院列为失信被执行人的下列人员：投标人、招标代理机构、评标专家以及其他招标从业人员。

2）查询内容包括：失信被执行人（法人或者其他组织）的名称、统一社会信用代码（或组织机构代码）、法定代表人或者负责人姓名；失信被执行人（自然人）的姓名、性别、年龄、身份证号码；生效法律文书确定的义务和被执行人的履行情况；失信被执行人失信行为的具体情形；执行依据的制作单位和文号、执行案号、立案时间、执行法院；人民法院认为应当记载和公布的不涉及国家秘密、商业秘密、个人隐私的其他事项。最高人民法院将失信被执行人信息推送到全国信用信息共享平台和"信用中国"网站（www.creditchina.gov.cn），并负责及时更新。

招标人、招标代理机构、有关单位应当通过"信用中国"网站或各级信用信息共享平台查询相关主体是否为失信被执行人，并采取必要方式做好失信被执行人信息查询记录和证据留存。投标人可通过"信用中国"网站查询相关主体是否为失信被执行人。

国家公共资源交易平台、中国招标投标公共服务平台、各省级信用信息共享平台通过全国信用信息共享平台共享失信被执行人信息，各省级公共资源交易平台通过国家公共资源交易平台共享失信被执行人信息，逐步实现失信被执行人信息推送、接收、查询、应用的自动化。

3）联合惩戒措施。

① 限制失信被执行人的投标活动。依法必须进行招标的工程建设项目，招标人应当在资格预审公告、招标公告、投标邀请书及资格预审文件、招标文件中明确规定对失信被执行人的处理

方法和评标标准,在评标阶段,招标人或者招标代理机构、评标专家委员会应当查询投标人是否为失信被执行人,对属于失信被执行人的投标活动依法予以限制。两个以上的自然人、法人或者其他组织组成一个联合体,以一个投标人的身份共同参加投标活动的,应当对所有联合体成员进行失信被执行人信息查询。联合体中有一个或一个以上成员属于失信被执行人的,联合体视为失信被执行人。

② 限制失信被执行人的招标代理活动。招标人委托招标代理机构开展招标事宜的,应当查询其失信被执行人信息,鼓励优先选择无失信记录的招标代理机构。

③ 限制失信被执行人的评标活动。依法建立的评标专家库管理单位在对评标专家聘用审核及日常管理时,应当查询有关失信被执行人信息,不得聘用失信被执行人为评标专家。对评标专家在聘用期间成为失信被执行人的,应及时清退。

④ 限制失信被执行人招标从业活动。招标人、招标代理机构在聘用招标从业人员前,应当明确规定对失信被执行人的处理办法,查询相关人员的失信被执行人信息,对属于失信被执行人的招标从业人员应按照规定进行处理。

以上限制自失信被执行人从最高人民法院失信被执行人信息库中删除之时起终止。

## 案例分析

### 【案例1】 某粮库与某建设公司投标报价纠纷

**【案情介绍】**

建设单位为某粮库,施工单位为某建设公司。项目为国家粮食储备库土建工程,属国家财政预算内专项资金项目,依法应采取公开招标的方式发包。该项目建设单位在招标文件中明确:合同价格为固定价格,投标人所报价格在合同实施期间保持不变,不因劳务、材料、机械等成本变化而调整。投标人应填写工程量清单中所有细目的价格,未填写的则视为包含在其他价格中。在投标人的投标书中未填写劳动保险费一项。

中标后,双方在建设工程施工合同专用条款第二十三条中约定,合同价款采用可调价格,发生设计变更或增加工程量及项目所发生的费用,由建设单位另行支付,不含在合同价款之内。后施工单位依据该条款要求额外增加80多万元的劳动保险费用。

**【案例评析】**

《招标投标法》第四十六条规定,招标人和中标人应当自中标通知书发出之日起30日内,按照招标文件和中标人的投标文件订立书面合同。招标人和中标人不得再行订立背离合同实质性内容的其他协议。因此,本案建设工程施工合同中应明确合同价格为固定价格,不能调整,投标书中未列明费用已包括在工程量清单的其他单价和价格之中,不再追加。《建设工程施工合同》第二十三条因背离了招标文件和被上诉人投标文件的实质内容,违反了《建筑法》《招标投标法》的上述强制性规定,是无效的条款。

事实上,如果当时施工单位的报价包括劳动保险费,那么施工单位就不具备中标条件,是不可能中标的。在投标报价中不包括劳动保险费而中标,而事后再另行要求建设单位支付该费用,这对于其他投标人也是极其不公平的,从这个角度来说也违反了《招标投标法》的基本精神。本案建设单位上诉获得胜诉。

## 【案例 2】 A 房地产开发有限公司与 B 建工集团有限公司建设工程施工合同纠纷案

### 【案情介绍】

2011 年 9 月，A 房地产开发有限公司（简称 A 公司）与 B 建工集团有限公司就 B 区、D 区工程签订了《施工合同补充协议》及《施工合同补充协议二》，此时案涉工程尚未进行招标投标，中标通知书发出的时间是 2011 年 11 月 8 日。中标通知书的建设单位是栾城县窦妪镇汪家庄村民委员会，而非 A 公司，且中标的项目也仅为 D 区工程。后建工公司就工程停工损失问题起诉到法院。

### 【案例评析】

当事人签订案涉施工合同补充协议及施工合同补充协议二的时间是 2011 年 9 月，而建工公司于同年 11 月 8 日才就案涉 D 区工程中标，故案涉施工合同补充协议及施工合同补充协议二签订于通过招标投标程序确定中标人之前。对于双方在招标投标程序完成之前签订合同的行为，《招标投标法》虽没有明确规定此种行为是否属于禁止行为，但该法第四十三条规定，在确定中标人前，招标人不得与投标人就投标价格、投标方案等实质性内容进行谈判，与该条禁止的行为相比，在进行招标投标之前就在实质上先行确定了中标人，无疑是对招标投标法强制性规定更为严重的违反。而《施工合同司法解释（一）》第一条规定，建设工程施工合同具有下列情形之一的，应当根据合同法第五十二条第（五）项的规定，认定无效……建设工程必须进行招标而未招标或者中标无效的。因此，案涉施工合同补充协议及施工合同补充协议二应认定为无效。

## 【案例 3】 串通投标罪案

### 【案情介绍】

某公司负责人指使公司员工伪造资质证件，操控多个"马甲"公司参与投标活动，涉嫌串通投标，涉案金额高达千万元。日前，天津市滨海新区塘沽人民检察院提起公诉，滨海新区人民法院审理了此案，对被告单位和三名报告人依法做出判决。

2013 年，被告单位北京××公司由被告人杜某某、李某某共同注册成立，杜某某任法定代表人，与李某某共同经营。二人为获取经济利益，指使公司员工王某某伪造资质证件，利用假印章制作投标材料，以北京 A 公司名义进行投标，并与其他公司进行"围标"，相互串通投标价格，分别参与了天津、广西、新疆的三个工程项目投标活动，最终均由北京 A 公司中标，涉案中标总金额 1000 余万元。后经调查，其他参与投标的公司均为两被告人杜某某、李某某实际控制。

公安机关接到受害公司报案后，将三名犯罪嫌疑人抓获。塘沽人民检察院对这起串通投标案提起公诉，滨海新区人民法院依法判决被告单位北京××公司犯串通投标罪，判处罚金人民币 50 万元；被告人李某某、杜某某均犯串通投标罪，判处有期徒刑 1 年 2 个月，并处罚金人民币 30 万元；被告人王某某犯串通投标罪，判处有期徒刑 10 个月，缓刑 1 年，并处罚金人民币 5 万元。

这是塘沽检察院审理的首例串通投标犯罪案。该案案情复杂，证据庞杂，犯罪地点涉及广西、新疆和天津三地，卷宗达 25 本之多。同时，该案为单位犯罪，在办案过程中的程序、适用法律等环节都较为复杂。检察官仔细研究案卷，严格审查证据，耗时达 6 个月，在开庭前做足了准备工作，案件得以顺利提起公诉。

1997 年《中华人民共和国刑法》（简称《刑法》）首次在我国的刑法典中规定了单位犯罪。《刑法》第三十一条规定，单位犯罪的，对单位判处罚金，并对其直接负责的主管人员和其他直接责任人员判处刑罚。本法分则和其他法律另有规定的，依照规定。

依据《刑法》第二百二十三条之规定，投标人相互串通投标报价，损害招标人或者其他投标人利益，情节严重的，处 3 年以下有期徒刑或者拘役，并处或者单处罚金。投标人与招标人串通投标，损害国家、集体、公民的合法利益的，依照上述规定处罚。

【知识点分析】

《招标投标法》明确禁止投标人相互串通投标，如果情节严重的，即构成《刑法》第二百二十三条规定的串通投标罪，将面临刑事处罚。

## 复习题

1. 强制招标的范围是什么？哪些情况下可以不招标？
2. 招标的方式有哪些？
3. 关于投标保证金法律上有什么规定？
4. 投标文件应包括哪些内容？
5. 关于投标文件的提交有什么法律要求？
6. 投标人串通投标的表现形式有哪些？
7. 招标人与投标人串通投标的表现形式有哪些？
8. 中标的条件有哪些？
9. 评标委员会应当否决的投标情形有哪些？
10. 中标后，合同签订的法律要求是什么？
11. 简述电子招标投标活动。

# 第 7 章 建设工程合同相关法律规定

## 7.1 建设工程合同概述

### 7.1.1 概念

《民法典》第七百八十八条规定，建设工程合同是承包人进行工程建设，发包人支付价款的合同。建设工程合同包括工程勘察、设计、施工合同。

建设工程合同应当采用书面形式。但是根据《民法典》第四百九十条规定，法律、行政法规规定或者当事人约定合同应当采用书面形式订立，当事人未采用书面形式但是一方已经履行主要义务，对方接受时，该合同成立。

### 7.1.2 合同的主要内容

**1. 勘察、设计合同**

根据《民法典》第七百九十四条的规定，勘察、设计合同的内容一般包括提交有关基础资料和概预算等文件的期限、质量要求、费用以及其他协作条件等条款。

**2. 施工合同**

根据《民法典》第七百九十五条的规定，施工合同的内容一般包括工程范围、建设工期、中间交工工程的开工和竣工时间、工程质量、工程造价、技术资料交付时间、材料和设备供应责任、拨款和结算、竣工验收、质量保修范围和质量保证期、相互协作等条款。

**3. 委托监理合同**

根据《民法典》第七百九十六条的规定，建设工程实行监理的，发包人应当与监理人采用书面形式订立委托监理合同。发包人与监理人的权利和义务以及法律责任，应当依照委托合同以及其他有关法律、行政法规的规定。

### 7.1.3 双方当事人主要的权利、义务

《民法典》第七百九十七条至第八百零七条，合计 11 个法律条文，规定了建设工程合同双方当事人主要的权利义务，非常重要。这些法律规定的内容，无须当事人在合同中约定，是处理工程合同纠纷重要法律依据。

**1. 发包人的权利义务和责任**

1）发包人在不妨碍承包人正常作业的情况下，可以随时对作业进度、质量进行检查。

2）建设工程竣工后，发包人应当根据施工图及说明书、国家颁发的施工验收规范和质量检验标准及时进行验收。验收合格的，发包人应当按照约定支付价款，并接收该建设工程。建设工程竣工经验收合格后，方可交付使用；未经验收或者验收不合格的，不得交付使用。

3）发包人未按照约定的时间和要求提供原材料、设备、场地、资金、技术资料的，承包人可以顺延工程日期，并有权请求赔偿停工、窝工等损失。

4）因发包人的原因致使工程中途停建、缓建的，发包人应当采取措施弥补或者减少损失，赔偿承包人因此造成的停工、窝工、倒运、机械设备调迁、材料和构件积压等损失和实际费用。

5）因发包人变更计划，提供的资料不准确，或者未按照期限提供必需的勘察、设计工作条件而造成勘察、设计的返工、停工或者修改设计，发包人应当按照勘察人、设计人实际消耗的工作量增付费用。

6）发包人未按照约定支付价款的，承包人可以催告发包人在合理期限内支付价款。发包人逾期不支付的，除根据建设工程的性质不宜折价、拍卖外，承包人可以与发包人协议将该工程折价，也可以请求人民法院将该工程依法拍卖。建设工程的价款就该工程折价或者拍卖的价款优先受偿。

7）承包人将建设工程转包、违法分包的，发包人可以解除合同。

**2. 承包人的权利义务和责任**

1）隐蔽工程在隐蔽以前，承包人应当通知发包人检查。发包人没有及时检查的，承包人可以顺延工程日期，并有权请求赔偿停工、窝工等损失。

2）勘察、设计的质量不符合要求或者未按照期限提交勘察、设计文件拖延工期，造成发包人损失的，勘察人、设计人应当继续完善勘察、设计，减收或者免收勘察、设计费并赔偿损失。

3）因施工人的原因致使建设工程质量不符合约定的，发包人有权请求施工人在合理期限内无偿修理或者返工、改建。经过修理或者返工、改建后，造成逾期交付的，施工人应当承担违约责任。

4）因承包人的原因致使建设工程在合理使用期限内造成人身损害和财产损失的，承包人应当承担赔偿责任。这属于侵权责任，损害的可以是发包人，也可以是其他人。

5）发包人提供的主要建筑材料、建筑构配件和设备不符合强制性标准或者不履行协助义务，致使承包人无法施工，经催告后在合理期限内仍未履行相应义务的，承包人可以解除合同。

需要特别注意的是，根据《民法典》第八百零八条规定，建设工程合同一章没有规定的，适用承揽合同的有关规定。建设工程合同在性质上属于完成工作的合同。完成工作的合同是在传统民法的承揽合同的基础上发展起来的一大类合同，一般包括承揽合同、技术服务和技术开发合同。传统的承揽合同一般包括承揽和建设工程合同，一些国家的民法典中都专章规定了承揽，并把建设工程也纳入规范。我国原《中华人民共和国经济合同法》（简称《经济合同法》）第十八条和第十九条分别规定了建设工程承包合同、加工承揽合同。在起草合同法时，考虑到《经济合同法》《中华人民共和国涉外经济合同法》和《技术合同法》三法合一，《经济合同法》中规定的有名合同应当保留并专章予以规定，我国《经济合同法》已将建设

### 第 7 章 建设工程合同相关法律规定

工程合同作为不同于承揽合同的一类新的合同。同时又考虑到建设工程不同于其他工作的完成，建设工程合同具有与一般承揽合同不同的一些特点。因此，在合同法第十五章规定了承揽合同，在第十六章规定了建设工程合同。《民法典》第十七章规定了承揽合同，在第十八章规定了建设工程合同。

按照《民法典》的规定，承揽合同是承揽人按照定作人的要求完成工作，交付工作成果，定作人支付报酬的合同。承揽包括加工、定作、修理、复制、测试、检验等工作。建设工程合同是承包人进行工程建设，发包人支付价款的合同。建设工程合同的主体是发包人和承包人。建设工程合同的标的是建设工程，包括建设房屋、公路、铁路、桥梁、隧洞、水库工程。建设工程合同原为承揽合同中的一种，属于承揽完成不动产工程项目的合同。承揽合同和建设工程合同也具有与一般承揽合同相同的特征：如都是诺成合同、双务合同、有偿合同，都以完成一定工作为目的，标的都具有特定性。因此，建设工程合同一章没有规定而承揽合同一章有规定的，可以根据建设工程合同的性质适用承揽合同中的这些规定。建设工程合同中的发包人相当于承揽合同中的定作人，承包人相当于承揽合同中的承揽人。

经过建设工程合同一章与承揽合同一章的比较，大致可以看出以下条款是建设工程合同一章没有规定而在承揽合同中有规定的。

根据《民法典》第七百七十四条，承揽人提供材料的，应当按照约定选用材料，并接受定作人检验。根据本条规定，如果当事人在建设工程合同中约定由承包人提供材料、构配件和设备，并约定了提供材料、构配件和设备的时间、数量和质量的，承包人就应当按照约定准备材料、构配件和设备。承包人准备材料、构配件和设备时，还应当备齐有关的资料，如发票、质量说明书等说明文件。承包人准备好材料、构配件和设备后，应当及时通知发包人检验，并如实提供发票以及数量和质量的说明文件。发包人接到通知后，应当及时检验该材料、构配件和设备，认真查看承包人提供的材料、构配件和设备以及有关文件。如果合同中的材料、构配件和设备数量、质量的约定，发包人认为承包人选用的材料、构配件和设备符合约定的，应当告知承包人，或者根据承包人的要求以书面形式确认。经检验，发包人发现材料、构配件和设备数量缺少的，应当及时通知承包人补齐。发包人发现材料、构配件和设备质量不符合约定的，应当及时通知承包人更换，因此发生的费用，由承包人承担。

根据《民法典》第七百七十五条，定作人提供材料的，应当按照约定提供材料。承揽人对定作人提供的材料应当及时检验，发现不符合约定时，应当及时通知定作人更换、补齐或者采取其他补救措施。承揽人不得擅自更换定作人提供的材料，不得更换不需要修理的零部件。根据本条规定，建设工程合同中，当事人可以约定由发包人提供材料、构配件和设备。发包人应当在合同约定的时间向承包人提供符合约定数量和质量的材料、构配件和设备。当发包人提供材料、构配件和设备后，承包人应当立即检验。如果经承包人检验，发包人提供的材料、构配件和设备符合约定，承包人应当确认并通告发包人。如果经检验，发包人提供的材料、构配件和设备数量不足的，承包人应当通知发包人补齐；发包人提供的材料质量、构配件和设备不符合约定的，承包人应当及时通知发包人更换以达到合同要求。发包人提供的材料、构配件和设备经检验符合约定的，承包人应当妥善保管该材料、构配件和设备并且应当以该材料、构配件和设备完成建设工作，不得擅自更换。

根据《民法典》第七百七十六条，承揽人发现定作人提供的工程图或者技术要求不合理的，应当及时通知定作人。因定作人怠于答复等原因造成承揽人损失的，应当赔偿损失。根据规定，如果承包人在建设工作之前或者工作之中发现发包人提供的工程图或者技术要求不合理，也就是说按此工程图或者技术要求难以产生符合合同约定的建设工程，在此情况下，承包人应当及时将该情况通知发包人。发包人在接到承包人关于工程图或者技术要求不合理的通知后，应当立即采取措施，修改工程图和技术要求。

根据《民法典》第七百八十四条，承揽人应当妥善保管定作人提供的材料以及完成的工作成果，因保管不善造成毁损、灭失的，应当承担赔偿责任。根据这条规定，发包人按约提供材料构配件和设备后，承包人有义务妥善保管发包人提供的材料、构配件和设备，保持材料、构配件和设备的质量状态，防止材料、构配件和设备非正常损耗，从而保证工程的质量。在工程未交付以前，承包人应当妥善保管工程。如果承包人未尽妥善保管义务，造成材料、构配件和设备或者工程毁损、灭失的，承包人应当承担损害赔偿责任。

根据《民法典》第七百八十五条，承揽人应当按照定作人的要求保守秘密，未经定作人许可，不得留存复制品或者技术资料。根据本条规定，承包人有保密的义务。承包人的保密义务体现在，承揽人在订立合同过程中知悉发包人商业秘密的，发包人要求保密的，承包人应当保密，不得泄露或者不正当地使用。在建设工程完成后，承包人应当将涉密的工程图、技术资料等一并返还发包人，未经发包人的许可，承包人不得留存工程图以及其他技术资料。

## 7.2 建设工程施工合同

建设工程施工合同是建设工程合同的重要类型，即建筑安装工程承包合同，发包人与承包人为完成商定的建筑安装工程，明确相互权利、义务关系的合同。

### 7.2.1 建设工程施工合同示范文本

《建设工程施工合同（示范文本）》于1991年颁布，1999年修订一次；2013年4月住房和城乡建设部、国家工商总局颁布了《建设工程施工合同（示范文本）》（GF—2013—0201），自2013年7月1日执行，1999版废止。住房和城乡建设部、国家工商总局对《建设工程施工合同（示范文本）》进行了修订，制定了《建设工程施工合同（示范文本）》（GF—2017—0201）（简称《示范文本》），本合同示范文本自2017年10月1日起执行，原《建设工程施工合同（示范文本）》（GF—2013—0201）同时废止。2017版《示范文本》由合同协议书、通用合同条款和专用合同条款三部分组成。

**1. 合同协议书**

合同协议书是发包人与承包人就合同内容协商一致后，向对方承诺履行合同而签署的正式协议。合同协议书是总纲领性文件，明确了当事人主要义务，合同法律效力，具有最优解释力。

合同协议书的主要作用是确认双方达成一致意见的合同的主要内容，使合同主要内容清楚明了——纲领文件；确认合同文件的组成部分，有助于正确理解、全面履行合同；确认合同主体双方并签字盖章，约定合同生效；确认双方承诺履行义务，有助于增强履约意识。

合同协议书共计 13 条，主要包括工程概况、合同工期、质量标准、签约合同价和合同价格形式、项目经理、合同文件构成、承诺以及合同生效条件等重要内容，集中约定了合同当事人基本的合同权利义务。

**2. 通用合同条款**

通用合同条款是合同当事人根据《建筑法》《合同法》等法律法规的规定，就工程建设的实施及相关事项，对合同当事人的权利义务做出的原则性约定。

通用合同条款共计 20 条，具体条款分别为：一般约定、发包人、承包人、监理人、工程质量、安全文明施工与环境保护、工期和进度、材料与设备、试验与检验、变更、价格调整、合同价格、计量与支付、验收和工程试车、竣工结算、缺陷责任与保修、违约、不可抗力、保险、索赔和争议解决。前述条款安排既考虑了现行法律法规对工程建设的有关要求，也考虑了建设工程施工管理的特殊需要。

通用合同条款适用于各类建设工程施工的条款，是根据法律、行政法规规定及建设工程施工的需要订立的，同时也考虑了工程施工中的惯例、施工合同签订、履行、管理中的通常做法，通用于建设工程施工的条款。通用合同条款是基础性合同条款，共性的内容固定下来，具有普遍性和通用性，如：法律法规是统一的，双方基本权利、义务一致，对于违约、索赔、争议的处理原则也是相同的。

**3. 专用合同条款**

专用合同条款是对通用合同条款原则性约定的细化、完善、补充、修改或另行约定的条款。合同当事人可以根据不同建设工程的特点及具体情况，通过双方的谈判、协商对相应的专用合同条款进行修改补充。在使用专用合同条款时，应注意以下事项：①专用合同条款的编号应与相应的通用合同条款的编号一致；②合同当事人可以通过对专用合同条款的修改，满足具体建设工程的特殊要求，避免直接修改通用合同条款；③在专用合同条款中有横道线的地方，合同当事人可针对相应的通用合同条款进行细化、完善、补充、修改或另行约定；如无细化、完善、补充、修改或另行约定，则填写"无"或"/"。

通用合同条款与专用合同条款二者的关系不是各自独立的，而是互为说明、补充，与协议书共同构成合同文本的内容。专用条款有约定的执行专用条款，专用条款对通用条款没有修改的，适用通用条款。当二者发生冲突时，专用合同条款的法律效力应当优先于通用合同条款。

在使用示范文本签订合同时应注意：

1）在工程项目招标时，通用合同条款应作为招标文件的一部分提供给投标人。无论是否执行通用合同条款，通用合同条款都应作为合同的一个组成部分予以保留，不应只将合同协议书、专用合同条款视为全部合同内容。

2）除通用合同条款外，合同协议书、专用合同条款均涉及填写问题，有横道线部分需要填写，一定要标准、规范、要素齐全、数字正确（大写，并注明以大写为准）、字迹清晰、避免涂改，不需要填写部分，一定要填写"无"。

3）应注明合同附件与合同具有同等法律效力，并由双方以签订合同的方式确认。

4）根据工程施工的实际情况和特殊要求，签订补充协议，以解决示范文本本身没有明确的问题。

5)《示范文本》为非强制性使用文本。《示范文本》适用于房屋建筑工程、土木工程、线路管道和设备安装工程、装修工程等建设工程的施工承发包活动，合同当事人可结合建设工程具体情况，根据《示范文本》订立合同，并按照法律法规规定和合同约定承担相应的法律责任及合同权利义务。

除上述示范文本外，2007 标准施工招标文件中合同条款以及《房屋建筑和市政工程标准施工招标文件》（2010 年版本）中合同条款也可使用。

## 7.2.2 建设工程施工合同纠纷的处理及合同管理中应注意的问题

实践中，施工合同纠纷大量存在。通过研究施工合同纠纷处理的相关法律依据，总结合同管理中应注意的问题，尽量避免纠纷的发生或者保证在纠纷解决过程中使己方处于有利的地位。施工合同纠纷处理的主要法律依据有《合同法》《最高人民法院关于适用〈中华人民共和国合同法〉若干问题的解释（一）》（简称司法解释一）《最高人民法院关于适用〈中华人民共和国合同法〉若干问题的解释（二）》（简称司法解释二）《招标投标法》《建筑法》《最高人民法院关于审理建设工程施工合同纠纷案件适用法律问题的解释》（自 2005 年 1 月 1 日起施行，简称《施工合同司法解释（一）》）、《最高人民法院关于审理建设工程施工合同纠纷案件适用法律问题的解释（二）》（自 2019 年 2 月 1 日起施行，简称《施工合同司法解释（二）》）。最高人民法院已经颁布的两个施工合同司法解释，基本涉及了施工合同纠纷的主要问题，是处理建设工程施工合同纠纷的基本依据。两个解释的内容对比见表 7-1。

下面具体介绍上述司法解释的主要内容：

**1. 建设工程施工合同的效力及处理**

处理合同纠纷首先要解决合同效力问题，这直接关系到处理结果。

（1）施工合同的无效

根据《施工合同司法解释（一）》、《施工合同司法解释（二）》的规定，建设工程施工合同无效的情况主要有：①承包人未取得建筑施工企业资质或者超越资质等级的；②没有资质的实际施工人借用有资质的建筑施工企业名义的；③建设工程必须进行招标而未招标或者中标无效的。承包人非法转包、违法分包建设工程或者没有资质的实际施工人借用有资质的建筑施工企业名义与他人签订建设工程施工合同的行为无效。人民法院可以根据《中华人民共和国民法通则》（简称《民法通则》）第一百三十四条规定，收缴当事人的非法所得。当事人以发包人未取得建设工程规划许可证等规划审批手续为由，请求确认建设工程施工合同无效的，人民法院应予支持，但发包人在起诉前取得建设工程规划许可证等规划审批手续的除外。发包人能够办理审批手续而未办理，并以未办理审批手续为由请求确认建设工程施工合同无效的，人民法院不予支持。

上述情形因违反《建筑法》《招标投标法》等法律强制性规定而无效。

在认定施工合同效力时应注意：承包人超越资质等级许可的业务范围签订建设工程施工合同，在建设工程竣工前取得相应资质等级，当事人请求按照无效合同处理的，不予支持。这属于合同效力补正的情况。具有劳务作业法定资质的承包人与总承包人、分包人签订的劳务分包合同，当事人以转包建设工程违反法律规定为由请求确认无效的，不予支持。

表7-1 《施工合同司法解释（一）》与《施工合同司法解释（二）》的内容对比

| 施工合同司法解释（一） | | 施工合同司法解释（二） | |
|---|---|---|---|
| 一、合同效力 | A1—A7 无效的情形、无效的处理、垫资的效力、不按无效处理的情形。 | 一、合同效力及相关问题 | A1—A3 背离中标合同实质性内容的判断标准、未取得建设工程规划许可手续的合同无效、合同无效损失赔偿的认定 |
| 二、合同解除权 | A8—A10 发、承包人的解除权、解除合同后的处理 | 二、借用资质的法律后果 | A4 出借用资质的责任 |
| ^ | ^ | 三、建设工程鉴定 | A14—A16 第一审未申请鉴定的处理、委托鉴定内容的确定、对鉴定意见和鉴定材料的质证 |
| 三、质量问题 | A11—A13、A27 承包人拒绝修复的处理、发包人造成质量缺陷的过错责任、未经验收擅自使用的后果、保修责任 | 四、建设工程价款优先受偿权 | A17—A23 优先受偿权的主体、装饰装修承包人优先受偿权、承包人优先受偿权的行使条件、未竣工工程优先受偿权的行使条件、优先受偿的范围、优先受偿权的行使期限、事前放弃或限制优先受偿权的效力 |
| 四、工期问题 | A14 实际竣工时间的确定 A15 质量鉴定期间可顺延工期 | 五、工期问题 | A5 实际开工日期认定 A6 工期顺延认定 |
| 五、工程价款结算和工程量确定 | A16—A23 工程价款的计算标准、欠付工程款利息标准、利息起算时间、逾期不结算的后果、黑白合同的结算、固定价格的结算、工程量的确定可以不全部鉴定 | 六、工程价款结算 | A8—A13 质量保证金返还、非必须招标工程招标后结算依据、合同与招标投标文件不一致结算依据、多份合同无效时结算依据、诉前结算协议效力、诉前委托造价咨询效力 |
| 六、诉讼程序问题 | A24 建设工程不适用专属管辖 A25 总承包人、分包人、实际施工人为共同被告 | 七、诉讼程序问题 | A7 发包人可提起质量不合格的反诉 |
| 七、实际施工人保护 | A26 实际施工人利益的保护 | 八、实际施工人保护 | A24 发包人对实际施工人的责任 A25 实际施工人代位权 |
| 八、生效时间 | A28 解释的实施 | 九、解释施行 | A26 解释的施行 |
| 新旧内容衔接 | 1. 对于合同效力、工期、工程价款结算、实际施工人的权利保护，新解释对旧解释进行了修改和补充 | | |
| ^ | 2. 对于建设工程鉴定、建设工程价款优先受偿权，针对实践中的新情况和疑难问题，做出了比较全面的规定 | | |

在施工合同管理实践中，签订合同时，应注意是否属于强制招标情况。属于强制招标的，必须通过招标方式签订合同，遵守《招标投标法》的规定，按照招标文件和中标人的投标文件签订合同。

(2) 垫资的处理

当事人对垫资和垫资利息有约定，承包人请求按照约定返还垫资及其利息的，应予支持，但是约定的利息计算标准高于中国人民银行发布的同期同类贷款利率的部分除外。

当事人对垫资没有约定的，按照工程欠款处理。

当事人对垫资利息没有约定，承包人请求支付利息的，不予支持。

在施工合同管理实践中，如涉及垫资问题，在利息上应注意根据上述规定，做出有利于己方的约定。

(3) 合同无效的处理

建设工程施工合同无效，但建设工程经竣工验收合格，承包人请求参照合同约定支付工程价款的，应予支持。

建设工程施工合同无效，且建设工程经竣工验收不合格的，按照以下情形分别处理：修复后的建设工程经竣工验收合格，发包人请求承包人承担修复费用的，应予支持；修复后的建设工程经竣工验收不合格，承包人请求支付工程价款的，不予支持。

因建设工程不合格造成的损失，发包人有过错的，也应承担相应的民事责任。如设计有缺陷、材料不合格等。

建设工程施工合同无效，一方当事人请求对方赔偿损失的，应当就对方过错、损失大小、过错与损失之间的因果关系承担举证责任。

损失大小无法确定，一方当事人请求参照合同约定的质量标准、建设工期、工程价款支付时间等内容确定损失大小的，人民法院可以结合双方过错程度、过错与损失之间的因果关系等因素作出裁判。

在施工合同管理实践中，应注意工程是否竣工验收合格，直接影响工程价款的支付，因此，应加强工程竣工验收的管理工作，保存好相关证据材料。

**2. 建设工程施工合同的解除**

实践中一般不希望解除施工合同，一旦解除损失大。因此，最高人民法院通过司法解释限制解除权行使，将《合同法》第九十四条规定的法定解除具体化。

1）承包人具有下列情形之一，发包人请求解除建设工程施工合同的，应予支持：①明确表示或者以行为表明不履行合同主要义务的，行为如擅自停工；②合同约定的期限内没有完工，且在发包人催告的合理期限内仍未完工的；③已经完成的建设工程质量不合格，并拒绝修复的，不能实现合同目的，构成根本违约；④将承包的建设工程非法转包、违法分包的。

2）发包人具有下列情形之一，致使承包人无法施工，且在催告的合理期限内仍未履行相应义务，承包人请求解除建设工程施工合同的，应予支持：①未按约定支付工程价款的；②提供的主要建筑材料、建筑构配件和设备不符合强制性标准的；③不履行合同约定的协助义务的，如不办理施工手续、不按时提供施工图等。

建设工程施工合同解除后，已经完成的建设工程质量合格的，发包人应当按照约定支付相应的工程价款；已经完成的建设工程质量不合格的，参照《施工合同司法解释（一）》的第三条规定处理。因一方违约导致合同解除的，违约方应当赔偿因此而给对方造成的损失。

在施工合同管理实践中，应注意在合同履行过程中，收集相关证据，在有必要时及时行使合同解除权（通知），并可要求违约方赔偿损失（证据）。

**3. 建设工程质量问题纠纷的处理**

1）因承包人的过错造成建设工程质量不符合约定，承包人拒绝修理、返工或者改建，发包人请求减少支付工程价款（修复发生的实际费用）的，应予支持。

2）发包人具有下列情形之一，造成建设工程质量缺陷的，应当承担过错责任：①提供的设计有缺陷；②提供或者指定购买的建筑材料、建筑构配件、设备不符合强制性标准；③直接指定分包人分包专业工程。

承包人有过错的，也应当承担相应的过错责任，如设计有问题或材料未经检验等。

3）建设工程未经竣工验收，发包人擅自使用后，又以使用部分质量不符合约定为由主张权利的，不予支持；但是承包人应当在建设工程的合理使用寿命内对地基基础工程和主体结构质量承担民事责任。因为《建筑法》第六十一条规定，建筑物在合理使用寿命内，必须确保地基、主体质量。

4）工程质量纠纷案件的当事人。因建设工程质量发生争议，发包人可以以总承包人、分包人和实际施工人为共同被告提起诉讼。

缺乏资质的单位或者个人借用有资质的建筑施工企业名义签订建设工程施工合同，发包人请求出借方与借用方对建设工程质量不合格等因出借资质造成的损失承担连带赔偿责任的，人民法院应予支持。

5）工程质量保修及赔偿责任。因保修人未及时履行保修义务，导致建筑物毁损或者造成人身、财产损害的，保修人应当承担赔偿责任。

保修人与建筑物所有人或者发包人对建筑物毁损均有过错的，各自承担相应的责任。

6）反诉。发包人在承包人提起的建设工程施工合同纠纷案件中，以建设工程质量不符合合同约定或者法律规定为由，就承包人支付违约金或者赔偿修理、返工、改建的合理费用等损失提出反诉的，人民法院可以合并审理。

7）质量保证金。有下列情形之一，承包人请求发包人返还工程质量保证金的，人民法院应予支持：当事人约定的工程质量保证金返还期限届满；当事人未约定工程质量保证金返还期限的，自建设工程通过竣工验收之日起满2年；因发包人原因建设工程未按约定期限进行竣工验收的，自承包人提交工程竣工验收报告90日后起当事人约定的工程质量保证金返还期限届满；当事人未约定工程质量保证金返还期限的，自承包人提交工程竣工验收报告90日后起满2年。

发包人返还工程质量保证金后，不影响承包人根据合同约定或者法律规定履行工程保修义务。

在施工合同管理实践中，应注意工程质量问题是施工合同履行管理过程中的关键问题之一，发生质量问题应分清过错，工程未经竣工验收，发包人不要使用工程，并充分行使保修的权利。

**4. 建设工程价款争议的处理**

施工合同纠纷中最主要的、数量也是非常大的就是建设工程价款争议。

（1）工程价款的计算标准

当事人对建设工程的计价标准或者计价方法有约定的，按照约定结算工程价款。

因设计变更导致建设工程的工程量或者质量标准发生变化，当事人对该部分工程价款不能协商一致的，可以参照签订建设工程施工合同时当地建设行政主管部门发布的计价方法或者计价标准结算工程价款。

建设工程施工合同有效，但建设工程经竣工验收不合格的，工程价款结算参照《施工合同司法解释（一）》的第三条规定处理。

在施工合同管理实践中，应注意签订施工合同时，尽量详细约定建设工程的计价标准或者计价方法。

（2）工程款利息

当事人对欠付工程价款利息计付标准有约定的，按照约定处理；没有约定的，按照中国人民银行发布的同期同类贷款利率计息。

利息从应付工程价款之日计付。当事人对付款时间没有约定或者约定不明的，下列时间视为应付款时间：①建设工程已实际交付的，为交付之日；②建设工程没有交付的，为提交竣工结算文件之日；③建设工程未交付，工程价款也未结算的，为当事人起诉之日。

（3）逾期不结算的后果

当事人约定，发包人收到竣工结算文件后，在约定期限内不予答复，视为认可竣工结算文件的，按照约定处理。承包人请求按照竣工结算文件结算工程价款的，应予支持。

在施工合同管理实践中，应高度注意施工合同中约定的"发包人收到竣工结算文件后，在约定期限内不予答复，视为认可竣工结算文件"的条款。

（4）黑白合同的处理

当事人就同一建设工程另行订立的建设工程施工合同与经过备案的中标合同实质性内容不一致的，应当以备案的中标合同作为结算工程价款的根据。

招标人和中标人另行签订的建设工程施工合同约定的工程范围、建设工期、工程质量、工程价款等实质性内容，与中标合同不一致，一方当事人请求按照中标合同确定权利义务的，人民法院应予支持。

招标人和中标人在中标合同之外就明显高于市场价格购买承建房产、无偿建设住房配套设施、让利、向建设单位捐赠财物等另行签订合同，变相降低工程价款，一方当事人以该合同背离中标合同实质性内容为由请求确认无效的，人民法院应予支持。

（5）固定价结算争议的处理

当事人约定按照固定价结算工程价款，一方当事人请求对建设工程造价进行鉴定的，不予支持。

（6）招标投标工程结算

发包人将依法不属于必须招标的建设工程进行招标后，与承包人另行订立的建设工程施工合同背离中标合同的实质性内容，当事人请求以中标合同作为结算建设工程价款依据的，人民法院应予支持，但发包人与承包人因客观情况发生了在招标投标时难以预见的变化而另行订立建设工程施工合同的除外。

当事人签订的建设工程施工合同与招标文件、投标文件、中标通知书载明的工程范围、建设工期、工程质量、工程价款不一致，一方当事人请求将招标文件、投标文件、中标通知书作为结算工程价款的依据的，人民法院应予支持。

(7) 建设工程价款优先受偿权

在解决工程价款争议中，承包人行使建设工程价款优先受偿权是一个有效的法律手段。《合同法》第二百八十六条规定："发包人未按照约定支付价款的，承包人可以催告发包人在合理期限内支付价款。发包人逾期不支付的，除按照建设工程的性质不宜折价、拍卖的以外，承包人可以与发包人协议将该工程折价，也可以申请人民法院将该工程依法拍卖。建设工程的价款就该工程折价或者拍卖的价款优先受偿。"这条规定就赋予了建设工程承包人对工程价款的优先受偿权，为解决工程款拖欠问题提供了有力的法律依据。但是，建设工程承包人如何在实践中行使法律赋予的优先受偿权，还需要明确很多具体问题。为此，最高人民法院针对上海市高级人民法院的请示，又于2002年6月20日公布了《关于建设工程价款优先受偿权问题的批复》（简称《批复》），对建设工程价款优先受偿权的若干问题做了解释。《施工合同司法解释（二）》对于建设工程价款优先受偿权做了更加具体的规定。主要内容有：

与发包人订立建设工程施工合同的承包人，根据《合同法》第二百八十六条规定，请求其承建工程的价款就工程折价或者拍卖的价款优先受偿的，人民法院应予支持。

装饰装修工程的承包人，请求装饰装修工程价款就该装饰装修工程折价或者拍卖的价款优先受偿的，人民法院应予支持，但装饰装修工程的发包人不是该建筑物的所有权人的除外。

发包人与承包人约定放弃或者限制建设工程价款优先受偿权，损害建筑工人利益，发包人根据该约定主张承包人不享有建设工程价款优先受偿权的，人民法院不予支持。

建设工程质量合格，承包人请求其承建工程的价款就工程折价或者拍卖的价款优先受偿的，人民法院应予支持。

未竣工的建设工程质量合格，承包人请求其承建工程的价款就其承建工程部分折价或者拍卖的价款优先受偿的，人民法院应予支持。

承包人行使建设工程价款优先受偿权的期限为6个月，自发包人应当给付建设工程价款之日起算。

承包人建设工程价款优先受偿的范围依照国务院有关行政主管部门关于建设工程价款范围的规定确定。承包人就逾期支付建设工程价款的利息、违约金、损害赔偿金等主张优先受偿的，人民法院不予支持。

人民法院在审理房地产纠纷案件和办理执行案件中，应当依照《合同法》第二百八十六条的规定，认定建筑工程的承包人的优先受偿权优于抵押权和其他债权。

消费者交付购买商品房的全部或者大部分款项后，承包人就该商品房享有的工程价款优先受偿权不得对抗买受人。这里的"消费者"的含义与《中华人民共和国消费者权益保护法》（简称《消费者权益保护法》）的规定含义相同，即指为生活消费需要购买商品房的消费者，不包括为经营目的而购买商品房的消费者。这里的"大部分款项"指购房款50%以上的情况。可见，如果购房者不属于《消费者权益保护法》规定的消费者，以及购房者支付的购房款不足50%的，那么承包人仍然具有优先于购房人权利的工程价款优先受偿权。

根据《合同法》的规定，承包人行使工程价款优先受偿权的方式有两种，一是发包人与承包人协议将工程折价，建设工程的价款就该工程折价的价款优先受偿；二是承包人申请人民法院将工程拍卖，建设工程的价款就该工程拍卖的价款优先受偿。可见，承包人行使优先受偿权的程序不同于我国《担保法》规定的抵押权的行使程序。承包人优先受偿权的行使既可以直接将工程协议折价，也可以直接申请人民法院将工程拍卖，是两种不需要诉讼的方式，即《合同法》第二百八十六条规定的不是"提起诉讼"，而是"协议将该工程折价"或"申请法院拍卖"。也就是说，只要符合条件，承包人优先受偿权的行使可以跳过第一审和第二审审判程序，能够节省大量的诉讼时间和成本。但是，关于承包人与发包人就工程协议折价的数额如何控制，申请法院拍卖的程序等具体操作的问题，《合同法》以及司法解释均未作出规定。尽管如此，对于被拖欠工程价款的施工企业来讲，有一点是必须要注意的：如果要采取协议折价的方式，就应当向发包人发书面的函件，要求以建设工程折价款偿付工程欠款；如果要采取向人民法院申请拍卖建设工程的方式，就应当向法院提出书面的请求（可以在工程款纠纷案件的诉讼请求中提出，也可以在执行案件的执行申请中提出，还可以直接申请人民法院进行拍卖）。只有这样，才能表明承包人已经行使优先受偿权了。否则，根据"不告不理"的民事诉讼原则，当事人自己不明确提出优先受偿的主张，法院是不会主动认定承包人工程价款优先受偿权的。

另外，承包人向人民法院申请时，必须提出证明优先受偿权存在以及具备行使条件的证据，并且同时应当提出财产保全的申请。

（8）发包人对实施施工人的责任

实际施工人以转包人、违法分包人为被告起诉的，人民法院应当依法受理。

实际施工人以发包人为被告主张权利的，人民法院可以追加转包人或者违法分包人为本案当事人。发包人只在欠付工程价款范围内对实际施工人承担责任。

实际施工人以发包人为被告主张权利的，人民法院应当追加转包人或者违法分包人为本案第三人，在查明发包人欠付转包人或者违法分包人建设工程价款的数额后，判决发包人在欠付建设工程价款范围内对实际施工人承担责任。

实际施工人根据合同法第七十三条规定，以转包人或者违法分包人怠于向发包人行使到期债权，对其造成损害为由，提起代位权诉讼的，人民法院应予支持。

（9）数份合同无效的结算

当事人就同一建设工程订立的数份建设工程施工合同均无效，但建设工程质量合格，一方当事人请求参照实际履行的合同结算建设工程价款的，人民法院应予支持。

实际履行的合同难以确定，当事人请求参照最后签订的合同结算建设工程价款的，人民法院应予支持。

（10）结算协议的效力

当事人在诉讼前已经对建设工程价款结算达成协议，诉讼中一方当事人申请对工程造价进行鉴定的，人民法院不予准许。

（11）造价咨询意见的处理

当事人在诉讼前共同委托有关机构、人员对建设工程造价出具咨询意见，诉讼中一方当事人不认可该咨询意见申请鉴定的，人民法院应予准许，但双方当事人明确表示受该咨询意见约束的除外。

（12）当事人对工程量有争议的，按照施工过程中形成的签证等书面文件确认。承包人能够证明发包人同意其施工,但未能提供签证文件证明工程量发生的,可以按照当事人提供的其他证据确认实际发生的工程量。

**5. 工期争议的处理**

(1) 开工日期

当事人对建设工程开工日期有争议的,人民法院应当分别按照以下情形予以认定:开工日期为发包人或者监理人发出的开工通知载明的开工日期;开工通知发出后,尚不具备开工条件的,以开工条件具备的时间为开工日期;因承包人原因导致开工时间推迟的,以开工通知载明的时间为开工日期。承包人经发包人同意已经实际进场施工的,以实际进场施工时间为开工日期。发包人或者监理人未发出开工通知,亦无相关证据证明实际开工日期的,应当综合考虑开工报告、合同、施工许可证、竣工验收报告或者竣工验收备案表等载明的时间,并结合是否具备开工条件的事实,认定开工日期。

(2) 竣工日期

当事人对建设工程实际竣工日期有争议的,按照以下情形分别处理:建设工程经竣工验收合格的,以竣工验收合格之日为竣工日期;承包人已经提交竣工验收报告,发包人拖延验收的,以承包人提交验收报告之日为竣工日期;建设工程未经竣工验收,发包人擅自使用的,以转移占有建设工程之日为竣工日期。

(3) 工期顺延

当事人约定顺延工期应当经发包人或者监理人签证等方式确认,承包人虽未取得工期顺延的确认,但能够证明在合同约定的期限内向发包人或者监理人申请过工期顺延且顺延事由符合合同约定,承包人以此为由主张工期顺延的,人民法院应予支持。

当事人约定承包人未在约定期限内提出工期顺延申请视为工期不顺延的,按照约定处理,但发包人在约定期限后同意工期顺延或者承包人提出合理抗辩的除外。

## 7.3 工程建设法律实务专题7——建设工程施工合同纠纷案件主要裁判规则

在建设工程合同中,施工合同是最重要的类型,实务中需要研究的法律问题也特别多。本实务专题将对施工合同纠纷案件涉及的大量法律问题,尤其是如何选择适用的最高人民法院两个施工合同司法解释的规定,整理已有的裁判规则,既有利于日后施工合同纠纷的处理,也有利于指导合同当事人的合同管理活动。

### 7.3.1 诉讼主体

(1) 实际施工人的概念

在诉讼实践中,经常涉及一个当事人就是实际施工人,因此,有必要先明确实际施工人的概念。在《合同法》建设工程合同一章中,有关主体的称谓包括发包人、总承包人、承包人、第三人、分包单位、施工人、监理人、勘察人、设计人。施工人概括了建设工程施工合同的所有施工主体,包括总承包人、承包人、专业工程分包人、劳务作业的分包人,而且《合同法》中施工人是指有效建设工程合同主体,不应包括转包、违法分包合同的施工人。

为了区别《合同法》规定的合法的施工人,2004年最高人民法院颁布的《施工合同司法解释（一）》首创了"实际施工人"的概念，在该解释第一条、第四条、第二十五条、第二十六条均出现了"实际施工人"的表述，按照最高法院民一庭的解释，实际施工人均是指无效合同的承包人，如转承包人、违法分包合同的承包人、没有资质借用有资质的建筑施工企业名义与他人签订建设工程施工合同的承包人。

(2) 存在实际施工人的情况下诉讼主体的列明

在工程质量纠纷案件中，因建设工程质量发生争议的，发包人可以以总承包人、分包人和实际施工人为共同被告提起诉讼。

在工程款结算纠纷案件中，《施工合同司法解释（一）》规定实际施工人以转包人、违法分包人为被告起诉的，人民法院应当依法受理。实际施工人以发包人为被告主张权利的，人民法院可以追加转包人或者违法分包人为本案当事人。发包人只在欠付工程价款范围内对实际施工人承担责任。《施工合同司法解释（二）》有所完善，实际施工人以发包人为被告主张权利的，人民法院应当追加转包人或者违法分包人为本案第三人，在查明发包人欠付转包人或者违法分包人建设工程价款的数额后，判决发包人在欠付建设工程价款范围内对实际施工人承担责任。上述规定应当适用于多层转包或违法分包中实际施工人的权利保护。在多层转包或违法分包情况下，实际施工人向发包人主张权利的，人民法院应当追加各转包人或者违法分包人为第三人。

## 7.3.2　施工合同效力

1) 必须招标的工程，双方在招标投标之前已经进行实质性内容的磋商并签订施工合同的，应认定施工合同无效。当事人的行为违反了《招标投标法》第四十三条规定中的效力性规定，故该建设工程施工合同应为无效。

典型案例：

上诉人安徽盛仁投资有限公司与被上诉人伟基建设集团有限公司、第一审被告滁州城市职业学院建设工程施工合同纠纷案［见最高人民法院（2017）最高法民终518号民事判决书］。

上诉人远海建工（集团）有限公司与上诉人新疆厚德置业有限公司哈密分公司、被上诉人新疆厚德置业有限公司建设工程施工合同纠纷案［见最高人民法院（2016）最高法民终736号民事判决书］。

2) 违反工程建设强制性标准，任意压缩合理工期、降低工程质量标准的约定，应认定无效［见《第八次全国法院民事商事审判工作会议（民事部分）纪要》］。

3) 中标无效的施工合同无效。根据《招标投标法》《招标投标法实施条例》的规定，中标无效包括：

第一种情况，招标代理机构违反招标投标法规定，泄露应当保密的与招标投标活动有关的情况和资料的，或者与招标人、投标人串通损害国家利益、社会公共利益或者他人合法权益的，前款所列行为影响中标结果的，中标无效。

第二种情况，依法必须进行招标的项目的招标人向他人透露已获取招标文件的潜在投标人的名称、数量或者可能影响公平竞争的有关招标投标的其他情况的，或者泄露标底的，前款所列行为影响中标结果的，中标无效。

第三种情况，投标人相互串通投标或者与招标人串通投标的，投标人以向招标人或者评标委员会成员行贿的手段谋取中标的，中标无效。

第四种情况，投标人以他人名义投标或者以其他方式弄虚作假，骗取中标的，中标无效。

第五种情况，依法必须进行招标的项目，招标人违反招标投标法规定，与投标人就投标价格、投标方案等实质性内容进行谈判，前款所列行为影响中标结果的，中标无效。

第六种情况，招标人在评标委员会依法推荐的中标候选人以外确定中标人的，依法必须进行招标的项目在所有投标被评标委员会否决后自行确定中标人的，中标无效。

第七种情况，依法必须进行招标的项目的招标投标活动违反招标投标法及其实施条例的规定，对中标结果造成实质性影响，且不能采取补救措施予以纠正的，招标、投标、中标无效。

## 7.3.3 工程价款

1) 施工合同约定以审计结论作为结算依据，应当将审计结论作为确定工程款的依据。

只有在合同明确约定以审计结论作为结算依据的情况下，才能将审计结论作为判决的依据〔见《最高人民法院关于建设工程承包合同案件中双方当事人已确认的工程决算价款与审计部门审计的工程决算价款不一致时如何适用法律问题的电话答复意见》（〔2001〕民一他字第2号）〕。

典型案例：

上诉人重庆市圣奇建设（集团）有限公司、黔西县人民政府、原审第三人黔西县交通运输局建设工程施工合同纠纷案〔最高人民法院（2017）最高法民终912号〕。

2) 承包人不履行配合工程档案备案、开具发票等协作义务的，发包人有权起诉要求其履行。

承包人不履行配合工程档案备案、开具发票等协作义务的，人民法院视违约情节，可以依据《合同法》第六十条、第一百零七条规定，判令承包人限期履行、赔偿损失等〔见《第八次全国法院民事商事审判工作会议（民事部分）纪要》（法〔2016〕399号）〕。

典型案例：

上诉人中国建筑第六工程局有限公司与上诉人哈尔滨凯盛源置业有限责任公司建设工程施工合同纠纷案〔见最高人民法院（2017）最高法民终730号〕。

3) 当事人可以约定以财政评审报告作为工程结算依据，法院应当审查财政评审报告的合理、合法性。

在审理政府投资项目的工程结算纠纷中，当事人明确约定以财政评审报告作为工程结算依据，应尊重当事人的意思自由。但人民法院对财政评审的合法性、合理性均有审查义务及权力，不能单纯予以采纳，若财政评审报告明显不合理则不应作为认定工程款结算的依据。

典型案例：

广东虹雨照明工程建设有限公司诉广州市南沙区东涌镇人民政府建设工程施工合同纠纷案〔见（2014）穗中法民五终字第235号〕。

4) 固定价格合同的调整。工程实践中，最终的竣工结算工程价款超过约定的固定价的情况屡见不鲜，因而也成了争议纠纷的高发点，甚至引发仲裁和诉讼。因此，如何能够较好地维护承包人的合法权益，如何在发包人、承包人的诸多诉求和法律法规的规定之间取得平衡点，成了我们需要面对和解决的重要问题：

第一,在发生设计变更后进行工程款计算,引用《施工合同司法解释(一)》第十六条第二款:"因设计变更导致建设工程的工程量或者质量标准发生变化,当事人对该部分工程价款不能协商一致的,可以参照签订建设工程施工合同时当地建设行政主管部门发布的计价方法或者计价标准结算工程价款。"

第二,发包人逾期开工超过90天,承包人有权要求重新组价。2017版《施工合同示范文本》通用合同条款7.3.2"开工通知"约定:"发包人应按照法律规定获得工程施工所需的许可。经发包人同意后,监理人发出的开工通知应符合法律规定。监理人应在计划开工日期7天前向承包人发出开工通知,工期自开工通知中载明的开工日期起算。

除专用合同条款另有约定外,因发包人原因造成监理人未能在计划开工日期之日起90天内发出开工通知的,承包人有权提出价格调整要求,或者解除合同。发包人应当承担由此增加的费用和(或)延误的工期,并向承包人支付合理利润。"

第三,寻找合同无效为突破口否定原合同的计价方式。

### 7.3.4 建设工程价款优先受偿权

1)建设工程由于发包人原因解除,承包人行使建设工程价款优先受偿权的期限可以自合同解除之日起算。

建设工程由于发包人原因解除,承包人行使建设工程价款优先受偿权的期限可以自合同解除之日起算。

典型案例:

再审申请人河南省中亿建设集团有限公司与被申请人新疆业泰能源股份有限公司建设工程施工合同纠纷案〔最高人民法院(2016)最高法民再295号〕

2)通过以物抵债方式取得建设工程所有权的第三人,不能对抗承包人行使建设工程价款优先受偿权。

通过以物抵债方式取得建设工程所有权的第三人,不是《最高人民法院关于建设工程价款优先受偿权问题的批复》(简称《批复》)第二条规定的消费者,不能对抗承包人就其承建的建设工程行使优先受偿权。

3)建设工程价款优先权的客体不及于建筑物所占用的建设用地使用权,仅限于建筑物的价值部分。

建设工程价款优先受偿权不及于建筑物所占用的建设用地使用权部分。在将建筑物价值变现时,尽管根据"房地一体处分"原则要将建筑物和建设用地使用权一起进行处分,但是在一起处分时要区分开建筑物的价值和建设用地使用权的价值,建设工程价款优先仅仅对建筑物的价值部分有优先受偿的效力〔见《民事审判指导与参考》总第44辑 第208页〕。

### 7.3.5 工期及损失赔偿

1)关于承包人停(窝)工损失的赔偿。因发包人未按照约定提供原材料、设备、场地、资金、技术资料的,隐蔽工程在隐蔽之前,承包人已通知发包人检查,发包人未及时检查等原因致使工程中途停、缓建,发包人应当赔偿因此给承包人造成的停(窝)工损失,包括停(窝)工人员人工费、机械设备窝工费和因窝工造成设备租赁费用等停（窝）工损失［见《第八次全国法院民事商事审判工作会议（民事部分）纪要》法〔2016〕399号］。

典型案例：

上诉人中国建筑第六工程局有限公司与上诉人哈尔滨凯盛源置业有限责任公司建设工程施工合同纠纷案［见最高人民法院〔2017〕最高法民终730号］。

上诉人江苏省第一建筑安装集团股份有限公司与被上诉人唐山市昌隆房地产开发有限公司建设工程施工合同纠纷案［见最高人民法院（2017）最高法民终175号］。

上诉人浙江省东阳第三建筑工程有限公司与被上诉人淮安纯高投资开发有限公司建设工程施工合同纠纷案［见最高人民法院（2017）最高法民终19号］。

2）发包人不履行协作义务的责任。发包人不履行告知变更后的施工方案、施工技术交底、完善施工条件等协作义务，致使承包人停（窝）工，以至难以完成工程项目建设的，承包人催告在合理期限内履行，发包人逾期仍不履行的，人民法院视违约情节，可以依据《合同法》第二百五十九条、第二百八十三条规定裁判顺延工期，并有权要求赔偿停（窝）工损失［见《第八次全国法院民事商事审判工作会议（民事部分）纪要》］。

典型案例：

河南省偃师市鑫龙建安工程有限公司与洛阳理工学院、河南省第六建筑工程公司索赔及工程欠款纠纷案［最高人民法院（2011）民提字第292号民事判决书］。

裁判摘要：因发包人提供错误的地质报告致使建设工程停工，当事人对停工时间未做约定或未达成协议的，承包人不应盲目等待而放任停工状态的持续以及停工损失的扩大。对于计算由此导致的停工损失所依据的停工时间的确定，也不能简单地以停工状态的自然持续时间为准，而是应根据案件事实综合确定一定的合理期间作为停工时间。

3）施工方主张发生停、窝工的事实，应当有监理单位签证或者施工方与建设方往来函件予以证实。

施工方主张发生停、窝工的事实，应当有监理单位签证或者施工方与建设方往来函件予以证实［见《观点2017民事卷》第2158页］。

典型案例：

中铁二十二局集团第四工程有限公司与安徽瑞讯交通开发有限公司、安徽省高速公路控股集团有限公司建设工程施工合同纠纷案［见最高人民法院（2014）民一终字第56号］。

西安市临潼区建筑工程公司与陕西恒升房地产开发有限公司建设工程施工合同纠纷案［见最高人民法院（2007）民一终字第74号］。

浙B成建工集团有限公司与元太置业（合肥）有限公司建设工程施工合同纠纷案［见最高人民法院（2008）民一终字第117号］。

## 7.3.6 质量与保修

1）因组织工程竣工验收的主体不适格，质监部门出具的竣工验收报告不具有证明力。

依照《合同法》第二百六十九条、《建设工程质量管理条例》第十六条的规定，组织竣工验收既是发包人的权利，也是发包人的义务。发包人对建设工程组织验收，是建设工程通过竣工验收的必经程序。承包人未经发包人同意以发包人名义组织竣工验收，因组织验收主体不适格，验收程序违法，不产生工程竣工验收效力。质量监督管理部门在没有核实上述事实情形下出具的竣工验收报告，不具有证据的证明力，不应予以采信。

典型案例：

威海市鲸园建筑有限公司与威海市福利企业服务公司、威海市盛发贸易有限公司拖欠建筑工程款纠纷再审案［见最高人民法院（2010）民提字第210号］。

2）对于质量纠纷，不同阶段，主张权利的依据不同。

《施工合同司法解释（一）》第十一条规定，因承包人的过错造成建设工程质量不符合约定，承包人拒绝修理、返工或者改建，发包人请求减少支付工程价款的，应予支持。此规定针对建筑工程还未交付使用（包括在建工程）出现质量问题处理的规定，如果工程已经竣工验收交付使用后，出现质量问题，应依照工程保修的规定处理［见《最高人民法院建设工程施工合同司法解释的理解与适用》一书］。

### 7.3.7 诉讼时效

实践中，绝大多数施工合同都会约定因承包人原因造成工期延误，应向发包人支付违约金，并且常采取的计算方式是按照违约天数按日累加，如约定因承包人原因延误工期，由承包人每天支付合同总价款2‰的违约金。如果发包人向承包人主张逾期竣工违约金，诉讼时效从何时开始起算？

第一种观点认为，违约金债权因违约事件的持续而不断累计数额，故违约金诉讼时效应按日计算，即实质是从其产生之日的第2日起算时效起算点。因此，判断权利人主张违约金是否超过诉讼时效，可采取从主张权利之日起向前倒算3年的方式计算，超过3年的部分不受保护，未超过3年的，应予以保护。

第二种观点认为，按日计算的违约金是基于持续性违约行为存在而持续产生的债权，诉讼时效应从持续性违约行为终结之日起算。

第三种观点认为，违约行为产生之日起就计算全部违约金的诉讼时效。

本书作者认为，违约金虽然是按日计算，但这只是确定违约金数额的方法，从中看不出"一日一结"的意思，因而并不是关于违约金债务履行期限的特别约定。违约金债权的实质是基于持续性违约行为产生的具有整体性的违约金债权，应当采用第二种观点。具体来说，工程逾期竣工违约金诉讼时效应从实际竣工之日或实际合同解除之日起算。

### 7.3.8 其他

1）无效建设工程施工合同约定的违约金条款也无效。

最高人民法院认为，案涉施工合同系无效合同，根据《合同法》第五十六条规定，无效合同自始没有法律约束力。在此情况下，案涉合同约定的违约金条款均应无效，故青羊公司要求望远管委会支付违约金的主张于法无据，不应予以支持。

案例索引：成都市青羊区建筑工程总公司与银川望远工业园区管理委员会建设工程施工合同纠纷案，案号为（2019）最高法民终44号。

2）法院计算逾期竣工违约金时，应考察双方对于逾期竣工是否均有过错，工程是否已经竣工验收合格、违约方的施工利润率等因素。

最高人民法院认为，虽然根据 4 月 25 日合同专用条款第 35.2 条约定"……因承包人原因工期每拖延一天承担工程总造价的 0.3‰的违约金……"，应以工程总造价为基数计算逾期竣工违约金，但是一方面，在一审程序中，望海公司表示可以按照其实际支付的价款以及甲供材料的总额作为目前计算逾期竣工违约金的基数；另一方面，对于逾期竣工，双方都有过错。虽然由于未足额支付鉴定费致使鉴定未能进行，广扬公司未能举证证明因望海公司的原因导致工期顺延的具体情况，但是根据广扬公司提交的多份设计变更通知单、工程联系单、工程签证单来看，案涉工程确实存在设计变更，故望海公司对于逾期竣工也应承担责任。综合考量本案工程已经竣工验收合格、存在甲供材导致广扬公司施工利润率较低以及双方对于逾期竣工都有过错等因素，本院认为，第一审和第二审法院计算逾期竣工违约金的基数虽然不是基于工程造价，不符合合同约定，但是最终的数额能够体现对双方利益的平衡，故不需要对违约金的数额再做调整。

案例索引：浙江广扬建设集团有限公司与威海市望海房地产开发有限责任公司建设工程施工合同纠纷案，案号为（2018）最高法民再 115 号。

3）守约方不能证明合同约定的违约金低于造成的损失，一并主张违约金及赔偿损失，与《合同法》规定不符，法院不予支持。

最高人民法院认为，《合同法》第一百一十四条规定："当事人可以约定一方违约时应当根据违约情况向对方支付一定数额的违约金，也可以约定因违约产生的损失赔偿额的计算方法。约定的违约金低于造成的损失的，当事人可以请求人民法院或者仲裁机构予以增加；约定的违约金过分高于造成的损失的，当事人可以请求人民法院或者仲裁机构予以适当减少。"据此，只有在违约金低于造成损失的情况下，当事人方可请求人民法院予以增加，但该增加也限于损失范围内。征原公司在诉请赔偿 1421.28 万元的同时诉请支付 600 万元违约金，但其主张赔偿损失的依据主要是其单方委托房地产估价咨询机构做出的鉴定意见，在质证中并未得到建工公司的认可，不应作为认定案件事实的依据。因建工公司违约，征原公司可以依据相关事宜协议中关于支付补偿金的约定要求建工公司承担违约责任，其不能证明合同约定的补偿金低于造成的损失，一并主张违约金及赔偿损失，与《合同法》规定不符，本院不予支持。

案例索引：武汉建工第一建筑有限公司与武汉征原电气有限公司建设工程施工合同纠纷案，案号为（2018）最高法民再 95 号。

## 【案例1】 建筑总公司与超华公司建设工程施工合同纠纷案

### 【案情介绍】

2006 年 1 月 16 日，超华公司就其开发的"超华·东方曼哈顿"住宅楼、商务楼（A 标）及"超华·欧尚"购物中心（B 标）与江苏省建信招投标有限公司（简称建信公司）签订《江苏省建设工程招标代理合同》，招标内容为桩基、土建、安装、人防、消防、玻璃幕墙，工程规模 237988m$^2$，合同估算价 4 亿元。招标代理工作自 2006 年 1 月 16 日至 12 月 16 日进行。

2006年6月21日，超华公司取得市规划局颁发的建设工程规划许可证：编号为2006—4955号的建设项目，名称为大卖场（1-4F），建设规模为10688$m^2$（商业）；编号为2006-4956号建设项目，名称为地下人防，建设规模为26344$m^2$。

2006年7月20日，超华公司就超华·欧尚购物中心制作施工招标文件（不含桩基工程），工程规模为建筑面积147033$m^2$（含地下室），招标范围为土建、安装及室外配套工程。同年7月27日，建筑总公司就该工程向超华公司发出投标书及工程量报价单报价表，投标价17473.8399万元。同日，双方协商下浮3.5%，建筑总公司再次投标报价16870万元（简称727投标书、727报价单）。两份投标书上均加盖"建筑工程总公司（上海）"印章。

2006年9月15日，超华公司（发包人，甲方）与建筑工程总公司（承包人，乙方）签订建设工程施工合同（简称915合同），该合同发包人一栏加盖"超华公司合同专用章"，委托代理人张某签名；承包人一栏加盖"建筑工程总公司（上海）合同专用章"和法定代表人"史某印"。合同约定：

1）本工程实行工程量报价单招标。执行国家统一的工程量报价单计价规范，配套使用江苏省建筑与装饰、安装工程计价表（2003）费用计算规则和项目指引，由招标人（发包人）提供工程量数量，投标人（承包人）自主报价。土建、水电按三类工程计。承包人必须在合同签订后10日内，提供给发包人400万元人民币的履约保函。

2）工程概况。工程名称为超华商贸城二期工程"超华·欧尚"购物中心；工程规模（建筑面积）为147033$m^2$，其中地下室36344$m^2$；工程内容为土建、安装施工。

3）工程承包范围为"超华·欧尚"购物中心土建、安装工程，合同价款16870万元。

4）合同形式为采用固定单价合同。综合单价、措施费、其他项目费、规费和风险因素等必须在第二次总报价的基础上进行调整，且须对不平衡报价中安装工程报价低于成本价做出说明。调整后的综合单价、措施费、其他项目费、规费和总价等，必须经发包人书面确认后才能有效；如双方达不成一致，本合同无效。中标单位须在签订合同并收到施工图后的60天内，对业主提供的工程量报价单的内容及工程量进行核对，逾期则视为默认。经双方认定后的工作量作为该施工图所有约定承包范围内的最终工作量，不得更改（涉及变更、现场签证等除外）；在约定范围内的综合单价、措施费、其他项目费、规费等不再调整。所有设计变更、现场签证等经监理、建设单位及有关部门审定后，作为工程结算的依据。

5）质量标准必须达到国家有关验收规范合格标准。

6）工期。①超华商贸城二期工程欧尚购物中心项目（含室外工程）总工期为370日历天（含节假日）。工期节点要求：施工至±0.00m，工期150日历天（土方开挖至土方全部完成为30日历天）；±0.00m以上至竣工验收合格（含室外工程），工期220日历天内。开工日期以发包人的书面通知为准。②工期处罚条例。承包人延误工期在1个月内，均按每延误一天罚款10万元处理；延误工期超过1个月以上，均按每延误一天罚款15万元处理，同时发包人有权终止合同或指定其他施工单位施工，但工期处罚总额不超过合同总价的2%。该款项在工程结算价中直接扣除。③本工程总工期发包人只对承包人延误进行处罚，分包单位（业主指定分包单位除外）延误工期处罚由承包人自行处理。④本工程工期因不可抗力及发包人（包括指定分包单位）的原因导致工期延误可按实际延误时间签证顺延。

7）安全文明施工。本工程必须达到市标化工地。

8）工程款的支付。①承包人在完成垫资至全部地下室主体结构工程±0.00封顶，或完成垫资至2/3地下室主体结构工程±0.00m封顶和完成地上第一结构层工作量的1/3后3天内，由承办人、监理及发包人三方共同组织初验，初验合格后，工作量经监理、发包人核实后10日内，发包人支付完成工作量70%的进度工程款；首次付款后，月进度款的支付按每月实际完成工作量的70%支付，所完成的实际工作量须由承包人、监理及发包人三方共同初验合格，工作量经监理、发包人核实后7天内，发包人支付工程进度款，工程竣工验收合格后30天内承包人提交竣工结算报告、发包人要求的完整结算资料、竣工资料和房屋钥匙，发包人在60日内审核完毕，余款按审核完成之日起，扣留工程结算总价3%的保修金后，12个月内每3个月付一次，付款金额为余款扣除工程结算总价3%的保修金后的平均值。②工程因设计变更、现场签证等原因造成各项费用的增减均纳入审计总价支付，工程进度款支付不予考虑。③施工用水、用电费用由发包人预付，在每次工程款支付时扣除所有费用。

9）结算。

① 工程结算执行《建设工程工程量清单计价规范》（GB 50500-2003）标准，执行《江苏省建筑与装饰工程计价表》(2003)、《江苏省安装工程计价表》(2003)，根据竣工图、设计变更、签证、招标文件及施工合同按实结算。

② 本工程发包人指定分包项目，承包人按分包工程总价的2%收取分包配合费和管理费，电梯工程不收分包管理费及配合费。

③ 决算材料价格按调整后的最终材料价或经发包签证确认的材料价。

④ "甲定乙购材料"决算材料调整按实际发生材料价格进行材料价差的增或减；未发生时不做调整。

⑤ 决算材料价格调整。开工日当月的苏州市工程造价信息价格与施工期间的苏州市工程造价信息价格的平均价比较，材料涨跌幅度在10%以内的，由承包人承担或收益；材料涨跌幅度超过10%以外的，由发包人承担或收益；实际工程量与报价单工程量相比，增减幅度超过15%以外部分合同综合单价中的材料价可由甲乙双方重新约定。

⑥ 对于工程量的签证和结算报告的确认等涉及工程价格的不适用逾期默认的规定，应当双方进行审计和审核。

10）分包及甲供材料。

① 总包单位须做好业主分包项目的配合工作。业主指定分包项目，总包单位按分包工程总价的2%收取分包配合费和管理费，其中电梯工程不收分包配合费和管理费。

② 本工程发包人指定分包项目有：消防工程、弱电工程、桩基及基坑围护工程、土方工程、电梯工程、空调工程、锅炉工程、防火卷帘工程。

③ 本工程其余分包项目按国家规定由承包人进行分包的，必须先报监理及发包人审核确认后方可进行分包，否则发包人有权清退分包单位，由此造成的一切损失由承包人自行承担。同时发包人有权终止合同。

11)其他违约的处罚。

①承包人不得将承接的工程转包给其他单位和个人,否则,发包人有权清退承包人,由此造成的一切损失由承包人承担。同时发包人有权终止合同。

②承包人在垫资施工期间,如因自身实力不足而造成停工或消极怠工每月累计超过4天以上,发包人可立即限期先行退场,再行结算。其完成工作量经发包人确认后,按审计价的90%结算,余下的10%作为承包人赔付给发包人另行选择施工单位的损失费。

③承包人不得随意更换项目经理,否则罚款30万元;发包人有权对不满意的项目经理进行更换。

12)本工程补充协议作为本合同的组成部分,由施工合同发包人承包人双方共同签署。如有争议由甲方所在地的法院审理。

13)组成本合同的文件包括:协议书及其附件、补充协议、投标书、答疑及其附件、工程报价单或预算书、本合同专用条款、本合同通用条款、标准、规范及其有关技术文件、设计图、工程量报价单。双方有关工程的洽谈、变更等书面协议或文件视为本合同的组成部分。此外,双方还约定了本合同质量保修等其他条款。

2006年9月18日,超华公司法定代表人签署《建设工程招标代理授权委托书》,授权建信公司为"超华·欧尚"购物中心招标项目的代理人。次日,超华公司就该项目制作施工招标文件,向包括建筑总公司在内的五家单位发出投标邀请书,工程规模147032m²,招标内容桩基、土建、安装、人防、钢构、玻璃幕墙,招标估价2亿元。同日,建信公司向各投标单位发出招标投标资格预审合格通知书,五家投标单位出具了投标确认函。2006年9月20日,该项目招标通过市招标办、建设局审批。同年9月21日,超华公司向各投标单位发出"工程最高限价告知书"。2006年9月26日,五家投标单位递交投标文件,建筑总公司提交投标书及工程量报价单报价表,投标总价为168701363.95元(简称926投标书、926报价单),投标书上加盖"建筑工程总公司"字样印章。

2006年9月29日,超华公司及建信公司向建筑工程总公司发出中标通知书,确定建筑总公司为中标人,中标范围和内容为"超华·欧尚"购物中心项目(桩基、土建、安装、人防、钢构、玻璃幕墙),中标建筑面积为146367m²。中标价为16870.1364万元。同日,超华公司与建筑总公司签订《建筑工程施工合同》(简称929合同)。该合同发包人一栏加盖"超华公司合同专用章",委托代理人张某签名;承包人一栏加盖"建筑工程总公司"印章,法定代表人签名为"史某"、委托代理人签名为"龚某"。上述投标书、中标通知书及合同于2006年10月18日在市建设局档案馆备案。

2009年11月19日,建筑总公司因工程款等问题提起第一审诉讼。

【法院观点】

第一审法院认为:

1)涉案工程属于必须招标项目。《招标投标法》第三条规定,在中华人民共和国境内进行下列工程建设项目包括项目的勘察、设计、施工、监理以及与工程建设有关的重要设备、材料等的采购,必须进行招标:①大型基础设施、公用事业等关系社会公共利益、公众安全的项目；②全部或者部分使用国有资金投资或者国家融资的项目；③使用国际组织或者外国政府贷款、援助资金的项目。前款所列项目的具体范围和规模标准，由国务院发展计划部门会同国务院有关部门制订，报国务院批准。法律或者国务院对必须进行招标的其他项目的范围有规定的，依照其规定。2000年5月1日颁布的《国家发展计划委员会工程建设项目招标范围和规模标准规定》（国家计委3号令，简称招标规定）规定，关系社会公共利益、公众安全的公用事业项目的范围包括：①供水、供电、供气、供热等市政工程项目；②科技、教育、文化等项目；③体育、旅游等项目；④卫生、社会福利等项目；⑤商品住宅，包括经济适用住房；⑥其他公用事业项目。涉案"超华·欧尚购物中心"项目立项时为大卖场，工程完工后，一、二层实际已出租为大型超市使用，人流密集，工程质量直接关系公众人身、财产安全，属于上述规定中"关系社会公共利益、公众安全的公用事业项目的范围"，应认定属于必须招标投标项目范围。建筑总公司、超华公司均主张涉案工程为非强制招标项目，不符合上述规定，不能成立。

2) 915合同无效。根据最高人民法院《关于审理建设工程施工合同纠纷案件适用法律问题的解释》（简称建设工程司法解释）第一条第（三）项的规定，建设工程必须进行招标而未招标或者中标无效的，应当根据合同法第五十二条第五项的规定，认定无效。如上所述，涉案工程属于必须进行招标项目，但双方签订的915合同没有进行招标投标，违反了法律强制性规定，应认定无效。

3) 929合同无效。《招标投标法》第四十三条规定，在确定中标人前，招标人不得与投标人就投标价格、投标方案等实质性内容进行谈判；第五十五条规定，依法必须进行招标的项目，当事人进行实质性谈判影响中标结果的，中标无效。本案双方在正式招标前就投标价格等实质性内容进行谈判，并签订标前合同即915合同，最终建筑总公司中标，又签订备案的929合同，双方实际按915合同履行，双方的标前行为影响了中标结果，应认定中标无效。根据建设工程司法解释第一条第三项"建设工程中标无效的，建设工程施工合同认定无效"的规定和合同法第五十二条第五项的规定，929合同违反法律强制性规定，应认定无效。

第二审法院认为，本案超华商贸城二期工程"超华·欧尚"购物中心项目是超华公司以自有资金予以投资，项目本身属于商业用途，非属由政府投资管理提供公共服务、关系社会公共利益、公众安全的相关工程项目，不属于《招标投标法》第三条及招标范围和规模标准规定第三条所规定的强制招标投标范围。依据《合同法》第五十二条第五项、《最高人民法院关于适用〈中华人民共和国合同法〉若干问题的解释（一）》第四条的规定，人民法院确认合同无效，应当以全国人大及其常委会制定的法律和国务院制定的行政法规为依据，不得以地方性法规、行政规章为依据。第一审判决认定915合同无效不当，本院予以纠正。关于926合同的效力问题：926合同虽经过招标和投标程序后签订，且招标投标过程中，超华公司委托的招标代理公司也通知邀请投标单位进行了投标，但该中标结果与之前超华公司与建筑总公司已签订915合同的总价款基本一致；同时，招标投标之前，建筑总公司已开始进场施工，据此，双方的行为属于串通投标。根据招标投标法第五十三条的规定，招标人和投标人串通投标的，中标无效。第一审判决认定929合同无效，依法有据，本院予以维持。

## 【知识点分析】

本案对于如何判断强制招标工程范围、如何界定串通投标，进而来认定合同效力，具有重要的参考价值。

## 【案例2】 A建筑公司、B置业公司建设工程施工合同纠纷案

## 【案情介绍】

2012年5月27日，双方当事人签订施工协议书，主要内容：A建筑公司承建"玖郡6号庄园"工程（分为A区、B区、C区和D区），框架结构，A建筑公司包工包料，建筑材料由B置业公司认质认价，总建筑面积40万$m^2$（分两阶段施工，每阶段20万$m^2$），总工程价款4.8亿元。开工日期为2012年6月10日，竣工日期为2013年6月30日，达到省优质工程，结算依据为施工图及施工协议书。预算定额执行2010年相关定额标准，按施工形象进度每月拨付一次工程进度款，工程进度截止到每月的25日为准，工程竣工验收合格后30日内支付工程总造价85%，同时扣除B置业公司代付代缴费用。A建筑公司承诺本工程全部管理人员及施工人员均来自A建筑公司江苏管理团队及完全的江苏施工队。任何情况下不得出现转包现象的发生，否则由A建筑公司负全责。A建筑公司为B置业公司提供已付款的"足额合法发票"及工程交付使用后30日内向B置业公司提交竣工资料。该协议与备案的建设工程施工合同相抵触的内容，双方以本协议为准执行。

A建筑公司于2012年7月15日开始施工。按施工图设计，该工程包括住宅楼87栋（别墅18栋（3层）、洋房69栋（6~9层））地下车库11座，会所3栋。A建筑公司实际施工的情况：①住宅楼已施工76栋，仅挖基坑未施工10栋，1栋未施工。在已施工的76栋住宅楼中，完工2栋，未完工74栋。②地下车库实际施工9座，但未全部完工，未施工2座。③会所完工1栋、未完工1栋、未施工1栋。通过施工内业资料记载，A建筑公司将案涉工程或基础或主体或基础与主体全部转包给其他公司。甚至部分楼房的主体或基础由上述两个施工单位共同施工。

2012年9月，B置业公司对案涉工程的B区项目进行招标投标。

2012年10月8日，双方当事人签订"玖郡6号庄园"B区建设工程施工合同约定：A建筑公司承建玖郡小区一期工程，框架异形柱结构，总面积110417.16$m^2$，总工程价款152964735元；开工日期为2012年10月11日，竣工时间为2013年9月30日；采用固定单价确定合同价款，执行《建设工程工程量清单计价规范》。

2012年11月30日，A建筑公司收到中标通知书，中标通知书的内容与双方当事人之前签订的建设工程施工合同内容一致。

2012年12月7日，双方当事人签订了情况说明。主要内容：针对"玖郡6号庄园"B区一期工程，双方一致确认2012年10月8日签订的施工合同仅作备案之用，不作为工程结算等经济往来依据，施工合同的实际履行仍按2012年5月27日签订的施工协议书执行。

2012年12月19日，双方当事人办理了2012年10月8日签订的"玖郡6号庄园"B区建设工程施工合同备案手续。

A建筑公司向第一审法院起诉，请求：①双方签订的施工协议书及与其相关的施工合同均无效；②B置业公司支付工程款257802374.73元及银行贷款利息；③赔偿窝工损失37107207.83元；④对案涉工程尚欠工程款范围内享有优先受偿权。

【法院观点】

第一审法院认为，涉案工程是面向社会销售的大型商品住宅小区，关系社会公共利益、公共安全的建设工程项目，根据《招标投标法》第三条"在中华人民共和国境内进行下列工程建设项目包括项目的勘察、设计、施工、监理以及与工程建设有关的重要设备、材料等的采购，必须进行招标：大型基础设施、公用事业等关系社会公共利益、公众安全的项目……"的规定，以及《工程建设项目招标范围和规模标准规定》第三条的规定，该涉案工程必须进行招标投标。因双方当事人未就案涉工程进行招标投标而签订"玖郡6号庄园"施工协议书，依据《施工合同司法解释（一）》第一条第（三）项的规定，双方当事人于2012年5月27日签订的"玖郡6号庄园"施工协议书因违反法律、行政法规效力性强制性规定，该施工协议书无效。虽然，B置业公司于2012年9月对"玖郡6号庄园"的B区项目进行招标投标，双方当事人于2012年10月8日签订"玖郡6号庄园"B区的建设工程施工合同，但签订该施工合同前，A建筑公司已于2012年7月15日对"玖郡6号庄园"的A、B、C、D四个区进行全面施工，且签订该施工合同时A建筑公司并未收到"玖郡6号庄园"B区项目的中标通知书。因此，双方当事人的上述行为实为"先定后招"的"串标"行为。根据《招标投标法》第四十三条、第五十五条及《施工合同司法解释（一）》第一条第（三）项的规定，双方当事人于2012年10月8日签订的"玖郡6号庄园"B区《建设工程施工合同》也违反法律、行政法规效力性强制性规定，该施工合同无效。A建筑公司、B置业公司分别作为施工企业、房地产开发企业，应知道其上述行为违反法律、行政法规的禁止性规定，故双方当事人对上述协议无效均有过错，应各自承担相应的责任。

第二审法院认为，《施工合同司法解释（一）》第一条第三款规定："建设工程施工合同具有下列情形之一的，应当根据合同法第五十二条第（五）项的规定，认定无效：……建设工程必须进行招标而未招标或者中标无效的。"本案中，双方当事人于2012年5月27日签订"玖郡6号庄园"《施工协议书》。2012年7月15日，A建筑公司对"玖郡6号庄园"的A、B、C、D四个区进行全面施工。B置业公司于2012年9月对"玖郡6号庄园"的B区项目进行招标投标。2012年10月8日，双方当事人签订"玖郡6号庄园"B区建设工程施工合同，2012年12月19日，双方当事人办理"玖郡6号庄园"B区《建设工程施工合同》备案手续。本院认为，案涉工程系大型商品住宅小区，涉及社会公共利益及公众安全，属于《招标投标法》第三条规定必须进行招标投标的范畴，双方当事人签订的施工协议书因未经招标投标程序，应属无效合同。而双方当事人签订的建设工程施工合同因先施工后招标的行为，明显属于先定后招、明招暗定，也属无效合同。因此，第一审法院认定双方当事人之间一系列施工合同因违反《施工合同司法解释（一）》第一条第三款及《招标投标法》等法律、司法解释的效力性、强制性规定而无效，认定正确。双方当事人也均认可案涉施工合同无效，法院对此予以确认。A建筑公司作为大型专业施工企业，B置业公司作为专业房地产开发企业，对上述行为违反法律、行政法规的禁止性规定应为明知，对案涉合同无效均存缔约过错。

【知识点分析】

先定后招的"串标"行为在实践中很普遍，这直接影响到合同的效力。

## 【案例3】A 房地产开发有限公司与 B 建筑工程有限责任公司建设工程施工合同纠纷案

【案情介绍】

再审申请人 A 房地产开发有限公司（简称 A 公司）因与被申请人 B 建筑工程有限责任公司（简称 B 公司）建设工程施工合同纠纷一案，向最高法院申请再审。

A 公司申请再审称，第二审判决降低优惠率没有合同依据和法律依据，本案的优惠率应当以合同约定和司法鉴定意见认定的12%为准。双方签订的建设工程施工合同第五条明确约定："经双方协商同意，在双方认定的预算造价基础上优惠12%为合同总价"。司法鉴定意见书载明："原告与被告在2011年7月13日签订的《关于金色家园1#、2#楼建设工程施工合同的补充协议》第五款第一条约定，'合同总价以双方共同认定2010年10月预算工程造价下浮12%的基础上为合同总价'。根据双方提供的资料，实际已完工程造价下浮12%已记入本鉴定意见书。"第二审判决认定："虽然 B 公司与 A 公司在施工合同及补充协议中均约定了12%的优惠率，但该优惠率应是在 B 公司施工完毕涉案全部工程后，A 公司享有的价格优惠，而在本案中，A 公司在 B 公司仅施工了土建工程及少量的安装工程时与其解除施工合同，将安装工程交由他人施工，且双方对施工部分工程是否仍适用该优惠率没有约定。根据目前建筑市场土建工程利润较低的实际及优惠12%后的工程价款（鉴定价21437096.56元）低于 B 公司施工的成本价21541546.4元（鉴定土建工程成本价20991255.8元+鉴定安装工程成本价550290.6元）的情况，本案工程的优惠率酌定为4%较为适宜。"根据《合同法》的基本原则，合同内容应当充分尊重合同当事人的意思自治，除依当事人合意或者法律强制规定外，不得改变合同内容。A 公司要求适用12%的优惠率，而 B 公司以未完全施工为由要求不适用该优惠率，显然双方不可能达成合意；更加重要的是，B 公司未完全施工，原因是 B 公司超额收到工程款仍无故停工，责任完全在 B 公司一方，据此要求不适用优惠率，毫无理由可言。综上，第二审法院主动降低工程款优惠率，没有任何合同依据和法律依据，适用法律错误。A 公司依据《民事诉讼法》第二百条第六项的规定，向本院申请再审。

B 公司提交意见称，A 公司主张适用12%的优惠率没有事实根据和法律根据，应依法驳回其再审申请。双方在施工合同及补充协议中虽约定了12%的优惠率，但根据施工合同第五条第一款的约定，该优惠率应是 B 公司施工完毕涉案全部工程后，A 公司才能享有的价格优惠。涉案全部工程包含土建工程（利润最低）、安装工程（利润低）和装饰工程（利润最高）。本案中，当 B 公司完成土建工程和小量安装工程后，即被 A 公司强行驱离施工现场，全部工程未施工完毕，价格优惠的基础不存在。且第二审法院经审理也查明："优惠12%后的工程价款（鉴定价21437096.56元）低于 B 公司施工的成本价21541546.4元，（鉴定土建工程成本价20991255.8元+鉴定安装工程成本价550290.6元）……"也就是说，此种情况下若优惠12%，B公司的施工成本都无法收回，更别说签订合同之初考虑的利润等因素了。据此，第二审法院有关"本案工程的优惠率酌定为4%较为适宜"的认定，兼顾了双方利益。本案中，双方未对施工部分工程是否仍适用12%优惠率进行约定，故应参照建筑市场交易习惯即惯例确定。按照惯例，优惠部分都是在竣工结算后进行的。本案工程半途终止，优惠的基础已不复存在。而且，B公司只承建了利润最低的土建工程（是B公司垫资建设），施工过程中因A公司多次迟延支付工程款导致工期延长，B公司财务成本增加，不优惠的情况下B公司已赔本，若仍要优惠12%的话对B公司显然不公平。

**【法院观点】**

最高法院认为，结合A公司再审申请书载明的申请理由及其提供的证据，本院审查的问题为案涉工程价款应否以12%的优惠率确定。

《合同法》第九十七条规定："合同解除后，尚未履行的，终止履行；已经履行的，根据履行情况和合同性质，当事人可以要求恢复原状、采取其他补救措施、并有权要求赔偿损失。"合同解除后，应依法确认B公司已完成施工的工程价款。诉讼过程中，经A公司申请，B公司同意，第一审法院依法委托河南新衡达工程管理有限公司对B公司所施工的工程量及工程造价进行司法鉴定，鉴定机构出具了司法鉴定意见书，鉴定意见为：2012年4月22日前，B公司所施工的工程造价为2142709656元（不含社会保障费）。根据本案的相关情况分析，A公司提出的应以12%的优惠率确定案涉工程价款的主张不能成立，理由如下：第一，从合同约定的内容看，合同所约定的有关"经双方协商同意，在双方认定的预算造价基础上优惠12%为合同总价。（据实结算）"的内容应是当事人在合同履行完毕后，对案涉全部工程价款进行确定的约定。从案涉合同的履行看，B公司仅施工了土建工程及少量的安装工程，A公司将其余的安装工程交由他人施工。当事人对施工部分工程的造价是否优惠12%并未明确约定。第二，从当前建筑行业的实际利润情况看，相较于其他的工程，土建工程的利润率较低。从本案的实际情况看，根据鉴定意见，优惠12%后的工程价款为2142709656元，而B公司施工的成本价为21541546.4元（鉴定土建工程成本价20991255.8元+鉴定安装工程成本价550290.6元），优惠12%后的工程价款低于B公司施工的成本价。第三，民事活动中，当事人应遵循公平原则确定各方的权利义务。基于当事人对施工部分工程的造价未明确约定、建筑行业的实际利润以及合同的履行情况等因素，第二审判决对案涉工程价款优惠率的判定符合民事活动的公平原则。

综上，A公司的再审申请不符合《民事诉讼法》第二百条第六项规定的情形。法院依照《民事诉讼法》第二百零四条第一款的规定，裁定如下：驳回许昌市腾远房地产开发有限公司的再审申请。

**【知识点分析】**

建筑市场中，施工单位在价格方面进行优惠是普遍的现象。但对于提前解除合同的情况，能否再适用原合同约定的价格优惠，必须结合合同实际履行情况而定。就本案而言，工程半途终止，优惠的基础已不复存在。而且，B公司只承建了利润最低的土建工程，施工过程中因A公司多次迟延支付工程款导致工期延长，导致B公司财务成本增加，在不优惠的情况下B公司已赔本，若仍要优惠12%显然对B公司不公平。本案对于合同解除后工程造价问题的处理具有非常典型的借鉴意义。

## 【案例4】A房地产开发有限责任公司与B集团有限公司建设工程施工合同纠纷案

**【案情介绍】**

再审申请人A房地产开发有限责任公司（简称A公司）因与被申请人B集团有限公司（简称B公司）建设工程施工合同纠纷一案，向最高法院申请再审。

A公司向本院申请再审，请求改判驳回B公司的诉讼请求，即A公司不承担给付B公司工程款及利息的民事责任；第一和第二审、再审诉讼费，由B公司承担。事实与理由：第一、第二审法院将涉案工程人工单价由53元/工日调整为75元/工日（装饰工程为85元/工日）并以此判决A公司给付B公司工程款及利息，违反了《民事诉讼法》第二百条第六项的规定，属于适用法律错误。

1）涉案工程人工单价双方已在合同中明确约定，而不是约定不明。人工单价53元/工日是涉案工程施工合同补充条款约定的。双方在涉案合同专用条款中约定采用可调价格方式确定合同价款，但在其后的条款中并没有进一步约定人工费调差的依据、因素、范围；相反，却在补充条款中约定了人工单价为53元/工日。A公司认为，双方通过这种不细化约定的方式改变或撤销了"可调价格方式"的约定。"可调价格方式"约定，一方面被不细化约定而架空，另一方面又被补充条款的约定而否定，表明在人工费计价上双方的真实意思是采用固定单价计价，至少表明双方在"可调价格方式"上并没有达成一致，不是约定不明。

2）双方并未协商一致改变涉案工程人工单价。在涉案合同履行中，A公司曾就人工费调整问题同B公司协商，但最终并未能达成一致。A公司参加协商是被动无奈的，双方不具有调整人工单价的初步合意。

3）涉案工程人工单价不能通过协商加以改变。四标段工程施工合同是通过招标投标程序签订的，招标投标合同双方当事人的意思自治要受到严格限制。《招标投标法》第四十六条规定，招标人和中标人应当自中标通知书发出之日起30日内，按照招标文件和中标人的投标文件订立书面合同，招标人和中标人不得再行订立背离合同实质性内容的其他协议。《招标投标法实施条例》第五十七条规定，招标人与投标人应依照招标投标法和本条例规定签订书面合同，合同标的、价款、质量、履行期限等主要条款应与招标文件与中标人的投标文件内容一致。招标人与中标人不得再行订立背离合同实质性内容的其他协议。《施工合同司法解释（一）》第二十一条规定，当事人就同一建设工程另行订立的建设施工合同与经过备案的中标合同实质性内容不一致的，应当以备案的中标合同作为结算的依据。

根据上述法律、行政法规和司法解释的规定，合同实质性内容主要指合同价款，特殊情况下也包括工期和质量标准。本案工程人工单价属于合同价款的重要组成部分，属合同实质性内容。涉案合同已明确约定为53元/工日，双方不能通过协议变更提高人工单价。①第二审判决对涉案工程人工单价进行变更与招标投标法律、行政法规、司法解释的强制性规定相悖。

# 第 7 章 建设工程合同相关法律规定

第一审、第二审判决将 A 公司与 B 公司在创业城二期四标段签订的变更协议作为参照理由。A 公司认为，如果创业城二期四标段合同不是招投标合同，则两个合同没有可比性；如果是招标投标合同，则提高人工单价的变更协议，同样是错误的。不论创业城二期四标段工程施工合同是通过何种程序签订的，将变更协议作为论据都是不当的。

4）涉案合同不存在变更人工单价的法定事由。招标投标合同一经签订并备案就不得变更实质性合同条款，除非出现法定变更事由。本案并不存在法定变更事由。首先，涉案合同不存在因欺诈、胁迫、重大误解等当事人意思表示不真实的可变更情形。其次，也不存在法定的情势变更情形。根据《最高人民法院关于适用合同法若干问题的解释（二）》第二十六条的规定，情势变更是指作为合同基础的客观事实发生了不可预见的不属于不可抗力也不属于商业风险的异常或者重大变化，致使继续履行合同对一方当事人显失公平或不能实现合同目的。本案人工单价上涨属于 B 公司应当预知的正常商业风险，而且双方在合同中约定可调价格的计价方式，说明双方对价格上涨的情况实际上是有预判的，对由此引起的商业风险应由 B 公司承担。

5）本案不存在适用黑龙江省住建厅文件说理的前提。首先，《二〇一二年建筑安装工程结算指导意见》不是法律、行政法规、地方法规和政府规章，而是地方政府部门规范性文件。其次，该指导意见是指导性、示范性的，不具有强制执行效力。再次，该指导意见表明只有在当事人没有约定或约定不明的情形下适用。涉案合同中对人工单价已有明确约定，故排除了适用的前提。

B 公司未向本院提交书面意见。

**【法院观点】**

最高法院认为，本案的争议焦点是：涉案工程的人工费应否调整。

双方当事人签订的建设工程施工合同（主合同）在通用条款第 50.2.（3）条约定：工程人工费计价方式为可调价，执行现行黑龙江省预算定额、相应的费用定额及有关计价规定。涉案合同专用条款未对价款的调整因素做出明确约定。四标段工程施工合同的补充条款关于人工费的约定为"定额日工资标准为现行定额日工资标准的下限"，即按照人工费 53 元/工日计算；幼儿园工程施工合同的补充条款关于人工费约定为"定额日工资为 53 元/工日"。由此可见，双方在主合同中约定人工费计价方法为可调价，未明确约定价格调整因素；与两份合同的补充条款约定的人工费计价方式不一致。2014 年 10 月 24 日双方签订的变更协议将四标段工程施工合同价款由合同签订时的暂定价 89942105.00 元调整为 124383400.56 元，增加价款 34441295.56 元，约定最终以实际结算价格为准。原审法院根据《合同法》第六十二条第一款第二项关于"当事人就有关合同内容约定不明确，依照本法第六十一条的规定仍不能确定的，适用下列规定：……价款或者报酬不明确的，按照订立合同时履行地的市场价格履行；依法应当执行政府定价或者政府指导价的，按照规定履行"的规定，参照黑龙江省建设行政主管部门发布的建筑安装工程结算指导意见，参考同期创业城二期工程双方按照人工单价 75 元/工日（装饰工程 85 元/工日）计算的实际，对案涉工程人工费按人工单价 75 元/工日（装饰工程 85 元/工日）标准予以调整，并无不当。

本案第一审判决参照黑龙江省住房和城乡建设厅颁布的《关于发布二〇一二年建筑安装等

工程结算指导意见的通知》，认定涉案工程总造价依据工程量和人工单价 75 元/工日（装饰工程为 85 元/工日）进行调整。第一审判决将该规范性文件作为法律参照适用，第二审已予以纠正。

综上，A 公司的再审申请不符合《民事诉讼法》第二百条第六项规定的情形。

依照《民事诉讼法》第二百零四条第一款、《最高人民法院关于适用〈中华人民共和国民事诉讼法〉的解释》第三百九十五条第二款规定，裁定如下：驳回 A 公司的再审申请。

【知识点分析】

审判实践中，当事人经常就人工费调整的问题发生争议，但往往在合同中没有对调整因素进行约定。在此情况下，依据《合同法》第六十二条第一款第二项的规定，参照政府建设行政主管部门发布的工程结算指导意见进行调整。

## 【案例 5】 A 建筑安装工程有限责任公司与 B 置业有限公司建设工程施工合同纠纷案

【案情介绍】

2011 年 9 月 1 日，B 置业有限公司（简称 B 公司）与 A 建筑安装工程有限责任公司（简称 A 公司）签订建设工程施工合同，约定由 A 公司为 B 公司的"海南藏文化产业创意园商业广场"项目进行施工。合同内容包括：建筑结构为独立基础、框架结构；层数为 1 层、局部 2 层和 3 层；建筑高度分别为 5.70m、10.20m、14.10m；建筑面积为 36745m²，最终以双方审定的设计图示面积为准；开工日期为 2011 年 5 月 8 日，竣工日期为 2012 年 6 月 30 日，工期 419 天；工程单价 1860 元/m²，单价一次性包死，合同总价款 68345700 元。

2011 年 5 月 15 日，A 公司开始施工；2012 年 6 月 13 日，A 公司、B 公司与相关单位组织主体验收；2011 年 6 月，北京龙安华诚建筑设计有限公司（简称龙安华诚公司）完成设计图，同月 27 日双方当事人及有关单位进行图纸会审；2011 年 11 月 23 日，A 公司、B 公司、监理单位、设计单位、勘察单位、质检单位在海南州共和县 B 公司售房部形成基础验收会议纪要，工程基础验收合格。

2012 年 1 月 9 日，龙安华诚公司向 B 公司做出设计变更通知单，通知单内容为：对广场地砖、涂料、找平、找坡、结构板等进行变更；2012 年 3 月 31 日，设计单位向 B 公司发出了《海南州共和县恰卜恰镇藏文化产业创意园商业广场》的变更通知单，内容为面层、结构板等变更要求；2013 年 5 月 27 日，设计单位下发了《设计修改通知单》，对原结施节点详图中过梁做了补充和变更；2012 年 3 月、4 月、5 月，A 公司向监理单位分别报送 B 置业有限公司工程进度申报（审核）表，监理单位盖有印鉴。

2012 年 6 月 19 日，A 公司发出通知，要求 B 公司于 2013 年 6 月 23 日前支付 1225.14 万工程款，否则将停止施工。2012 年 6 月 25 日，B 公司发出通知，内容为：A 公司不按约履行合同，拖延工程进度，不按图施工，施工力量薄弱，严重违约，导致工程延误，给 B 公司造成了巨大经济损失，要求解除合同，要求 A 公司接到通知的一日内撤场、拆除临舍。之后，双方解除合同，A 公司撤场。

# 第 7 章  建设工程合同相关法律规定

2012年6月28日，B公司与C集团有限公司（简称C公司）签订建设工程施工合同，以包工包料的方式，将A公司未完成的全部工程发包给C公司施工。2012年7月22日，B公司与D公司签订建设工程施工合同，将C公司未完成施工内容发包给D公司施工。

2011年8月10日至2012年4月18日，B公司陆续支付给A公司工程款2850万元；2012年7月10日，B公司为A公司垫付民工工资2297562元；B公司垫付施工用水费130000元；监理单位的罚款10000元；防雷检测、沉降观测费20000元，合计30957562元，A公司对上述款项予以认可。A公司对2011年12月14日毛某从B公司处领取100000元，不予认可。

2012年7月9日，A公司向第一审法院起诉称：2011年5月8日，A公司与B公司签订《建设工程施工合同》，合同签订后，A公司依约进行了施工。至2012年6月13日，A公司已完成合同约定工程的基础及主体，A公司、B公司、设计单位、监理单位均同意对基础及主体进行验收。经过验收，勘察、监理单位均确认基础及主体质量合格。现A公司已完成主体工程，但因为B公司拖欠进度款22439200元，致使A公司无法继续施工，并造成无法支付民工工资，无法继续履行合同。同时，按约B公司应承担所欠工程款万分之二的违约金。请求：①判令B公司向A公司支付工程款22439200元，并支付违约金（工程款以及违约金以司法鉴定结果为准）；②本案诉讼费用由B公司承担。

根据A公司的申请，第一审法院委托青海省规划设计研究院工程造价咨询部（简称规划研究院咨询部）对A公司承建的海南藏文化产业创意园广场已完工程造价和A公司应当施工但未施工部分工程项目合同价款进行了鉴定。

【法院观点】

第一审法院认为，双方当事人对工程计价有明确约定，虽然案涉工程为未完工程，并且合同已经解除，但合同的解除，并不影响合同中约定的工程价款的结算条款。最高人民法院《施工合同司法解释（一）》第十条第一款规定："建设工程施工合同解除后，已完成的建设工程质量合格的，发包人应当按照约定支付相应的工程价款……"；第二十二条规定："当事人约定按照固定价结算工程款价款，一方当事人请求对建设工程造价进行鉴定的，不予支持。"A公司关于合同约定的工程量因B公司解除合同的行为发生了变更，本案的工程款计价方式不再适用合同中关于固定单价的约定，应当按照定额进行结算的主张旨在于突破合同对双方当事人的拘束，打破双方之间的利益平衡。在合同解除后，由于案涉工程为未完工程，无法直接以固定价计算工程价款，鉴定机构将合同价与预算价相比，计算出A公司按合同约定已完成的工程价款，符合双方合同的约定，也符合上述司法解释的规定，有事实和法律依据。无证据证明鉴定机构在鉴定过程中存在程序违法的情形，并且，双方当事人对鉴定意见书的内容未提出实质性异议。因此，A公司的主张缺乏事实和法律依据，不予支持。鉴定意见书应作为定案依据。第一审判决A公司于本判决生效后30日内向B公司返还超付的工程款835491.69元。

A公司提起上诉称，第一审判决认定"双方当事人对工程价款的计价方式明确约定的情况下，对于A公司已完工程价款的计取，应以合同中约定的工程价款的计价条款为依据"，并无法律及合同的依据且违反起码的常理。A公司完成基础、主体施工后，B公司单方解除合同，致使合同约定工程未能全部完工，合同约定的固定单价无法适用，B公司应当按照定额结算已完工程价款。第一审判决认定根据合同约定的固定单价按比例折算已完工程的工程价款,既无法律根据也无合同的依据,显然适用法律错误。

最高法院第二审关于涉案合同工程价款确定的问题如下:

1) 就本案应当采取的计价方法而言。法院认为:

首先,根据双方签订的建设工程施工合同约定,合同价款采用按约定建筑面积量价合一计取固定总价,即以一次性包死的承包单价1860元/$m^2$乘以建筑面积作为固定合同价,合同约定总价款约68345700元。作为承包人的A公司,其实现合同目的、获取利益的前提是完成全部工程。因此,本案的计价方式,贯彻了工程地下部分、结构施工和安装装修三个阶段,即三个形象进度的综合平衡的报价原则。

其次,我国当前建筑市场行业普遍存在地下部分和结构施工薄利或者亏本的现实,这是由于钢筋、水泥、混凝土等主要建筑材料价格相对较高且大多包死,施工风险和难度较高,承包人需配以技术、安全措施费用才能保质保量完成等所致;而安装、装修施工是在结构工程已完工之后进行,风险和成本相对较低,因此,安装、装修工程大多可以获取相对较高的利润。本案中,A公司将包括地下部分、结构施工和安装装修在内的土建工程和安装工程全部承揽,其一次性包死的承包单价是针对整个工程做出的。如果A公司单独承包土建工程,其报价一般要高于整体报价中所包含的土建报价。作为发包方的B公司单方违约解除了合同,如果仍以合同约定的1860元/$m^2$作为已完工程价款的计价单价,则对A公司明显不公平。

再次,合同解除时,A公司施工面积已经达到了双方审定的图纸设计的结构工程面积,但整个工程的安装、装修工程尚未施工,A公司无法完成与施工面积相对应的全部工程量。此时,如果仍以合同约定的总价款约68345700元确定本案工程价款,则对B公司明显不公平,这也印证了双方当事人约定的工程价款计价方法已无法适用。

最后,根据本案的实际,确定案涉工程价款,只能通过工程造价鉴定部门进行鉴定的方式进行。通过鉴定方式确定工程价款,司法实践中大致有三种方法:一是以合同约定总价与全部工程预算总价的比值作为下浮比例,再以该比例乘以已完工程预算价格进行计价;二是已完施工工期与全部应完施工工期的比值作为计价系数,再以该系数乘以合同约定总价进行计价;三是依据政府部门发布的定额进行计价。

2) 就已完工程价款如何确定而言。法院认为:

首先,前述第一种方法的应用,是在当事人缔约时,依据定额预算价下浮了一定比例形成的合同约定价,只要计算出合同约定价与定额预算价的下浮比例,据此就能计算出已完工程的合同约定价。鉴定意见书即采用了该种方法,第一审判决也是采纳了该鉴定意见。遵循这一思路,本案已完工程的价款应为:68246673.60元(鉴定的合同总价款)÷89098947.93元(鉴定的全部工程预算价)×40652058.17元(鉴定的已完工程预算价)=31139476.56元。然而,无论是鉴定意见书还是第一审判决,采用这一方法计价存在着明显不合理之处:①现无证据证明鉴定的全部工程预算价89098947.93元是当事人缔约时依据的预算价,何况合同总价款68246673.60元也是通过鉴定得出的,并非当事人缔约时约定的合同总价款。②用鉴定出的两个价款进行比对得出的下浮比例,与当事人的意思表示没有任何关联,如此计算出来的价款当然不可能是合同约定的价格。③如采用这一种方法,B公司应支付的全部工程价款大致为:31139476.56元+13500000元(被B公司分包出去的屋面工程价款)+14600000元(剩余工程价款)=59239476.56元。由此,B公司应支付的全部工程价款将明显低于合同约定的总价68345700元,两者相差910余万元。显然,如采用此种计算方法,将会导致B公司虽然违反约定解除合同,却能额外获取910余万元利益的现象。这种做法无疑会助长因违约获得利益的社会效应,因而该方法在本案中不应被适用。④虽然第一审判决试图以这一种计算方法还原合同约定价,但却忽略了当事人双方的利益平衡以及司法判决的价值取向。至B公司解除合同时,A公司承包的土建工程已全部完工,B公司解除合同的行为破坏了双方的交易背景,此时如再还原合同约定的土建工程价款,既脱离实际情况,违背交易习惯,又会产生对守约一方明显不公平的后果。

其次,如果采用第二种方法计算本案工程的工程价款,本案已完工程价款应为:408天(2011年5月15日至2012年6月25日)÷506天(2011年5月15日至2012年10月1日)×68246673.60元(鉴定的合同总价款)=55028938.40元。采用这一种方法,与建设工程中发包人与承包人多以单位时间内完成工程量考核进度的交易习惯相符。B公司应支付的全部工程价款为:55028938.40元+13500000元(被B公司分包出去的屋面工程价款)+14600000元(剩余工程的工程价款)=83128938.40元。B公司应支付的全部工程价款明显高于合同约定的总价68345700元,两者相差14783238.40元,此时虽然符合B公司中途解除合同必然导致增加交易成本的实际情况,但该计算结果明显高于已完工工程相对应的定额预算价40652058.17元,对B公司明显不公,因而也不应采用。

再次,如采用第三种方法即依据政府部门发布的定额计算已完工工程价款,则已完工工程价款应是40652058.17元。B公司应支付的全部工程价款为:40652058.17元+13500000元(被B公司分包出去的屋面工程)+14600000元(剩余工程的工程价款)=68752058.17元,比合同约定的总价68345700元仅高出36万余元。此种处理方法既不明显低于合同约定总价,也不过分高于合同约定总价,与当事人预期的价款较为接近,因而比上述两种计算结果更趋合理。另外,政府部门发布的定额属于政府指导价,依据政府部门发布的定额计算已完工程价款也符合《合同法》第六十二条第二项"价款或者报酬不明确的,按照订立合同时履行地的市场价格履行;依法应当执行政府定价或者政府指导价的,按照规定履行"以及《民法通则》第八十八条第四项"价格约定不明确,按照国家规定的价格履行;没有国家规定价格的,参照市场价格或者同类物品的价格或者同类劳务的报酬标准履行"等相关规定,审理此类案件,除应当综合考虑案件实际履行情况外,还特别应当注重双方当事人的过错和司法判决的价值取向等因素,以此确定已完工程的价款。第一审判决没有分清哪一方违约,仅仅依据合同与预算相比下浮的76.6%确定本案工程价款,然而,该比例既非定额规定的比例,也不是当事人约定的比例,第一审判决以此种方法确定工程价款不当,应予纠正;A公司提出的以政府部门发布的预算定额价结算本案已完工工程价款的上诉理由成立,应予支持。

最后,经第一审法院委托的有关鉴定机构做出的鉴定意见,双方无争议的工程变更、签证项目(廊桥)价格为83361.1元,增加的加气砼墙面抹灰费用50000元,上述两笔费用均已实际发生,因此应当由发包人B公司支付。双方有争议的工程变更、签证项目均由监理单位指派的监理人中冯某签字确认，该部分鉴定价格为1451136.16元。根据A公司提交的藏文化产业创意园项目监理部拟进场人员名单，冯某系监理单位指派的总监代表，双方有争议的工程鉴证单均系冯某签署。根据《施工合同司法解释（一）》第十九条"当事人对工程量有争议的，按照施工过程中形成的签证等书面文件确认。承包人能够证明发包人同意其施工，但未能提供签证文件证明工程量发生的，可以按照当事人提供的其他证据确认实际发生的工程量"的规定，冯某作为总监代表，又是现场唯一监理，其在工程签证单上的签字，是对本案建设工程现场施工情况的真实反映。因此，其签署的工程签证单能够证明变更、签证项目的实际发生，变更、签证的工作量应当予以认定。第一审判决以签证单上无监理单位签章，B公司不予认可，总监理工程师不知情为由，认定上述签证单是冯某超越权限的个人行为，不能作为结算工程款，于事实不符，于法律无据，予以纠正；A公司提出的变更、签证的工程量应当予以认定的上诉理由成立，予以支持。

综上，本案应当根据实际完成的工程量，以建设行政管理部门颁发的定额取费核定工程价款为依据，计算已完工程价款为：40652058.17元+83361.1元+50000元+1451136.16元=42236555.43元。最高法院判决：B置业有限公司于本判决生效后10日内向A建筑安装工程有限责任公司支付工程款9410477.43元。

【知识点分析】

施工单位完成基础、主体施工后，建设单位单方解除合同，致使合同约定工程未能全部完工，合同约定的固定单价无法适用，建设单位应当按照政府部门发布的定额（政府指导价）结算已完工程价款。本案中，A公司将包括地下部分、结构施工和安装装修在内的土建工程和安装工程全部承揽，其一次性包死的承包单价是针对整个工程做出的。如果A公司单独承包土建工程，其报价一般要高于整体报价中所包含的土建报价。作为发包方的B公司单方违约解除了合同，如果仍以合同约定的1860元/$m^2$作为已完工程价款的计价单价，则对A公司明显不公平。

## 复 习 题

1. 建设工程合同的概念是什么？其种类有哪些？
2. 简述2017版《建设工程施工合同（示范文本）》的构成。
3. 施工合同无效有哪些主要的情况？
4. 施工合同无效应如何处理？
5. 简述建设工程价款优先受偿权的法律规定。
6. 《最高人民法院关于审理建设工程施工合同纠纷案件适用法律问题的解释》关于开工日期、竣工日期、工期顺延是如何规定的？

# 第 8 章 政府和社会资本合作模式及相关法律问题

2014年以来，国务院及相关部门大力推广政府和社会资本合作（Public-Private Partership，PPP）模式，出台了大量的政策文件。PPP作为一种新型的融资模式，是政府和社会资本之间在基础设施及公共服务领域建立的一种长期合作关系。PPP模式下，涉及了大量法律问题，本章在简要介绍PPP模式政策文件基础之上，对PPP相关法律问题进行了探讨。

## 8.1 政府和社会资本合作概述

现代PPP发源于20世纪80年代的英国，主要应用于英国供排水、道路交通、医疗卫生、教育等基础设施建设等领域。

对于PPP的概念，世界银行、亚洲开发银行及其他各国给出的定义都不尽相同。世界银行对PPP的定义是为提供公共设施和服务而由私营部门与政府部门间签署长期合同（确定合作关系），并由私营部门承担重大风险及管理责任，政府部门根据项目的绩效考核结果向私营部门支付费用。亚洲开发银行对PPP的定义是指政府及私营部门为提供资产设施和/或服务，如电力、供水、交通、教育和医疗而形成的合同关系。与传统的采购合同不同的是，PPP在合作伙伴间分配风险并通过设置具体的绩效考核付费机制以激励服务供应商提高供应效率。英国财政部对PPP的定义是以公共部门和私营部门共同协作为特征的一种安排。从广义上讲，PPP可以包含公共部门和私营部门在制定政策、提供服务以及基础设施方面的所有合作。

从理论上讲，PPP的概念可分为广义的PPP和狭义的PPP。为提供公共产品或服务而开展的政府方与社会资本合作形式均属广义的PPP。具体表现形式上有BOT、BOO、BOOT、TOT、MC、O&M、DBFO、PFI、BT、DB、特许经营等各种方式。狭义的PPP，典型模式是DBFO，狭义的PPP更加强调政府通过商业而非行政的方法如在项目公司中占股份来加强对项目的控制，以及与企业合作过程中的优势互补、风险共担和利益共享。根据《国务院办公厅转发财政部 发展改革委 人民银行 关于在公共服务领域推广政府和社会资本合作模式指导意见的通知》（国办发〔2015〕42号）对PPP的定义，以及《财政部关于印发政府和社会资本合作模式操作指南（试行）的通知》（财金〔2014〕113号）对PPP模式的列举，我国目前对PPP的定义采用的是狭义PPP的定义。

我国关于PPP的定义：

1）财政部《关于推广运用政府和社会资本合作模式有关问题的通知》（财金〔2014〕76号）：

政府和社会资本合作模式是在基础设施及公共服务领域建立的一种长期合作关系。通常模式是由社会资本承担设计、建设、运营、维护基础设施的大部分工作，并通过使用者付费和必要的政府付费获得合理投资回报；政府部门负责基础设施及公共服务价格和质量监管，以保证公共利益最大化。

2）《财政部关于规范政府和社会资本合作合同管理工作的通知》（财金〔2014〕156号）：PPP模式是在基础设施和公共服务领域政府和社会资本基于合同建立的一种合作关系。

3）2015年5月19日，财政部、国家发改委、人民银行《关于在公共服务领域推广政府和社会资本合作模式的指导意见》对PPP的定义做了更新："政府和社会资本合作模式是公共服务供给机制的重大创新，即政府采取竞争性方式择优选择具有投资、运营管理能力的社会资本，双方按照平等协商原则订立合同，明确责权利关系，由社会资本提供公共服务，政府依据公共服务绩效评价结果向社会资本支付相应对价，保证社会资本获得合理收益。"

4）PPP与特许经营的关系。根据《基础设施和公用事业特许经营管理办法》规定，基础设施和公用事业特许经营，是指政府采用竞争方式依法授权中华人民共和国境内外的法人或者其他组织，通过协议明确权利义务和风险分担，约定其在一定期限和范围内投资建设运营基础设施和公用事业并获得收益，提供公共产品或者公共服务。基础设施和公用事业特许经营可以采取以下方式：①在一定期限内，政府授予特许经营者投资新建或改扩建、运营基础设施和公用事业，期限届满移交政府；②在一定期限内，政府授予特许经营者投资新建或改扩建、拥有并运营基础设施和公用事业，期限届满移交政府；③特许经营者投资新建或改扩建基础设施和公用事业并移交政府后，由政府授予其在一定期限内运营；④国家规定的其他方式。

国办发〔2015〕42号文明确规定，在能源、交通运输、水利、环境保护、市政工程等特定领域需要实施特许经营的，按《基础设施和公用事业特许经营管理办法》执行。PPP模式无论项目本身是否有经营因素、是否属于政府垄断范畴。采用特许经营的方式更加倾向于项目本身有一定的经营性且具有独家经营的垄断性质，如能源、交通运输、水利、环境保护、市政工程等能够产生稳定现金流的项目。PPP强调的是基于契约而建立的民事法律关系，而特许经营属于行政法律关系，在争议处理时适用法律、争议解决机制存在差异。

关于我国PPP立法现状，20世纪80年代后期以来，我国开始采用BOT方式吸引外资投资公路、铁路等项目，并发布《关于以BOT方式吸收外商投资有关问题的通知》等文件。至今，财政部、国家发改委相继颁布规范性文件调整PPP项目，但国家层面尚未颁布PPP基本法。在实务操作中，出现PPP规范性文件与已有的法律法规不衔接，甚至冲突的问题。至今，我国PPP立法的表现形式仍以中央部委发布的规范性文件为主。PPP立法的形式渊源有部门规章，如《市政公用事业特许经营管理办法》《基础设施和公用事业特许经营管理办法》；国务院规范性文件，如国务院办公厅2015年5月19日颁布实施的国务院办公厅转发财政部、发展改革委、人民银行《关于在公共服务领域推广政府和社会资本合作模式的指导意见》（国办发〔2015〕42号）；部门规范性文件，如财政部《关于推广运用政府和社会资本合作模式有关问题的通知》（财金〔2014〕76号）、《财政部关于规范政府和社会资本合作合同管理工作的通知》（财金〔2014〕156号）等。日前，由财政部主导的PPP立法和国家发改委主导的特许经营法立法工作，在国务院协调下，全部交由国务院法制办主导。2017年7月发布了《基础设施和公共服务领域政府和社会资本合作条例(征求意见稿)》。

## 8.2 政府和社会资本合作的基本流程

根据财政部《政府和社会资本合作模式操作指南(试行)》,PPP 项目过程分为项目的识别、准备、采购、执行和移交五个基本阶段。因《政府和社会资本合作模式操作指南(试行)》已经失效,本书仅做简要介绍,PPP 项目过程示意图如图 8-1 所示。

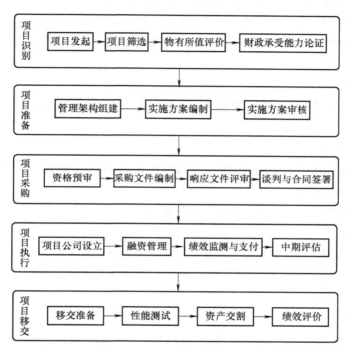

图 8-1　PPP 项目过程示意图

2016 年 10 月 24 日,国家发改委发布了《传统基础设施领域政府和社会资本合作项目工作导则》,规范了传统基础设施领域政府和社会资本合作(PPP)项目操作流程。该导则适用于在能源、交通运输、水利、环境保护、农业、林业以及重大市政工程等传统基础设施领域采用 PPP 模式的项目。具体项目范围参见《国家发展改革委关于切实做好传统基础设施领域政府和社会资本合作有关工作的通知》。根据通知,传统基础设施主要包括:

(1) 能源领域

电力及新能源类:供电/城市配电网建设改造、农村电网改造升级、资产界面清晰的输电项目、充电基础设施建设运营、分布式能源发电项目、微电网建设改造、智能电网项目、储能项目、光伏扶贫项目、水电站项目、热电联产、电能替代项目等。

石油和天然气类:油气管网主干/支线、城市配气管网和城市储气设施、液化天然气(LNG)接收站、石油和天然气储备设施等项目。

煤炭类:煤层气输气管网、压缩/液化站、储气库、瓦斯发电等项目。

(2) 交通运输领域

铁路运输类：列入中长期铁路网规划、国家批准的专项规划和区域规划的各类铁路项目。重点鼓励社会资本投资建设和运营城际铁路、市域（郊）铁路、资源开发性铁路以及支线铁路，鼓励社会资本参与投资铁路客货运输服务业务和铁路"走出去"项目。

道路运输类：公路建设、养护、运营和管理项目。城市地铁、轻轨、有轨电车等城市轨道交通项目。

水上运输类：港口码头、航道等水运基础设施建设、养护、运营和管理等项目。

航空运输类：民用运输机场、通用机场及配套基础设施建设等项目。

综合类：综合运输枢纽、物流园区、运输站场等建设、运营和管理项目，交通运输物流公共信息平台等项目。

(3) 水利领域

引调水工程、水生态治理工程、供水工程、江河湖泊治理工程、灌区工程、农业节水工程、水土保持等项目。

(4) 环境保护领域

水污染治理项目、大气污染治理项目、固体废物治理项目、危险废物治理项目、放射性废物治理项目、土壤污染治理项目。

湖泊、森林、海洋等生态建设、修复及保护项目。

(5) 农业领域

高标准农田、种子工程、易地扶贫搬迁、规模化大型沼气等三农基础设施建设项目。

现代渔港、农业废弃物资源化利用、示范园区、国家级农产品批发市场等项目。旅游农业、休闲农业基础设施建设等项目。

(6) 林业领域

京津风沙源治理工程、岩溶地区石漠化治理工程、重点防护林体系建设、国家储备林、湿地保护与修复工程、林木种质资源保护、森林公园等项目。

(7) 重大市政工程领域

采取特许经营方式建设的城市供水、供热、供气、污水垃圾处理、地下综合管廊、园区基础设施、道路桥梁以及公共停车场等项目。

传统基础设施领域政府和社会资本合作（PPP）项目操作流程如下：

**1. 项目储备**

要重视发挥发展规划、投资政策的战略引领与统筹协调作用，按照国民经济和社会发展总体规划、区域规划、专项规划及相关政策，依据传统基础设施领域的建设目标、重点任务、实施步骤等，明确推广应用PPP模式的统一部署及具体要求。

各级发展改革部门要会同有关行业主管部门，在投资项目在线审批监管平台（重大建设项目库）基础上，建立各地区各行业传统基础设施PPP项目库，并统一纳入国家发展改革委传统基础设施PPP项目库，建立贯通各地区各部门的传统基础设施PPP项目信息平台。入库情况将作为安排政府投资、确定与调整价格、发行企业债券及享受政府和社会资本合作专项政策的重要依据。

列入各地区各行业传统基础设施PPP项目库的项目，实行动态管理、滚动实施、分批推进。对于需要当年推进实施的PPP项目，应纳入各地区各行业PPP项目年度实施计划。需要使用各类政府投资资金的传统基础设施PPP项目，应当纳入3年滚动政府投资计划。

对于列入年度实施计划的PPP项目，应根据项目性质和行业特点，由当地政府行业主管部门或其委托的相关单位作为PPP项目实施机构，负责项目准备及实施等工作。鼓励地方政府采用资本金注入方式投资传统基础设施PPP项目，并明确政府出资人代表，参与项目准备及实施工作。

**2. 项目论证**

纳入年度实施计划的PPP项目，应编制PPP项目实施方案。PPP项目实施方案由实施机构组织编制，内容包括项目概况、运作方式、社会资本方遴选方案、投融资和财务方案、建设运营和移交方案、合同结构与主要内容、风险分担、保障与监管措施等。为提高工作效率，对于一般性政府投资项目，各地可在可行性研究报告中包括PPP项目实施专章，内容可以适当简化，不再单独编写PPP项目实施方案。

实施方案的编制过程中，应重视征询潜在社会资本方的意见和建议。要重视引导社会资本方形成合理的收益预期，建立主要依靠市场的投资回报机制。如果项目涉及向使用者收取费用，要取得价格主管部门出具的相关意见。

政府投资项目的可行性研究报告应由具有相应项目审批职能的投资主管部门等审批。可行性研究报告审批后，实施机构根据经批准的可行性研究报告有关要求，完善并确定PPP项目实施方案。重大基础设施政府投资项目，应重视项目初步设计方案的深化研究，细化工程技术方案和投资概算等内容，作为确定PPP项目实施方案的重要依据。实行核准制或备案制的企业投资项目，应根据《政府核准的投资项目目录》及相关规定，由相应的核准或备案机关履行核准、备案手续。项目核准或备案后，实施机构依据相关要求完善和确定PPP项目实施方案。

纳入PPP项目库的投资项目，应在批复可行性研究报告或核准项目申请报告时，明确规定可以根据社会资本方选择结果依法变更项目法人。

鼓励地方政府建立PPP项目实施方案联审机制。按照"多评合一，统一评审"的要求，由发展改革部门和有关行业主管部门牵头，会同项目涉及的财政、规划、国土、价格、公共资源交易管理、审计、法制等政府相关部门，对PPP项目实施方案进行联合评审。必要时可先组织相关专家进行评议或委托第三方专业机构出具评估意见，然后再进行联合评审。

一般性政府投资项目可行性研究报告中的PPP项目实施专章，可结合可行性研究报告审批一并审查。通过实施方案审查的PPP项目，可以开展下一步工作；按规定需报当地政府批准的，应报当地政府批准同意后开展下一步工作。未通过审查的，可在调整实施方案后重新审查；经重新审查仍不能通过的，不再采用PPP模式。

PPP项目实施机构依据审查批准的《实施方案》，组织起草PPP合同草案，包括PPP项目主合同和相关附属合同（如项目公司股东协议和章程、配套建设条件落实协议等）。PPP项目合同主要内容参考国家发展改革委发布的《政府和社会资本合作项目通用合同指南（2014年版）》。

**3. 社会资本方选择**

依法通过公开招标、邀请招标、两阶段招标、竞争性谈判等方式，公平择优选择具有相应投资能力、管理经验、专业水平、融资实力以及信用状况良好的社会资本方作为合作伙伴。其中，拟由社会资本方自行承担工程项目勘察、设计、施工、监理以及与工程建设有关的重要设备、材料等采购的，必须按照《招标投标法》的规定，通过招标方式选择社会资本方。

在遴选社会资本方资格要求及评标标准设定等方面，要客观、公正、详细、透明，禁止排斥、限制或歧视民间资本和外商投资。鼓励社会资本方成立联合体投标。鼓励设立混合所有制项目公司。社会资本方遴选结果要及时公告或公示，并明确申诉渠道和方式。

各地要积极创造条件，采用多种方式保障PPP项目建设用地。如果项目建设用地涉及土地招拍挂，鼓励相关工作与社会资本方招标、评标等工作同时开展。

PPP项目实施机构根据需要组织项目谈判小组，必要时邀请第三方专业机构提供专业支持。谈判小组按照候选社会资本方的排名，依次与候选社会资本方进行合同确认谈判，率先达成一致的即为中选社会资本方。项目实施机构应与中选社会资本方签署确认谈判备忘录，并根据信息公开相关规定，公示合同文本及相关文件。

PPP项目实施机构应按相关规定做好公示期间异议的解释、澄清和回复等工作。公示期满无异议的，由项目实施机构会同当地投资主管部门将PPP项目合同报送当地政府审核。政府审核同意后，由项目实施机构与中选社会资本方正式签署《PPP项目合同》。需要设立项目公司的，待项目公司正式设立后，由实施机构与项目公司正式签署PPP项目合同，或签署关于承继PPP项目合同的补充合同。

**4. 项目执行**

社会资本方可依法设立项目公司。政府指定了出资人代表的，项目公司由政府出资人代表与社会资本方共同成立。项目公司应按照PPP合同中的股东协议、公司章程等设立。项目公司负责按PPP项目合同承担设计、融资、建设、运营等责任，自主经营，自负盈亏。除PPP项目合同另有约定外，项目公司的股权及经营权未经政府同意不得变更。

PPP项目法人选择确定后，如与审批、核准、备案时的项目法人不一致，应按照有关规定依法办理项目法人变更手续。

PPP项目融资责任由项目公司或社会资本方承担，当地政府及其相关部门不应为项目公司或社会资本方的融资提供担保。项目公司或社会资本方未按照PPP项目合同约定完成融资的，政府方可依法提出履约要求，必要时可提出终止PPP项目合同。PPP项目建设应符合工程建设管理的相关规定。工程建设成本、质量、进度等风险应由项目公司或社会资本方承担。政府方及政府相关部门应根据PPP项目合同及有关规定，对项目公司或社会资本方履行PPP项目建设责任进行监督。

《PPP项目合同》中应包含PPP项目运营服务绩效标准。项目实施机构应会同行业主管部门，根据PPP项目合同约定，定期对项目运营服务进行绩效评价，绩效评价结果应作为项目公司或社会资本方取得项目回报的依据。项目实施机构应会同行业主管部门，自行组织或委托第三方专业机构对项目进行中期评估，及时发现存在的问题，制订应对措施，推动项目绩效目标顺利完成。

在 PPP 项目合作期限内，如出现重大违约或者不可抗力导致项目运营持续恶化，危及公共安全或重大公共利益时，政府要及时采取应对措施，必要时可指定项目实施机构等临时接管项目，切实保障公共安全和重大公共利益，直至项目恢复正常运营。不能恢复正常运营的，要提前终止，并按 PPP 合同约定妥善做好后续工作。

对于 PPP 项目合同约定期满移交的项目，政府应与项目公司或社会资本方在合作期结束前一段时间（过渡期）共同组织成立移交工作组，启动移交准备工作。移交工作组按照 PPP 项目合同约定的移交标准，组织进行资产评估和性能测试，保证项目处于良好运营和维护状态。项目公司应按 PPP 项目合同要求及有关规定完成移交工作并办理移交手续。

项目移交完成后，地方政府有关部门可组织开展 PPP 项目后评价，对 PPP 项目全生命周期的效率、效果、影响和可持续性等进行评价。评价结果应及时反馈给项目利益相关方，并按有关规定公开。

各地要建立 PPP 项目信息公开机制，依法及时、充分披露 PPP 项目基本信息、招标投标、采购文件、项目合同、工程进展、运营绩效等，切实保障公众知情权。涉及国家秘密的有关内容不得公开；涉及商业秘密的有关内容经申请可以不公开。建立社会监督机制，鼓励公众对 PPP 项目实施情况进行监督，切实维护公共利益。

## 8.3 PPP 相关法律问题

### 8.3.1 PPP 项目采购

**1. 概念及法律依据**

PPP 项目采购，是指政府为达成权利义务平衡、物有所值的 PPP 项目合同，遵循公开、公平、公正和诚实信用原则，按照相关法规要求完成 PPP 项目识别和准备等前期工作后，依法选择社会资本合作者的过程。PPP 项目实施机构是采购人，合作社会资本是供应商。

2014 年 9 月，财政部发布的《关于推广运用政府和社会资本合作模式有关问题的通知》明确，地方各级财政部门要依托政府采购信息平台，加强政府和社会资本合作项目政府采购环节的规范与监督管理。财政部将围绕实现"物有所值"价值目标，探索创新适合政府和社会资本合作项目采购的政府采购方式。地方各级财政部门要会同行业主管部门，按照《政府采购法》及有关规定，依法选择项目合作伙伴。2014 年 11 月 29 日，财政部发布的《政府和社会资本合作模式操作指南（试行）》明确，项目采购应根据《政府采购法》及相关规章制度执行。2014 年 12 月 31 日，财政部发布的《政府和社会资本合作项目政府采购管理办法》明确，PPP 项目采购活动的社会资本对采购活动的询问、质疑和投诉，依照有关政府采购法律制度规定执行。PPP 项目采购有关单位和人员在采购活动中出现违法违规行为的，依照政府采购法及有关法律法规追究法律责任。

可见，PPP 项目采购应按照政府采购法律法规及有关规定执行。

**2. PPP 项目采购的方式**

PPP 项目采购方式包括公开招标、邀请招标、竞争性谈判、竞争性磋商和单一来源采购。其中，公开招标、邀请招标、竞争性谈判、单一来源采购是《政府采购法》明确规定的采购方式，而竞争性磋商是新增加的方式，财政部于2014年12月31日颁布了《政府采购竞争性磋商采购方式管理暂行办法》。

1）公开招标主要适用于采购需求中核心边界条件和技术经济参数明确、完整、符合国家法律法规及政府采购政策，且采购过程中不做更改的项目。但多数PPP项目在采购过程中需要通过不断协商才能最终确定合同各方的权利义务。

关于"两标合一标""投资施工一体化招标"的法律依据，根据《招标投标法实施条例》第九条第一款第（三）项的规定，已通过招标方式选定的特许经营项目投资人依法能够自行建设、生产或者提供的，可以不进行招标。据此，通过招标方式选定的PPP项目投资人自身具备承包资质的，承接工程承包任务时依法可以不用招标。未选用招标方式而选用了竞争性磋商等采购方式，采购"投资施工一体化"项目，存在诸多的法律风险，"竞争性磋商"是否属于招标方式，目前无法律依据。

从实践情况来看，在各方面机制比较成熟的招标方式下，以《招标投标法实施条例》第九条为依据，将社会资本和承包商一并进行招选的做法已为大多数政府所接受。但对于通过非招标方式选定社会资本的，能否将社会资本与承包商一并进行招选的问题，没有明确的法律依据。

2）根据《政府采购非招标采购方式管理办法》的规定，竞争性谈判采购方式只能采用最低（评标）价法，即谈判小组应当从质量和服务均能满足采购文件实质性响应要求的供应商中，按最后报价由低到高提出3名以上成交候选人；采购人从成交候选人中，根据质量和服务均能满足采购文件实质性响应要求且最后报价最低的原则确定成交供应商。显然，最低价法不能反映中标候选人的综合实力和综合能力，因此，竞争性谈判不适用多数的PPP项目采购。

3）竞争性磋商采购方式，是指采购人、政府采购代理机构通过组建竞争性磋商小组（简称磋商小组）与符合条件的供应商就采购货物、工程和服务事宜进行磋商，供应商按照磋商文件的要求提交响应文件和报价，采购人从磋商小组评审后提出的候选供应商名单中确定成交供应商的采购方式。

竞争性磋商属于《政府采购法》规定的政府采购方式之外、创新的政府采购方式之一。根据《政府采购竞争性磋商采购方式管理暂行办法》，符合下列情形的项目，可以采用竞争性磋商方式开展采购：①政府购买服务项目；②技术复杂或者性质特殊，不能确定详细规格或者具体要求的；③因艺术品采购、专利、专有技术或者服务的时间、数量事先不能确定等原因不能事先计算出价格总额的；④市场竞争不充分的科研项目，以及需要扶持的科技成果转化项目；⑤按照《招标投标法》及其《招标投标法实施条例》必须进行招标的工程建设项目以外的工程建设项目。

竞争性磋商用于PPP项目采购，有如下优势：

1）采购实施所需时间短。从磋商文件发出之日起至供应商提交首次响应文件截止之日最短只需10日；澄清或者修改的内容可能影响响应文件编制的，应当在提交首次响应文件截止时间至少5日前提出。

2）为合同调整预留了空间。根据《政府采购竞争性磋商采购方式管理暂行办法》，磋商文件应当包括"磋商过程中可能实质性变动的内容"，同时还规定在磋商过程中，磋商小组可以根据磋商文件和磋商情况实质性变动采购需求中的技术、服务要求以及合同草案条款。

3）可实施两阶段磋商。在第一阶段，磋商小组通过与社会资本进行多轮谈判，可实质性修改采购文件的技术、服务要求以及合同草案条款，并确定最终采购需求方案。在第二阶段，由磋商小组对社会资本提交的最终响应文件进行综合评分，编写评审报告并向项目实施机构提交候选社会资本的排序名单。

## 8.3.2 政府和社会资本合作合同

项目实施机构应当在中标、成交通知书发出后30日内，与中标、成交社会资本签订经本级人民政府审核同意的PPP项目合同。需要为PPP项目设立专门项目公司的，待项目公司成立后，由项目公司与项目实施机构重新签署PPP项目合同，或者签署关于继承PPP项目合同的补充合同。根据《政府采购法》的规定，政府采购合同适用《合同法》。采购人和供应商之间的权利和义务，应当按照平等、自愿的原则以合同方式约定。采购人可以委托采购代理机构代表其与供应商签订政府采购合同。由采购代理机构以采购人名义签订合同的，应当提交采购人的授权委托书，作为合同附件。

关于PPP项目合同，从国家层面上看，目前是由国家财政部和国家发改委分别发布了合同指南，一个是国家财政部在2014年12月30日发布的《PPP项目合同指南（试行）》，另一个是国家发改委在2014年12月2日发布的《政府和社会资本合作项目通用合同指南（2014年版）》。上述两个PPP合同指南，均不是合同。与我们通常看到的《中华人民共和国标准施工招标文件》（2007年版）中的施工合同文本、《中华人民共和国标准设计施工总承包招标文件》（2012年版）中的合同文本、《商品房买卖合同示范文本》《建设工程设计合同示范文本（专业建设工程）》（GF—0210）、《城镇供热特许经营协议示范文本》（GF—2503）、《建设项目工程总承包合同示范文本（试行）》（GF—0216）等均有重大区别，后面的这些示范合同文本或合同，是标准的合同条款与格式，是可以直接拿来使用的。但是，《PPP项目合同指南（试行）》和《政府和社会资本合作项目通用合同指南（2014年版）》，它们不是合同，仅仅只是制定或拟订PPP项目合同的指引、参考，PPP项目合同需要由政府和社会资本方共同制定或商讨。国家发改委发布的合同指南是大纲式地提出PPP项目合同所需具备的要点内容，而财政部发布的合同指南则是对各项要点内容进行进一步细化和补充，从战略层面进一步细化到战术层面，操作性更强一些。

中国招标投标协会组织行业专家编写了《PPP项目合作协议示范文本（试行）》，于2018年6月出版。2020年2月21日，财政部办公厅发布了污水处理厂网一体化和垃圾处理PPP项目合同示范文本。该示范文本由以下合同文件组成：①合作协议，指《政府和社会资本合作（PPP）项目合作协议》；②PPP项目合同，指《污水处理厂网一体化政府和社会资本合作（PPP）项目合同》和/或《垃圾处理政府和社会资本合作（PPP）项目合同》；③运营维护服务协议，指《污水处理厂网一体化政府和社会资本合作（PPP）项目运营维护服务协议》；④承继协议，指《政府和社会资本合作（PPP）项目承继协议》。

## 8.4 工程建设法律实务专题8——政府和社会资本合作法律实务

### 8.4.1 PPP项目合同法律性质

实践中，PPP项目合同的定性受到投资人的高度关注。对此问题，在实务界与理论界均存在重大争议，有民事合同与行政合同之争。现行已生效法律、司法解释、部门规章对此问题的规定也不完全相同：2014年11月1日，全国人民代表大会常务委员会公布了《关于修改〈中华人民共和国行政诉讼法〉的决定》（2015年5月1日生效），将原《行政诉讼法》第十一条修改为第十二条且内容为："人民法院受理公民、法人或者其他组织提起的下列诉讼：（十一）认为行政机关不依法履行、未按照约定履行或者违法变更、解除政府特许经营协议、土地房屋征收补偿协议等协议的"，即将特许经营协议定性为行政协议。2014年11月29日，财政部发布《政府和社会资本合作模式操作指南（试行）》，其中第二十八条第三款"争议解决"内容为："在项目实施过程中，按照项目合同约定，项目实施机构、社会资本或项目公司可就发生争议且无法协商达成一致的事项，依法申请仲裁或提起民事诉讼"，即将PPP项目合同（包括特许经营合同）定性为民事合同。2015年4月22日，最高人民法院公布《行政诉讼法司法解释》，其中第十一条规定："行政机关为实现公共利益或者行政管理目标，在法定职责范围内，与公民、法人或者其他组织协商订立的具有行政法上权利义务内容的协议，属于《行政诉讼法》第十二条第一款第十一项规定的行政协议。公民、法人或者其他组织就下列行政协议提起行政诉讼的，人民法院应当依法受理：①政府特许经营协议；②土地、房屋等征收征用补偿协议；③其他行政协议"，即将政府特许经营协议定性为行政协议，但增加了部分前置条件，如"为实现公共利益或者行政管理目标""具有行政法上权利义务内容的协议"。2015年4月25日，国家发改委等六部委联合发布《基础设施和公用事业特许经营管理办法》，其中第五十一条规定："特许经营者认为行政机关做出的具体行政行为侵犯其合法权益的，有陈述、申辩的权利，并可以依法提起行政复议或者行政诉讼"，即六部委仅明确：针对具体行政行为提起的是行政复议或行政诉讼，并回避了特许经营协议的定性问题。

2015年10月28日，最高人民法院在"A公路建设投资有限公司与某市人民政府合同纠纷管辖权异议一案"中，首次在司法层面就BOT模式下特许经营协议的定性问题表明观点并做出裁判。最高人民法院认为典型BOT模式下的政府特许经营协议，如具有明显的民商事法律关系特征，应定性为民事合同。PPP项目合同的属性对于确定合同争议处理的程序具有重要的意义：是进行行政诉讼？还是进行民事诉讼/仲裁？无论采取哪种救济途径，对社会资本都会进行公平的保护。

2019年11月27日《最高人民法院关于审理行政协议案件若干问题的规定》（简称《规定》）发布，自2020年1月1日起施行。该《规定》第一条明确行政机关为了实现行政管理或者公共服务目标，与公民、法人或者其他组织协商订立的具有行政法上权利义务内容的协议，属于行政诉讼法第十二条第一款第十一项规定的行政协议；第二条更加具体的规定，公民、法人或者其他组织就下列行政协议提起行政诉讼的，人民法院应当依法受理：政府特许经营协议；土地、房屋等征收征用补偿协议；矿业权等国有自然资源使用权出让协议；政府投资的保障性住房的租赁、买卖等协议；符合本规定第一条规定的政府与社会资本合作协议；其他行政协议。很显然，最新的规定把 PPP 合同定性为行政协议。

## 8.4.2　合同变更理论在 PPP 项目中的运用

政府和社会资本合作（PPP）模式具有项目投资大、周期长、问题复杂等特点，双方签订的 PPP 项目合同很难涵盖项目建设与运营期内的所有问题，因此，合同变更就成为 PPP 项目全生命周期中一个非常重要的问题。合同是当事人之间具有法律效力的协议，合同变更应当依法进行。无论是政府一方，还是社会资本一方，都应当认真研究合同变更的理论以及现行法律规定，在必要时依法开展合同变更工作，保障 PPP 项目顺利实施。

在研究如何在 PPP 项目中运用合同变更理论的问题时，必须先解决一个前提，即 PPP 项目合同的性质。目前关于 PPP 项目合同性质有民事合同与行政合同之争。财政部颁布的《PPP 项目合同指南（试行）》认为 PPP 从行为性质上属于政府向社会资本采购公共服务的民事法律行为，构成民事主体之间的民事法律关系。在某市人民政府与 A 公路建设投资有限公司合同纠纷一案中，最高人民法院将 BOT 模式的政府特许经营协议定性为民商事合同。本书作者赞同将 PPP 项目合同确定为民事合同，这样更有利于改善政府和社会资本地位的不对等，更有利于 PPP 项目的顺利实施。

**1. 合同变更基本理论与现行法律规定**

在认定 PPP 项目合同为民事合同的前提下，就可以将 PPP 项目合同纳入民商法的调整范围，尤其是《合同法》的调整范围，也意味着关于 PPP 项目的合同变更可以运用民事合同变更的基本理论。

根据民事合同的基本理论，合同的变更是指合同成立后，当事人在原合同的基础上对合同的内容进行修改或者补充。合同变更有广义和狭义之分，广义的合同变更包括合同主体变更和合同内容变更，狭义的合同变更仅指合同内容的变更。我国《合同法》第五十四条和第五章规定的合同变更是指狭义的合同变更，本文所称合同变更也是指狭义的合同变更。

从变更的原因来看，合同变更包括协议变更和法定原因变更两大类型。所谓协议变更，就是当事人协商一致，变更原来签订的合同内容，并按照变更后的合同内容来履行。法定原因变更，是指当出现法律规定情形时，一方当事人可以变更合同内容，具体可包括基于法律直接规定变更合同、基于法院判决或仲裁机构裁决而变更合同等情形。

**2. PPP 项目合同的变更**

2014 年 11 月 29 日，财政部发布的《政府和社会资本合作模式操作指南（试行）》第五条明确规定，各参与方应按照公平、公正、公开和诚实信用的原则，依法、规范、高效实施政府和社会资本合作项目。因此，公平是实施 PPP 项目的一个重要原则。实践中，当由于市场需求风险、政府信用问题、法律政策变更等导致出现显失公平时，如何运用民事合同变更理论来改变 PPP 项目不公平的状况，就成为一个非常重要的问题。

（1）协议变更

根据《合同法》的规定，当事人协商一致，可以变更合同。合同是双方当事人通过要约、承诺的方式，经协商一致达成的。合同成立后，当事人应当按照合同的约定履行合同。任何一方未经对方同意，都不得擅自改变合同的内容。但是，当事人在订立合同时，有时不可能对涉及合同的所有问题都做出明确的规定；合同签订后，当事人在合同履行前或者履行过程中也会出现一些新的情况，需要对双方的权利义务关系重新进行调整和规定。因此，需要当事人对合同内容重新修改或者补充。由于合同是当事人协商一致的产物，所以，当事人在变更合同内容时，也应当本着协商的原则进行，即PPP项目实践中所称的"再谈判"。

在PPP项目实践中，发生再谈判的项目很多。如果通过再谈判，双方当事人能够达成变更原合同内容的一致，例如双方签订补充协议，约定政府承诺补贴、延长特许期、收费调整等，就构成了合同的协议变更，这是PPP项目合同变更最理想的结果。如北京地铁四号线（PPP）项目，由于地铁票价调整为2元且大兴线与四号线直接连接，不设换乘站，客流量超出预期，但平均票价小于测算票价，项目运营发生亏损。经再谈判，双方达成补充协议，政府对项目给予补偿以保障其运转。

在操作层面上，为了保证将来顺利进行再谈判，应当在PPP项目合同中设置弹性条款，并明确再谈判机制，包括再谈判的触发点、再谈判的程序、争端的解决方式等。

（2）法定原因变更

如果PPP项目再谈判破裂，双方无法达成变更原合同的一致，当事人此时可依据法定原因变更的规定来解决问题，主要有以下两种情况：

第一种情况，订立合同时显失公平，可以要求人民法院或仲裁机构变更。

根据《合同法》第五十四条规定，在订立合同时显失公平的，当事人一方有权请求人民法院或者仲裁机构变更或者撤销。当事人请求变更的，人民法院或者仲裁机构不得撤销。显失公平的合同，就是一方当事人在紧迫或者缺乏经验的情况下订立的使当事人之间享有的权利和承担的义务严重不对等的合同。标的物的价值和价款过于悬殊、承担责任、风险承担显然不合理的合同，都可称为显失公平的合同。适用《合同法》第五十四条，强调的是在"订立合同时"显失公平，如果在合同订立后出现显失公平的情况，则不能根据该条规定要求变更合同。

在PPP项目实践中，如果当事人能够证明在订立合同时已经构成显失公平，如付费过低等，就可通过法院或仲裁机构要求变更合同内容。

第二种情况，合同成立后出现显失公平，可依据情势变更原则请求人民法院变更合同。

《最高人民法院关于适用〈中华人民共和国合同法〉若干问题的解释（二）》第二十六条规定："合同成立以后客观情况发生了当事人在订立合同时无法预见的、非不可抗力造成的不属于商业风险的重大变化，继续履行合同对于一方当事人明显不公平或者不能实现合同目的，当事人请求人民法院变更或者解除合同的，人民法院应当根据公平原则，并结合案件的实际情况确定是否变更或者解除。"该条规定确立了民事合同情势变更的原则。情势变更原则，是指合同有效成立后，因不可归责于双方当事人的事由发生重大变化而使合同的基础动摇或者丧失，若继续维持合同会显失公平，因此允许变更合同内容或解除合同的原则。该原则的实质就是在法律的范围内，根据公平原则，由双方当事人来分担合同成立的基础或环境异常变动所造成的风险。

PPP项目合同履行周期比较长，极有可能在合同成立后发生客观情况的重大变化，如国家法律政策变更、汇率大幅度变化、技术发展、政府调整价格等等。如果继续履行合同对于一方当事人明显不公平或者不能实现合同目的，当事人可以依据情势变更原则请求人民法院变更合同。当然，情势变更原则的适用是有条件的：

1）出现情势变更的事实，即合同赖以存在的客观情况确实发生了重大变化，并且该事实既不属于不可抗力，也不属于商业风险。

2）情势变更是在订立合同时当事人无法预见的，如能预见，则表明其甘愿承担情势变更所产生的风险。

3）情势变更不可归责于双方当事人，如可归责于当事人，则应由其承担风险或违约责任，而不适用情势变更原则。

4）情势变更的事实发生于合同成立后，履行完毕之前。

5）情势变更发生后，如继续维持合同效力，则会对当事人显失公平或不能实现合同目的。

按照最高人民法院的规定，对于情势变更原则应正确理解、慎重适用。如果根据案件的特殊情况，确需在个案中适用的，应当由高级人民法院审核，必要时应报请最高人民法院审核。另外，对于情势变更原则的适用，应按照当事人的请求进行确定，而不能由法院依职权直接进行认定。可见，尽管合同法司法解释确立了情势变更的原则，但在具体案件适用时，人民法院的态度是特别谨慎的，这无疑增加了 PPP 项目合同通过适用情势变更原则而进行变更的难度。

基于 PPP 项目的特点，不能指望在第一次签订 PPP 项目合同时就能解决所有问题。必要时应根据《合同法》及相关司法解释的规定，通过再谈判协商变更合同内容。在无法通过协商达成变更的情况下，可根据法定原因变更的规定，通过人民法院或仲裁机构变更合同，最大限度体现公平原则，保障 PPP 项目的顺利实施。

## 8.4.3　PPP 模式下社会资本联合的若干法律问题

目前，国家正大力推行政府和社会资本合作模式（PPP）。由于 PPP 项目具有投资大、周期长的特点，单一社会资本往往不能胜任全部项目任务，因此在 PPP 项目采购中，很多社会资本采用联合体投标的方式参与竞争。联合体投标涉及两个以上社会资本，相关法律问题比较多。本处将依据国家现行的法律和政策文件，对联合体承接 PPP 项目所面临的若干法律问题进行分析。

**1. PPP 项目允许联合体投标的法律依据**

联合体投标是国家法律规定的一种投标方式。"联合体"作为法律名词最早出现在《招标投标法》，该法第三十一条规定，两个以上法人或者其他组织可以组成一个联合体，以一个投标人的身份共同投标。后来颁布的《政府采购法》继续沿用了"联合体"这一名词，该法第二十四条规定，两个以上的自然人、法人或者其他组织可以组成一个联合体，以一个供应商的身份共同参加政府采购。《政府采购法》对联合体的组成进行了扩展，允许自然人成为联合体成员。

关于 PPP 项目，财政部 2014 年 11 月颁发的《政府和社会资本合作模式操作指南（试行）》规定，PPP 项目采购应根据《政府采购法》及相关规章制度执行；同年 12 月 31 日，财政部颁布了根据《政府采购法》和有关法律法规制定的《政府和社会资本合作项目政府采购管理办法》。2016 年 9 月 24 日，财政部又颁布了《政府和社会资本合作项目财政管理暂行办法》，明确规定对于纳入 PPP 项目开发目录的项目，项目实施机构应根据物有所值评价和财政承受能力论证审核结果完善项目实施方案，报本级人民政府审核。本级人民政府审核同意后，由项目实施机构按照政府采购管理相关规定，依法组织开展社会资本方采购工作。依据上述财政部颁布的规定，PPP 项目采购是完全适用《政府采购法》的；对于采取招标采购方式的，还应当适用《招标投标法》的规定，因此社会资本组成联合体投标 PPP 项目是有明确的法律依据的。

**2. 联合体成员在 SPV 持股的问题**

根据现行 PPP 政策文件的规定，大多数 PPP 项目需要成立项目公司（Special Purpose Vehicle，SPV）负责项目的具体操作。SPV 可由社会资本依法设立，政府也可指定相关机构依法参股项目公司。如果是联合体中标 PPP 项目的，是否所有联合体成员均应成为 SPV 的股东？在现有法律及政策框架内，并没有强制要求所有联合体成员成为 SPV 股东。实践中，并不是所有的联合体成员均有意愿成为 SPV 股东，例如，参加联合体的设计单位其主要目的就是获取设计费用，在设计工作完成后，由 SPV 先行支付或联合体协议中约定取得收益后优先支付设计费，因此，设计单位实际并无进入 SPV 的必要和动力。按照法律规定，联合体成员是需要承担连带责任的，该责任不因 SPV 的成立和联合体成员未成为 SPV 股东而免除。而没有成为股东的设计单位对公司经营情况可能毫不知情，让一个仅仅为了获取较少设计费的设计单位对一项建设、运营几十年的 PPP 项目承担连带责任，似不公平。

基于以上的分析，本文认为今后的立法政策还应坚持不强制联合体成员持股 SPV 的原则。同时还应规定，工作任务较少、获利较小的成员可在符合一定条件下退出联合体。

**3. 联合体成员的责任**

无论是《招标投标法》第三十一条，还是《政府采购法》第二十四条均规定联合体各方应当签订共同投标协议（联合协议），联合体中标的，联合体各方应当共同与招标人签订合同（采购合同），就中标项目向招标人承担连带责任。因此，在联合体投标方式下，存在两个合同关系，一是联合体各方之间应当签订共同投标协议，形成第一个合同关系；二是联合体中标的，联合体各方应当共同与招标人签订合同，形成第二个合同关系。当联合体成员出现资金不到位、不能按期履行出资义务、设计、施工存在质量问题等情况时，对于责任承担问题，应分为对外责任和对内责任两种情况。

（1）对外责任

《民法总则》第一百七十八条规定："二人以上依法承担连带责任的，权利人有权请求部分或者全部连带责任人承担责任。连带责任人的责任份额根据各自责任大小确定；难以确定责任大小的，平均承担责任。实际承担责任超过自己责任份额的连带责任人，有权向其他连带责任人追偿。连带责任，由法律规定或者当事人约定。"根据该规定，连带责任是指两个以上的责任人作为一个整体对权利人共同承担全部民事责任，而且其中任何一个责任人都必须对权利人承担全部民事责任。因此，所有联合体成员作为一个整体对招标人共同承担全部责任，并且每一个成员都有义务承担全部责任，不能以联合体合同内部约定来抗辩。

（2）对内责任

根据《民法总则》第一百七十八条规定，联合体成员对外承担责任后，有权向其他成员追偿。联合体成员之间是合同关系，一个联合体成员在承担了不应由自己承担的责任后，可以根据法律规定和共同投标协议的约定向其他联合体成员追究责任。实践中，应当在签订的共同投标协议中明确约定对外承担连带责任后，联合体内部成员之间进行追偿的各项条款。联合体投标 PPP 项目涉及的法律问题很多，本处仅就若干基本问题进行分析。从现行立法来看，对于联合体投标的规定还是比较有原则和刚性的，建议在日后 PPP 相关立法中对联合体的问题做出更加具体的规定。

## 8.4.4 PPP 项目合规性分析

PPP 项目规范发展至关重要。2019 年国家财政部和发改委分别下发文件，对于 PPP 项目规范发展提出要求，这也是判断 PPP 项目合规性的重要标准。2019 年 3 月 7 日，财政部颁发财金〔2019〕10 号文《关于推进政府和社会资本合作规范发展的实施意见》（简称财金〔2019〕10 号文）；2019 年 6 月 21 日，国家发改委颁发发改投资规〔2019〕1098 号文《关于依法依规加强 PPP 项目投资和建设管理的通知》（简称发改投资规〔2019〕1098 号文）。下面从两个文件中，总结 PPP 项目合规性的判断要点。

**1. 财金〔2019〕10 号文**

规范的 PPP 项目应当符合以下条件：

1）属于公共服务领域的公益性项目，合作期限原则上在 10 年以上，按规定履行物有所值评价、财政承受能力论证程序。

2）社会资本负责项目投资、建设、运营并承担相应风险，政府承担政策、法律等风险。

3）建立完全与项目产出绩效相挂钩的付费机制，不得通过降低考核标准等方式，提前锁定、固化政府支出责任。

4）项目资本金符合国家规定比例，项目公司股东以自有资金按时足额缴纳资本金。

5）政府方签约主体应为县级及县级以上人民政府或其授权的机关或事业单位。

6）按规定纳入全国 PPP 综合信息平台项目库，及时充分披露项目信息，主动接受社会监督。

在符合上述条件的同时，新上政府付费项目原则上还应符合以下审慎要求：

1）财政支出责任占比超过 5% 的地区，不得新上政府付费项目。按照"实质重于形式"原则，污水、垃圾处理等依照收支两条线管理、表现为政府付费形式的 PPP 项目除外。

2）采用公开招标、邀请招标、竞争性磋商、竞争性谈判等竞争性方式选择社会资本方。

3）严格控制项目投资、建设、运营成本，加强跟踪审计。

对于规避上述限制条件，将新上政府付费项目打捆、包装为少量使用者付费项目，项目内容无实质关联、使用者付费比例低于 10% 的，不予入库。

强化财政支出责任监管。确保每一年度本级全部 PPP 项目从一般公共预算列支的财政支出责任，不超过当年本级一般公共预算支出的 10%。新签约项目不得从政府性基金预算、国有资本经营预算安排 PPP 项目运营补贴支出。建立 PPP 项目支出责任预警机制，对财政支出责任占比超过 7% 的地区进行风险提示，对超过 10% 的地区严禁新项目入库。

各级财政部门要将规范运作放在首位，严格按照要求实施规范的 PPP 项目，不得出现以下行为：

1）存在政府方或政府方出资代表向社会资本回购投资本金、承诺固定回报或保障最低收益的。通过签订阴阳合同，或由政府方或政府方出资代表为项目融资提供各种形式的担保、还款承诺等方式，由政府实际兜底项目投资建设运营风险的。

2）本级政府所属的各类融资平台公司、融资平台公司参股并能对其经营活动构成实质性影响的国有企业作为社会资本参与本级 PPP 项目的。社会资本方实际只承担项目建设、不承担项目运营责任，或政府支出事项与项目产出绩效脱钩的。

3）未经法定程序选择社会资本方的。未按规定通过物有所值评价、财政承受能力论证或规避财政承受能力10%红线，自行以PPP名义实施的。

4）以债务性资金充当项目资本金，虚假出资或出资不实的。

5）未按规定及时充分披露项目信息或披露虚假项目信息，严重影响行使公众知情权和社会监督权的。

对于存在上述第1）项情形的，已入库项目应当予以清退，项目形成的财政支出责任，应当认定为地方政府隐性债务，依法依规提请有关部门对相关单位及个人予以严肃问责。对于存在上述第2）至5）项情形的，应在限期内进行整改。无法整改或逾期整改不到位的，已入库项目应当予以清退，涉及增加地方政府隐性债务的，依法依规提请有关部门予以问责和妥善处置。

**2. 发改投资规〔2019〕1098号文**

1098号文制定的依据是国务院颁布实施的《政府投资条例》（国务院令第712号）、《企业投资项目核准和备案管理条例》（国务院令第673号）、《国务院办公厅关于保持基础设施领域补短板力度的指导意见》（国办发〔2018〕101号）。

（1）PPP项目可行性论证和审查

1）所有拟采用PPP模式的项目，均要开展可行性论证。通过可行性论证审查的项目，方可采用PPP模式建设实施。

①实行审批制管理的PPP项目，在可行性研究报告审批通过后，方可开展PPP实施方案审查、社会资本遴选等后续工作。

②实行核准制的PPP项目，应在核准的同时或单独开展可行性论证和审查。

③实行备案制的PPP项目，应单独开展可行性论证和审查。

2）PPP项目可行性论证既要从经济社会发展需要、规划要求、技术和经济可行性、环境影响、投融资方案、资源综合利用以及是否有利于提升人民生活质量等方面，对项目可行性进行充分分析和论证，也要从政府投资必要性、政府投资方式比选、项目全生命周期成本、运营效率、风险管理以及是否有利于吸引社会资本参与等方面，对项目是否适宜采用PPP模式进行分析和论证。

小结1：PPP项目可行性论证。

（2）依法依规履行项目决策程序

1）PPP项目要严格执行《政府投资条例》《企业投资项目核准和备案管理条例》，依法依规履行审批、核准、备案程序。

①采取政府资本金注入方式的PPP项目，按照《政府投资条例》规定，实行审批制。

②列入《政府核准的投资项目目录》的企业投资项目，按照《企业投资项目核准和备案管理条例》规定，实行核准制。

③对于实行备案制的企业投资项目，拟采用PPP模式的，要严格论证项目可行性和PPP模式必要性。

2）实施方案、招标投标文件、合同的主要内容应与经批准的可行性研究报告、核准文件、备案信息保持一致。实施方案、招标投标文件、合同或建设中出现以下情形的，应当报请原审批、核准、备案机关重新履行项目审核备程序：①项目建设地点发生变化；②项目建设规模和主要建设内容发生较大变化；③项目建设标准发生较大变化；④项目投资规模超过批复投资的10%。

小结2：可行性研究报告、核准文件、备案信息。

小结3：实施方案、招标投标文件、合同与上述文件一致。

小结4：未依法依规履行审批、核准、备案及可行性论证和审查程序的PPP项目，为不规范项目，不得开工建设。不得以实施方案审查等任何形式规避或替代项目审批、核准、备案，以及可行性论证和审查程序。

(3) 实施方案审核，依法依规遴选社会资本

1) 加强对PPP项目实施方案的审核，通过实施方案审核的PPP项目，方可开展社会资本遴选。鼓励各地建立PPP项目实施方案联审机制，各级发展改革部门要严格审查实施方案主要内容是否与经批复的可行性研究报告、项目核准文件、备案信息相一致。对建设内容单一、投资规模较小、技术方案简单的PPP项目，可将实施方案纳入可行性研究报告一并审核。

2) 公开招标应作为遴选社会资本的主要方式。不得排斥、限制民间资本参与PPP项目，消除隐性壁垒，确保一视同仁、公平竞争。招标文件的主要内容应与经批准的PPP项目实施方案保持一致。

小结5：实施方案、招标文件。

(4) 严格执行国务院关于固定资产投资项目资本金制度的各项规定

1) 按照国务院有关规定，投资项目资本金对投资项目来说是非债务性资金，项目法人不承担这部分资金的任何利息和债务；投资者可按其出资的比例依法享有所有者权益，也可转让其出资，但不得以任何方式抽回。各行业固定资产投资项目资本金必须满足国务院规定的最低比例要求，防止过度举债融资等问题。

2) PPP项目的融资方式和资金来源应符合防范化解地方政府隐性债务风险的相关规定。不得通过约定回购投资本金、承诺保底收益等方式违法违规变相增加地方政府隐性债务，严防地方政府债务风险。

小结6：PPP项目协议中不得约定回购投资本金、承诺保底收益。

(5) 依法依规将所有PPP项目纳入全国投资项目在线审批监管平台统一管理

1) 严格执行《政府投资条例》《企业投资项目核准和备案管理条例》，除涉密项目外，所有PPP项目必须使用"全国投资项目在线审批监管平台"（简称在线平台）生成的项目代码分别办理各项审批手续。不得以其他任何形式规避、替代PPP项目纳入在线平台统一管理。

2) 依托在线平台建立"全国PPP项目信息监测服务平台"，加强PPP项目管理和信息监测。对于通过项目审批、核准或备案，以及可行性论证、实施方案审查的PPP项目，要通过平台公开项目信息，实现全国PPP项目信息定期发布、动态监测、实时查询等功能，便于社会资本、金融机构等有关方面更好地参与PPP项目。

"全国PPP项目信息监测服务平台"信息审核实行属地管理，原则上由项目实施主体所在地同级发展改革部门审核项目单位填报的项目信息。各级发展改革部门要采取在线监测、现场核查等方式，加强对PPP项目实施情况的监督检查。未录入全国PPP项目信息监测服务平台的项目目为不规范项目。

3）落实《政府信息公开条例》《国务院办公厅关于推进重大建设项目批准和实施领域政府信息公开的意见》等要求，依托在线平台，重点公开 PPP 项目的批准服务信息、批准结果信息、招标投标信息，以及施工、竣工等有关信息。

小结 7：全国 PPP 项目信息监测服务平台。

（6）加强 PPP 项目监管，坚决惩戒违规失信行为

1）依照《政府投资条例》《企业投资项目核准和备案管理条例》和本通知有关规定，加强 PPP 项目监管。政府应依法依规履行承诺，不得擅自变更合同约定的政府方责任和义务。根据 PPP 项目合同约定，加强对社会资本方履约能力全过程动态监管，防止因社会资本方超出自身能力过度投资、过度举债，或因公司股权、管理结构发生重大变化等导致项目无法实施。依照规定将存在严重失信行为的地方政府、社会资本，通过"信用中国"网站等平台向社会公示，由相关部门依法依规对其实施联合惩戒。

2）指导监督 PPP 咨询机构严格执行《工程咨询行业管理办法》，通过在线平台履行法定备案义务、接受行业监督管理。指导监督 PPP 咨询机构资信评价工作，引导 PPP 咨询机构积极参与行业自律管理，指导有关方面通过充分竞争、自主择优选取 PPP 咨询机构。严禁通过设置"短名单""机构库"等方式限制社会资本方、金融机构等自主选择 PPP 咨询机构。对 PPP 咨询机构不履行备案程序和违反合同服务、关联回避、质量追溯、反垄断等规定，以及违反《政府投资条例》决策程序规定、咨询或评估服务存在严重质量问题影响项目决策实施的，要严格按照规定给予处罚。

（7）严格按照规定完善 PPP 项目管理制度

各级发展改革部门要严格按照《政府投资条例》《企业投资项目核准和备案管理条例》规定，并参照本通知要求，抓紧完善本地区 PPP 项目管理制度，确保与上位法保持一致。

总结：PPP 项目合法、合规审查主要点清单。

1. PPP 项目可行性论证（对项目是否适宜采用 PPP 模式进行分析和论证）。
2. 可行性研究报告（审批制），或核准文件（核准制），或备案信息（备案制）。
3. 实施方案（与 2）保持一致性。
4. 招标投标文件（与 2）保持一致性。
5. 合同（与 2）保持一致性；不得约定回购投资本金、承诺保底收益。
6. 全国投资项目在线审批监管平台、全国 PPP 项目信息监测服务平台。
7. 物有所值、财政承受能力评价。
8. PPP 综合信息平台。
9. 主体合规性。

## 案例分析

### 某市人民政府与 A 公路建设投资有限公司合同纠纷

【案情介绍】

A 公路建设投资有限公司（简称 A 公司）于 2014 年 12 月 27 日向省高级人民法院起诉称，2003 年某市政府准备建设某市上八里至山西省省界关爷坪（简称新陵公路）15km 道路（其中

## 第 8 章 政府和社会资本合作模式及相关法律问题

隧道1.486km）项目。2004年9月15日，以某市新陵公路建设指挥部（指挥部的指挥长为时任市长）为甲方，以B建设有限公司（A公司的主要投资人，简称B公司）为乙方，签订《关于投建经营上八里至山西省省界公路项目的协议书》。协议约定：由乙方出资设立的A公司承担项目投融资、建设及经营管理，项目法人代表，由B公司推举，经营年限按省人民政府批准为准，经营期满后交于某市交通行政部门。甲方责任为协助乙方办理项目投资、建设、经营等相关手续等。另约定："违约方赔偿另一方的经济损失"。2004年2月24日，A公司开工建设该项目。2007年2月2日，河南省新乡市人民政府下发新政文（2007）15号文，向河南省人民政府上报请示，同意A公司设立项目收费站，同时该文认可A公司"实际建设路基宽12m，路面宽9m，已完成投资12600万元，目前已具备通车条件"。2007年6月13日，河南省发改委为A公司批准、颁发收费许可证并确定A公司的收费项目、标准、范围。A公司获得收费许可后，出资建设完成新陵公路鸭口收费站办公楼及附属设施。后由于某市政府没有履行"路段两端的接线等相关问题的协调工作"，致使A公司所修路桥为断头路，无法通行，致使A公司的合同目的不能实现，故诉至法院。请求法院判令：①某市政府回购A公司投融资建设的新陵公路15km道路（其中隧道1.486km）项目，并支付A公司对项目建设的投融资资金138894985.4元；②判令某市政府支付A公司上述投融资资金相关利息250368881.07元（自2006年1月1日至2015年1月1日按年息7.1%计算，利息计88753895.67元；罚息8000万元自2007年9月20日至2015年1月20日按7.1%年利率上浮50%，计22720000元。两项合计共计111473895.67元。以后利息及罚息计算至付清之日止）。

某市政府在提交答辩状期间对管辖权提出异议称，本案应由河南省新乡市中级人民法院（简称河南新乡中院）管辖。其理由如下：本案双方的公路建设协议书，系采取BOT模式的政府特许经营协议，A公司的回购和补偿请求均是以该合同为基础，该合同是行政合同而非民事合同。新《行政诉讼法》将"认为行政机关不依法履行、未按照约定履行或者违反变更、解除政府特许经营协议、土地房屋征收补偿协议等协议的"作为人民法院受理行政诉讼案件的范围，因此A公司应当依据新《行政诉讼法》的规定，提起行政诉讼。本案被告为某市政府，且基层人民法院不适宜审理，属于河南新乡中院辖区内重大、复杂的行政诉讼案件，应当由河南新乡中院管辖。综上，请求将本案移交河南新乡中院管辖。

【案例评析】

本案是典型的BOT模式的政府特许经营协议。案涉合同的直接目的是建设某市上八里至山西省省界关爷坪的新陵公路，而开发项目的主要目的为开发和经营新陵公路，设立新陵公路收费站，具有营利性质，并非提供向社会公众无偿开放的公共服务。虽然合同的一方当事人为某市政府，但合同相对人A公司在订立合同及决定合同内容等方面仍享有充分的意思自治，并不受单方行政行为强制，合同内容包括了具体的权利义务及违约责任，均体现了双方当事人的平等、等价协商一致的合意。本案合同并未仅就行政审批或行政许可事项本身进行约定，合同涉及的相关行政审批和行政许可等其他内容，为合同履行行为之一，属于合同的组成部分，不能决定案涉合同的性质。从本案合同的目的、职责、主体、行为、内容等方面看，合同具有明显的民商事法律关系性质，应当定性为民商事合同，不属于新《行政诉讼法》第十二条第十一项、《最高人民法院关于适用〈中华人民共和国民事诉讼法〉若干问题的解释》第十一条第二款规定的情形。某市政府主张本案合同为行政合同及不能作为民事案件受理,没有法律依据。

## 复 习 题

1. 简述政府和社会资本合作(PPP)的定义。
2. 简述传统基础设施领域政府和社会资本合作(PPP)项目的操作流程。
3. PPP 项目采购的定义是什么?
4. PPP 项目采购可以采取哪些方式?
5. 分析 PPP 项目合同的法律性质。

# 第 9 章　其他有关工程建设法规

## 9.1 市政基础设施工程法律法规

根据 2001 年 6 月建设部发布的《房屋建筑和市政基础设施工程施工招标投标管理办法》(2019 年修正)，市政基础设施工程是指城市道路、公共交通、供水、排水、燃气、热力、园林、环卫、污水处理、垃圾处理、防洪、地下公共设施及附属设施的土建、管道、设备安装工程。

### 9.1.1 城市道路管理法规

1996 年 6 月，国务院发布了《城市道路管理条例》，历经 2011 年、2017 年、2019 年三次修订。城市道路，是指城市供车辆、行人通行的，具备一定技术条件的道路、桥梁及其附属设施。

**1. 规划和建设**

1) 县级以上城市人民政府应当组织市政工程、城市规划、公安交通等部门，根据城市总体规划编制城市道路发展规划。市政工程行政主管部门应当根据城市道路发展规划，制订城市道路年度建设计划，经城市人民政府批准后实施。

2) 城市道路建设资金可以按照国家有关规定，采取政府投资、集资、国内外贷款、国有土地有偿使用收入、发行债券等多种渠道筹集。

3) 城市道路的建设应当符合城市道路技术规范。

4) 政府投资建设城市道路的，应当根据城市道路发展规划和年度建设计划，由市政工程行政主管部门组织建设。单位投资建设城市道路的，应当符合城市道路发展规划。城市住宅小区、开发区内的道路建设，应当分别纳入住宅小区、开发区的开发建设计划配套建设。

5) 国家鼓励国内外企业和其他组织以及个人按照城市道路发展规划，投资建设城市道路。

6) 城市供水、排水、燃气、热力、供电、通信、消防等依附于城市道路的各种管线、杆线等设施的建设计划，应当与城市道路发展规划和年度建设计划相协调，坚持先地下、后地上的施工原则，与城市道路同步建设。

7) 新建的城市道路与铁路干线相交的，应当根据需要在城市规划中预留立体交通设施的建设位置。城市道路与铁路相交的道口建设应当符合国家有关技术规范,并根据需要逐步建设立体交通设施。建设立体交通设施所需投资,按照国家规定由有关部门协商确定。

8) 建设跨越江河的桥梁和隧道,应当符合国家规定的防洪、通航标准和其他有关技术规范。

9) 县级以上城市人民政府应当有计划地按照城市道路技术规范改建、拓宽城市道路和公路的结合部,公路行政主管部门可以按照国家有关规定在资金上给予补助。

10) 承担城市道路设计、施工的单位,应当具有相应的资质等级,并按照资质等级承担相应的城市道路的设计、施工任务。

11) 城市道路的设计、施工,应当严格执行国家和地方规定的城市道路设计、施工的技术规范。城市道路施工,实行工程质量监督制度。城市道路工程竣工,经验收合格后,方可交付使用;未经验收或者验收不合格的,不得交付使用。

12) 城市道路实行工程质量保修制度。城市道路的保修期为1年,自交付使用之日起计算。保修期内出现工程质量问题,由有关责任单位负责保修。

13) 市政工程行政主管部门对利用贷款或者集资建设的大型桥梁、隧道等,可以在一定期限内向过往车辆(军用车辆除外)收取通行费,用于偿还贷款或者集资款,不得挪作他用。收取通行费的范围和期限,由省、自治区、直辖市人民政府规定。

**2. 养护和维修**

1) 市政工程行政主管部门对其组织建设和管理的城市道路,按照城市道路的等级、数量及养护和维修的定额,逐年核定养护、维修经费,统一安排养护、维修资金。

2) 承担城市道路养护、维修的单位,应当严格执行城市道路养护、维修的技术规范,定期对城市道路进行养护、维修,确保养护、维修工程的质量。市政工程行政主管部门负责对养护、维修工程的质量进行监督检查,保障城市道路完好。

3) 市政工程行政主管部门组织建设和管理的道路,由其委托的城市道路养护、维修单位负责养护、维修。单位投资建设和管理的道路,由投资建设的单位或者其委托的单位负责养护、维修。城市住宅小区、开发区内的道路,由建设单位或者其委托的单位负责养护、维修。

4) 设在城市道路上的各类管线的检查井、箱盖或者城市道路附属设施,应当符合城市道路养护规范。因缺损影响交通和安全时,有关产权单位应当及时补缺或者修复。

5) 城市道路的养护、维修工程应当按照规定的期限修复竣工,并在养护、维修工程施工现场设置明显标志和安全防围设施,保障行人和交通车辆安全。

6) 城市道路养护、维修的专用车辆应当使用统一标志;执行任务时,在保证交通安全畅通的情况下,不受行驶路线和行驶方向的限制。

**3. 路政管理**

1) 市政工程行政主管部门执行路政管理的人员执行公务,应当按照有关规定佩戴标志,持证上岗。

2) 城市道路范围内禁止下列行为:①擅自占用或者挖掘城市道路;②履带车、铁轮车或者超重、超高、超长车辆擅自在城市道路上行驶;③机动车在桥梁或者非指定的城市道路上试刹车；④擅自在城市道路上建设建筑物、构筑物；⑤在桥梁上架设压力在 $4kg/cm^2$（0.4MPa）以上的煤气管道、10kV 以上的高压电力线和其他易燃易爆管线；⑥擅自在桥梁或者路灯设施上设置广告牌或者其他挂浮物；⑦其他损害、侵占城市道路的行为。

3）履带车、铁轮车或者超重、超高、超长车辆需要在城市道路上行驶的，事先必须征得市政工程行政主管部门同意，并按照公安交通管理部门指定的时间、路线行驶。

军用车辆执行任务需要在城市道路上行驶的，可以不受上述限制，但是应当按照规定采取安全保护措施。

4）依附于城市道路建设各种管线、杆线等设施的，应当经市政工程行政主管部门批准，方可建设。

5）未经市政工程行政主管部门和公安交通管理部门批准，任何单位或者个人不得占用或者挖掘城市道路。

6）因特殊情况需要临时占用城市道路的，必须经市政工程行政主管部门和公安交通管理部门批准，方可按照规定占用。经批准临时占用城市道路的，不得损坏城市道路；占用期满后，应当及时清理占用现场，恢复城市道路原状；损坏城市道路的，应当修复或者给予赔偿。

7）城市人民政府应当严格控制占用城市道路作为集贸市场。

8）因工程建设需要挖掘城市道路的，应当提交城市规划部门批准签发的文件和有关设计文件，经市政工程行政主管部门和公安交通管理部门批准，方可按照规定挖掘。

新建、扩建、改建的城市道路交付使用后 5 年内、大修的城市道路竣工后 3 年内不得挖掘；因特殊情况需要挖掘的，必须经县级以上城市人民政府批准。

9）埋设在城市道路下的管线发生故障需要紧急抢修的，可以先行破路抢修，并同时通知市政工程行政主管部门和公安交通管理部门，在 24 小时内按照规定补办批准手续。

10）经批准挖掘城市道路的，应当在施工现场设置明显标志和安全防围设施；竣工后，应当及时清理现场，通知市政工程行政主管部门检查验收。

11）经批准占用或者挖掘城市道路的，应当按照批准的位置、面积、期限占用或者挖掘。需要移动位置、扩大面积、延长时间的，应当提前办理变更审批手续。

12）占用或者挖掘由市政工程行政主管部门管理的城市道路的，应当向市政工程行政主管部门缴纳城市道路占用费或者城市道路挖掘修复费。城市道路占用费的收费标准，由省、自治区人民政府的建设行政主管部门、直辖市人民政府的市政工程行政主管部门拟订，报同级财政、物价主管部门核定；城市道路挖掘修复费的收费标准，由省、自治区人民政府的建设行政主管部门、直辖市人民政府的市政工程行政主管部门制定，报同级财政、物价主管部门备案。

13）根据城市建设或者其他特殊需要，市政工程行政主管部门可以对临时占用城市道路的单位或者个人决定缩小占用面积、缩短占用时间或者停止占用，并根据具体情况退还部分城市道路占用费。

## 9.1.2 城市供水管理法规

1994 年 7 月，国务院发布了《城市供水条例》，2020 年修订。

**1. 概念**

城市供水，是指城市公共供水和自建设施供水。城市公共供水，是指城市自来水供水企业以公共供水管道及其附属设施向单位和居民的生活、生产和其他各项建设提供用水。自建设施供水，是指城市的用水单位以其自行建设的供水管道及其附属设施主要向本单位的生活、生产和其他各项建设提供用水。

**2. 城市供水工程建设**

1）城市供水工程的建设，应当按照城市供水发展规划及其年度建设计划进行。

2）城市供水工程的设计、施工，应当委托持有相应资质证书的设计、施工单位承担，并遵守国家有关技术标准和规范。禁止无证或者超越资质证书规定的经营范围承担城市供水工程的设计、施工任务。

3）城市供水工程竣工后，应当按照国家规定组织验收；未经验收或者验收不合格的，不得投入使用。

4）城市新建、扩建、改建工程项目需要增加用水的，其工程项目总概算应当包括供水工程建设投资；需要增加城市公共供水量的，应当将其供水工程建设投资交付城市供水行政主管部门，由其统一组织城市公共供水工程建设。

**3. 城市供水设施维护**

1）城市自来水供水企业和自建设施供水的企业对其管理的城市供水的专用水库、引水渠道、取水口、泵站、井群、输（配）水管网、进户总水表、净（配）水厂、公用水站等设施，应当定期检查维修，确保安全运行。

2）用水单位自行建设的与城市公共供水管道连接的户外管道及其附属设施，必须经城市自来水供水企业验收合格并交其统一管理后，方可使用。

3）在规定的城市公共供水管道及其附属设施的地面和地下的安全保护范围内，禁止挖坑取土或者修建建筑物、构筑物等危害供水设施安全的活动。

4）因工程建设确需改装、拆除或者迁移城市公共供水设施的，建设单位应当报经县级以上人民政府城市规划行政主管部门和城市供水行政主管部门批准，并采取相应的补救措施。

5）涉及城市公共供水设施的建设工程开工前，建设单位或者施工单位应当向城市自来水供水企业查明地下供水管网情况。施工影响城市公共供水设施安全的，建设单位或者施工单位应当与城市自来水供水企业商定相应的保护措施，由施工单位负责实施。

6）禁止擅自将自建设施供水管网系统与城市公共供水管网系统连接；因特殊情况确需连接的，必须经城市自来水供水企业同意，并在管道连接处采取必要的防护措施。禁止产生或者使用有毒有害物质的单位将其生产用水管网系统与城市公共供水管网系统直接连接。

### 9.1.3 城镇排水与污水处理法规

2013年10月国务院发布了《城镇排水与污水处理条例》，自2014年1月1日起施行。

**1. 规划与建设**

1）国务院住房和城乡建设主管部门会同国务院有关部门，编制全国的城镇排水与污水处理规划，明确全国城镇排水与污水处理的中长期发展目标、发展战略、布局、任务以及保障措施等。城镇排水主管部门会同有关部门,根据当地经济社会发展水平以及地理、气候特征,编制本行政区域的城镇排水与污水处理规划,明确排水与污水处理目标与标准,排水量与排水模式,污水处理与再生利用、污泥处理处置要求,排涝措施,城镇排水与污水处理设施的规模、布局、建设时序和建设用地以及保障措施等;易发生内涝的城市、镇,还应当编制城镇内涝防治专项规划,并纳入本行政区域的城镇排水与污水处理规划。

2)城镇排水与污水处理规划的编制,应当依据国民经济和社会发展规划、城乡规划、土地利用总体规划、水污染防治规划和防洪规划,并与城镇开发建设、道路、绿地、水系等专项规划相衔接。城镇内涝防治专项规划的编制,应当根据城镇人口与规模、降雨规律、暴雨内涝风险等因素,合理确定内涝防治目标和要求,充分利用自然生态系统,提高雨水滞渗、调蓄和排放能力。

3)城镇排水主管部门应当将编制的城镇排水与污水处理规划报本级人民政府批准后组织实施,并报上一级人民政府城镇排水主管部门备案。

城镇排水与污水处理规划一经批准公布,应当严格执行;因经济社会发展确需修改的,应当按照原审批程序报送审批。

4)县级以上地方人民政府应当根据城镇排水与污水处理规划的要求,加大对城镇排水与污水处理设施建设和维护的投入。

5)城乡规划和城镇排水与污水处理规划确定的城镇排水与污水处理设施建设用地,不得擅自改变用途。

6)县级以上地方人民政府应当按照先规划后建设的原则,依据城镇排水与污水处理规划,合理确定城镇排水与污水处理设施建设标准,统筹安排管网、泵站、污水处理厂以及污泥处理处置、再生水利用、雨水调蓄和排放等排水与污水处理设施建设和改造。

城镇新区的开发和建设,应当按照城镇排水与污水处理规划确定的建设时序,优先安排排水与污水处理设施建设;未建或者已建但未达到国家有关标准的,应当按照年度改造计划进行改造,提高城镇排水与污水处理能力。

7)县级以上地方人民政府应当按照城镇排涝要求,结合城镇用地性质和条件,加强雨水管网、泵站以及雨水调蓄、超标雨水径流排放等设施建设和改造。

新建、改建、扩建市政基础设施工程应当配套建设雨水收集利用设施,增加绿地、沙石地面、可渗透路面和自然地面对雨水的滞渗能力,利用建筑物、停车场、广场、道路等建设雨水收集利用设施,削减雨水径流,提高城镇内涝防治能力。

新区建设与旧城区改建,应当按照城镇排水与污水处理规划确定的雨水径流控制要求建设相关设施。

8)城镇排水与污水处理规划范围内的城镇排水与污水处理设施建设项目以及需要与城镇排水与污水处理设施相连接的新建、改建、扩建建设工程,城乡规划主管部门在依法核发建设用地规划许可证时,应当征求城镇排水主管部门的意见。城镇排水主管部门应当就排水设计方案是否符合城镇排水与污水处理规划和相关标准提出意见。

建设单位应当按照排水设计方案建设连接管网等设施;未建设连接管网等设施的,不得投入使用。城镇排水主管部门或者其委托的专门机构应当加强指导和监督。

9）城镇排水与污水处理设施建设工程竣工后，建设单位应当依法组织竣工验收。竣工验收合格的，方可交付使用，并自竣工验收合格之日起15日内，将竣工验收报告及相关资料报城镇排水主管部门备案。

10）城镇排水与污水处理设施竣工验收合格后，由城镇排水主管部门通过招标投标、委托等方式确定符合条件的设施维护运营单位负责管理。特许经营合同、委托运营合同涉及污染物削减和污水处理运营服务费的，城镇排水主管部门应当征求环境保护主管部门、价格主管部门的意见。国家鼓励实施城镇污水处理特许经营制度。具体办法由国务院住房城乡建设主管部门会同国务院有关部门制定。

城镇排水与污水处理设施维护运营单位应当具备下列条件：①有法人资格；②有与从事城镇排水与污水处理设施维护运营活动相适应的资金和设备；③有完善的运行管理和安全管理制度；④技术负责人和关键岗位人员经专业培训并考核合格；⑤有相应的良好业绩和维护运营经验；⑥法律法规规定的其他条件。

**2. 设施维护与保护**

1）城镇排水与污水处理设施维护运营单位应当建立健全安全生产管理制度，加强对窨井盖等城镇排水与污水处理设施的日常巡查、维修和养护，保障设施安全运行。

从事管网维护、应急排水、井下及有限空间作业的，设施维护运营单位应当安排专门人员进行现场安全管理，设置醒目警示标志，采取有效措施避免人员坠落、车辆陷落，并及时复原窨井盖，确保操作规程的遵守和安全措施的落实。相关特种作业人员，应当按照国家有关规定取得相应的资格证书。

2）县级以上地方人民政府应当根据实际情况，依法组织编制城镇排水与污水处理应急预案，统筹安排应对突发事件以及城镇排涝所必需的物资。

城镇排水与污水处理设施维护运营单位应当制定本单位的应急预案，配备必要的抢险装备、器材，并定期组织演练。

3）排水户因发生事故或者其他突发事件，排放的污水可能危及城镇排水与污水处理设施安全运行的，应当立即采取措施消除危害，并及时向城镇排水主管部门和环境保护主管部门等有关部门报告。

城镇排水与污水处理安全事故或者突发事件发生后，设施维护运营单位应当立即启动本单位应急预案，采取防护措施、组织抢修，并及时向城镇排水主管部门和有关部门报告。

4）城镇排水主管部门应当会同有关部门，按照国家有关规定划定城镇排水与污水处理设施保护范围，并向社会公布。

在保护范围内，有关单位从事爆破、钻探、打桩、顶进、挖掘、取土等可能影响城镇排水与污水处理设施安全的活动的，应当与设施维护运营单位等共同制定设施保护方案，并采取相应的安全防护措施。

5）禁止从事下列危及城镇排水与污水处理设施安全的活动：①损毁、盗窃城镇排水与污水处理设施；②穿凿、堵塞城镇排水与污水处理设施；③向城镇排水与污水处理设施排放、倾倒剧毒、易燃易爆、腐蚀性废液和废渣；④向城镇排水与污水处理设施倾倒垃圾、渣土、施工泥浆等废弃物；⑤建设占压城镇排水与污水处理设施的建筑物、构筑物或者其他设施；⑥其他危及城镇排水与污水处理设施安全的活动。

6）新建、改建、扩建建设工程，不得影响城镇排水与污水处理设施安全。

建设工程开工前，建设单位应当查明工程建设范围内地下城镇排水与污水处理设施的相关情况。城镇排水主管部门及其他相关部门和单位应当及时提供相关资料。

建设工程施工范围内有排水管网等城镇排水与污水处理设施的，建设单位应当与施工单位、设施维护运营单位共同制定设施保护方案，并采取相应的安全保护措施。

因工程建设需要拆除、改动城镇排水与污水处理设施的，建设单位应当制订拆除、改动方案，报城镇排水主管部门审核，并承担重建、改建和采取临时措施的费用。

7）县级以上人民政府城镇排水主管部门应当会同有关部门，加强对城镇排水与污水处理设施运行维护和保护情况的监督检查，并将检查情况及结果向社会公开。实施监督检查时，有权采取下列措施：①进入现场进行检查、监测；②查阅、复制有关文件和资料；③要求被监督检查的单位和个人就有关问题做出说明。

被监督检查的单位和个人应当予以配合，不得妨碍和阻挠依法进行的监督检查活动。

8）审计机关应当加强对城镇排水与污水处理设施建设、运营、维护和保护等资金筹集、管理和使用情况的监督，并公布审计结果。

## 9.1.4 城市地下工程法规

为了加强对城市地下空间开发利用的管理，合理开发城市地下空间资源，适应城市现代化和城市可持续发展建设的需要，1997年10月，建设部发布了《城市地下空间开发利用管理规定》，2001年和2011年两次修正。

**1. 城市地下空间的规划**

1）城市地下空间规划是城市规划的重要组成部分。各级人民政府在组织编制城市总体规划时，应根据城市发展的需要，编制城市地下空间开发利用规划。各级人民政府在编制城市详细规划时，应当依据城市地下空间开发利用规划对城市地下空间开发利用做出具体规定。

2）城市地下空间开发利用规划的主要内容包括：地下空间现状及发展预测，地下空间开发战略，开发层次、内容、期限、规模与布局，以及地下空间开发实施步骤等。城市地下空间的规划编制应注意保护和改善城市的生态环境，科学预测城市发展的需要，坚持因地制宜，远近兼顾，全面规划，分步实施，使城市地下空间的开发利用同国家和地方的经济技术发展水平相适应。城市地下空间规划应实行竖向分层立体综合开发，横向相关空间互相连通，地面建筑与地下工程协调配合。

3）编制城市地下空间规划必备的城市勘察、测量、水文、地质等资料应当符合国家有关规定。承担编制任务的单位，应当符合国家规定的资质要求。

4）城市地下空间规划作为城市规划的组成部分，依据《城乡规划法》的规定进行审批和调整。城市地下空间建设规划由城市人民政府城市规划行政主管部门负责审查后，报城市人民政府批准。城市地下空间规划需要变更的，必须经原批准机关审批。

**2. 城市地下空间的工程建设**

1）城市地下空间的工程建设必须符合城市地下空间规划，服从规划管理。

2）附着地面建筑进行地下工程建设，应随地面建筑一并向城市规划行政主管部门申请办理选址意见书、建设用地规划许可证、建设工程规划许可证。

3）独立开发的地下交通、商业、仓储、能源、通信、管线、人防工程等设施，应持有关批准文件、技术资料，依据《城乡规划法》的有关规定，向城市规划行政主管部门申请办理选址意见书、建设用地规划许可证、建设工程规划许可证。

4）建设单位或者个人在取得建设工程规划许可证和其他有关批准文件后，方可向建设行政主管部门申请办理建设工程施工许可证。

5）地下工程建设应符合国家有关规定、标准和规范。地下工程的勘察设计，应由具备相应资质的勘察设计单位承担。

6）地下工程设计应满足地下空间对环境、安全和设施运行、维护等方面的使用要求，使用功能与出入口设计应与地面建设相协调。

7）地下工程的设计文件应当按照国家有关规定进行设计审查。

8）地下工程的施工应由具备相应资质的施工单位承担，确保工程质量。

9）地下工程必须按照设计图进行施工。施工单位认为有必要改变设计方案的，应由原设计单位进行修改，建设单位应重新办理审批手续。

10）地下工程的施工，应尽量避免因施工干扰城市正常的交通和生活秩序，不得破坏现有建筑物，对临时损坏的地表地貌应及时恢复。

11）地下工程施工应推行工程监理制度。

12）地下工程的专用设备、器材的定型、生产应当执行国家统一标准。

13）地下工程竣工后，建设单位应当组织设计、施工、工程监理等有关单位进行竣工验收，经验收合格的方可交付使用。建设单位应当自竣工验收合格之日起15日内，将建设工程竣工验收报告和规划、公安消防、环保等部门出具的认可文件或者准许使用文件报建设行政主管部门或者其他有关部门备案，并及时向建设行政主管部门或者其他有关部门移交建设项目档案。

**3. 城市地下空间的工程管理**

1）城市地下工程由开发利用的建设单位或者使用单位进行管理，并接受建设行政主管部门的监督检查。

2）地下工程应本着"谁投资、谁所有、谁受益、谁维护"的原则，允许建设单位对其投资开发建设的地下工程自营或者依法进行转让、租赁。

3）建设单位或者使用单位应加强地下空间开发利用工程的使用管理，做好工程的维护管理和设施维修、更新，并建立健全维护管理制度和工程维修档案，确保工程、设备处于良好状态。

4）建设单位或者使用单位应当建立健全地下工程的使用安全责任制度，采取可行的措施，防范发生火灾、水灾、爆炸及危害人身健康的各种污染。

5）建设单位或者使用单位在使用或者装饰装修中不得擅自改变地下工程的结构设计，需改变原结构设计的，应当由具备相应资质的设计单位设计，并按照规定重新办理审批手续。

6）平战结合的地下工程，平时由建设或者使用单位进行管理，并应保证战时能迅速提供有关部门和单位使用。

## 9.2 建设项目环境保护法律法规

### 9.2.1 建设项目环境保护法律法规概述

环境保护是我国一项基本国策。建设项目由于既要消耗大量的自然资源，又要向自然界排放大量的废水、废气、废渣以及产生噪声等，是造成环境问题的主要根源之一。因此，加强项目建设的环境保护管理，是整个环境保护工作的基础和重点之一。加强对建设项目的环境保护，根本措施是实行建设项目环境影响评价制度和环境保护设施与主体工程同时设计、同时施工、同时投产使用的"三同时"制度。

关于建设项目环境评价保护的主要法规有：1990年6月国家环保局颁布的《建设项目环境保护管理程序》（2010年12月废止）、1998年11月国务院颁布的《建设项目环境保护管理条例》（2017年修订）、2001年12月国家环保总局（现为环境保护部）颁布的《建设项目竣工环境保护验收管理办法》（2010年12月修订）、2002年10月28日通过的《中华人民共和国环境影响评价法》（简称《环境影响评价法》）（2018年修正）等。

### 9.2.2 建设项目环境影响评价

我国是最早实施建设项目环境影响评价制度的发展中国家之一。1979年，第五届全国人大常委会第十一次会议通过了《中华人民共和国环境保护法（试行）》，首次把对建设项目进行环境影响评价作为法律制度确立下来。此后制定的各项环保法律，均含有建设项目环境影响评价的原则规定。

**1. 建设项目环境影响评价的概念**

环境影响评价作为一种环保手段和方法，是在20世纪中期提出的。人们对环境影响评价下的定义各不相同，但基本含义是相同的，即环境影响评价是对拟议中的活动（主要是建设项目）可能造成的环境影响（既包括环境污染和生态破坏，也包括对环境的有利影响）进行分析、论证的过程，在此基础上提出拟采取的防治措施和防治对策。

关于建设项目环境影响评价的概念，《环境影响评价法》第二条规定，环境影响评价，是指对规划和建设项目实施后可能造成的环境影响进行分析、预测和评估，提出预防或者减轻不良环境影响的对策和措施，进行跟踪监测的方法与制度。

**2. 建设项目环境影响评价的分类管理制度**

根据建设项目对环境影响程度的大小，对建设项目的环境影响评价实行分类管理，是世界各国的通行做法。我国确立了对建设项目进行环境影响评价制度后，也采用了对建设项目环境影响评价实行分类管理的做法。在《建设项目环境保护管理条例》和《环境影响评价法》中，均明确规定了这一制度，使这一制度法律化。

根据规定，国家根据建设项目对环境的影响程度，对建设项目的环境影响评价实行分类管理。建设单位应当按照下列规定组织编制环境影响报告书、环境影响报告表或者填报环境影响登记表（统称环境影响评价文件）：

1）可能造成重大环境影响的，应当编制环境影响报告书，对产生的环境影响进行全面评价。

2）可能造成轻度环境影响的，应当编制环境影响报告表，对产生的环境影响进行分析或者专项评价。

3）对环境影响很小、不需要进行环境影响评价的，应当填报环境影响登记表。

建设项目的环境影响评价分类管理名录，由国务院生态环境主管部门制定并公布。

**3. 建设项目的环境影响报告书应当包括的内容**

1）建设项目概况。
2）建设项目周围环境现状。
3）建设项目对环境可能造成影响的分析、预测和评估。
4）建设项目环境保护措施及其技术、经济论证。
5）建设项目对环境影响的经济损益分析。
6）对建设项目实施环境监测的建议。
7）环境影响评价的结论。

环境影响报告表和环境影响登记表的内容和格式，由国务院生态环境主管部门制定。建设单位编制环境影响报告书，应当依照有关法律规定，征求建设项目所在地有关单位和居民的意见。

**4. 建设项目环境影响评价审批**

1）依法应当编制环境影响报告书、环境影响报告表的建设项目，建设单位应当在开工建设前将环境影响报告书、环境影响报告表报有审批权的环境保护行政主管部门审批；建设项目的环境影响评价文件未依法经审批部门审查或者审查后未予批准的，建设单位不得开工建设。

环境保护行政主管部门审批环境影响报告书、环境影响报告表，应当重点审查建设项目的环境可行性、环境影响分析预测评估的可靠性、环境保护措施的有效性、环境影响评价结论的科学性等，并分别自收到环境影响报告书之日起60日内、收到环境影响报告表之日起30日内，做出审批决定并书面通知建设单位。

环境保护行政主管部门可以组织技术机构对建设项目环境影响报告书、环境影响报告表进行技术评估，并承担相应费用；技术机构应当对其提出的技术评估意见负责，不得向建设单位、从事环境影响评价工作的单位收取任何费用。

依法应当填报环境影响登记表的建设项目，建设单位应当按照国务院环境保护行政主管部门的规定将环境影响登记表报建设项目所在地县级环境保护行政主管部门备案。

环境保护行政主管部门应当开展环境影响评价文件网上审批、备案和信息公开。

2）国务院环境保护行政主管部门负责审批下列建设项目环境影响报告书、环境影响报告表：①核设施、绝密工程等特殊性质的建设项目；②跨省、自治区、直辖市行政区域的建设项目；③国务院审批的或者国务院授权有关部门审批的建设项目。

上述规定以外的建设项目环境影响报告书、环境影响报告表的审批权限，由省、自治区、直辖市人民政府规定。

建设项目造成跨行政区域环境影响，有关环境保护行政主管部门对环境影响评价结论有争议的，其环境影响报告书或者环境影响报告表由共同上一级环境保护行政主管部门审批。

3）建设项目有下列情形之一的，环境保护行政主管部门应当对环境影响报告书、环境影响报告表做出不予批准的决定：①建设项目类型及其选址、布局、规模等不符合环境保护法律法规和相关法定规划；②所在区域环境质量未达到国家或者地方环境质量标准，且建设项目拟采取的措施不能满足区域环境质量改善目标管理要求；③建设项目采取的污染防治措施无法确保污染物排放达到国家和地方排放标准，或者未采取必要措施预防和控制生态破坏；④改建、扩建和技术改造项目，未针对项目原有环境污染和生态破坏提出有效防治措施；⑤建设项目的环境影响报告书、环境影响报告表的基础资料数据明显不实，内容存在重大缺陷、遗漏，或者环境影响评价结论不明确、不合理。

4）建设项目环境影响报告书、环境影响报告表经批准后，建设项目的性质、规模、地点、采用的生产工艺或者防治污染、防止生态破坏的措施发生重大变动的，建设单位应当重新报批建设项目环境影响报告书、环境影响报告表。

建设项目环境影响报告书、环境影响报告表自批准之日起满 5 年，建设项目方开工建设的，其环境影响报告书、环境影响报告表应当报原审批部门重新审核。原审批部门应当自收到建设项目环境影响报告书、环境影响报告表之日起 10 日内，将审核意见书面通知建设单位；逾期未通知的，视为审核同意。

审核、审批建设项目环境影响报告书、环境影响报告表及备案环境影响登记表，不得收取任何费用。

**5. 建设项目环境影响后评价和跟踪检查**

1）在项目建设、运行过程中产生不符合经审批的环境影响评价文件的情形的，建设单位应当组织环境影响的后评价，采取改进措施，并报原环境影响评价文件审批部门和建设项目审批部门备案；原环境影响评价文件审批部门也可以责成建设单位进行环境影响的后评价，采取改进措施。

2）生态环境主管部门应当对建设项目投入生产或者使用后所产生的环境影响进行跟踪检查，对造成严重环境污染或者生态破坏的，应当查清原因、查明责任。对属于建设项目环境影响报告书、环境影响报告表存在基础资料明显不实，内容存在重大缺陷、遗漏或者虚假，环境影响评价结论不正确或者不合理等严重质量问题的，依照《环境影响评价法》第三十二条的规定追究建设单位及其相关责任人员和接受委托编制建设项目环境影响报告书、环境影响报告表的技术单位及其相关人员的法律责任；属于审批部门工作人员失职、渎职，对依法不应批准的建设项目环境影响报告书、环境影响报告表予以批准的，依照《环境影响评价法》第三十四条的规定追究其法律责任。

## 9.2.3 建设项目的环境保护

**1. "三同时" 制度**

建设项目 "三同时" 制度与环境影响评价制度构成建设项目环境保护管理两项基本制度。"三同时" 制度是我国首创的。具体来说，就是指建设项目需要配套建设的环境保护设施，必须与主体工程同时设计、同时施工、同时投产使用，这也是建设项目环境保护设施建设的原则要求。为保证经审查批准的环境影响报告书（表）中确定的环境保护措施予以落实，必须实行"三同时"制度，也就是说，环境影响评价制度的最终落实要依赖于"三同时"制度的实施。具体规定如下：

1）建设项目需要配套建设的环境保护设施，必须与主体工程同时设计、同时施工、同时投产使用。

2）建设项目的初步设计，应当按照环境保护设计规范的要求，编制环境保护篇章，落实防治环境污染和生态破坏的措施以及环境保护设施投资概算。

建设单位应当将环境保护设施建设纳入施工合同，保证环境保护设施建设进度和资金，并在项目建设过程中同时组织实施环境影响报告书、环境影响报告表及其审批部门审批决定中提出的环境保护对策措施。

3）编制环境影响报告书、环境影响报告表的建设项目竣工后，建设单位应当按照国务院环境保护行政主管部门规定的标准和程序，对配套建设的环境保护设施进行验收，编制验收报告。建设单位在环境保护设施验收过程中，应当如实查验、监测、记载建设项目环境保护设施的建设和调试情况，不得弄虚作假。除按照国家规定需要保密的情形外，建设单位应当依法向社会公开验收报告。

4）分期建设、分期投入生产或者使用的建设项目，其相应的环境保护设施应当分期验收。

5）编制环境影响报告书、环境影响报告表的建设项目，其配套建设的环境保护设施经验收合格，方可投入生产或者使用；未经验收或者验收不合格的，不得投入生产或者使用。上述规定的建设项目投入生产或者使用后，应当按照国务院环境保护行政主管部门的规定开展环境影响后评价。

6）环境保护行政主管部门应当对建设项目环境保护设施设计、施工、验收、投入生产或者使用情况，以及有关环境影响评价文件确定的其他环境保护措施的落实情况，进行监督检查。环境保护行政主管部门应当将建设项目有关的环境违法信息记入社会诚信档案，及时向社会公开违法者名单。

**2. 建设项目竣工环境保护验收**

建设项目竣工环境保护验收是指建设项目竣工后，环境保护行政主管部门根据相关规定，依据环境保护验收监测或调查结果，并通过现场检查等手段，考核该建设项目是否达到环境保护要求的活动。具体要求如下：

1）建设项目竣工环境保护验收范围包括：①与建设项目有关的各项环境保护设施，包括为防治污染和保护环境所建成或配备的工程、设备、装置和监测手段，各项生态保护设施；②环境影响报告书（表）或者环境影响登记表和有关项目设计文件规定应采取的其他各项环境保护措施。

2）国务院环境保护行政主管部门负责制定建设项目竣工环境保护验收管理规范，指导并监督地方人民政府环境保护行政主管部门的建设项目竣工环境保护验收工作，并负责对其审批的环境影响报告书（表）或者环境影响登记表的建设项目竣工环境保护验收工作。县级以上地方人民政府环境保护行政主管部门按照环境影响报告书（表）或环境影响登记表的审批权限负责建设项目竣工环境保护验收。

3）建设项目的主体工程完工后，其配套建设的环境保护设施必须与主体工程同时投入生产或者运行。需要进行试生产的，其配套建设的环境保护设施必须与主体工程同时投入试运行。

4）建设项目试生产前，建设单位应向有审批权的环境保护行政主管部门提出试生产申请。对国务院环境保护行政主管部门审批环境影响报告书（表）或环境影响登记表的非核设施建设项目，由建设项目所在地省、自治区、直辖市人民政府环境保护行政主管部门负责受理其试生产申请，并将其审查决定报送国务院环境保护行政主管部门备案。

核设施建设项目试运行前，建设单位应向国务院环境保护行政主管部门报批首次装料阶段的环境影响报告书，经批准后，方可进行试运行。

5）环境保护行政主管部门应自接到试生产申请之日起30日内，组织或委托下一级环境保护行政主管部门对申请试生产的建设项目环境保护设施及其他环境保护措施的落实情况进行现场检查，并做出审查决定。对环境保护设施已建成及其他环境保护措施已按规定要求落实的，同意试生产申请；对环境保护设施或其他环境保护措施未按规定建成或落实的，不予同意，并说明理由。逾期未做出决定的，视为同意。

试生产申请经环境保护行政主管部门同意后，建设单位方可进行试生产。

6）建设项目竣工后，建设单位应当向有审批权的环境保护行政主管部门，申请该建设项目竣工环境保护验收。

7）进行试生产的建设项目，建设单位应当自试生产之日起3个月内，向有审批权的环境保护行政主管部门申请该建设项目竣工环境保护验收。对试生产3个月确不具备环境保护验收条件的建设项目，建设单位应当在试生产的3个月内，向有审批权的环境环境保护行政主管部门提出该建设项目环境保护延期验收申请，说明延期验收的理由及拟进行验收的时间。经批准后建设单位方可继续进行试生产。试生产的期限最长不超过1年。核设施建设项目试生产的期限最长不超过2年。

8）根据国家建设项目环境保护分类管理的规定，对建设项目竣工环境保护验收实施分类管理。建设单位申请建设项目竣工环境保护验收，应当向有审批权的环境保护行政主管部门提交以下验收材料：①对编制环境影响报告书的建设项目，为建设项目竣工环境保护验收申请报告，并附环境保护验收监测报告或调查报告；②对编制环境影响报告表的建设项目，为建设项目竣工环境保护验收申请表，并附环境保护验收监测表或调查表；③对填报环境影响登记表的建设项目，为建设项目竣工环境保护验收登记卡。

9）对主要因排放污染物对环境产生污染和危害的建设项目，建设单位应提交环境保护验收监测报告（表）。对主要对生态环境产生影响的建设项目，建设单位应提交环境保护验收调查报告（表）。

10）环境保护验收监测报告（表），由建设单位委托经环境保护行政主管部门批准有相应资质的环境监测站或环境放射性监测站编制。环境保护验收调查报告（表），由建设单位委托经环境保护行政主管部门批准有相应资质的环境监测站或环境放射性监测站，或者具有相应资质的环境影响评价单位编制。承担该建设项目环境影响评价工作的单位不得同时承担该建设项目环境保护验收调查报告（表）的编制工作。

承担环境保护验收监测或者验收调查工作的单位，对验收监测或验收调查结论负责。

11）环境保护行政主管部门应自收到建设项目竣工环境保护验收申请之日起 30 日内，完成验收。

12）环境保护行政主管部门在进行建设项目竣工环境保护验收时，应组织建设项目所在地的环境保护行政主管部门和行业主管部门等成立验收组（或验收委员会）。验收组（或验收委员会）应对建设项目的环境保护设施及其他环境保护措施进行现场检查和审议，提出验收意见。建设项目的建设单位、设计单位、施工单位、环境影响报告书（表）编制单位、环境保护验收监测（调查）报告（表）的编制单位应当参与验收。

13）建设项目竣工环境保护验收条件是：①建设前期环境保护审查、审批手续完备，技术资料与环境保护档案资料齐全；②环境保护设施及其他措施等已按批准的环境影响报告书（表）或者环境影响登记表和设计文件的要求建成或者落实，环境保护设施经负荷试车检测合格，其防治污染能力适应主体工程的需要；③环境保护设施安装质量符合国家和有关部门颁发的专业工程验收规范、规程和检验评定标准；④具备环境保护设施正常运转的条件，包括经培训合格的操作人员、健全的岗位操作规程及相应的规章制度，原料、动力供应落实，符合交付使用的其他要求；⑤污染物排放符合环境影响报告书（表）或者环境影响登记表和设计文件中提出的标准及核定的污染物排放总量控制指标的要求；⑥各项生态保护措施按环境影响报告书（表）规定的要求落实，建设项目建设过程中受到破坏并可恢复的环境已按规定采取了恢复措施；⑦环境监测项目、点位、机构设置及人员配备，符合环境影响报告书（表）和有关规定的要求；⑧环境影响报告书（表）提出需对环境保护敏感点进行环境影响验证，对清洁生产进行指标考核，对施工期环境保护措施落实情况进行工程环境监理的，已按规定要求完成；⑨环境影响报告书（表）要求建设单位采取措施削减其他设施污染物排放，或要求建设项目所在地地方政府或者有关部门采取"区域削减"措施满足污染物排放总量控制要求的，其相应措施得到落实。

14）对符合上述规定的验收条件的建设项目，环境保护行政主管部门批准建设项目竣工环境保护验收申请报告、建设项目竣工环境保护验收申请表或建设项目竣工环境保护验收登记卡。对填报建设项目竣工环境保护验收登记卡的建设项目，环境保护行政主管部门经过核查后，可直接在环境保护验收登记卡上签署验收意见，做出批准决定。建设项目竣工环境保护验收申请报告、建设项目竣工环境保护验收申请表或者建设项目竣工环境保护验收登记卡未经批准的建设项目，不得正式投入生产或者使用。

15）分期建设、分期投入生产或者使用的建设项目，按照本办法规定的程序分期进行环境保护验收。

16）国家对建设项目竣工环境保护验收实行公告制度。环境保护行政主管部门应当定期向社会公告建设项目竣工环境保护验收结果。

17）县级以上人民政府环境保护行政主管部门应当于每年 6 月底前和 12 月底前，将其前半年完成的建设项目竣工环境保护验收的有关材料报上一级环境保护行政主管部门备案。

## 9.3 建筑节能法规

为了加强民用建筑节能管理，降低民用建筑使用过程中的能源消耗，提高能源利用效率，2008年8月1日国务院发布了《民用建筑节能条例》。民用建筑节能，是指在保证民用建筑使用功能和室内热环境质量的前提下，降低其使用过程中能源消耗的活动。民用建筑，是指居住建筑、国家机关办公建筑和商业、服务业、教育、卫生等其他公共建筑。

### 9.3.1 新建建筑节能

1）国家推广使用民用建筑节能的新技术、新工艺、新材料和新设备，限制使用或者禁止使用能源消耗高的技术、工艺、材料和设备。国务院节能工作主管部门、建设主管部门应当制定、公布并及时更新推广使用、限制使用、禁止使用目录。国家限制进口或者禁止进口能源消耗高的技术、材料和设备。

建设单位、设计单位、施工单位不得在建筑活动中使用列入禁止使用目录的技术、工艺、材料和设备。

2）编制城市详细规划、镇详细规划，应当按照民用建筑节能的要求，确定建筑的布局、形状和朝向。城乡规划主管部门依法对民用建筑进行规划审查，应当就设计方案是否符合民用建筑节能强制性标准征求同级建设主管部门的意见；建设主管部门应当自收到征求意见材料之日起10日内提出意见。征求意见时间不计算在规划许可的期限内。

对不符合民用建筑节能强制性标准的，不得颁发建设工程规划许可证。

3）施工图设计文件审查机构应当按照民用建筑节能强制性标准对施工图设计文件进行审查；经审查不符合民用建筑节能强制性标准的，县级以上地方人民政府建设主管部门不得颁发施工许可证。

4）建设单位不得明示或者暗示设计单位、施工单位违反民用建筑节能强制性标准进行设计、施工，不得明示或者暗示施工单位使用不符合施工图设计文件要求的墙体材料、保温材料、门窗、采暖制冷系统和照明设备。按照合同约定由建设单位采购墙体材料、保温材料、门窗、采暖制冷系统和照明设备的，建设单位应当保证其符合施工图设计文件要求。

5）设计单位、施工单位、工程监理单位及其注册执业人员，应当按照民用建筑节能强制性标准进行设计、施工、监理。

6）施工单位应当对进入施工现场的墙体材料、保温材料、门窗、采暖制冷系统和照明设备进行查验；不符合施工图设计文件要求的，不得使用。工程监理单位发现施工单位不按照民用建筑节能强制性标准施工的，应当要求施工单位改正；施工单位拒不改正的，工程监理单位应当及时报告建设单位，并向有关主管部门报告。墙体、屋面的保温工程施工时，监理工程师应当按照工程监理规范的要求，采取旁站、巡视和平行检验等形式实施监理。

未经监理工程师签字，墙体材料、保温材料、门窗、采暖制冷系统和照明设备不得在建筑上使用或者安装，施工单位不得进行下一道工序的施工。

7）建设单位组织竣工验收，应当对民用建筑是否符合民用建筑节能强制性标准进行查验；对不符合民用建筑节能强制性标准的，不得出具竣工验收合格报告。

8）实行集中供热的建筑应当安装供热系统调控装置、用热计量装置和室内温度调控装置；公共建筑还应当安装用电分项计量装置。居住建筑安装的用热计量装置应当满足分户计量的要求。计量装置应当依法检定合格。

9）建筑的公共走廊、楼梯等部位，应当安装、使用节能灯具和电气控制装置。

10）对具备可再生能源利用条件的建筑，建设单位应当选择合适的可再生能源，用于采暖、制冷、照明和热水供应等；设计单位应当按照有关可再生能源利用的标准进行设计。建设可再生能源利用设施，应当与建筑主体工程同步设计、同步施工、同步验收。

11）国家机关办公建筑和大型公共建筑的所有权人应当对建筑的能源利用效率进行测评和标识，并按照国家有关规定将测评结果予以公示，接受社会监督。国家机关办公建筑应当安装、使用节能设备。大型公共建筑，是指单体建筑面积 2 万 $m^2$ 以上的公共建筑。

12）房地产开发企业销售商品房，应当向购买人明示所售商品房的能源消耗指标、节能措施和保护要求、保温工程保修期等信息，并在商品房买卖合同和住宅质量保证书、住宅使用说明书中载明。

13）在正常使用条件下，保温工程的最低保修期限为 5 年。保温工程的保修期，自竣工验收合格之日起计算。保温工程在保修范围和保修期内发生质量问题的，施工单位应当履行保修义务，并对造成的损失依法承担赔偿责任。

### 9.3.2 既有建筑节能

1）既有建筑节能改造应当根据当地经济、社会发展水平和地理气候条件等实际情况，有计划、分步骤地实施分类改造。既有建筑节能改造，是指对不符合民用建筑节能强制性标准的既有建筑的围护结构、供热系统、采暖制冷系统、照明设备和热水供应设施等实施节能改造的活动。

2）县级以上地方人民政府建设主管部门应当对本行政区域内既有建筑的建设年代、结构形式、用能系统、能源消耗指标、寿命周期等组织调查统计和分析，制订既有建筑节能改造计划，明确节能改造的目标、范围和要求，报本级人民政府批准后组织实施。中央国家机关既有建筑的节能改造，由有关管理机关事务工作的机构制订节能改造计划，并组织实施。

3）国家机关办公建筑、政府投资和以政府投资为主的公共建筑的节能改造，应当制定节能改造方案，经充分论证，并按照国家有关规定办理相关审批手续方可进行。各级人民政府及其有关部门、单位不得违反国家有关规定和标准，以节能改造的名义对上述规定的既有建筑进行扩建、改建。

4）居住建筑和民用建筑节能条例规定以外的其他公共建筑不符合民用建筑节能强制性标准的，在尊重建筑所有权人意愿的基础上，可以结合扩建、改建，逐步实施节能改造。

5）实施既有建筑节能改造，应当符合民用建筑节能强制性标准，优先采用遮阳、改善通风等低成本改造措施。既有建筑围护结构的改造和供热系统的改造，应当同步进行。

6）对实行集中供热的建筑进行节能改造，应当安装供热系统调控装置和用热计量装置；对公共建筑进行节能改造，还应当安装室内温度调控装置和用电分项计量装置。

7）国家机关办公建筑的节能改造费用，由县级以上人民政府纳入本级财政预算。居住建筑和教育、科学、文化、卫生、体育等公益事业使用的公共建筑节能改造费用，由政府、建筑所有权人共同负担。国家鼓励社会资金投资既有建筑节能改造。

### 9.3.3 建筑用能系统运行节能

1）建筑所有权人或者使用权人应当保证建筑用能系统的正常运行，不得人为损坏建筑围护结构和用能系统。

国家机关办公建筑和大型公共建筑的所有权人或者使用权人应当建立健全民用建筑节能管理制度和操作规程，对建筑用能系统进行监测、维护，并定期将分项用电量报县级以上地方人民政府建设主管部门。

2）县级以上地方人民政府节能工作主管部门应当会同同级建设主管部门确定本行政区域内公共建筑重点用电单位及其年度用电限额。

县级以上地方人民政府建设主管部门应当对本行政区域内国家机关办公建筑和公共建筑用电情况进行调查统计和评价分析。国家机关办公建筑和大型公共建筑采暖、制冷、照明的能源消耗情况应当依照法律、行政法规和国家其他有关规定向社会公布。

国家机关办公建筑和公共建筑的所有权人或者使用权人应当对县级以上地方人民政府建设主管部门的调查统计工作予以配合。

3）供热单位应当建立健全相关制度，加强对专业技术人员的教育和培训。供热单位应当改进技术装备，实施计量管理，并对供热系统进行监测、维护，提高供热系统的效率，保证供热系统的运行符合民用建筑节能强制性标准。

4）县级以上地方人民政府建设主管部门应当对本行政区域内供热单位的能源消耗情况进行调查统计和分析，并制定供热单位能源消耗指标；对超过能源消耗指标的，应当要求供热单位制定相应的改进措施，并监督实施。

## 9.4 工程建设法律实务专题9——建设项目环境保护及建筑节能法律责任分析

在工程建设过程中，环境保护和建筑节能是很重要的两个内容，当事人应按照国家法律法规履行自己的义务，否则将面临承担法律责任的风险。

### 9.4.1 建设项目环境保护法律责任

1）建设单位有下列行为之一的，依照《环境影响评价法》的规定处罚的：①建设项目环境影响报告书、环境影响报告表未依法报批或者报请重新审核，擅自开工建设的；②建设项目环境影响报告书、环境影响报告表未经批准或者重新审核同意，擅自开工建设的；③建设项目环境影响登记表未依法备案的。

《环境影响评价法》规定，建设单位未依法报批建设项目环境影响报告书、报告表，或者未依照第二十四条的规定重新报批或者报请重新审核环境影响报告书、报告表，擅自开工建设的，由县级以上环境保护行政主管部门责令停止建设，根据违法情节和危害后果，处建设项目总投资额1%以上5%以下的罚款，并可以责令恢复原状；对建设单位直接负责的主管人员和其他直接责任人员，依法给予行政处分。建设项目环境影响报告书、报告表未经批准或者未经原审批部门重新审核同意,建设单位擅自开工建设的,依照前款的规定处罚、处分。建设单位未依法备案建设项目环境影响登记表的,由县级以上环境保护行政主管部门责令备案,处 5 万元以下的罚款。

2) 违反《建设项目环境保护管理条例》规定,建设单位编制建设项目初步设计未落实防治环境污染和生态破坏的措施以及环境保护设施投资概算,未将环境保护设施建设纳入施工合同,或者未依法开展环境影响后评价的,由建设项目所在地县级以上环境保护行政主管部门责令限期改正,处 5 万元以上 20 万元以下的罚款;逾期不改正的,处 20 万元以上 100 万元以下的罚款。建设单位在项目建设过程中未同时组织实施环境影响报告书、环境影响报告表及其审批部门审批决定中提出的环境保护对策措施的,由建设项目所在地县级以上环境保护行政主管部门责令限期改正,处 20 万元以上 100 万元以下的罚款;逾期不改正的,责令停止建设。

3) 违反《建设项目环境保护管理条例》规定,需要配套建设的环境保护设施未建成、未经验收或者验收不合格,建设项目即投入生产或者使用,或者在环境保护设施验收中弄虚作假的,由县级以上环境保护行政主管部门责令限期改正,处 20 万元以上 100 万元以下的罚款;逾期不改正的,处 100 万元以上 200 万元以下的罚款;对直接负责的主管人员和其他责任人员,处 5 万元以上 20 万元以下的罚款;造成重大环境污染或者生态破坏的,责令停止生产或者使用,或者报经有批准权的人民政府批准,责令关闭。建设单位未依法向社会公开环境保护设施验收报告的,由县级以上环境保护行政主管部门责令公开,处 5 万元以上 20 万元以下的罚款,并予以公告。

4) 违反《建设项目环境保护管理条例》规定,技术机构向建设单位、从事环境影响评价工作的单位收取费用的,由县级以上环境保护行政主管部门责令退还所收费用,处所收费用 1 倍以上 3 倍以下的罚款。

5) 从事建设项目环境影响评价工作的单位,在环境影响评价工作中弄虚作假的,由县级以上环境保护行政主管部门处所收费用 1 倍以上 3 倍以下的罚款。

6) 环境保护行政主管部门的工作人员徇私舞弊、滥用职权、玩忽职守,构成犯罪的,依法追究刑事责任;尚不构成犯罪的,依法给予行政处分。

## 9.4.2　建筑节能法律责任

1) 违反《民用建筑节能条例》规定,县级以上人民政府有关部门有下列行为之一的,对负有责任的主管人员和其他直接责任人员依法给予处分;构成犯罪的,依法追究刑事责任:①对设计方案不符合民用建筑节能强制性标准的民用建筑项目颁发建设工程规划许可证的;②对不符合民用建筑节能强制性标准的设计方案出具合格意见的;③对施工图设计文件不符合民用建筑节能强制性标准的民用建筑项目颁发施工许可证的;④不依法履行监督管理职责的其他行为。

2) 违反《民用建筑节能条例》规定,各级人民政府及其有关部门、单位违反国家有关规定和标准,以节能改造的名义对既有建筑进行扩建、改建的,对负有责任的主管人员和其他直接责任人员,依法给予处分。

3）违反《民用建筑节能条例》规定，建设单位有下列行为之一的，由县级以上地方人民政府建设主管部门责令改正，处20万元以上50万元以下的罚款：①明示或者暗示设计单位、施工单位违反民用建筑节能强制性标准进行设计、施工的；②明示或者暗示施工单位使用不符合施工图设计文件要求的墙体材料、保温材料、门窗、采暖制冷系统和照明设备的；③采购不符合施工图设计文件要求的墙体材料、保温材料、门窗、采暖制冷系统和照明设备的；④使用列入禁止使用目录的技术、工艺、材料和设备的。

4）违反《民用建筑节能条例》规定，建设单位对不符合民用建筑节能强制性标准的民用建筑项目出具竣工验收合格报告的，由县级以上地方人民政府建设主管部门责令改正，处民用建筑项目合同价款2%以上4%以下的罚款；造成损失的，依法承担赔偿责任。

5）违反《民用建筑节能条例》规定，设计单位未按照民用建筑节能强制性标准进行设计，或者使用列入禁止使用目录的技术、工艺、材料和设备的，由县级以上地方人民政府建设主管部门责令改正，处10万元以上30万元以下的罚款；情节严重的，由颁发资质证书的部门责令停业整顿，降低资质等级或者吊销资质证书；造成损失的，依法承担赔偿责任。

6）违反《民用建筑节能条例》规定，施工单位未按照民用建筑节能强制性标准进行施工的，由县级以上地方人民政府建设主管部门责令改正，处民用建筑项目合同价款2%以上4%以下的罚款；情节严重的，由颁发资质证书的部门责令停业整顿，降低资质等级或者吊销资质证书；造成损失的，依法承担赔偿责任。

7）违反《民用建筑节能条例》规定，施工单位有下列行为之一的，由县级以上地方人民政府建设主管部门责令改正，处10万元以上20万元以下的罚款；情节严重的，由颁发资质证书的部门责令停业整顿，降低资质等级或者吊销资质证书；造成损失的，依法承担赔偿责任：①未对进入施工现场的墙体材料、保温材料、门窗、采暖制冷系统和照明设备进行查验的；②使用不符合施工图设计文件要求的墙体材料、保温材料、门窗、采暖制冷系统和照明设备的；③使用列入禁止使用目录的技术、工艺、材料和设备的。

8）违反《民用建筑节能条例》规定，工程监理单位有下列行为之一的，由县级以上地方人民政府建设主管部门责令限期改正；逾期未改正的，处10万元以上30万元以下的罚款；情节严重的，由颁发资质证书的部门责令停业整顿，降低资质等级或者吊销资质证书；造成损失的，依法承担赔偿责任：①未按照民用建筑节能强制性标准实施监理的；②墙体、屋面的保温工程施工时，未采取旁站、巡视和平行检验等形式实施监理的。对不符合施工图设计文件要求的墙体材料、保温材料、门窗、采暖制冷系统和照明设备，按照符合施工图设计文件要求签字的，依照《建设工程质量管理条例》第六十七条的规定处罚。

9）违反《民用建筑节能条例》规定，房地产开发企业销售商品房，未向购买人明示所售商品房的能源消耗指标、节能措施和保护要求、保温工程保修期等信息，或者向购买人明示的所售商品房能源消耗指标与实际能源消耗不符的，依法承担民事责任；由县级以上地方人民政府建设主管部门责令限期改正；逾期未改正的，处交付使用的房屋销售总额2%以下的罚款；情节严重的，由颁发资质证书的部门降低资质等级或者吊销资质证书。

10）违反《民用建筑节能条例》规定，注册执业人员未执行民用建筑节能强制性标准的，由县级以上人民政府建设主管部门责令停止执业3个月以上1年以下；情节严重的，由颁发资格证书的部门吊销执业资格证书，5年内不予注册。

## 案例分析

### 王某诉区环境保护局环保行政处罚案

【案情介绍】

1. 基本案情

原告王某诉称：原告依法经营餐馆，办有个体工商户营业执照和餐饮服务许可证。在经营期间，原告主动按照被告的要求安装了油烟净化器，整个经营中没有对周围环境造成污染。原告租赁的商业门面所在地整个街道是区餐饮一条街，整个区餐饮店均无公共烟道。原告本身是大学生自主创业，借资开办一个小餐馆，经营本就困难，现只是以无公共烟道为由，在餐馆没有环境污染的情况下，造成原告停业，导致经营成本远未收回。原告认为被告做出行政处罚决定的程序违法，适用法律错误，请求撤销被告做出的行政处罚决定书。

被告区环境保护局辩称：原告取得了个体工商户营业执照和餐饮服务许可证只能证明工商和卫生合法，并不能依此说明该餐馆没有违反相关环保法律法规。原告王某经营的区贸浩汤锅城烟道未安装上楼顶，油烟处理、收集系统未建成而餐馆已经正式投入使用，违反了《建设项目环境保护管理条例》第十六条"建设项目需要配套建设的环境保护设施，必须与主体工程同时设计、同时施工、同时投产使用"的规定，应当受到相应的处罚。被告按程序先向该餐馆下达了环境违法行为限期改正通知书、行政处罚事先告知书、行政处罚听证告知书，保障了行政相对人的陈述和申辩权。被告做出的行政处罚决定证据确凿，适用法律法规正确，程序合法，请求依法维持被告的行政处罚决定。

法院经审理查明：王某于2009年3月租赁区某门面用于经营餐饮，于2010年6月取得个体工商户营业执照和餐饮服务许可证，登记字号名称为区贸浩汤锅城，王某为经营者。2011年4月25日，环保局接群众投诉，到该汤锅城检查，查明：该店经营正常，厨房安装有油烟净化器，但烟道未上楼顶，已办理工商营业执照。当即提出处理意见，要求立即停止排污，完善相关污染物治理设施。当日，环保局向该汤锅城发出环境违法行为限期改正通知书，认为该汤锅城无污染物治理设施，违反了《建设项目环境保护管理条例》第十六条和二十八条规定，根据《行政处罚法》第二十三条规定，责令该汤锅城于2011年6月10日之前改正以上环境违法行为。2011年6月13日，环保局再次到该汤锅城检查，查明情况同前，烟道仍然未上楼顶，再次提出处理意见，要求停止排污，将对该汤锅城环境违法行为立案查处。同日，环保局进行了立案。2011年6月23日，环保局向该汤锅城发出行政处罚事先告知书和行政处罚听证告知书，认为该汤锅城建设项目需要配套建设的污染物治理设施未建成，主体工程正式投入使用违反了《建设项目环境保护管理条例》的规定，拟对其做出立即停止排污，处10万元以下罚款的行政处罚，告知其可在7日内向被告陈述和申辩，也可在3日内申请听证。之后，该汤锅城没有申请听证，只是于2011年6月25日提交了申辩书，提出该馆装有油烟净化器，基本解决了大的油烟污染，后来环保局又要求将烟道安装上屋顶，但由于业主不同意，没办法安装。2011年7月7日，区环保局做出行政处罚决定，认定原告王某经营的区贸浩汤锅城烟道未安装上楼顶，油烟处理、收集系统未建成而餐馆已经正式投入使用，违反了《建设项目环境保护管理条例》第十六条"建设项目需要配套建设的环境保护设施，必须与主体工程同时设计、同时施工、同时投产使用"的规定，依据《建设项目环境保护管理条例》第二十八条"违反本条例规定，建设项目需要配套建设的环境保护设施未建成、未经验收或者验收不合格，主体工程正式投入生产或者使用的，由审批该建设项目环境影响报告书、环境影响报告表或者环境影响登记表的环境保护行政主管部门责令停止生产或使用，可以处10万元以下的罚款"的规定，决定对原告王某经营的区贸浩汤锅城做出如下行政处罚：①立即停止生产或使用；②罚款人民币1万元。

2. 裁判要点

个体餐馆不属于环境影响评价法和《建设项目环境保护管理条例》调整的"建设项目"，环保行政部门不得以个体餐馆烟道未安装上楼顶行为系违反"三同时"制度为由做出行政处罚。

3. 裁判结果

人民法院于2011年12月19日做出行政判决：撤销被告于2011年7月7日做出的行政处罚决定书。宣判后，区环境保护局向市第一中级人民法院提起上诉。市第一中级人民法院于2012年4月6日以同样的事实做出行政判决，驳回上诉，维持原判。当前判决已生效。

4. 裁判理由

法院生效裁判认为：国务院法制办公室在给最高人民法院行政庭的《关于环保评价许可是否颁发个体工商户营业执照前置条件问题的复函》（国法秘函〔2006〕403号）中提到：全国人大法工委认为："公民个人租赁住宅楼开办个体餐馆的，不属于环境影响评价法第十六条第三款关于'建设项目的环境影响评价分类管理名录'规定中的'建设项目'……"同年11月27日，最高人民法院行政审判庭在给福建省高级人民法院的《关于工商行政管理部门审查颁发个体工商户营业执照是否以环保评价许可为前置条件问题的答复》中指出："公民个人租赁住宅楼开办个体餐馆的，不属于《环境影响评价法》第十六条第三款关于'建设项目的环境影响评价分类名录'规定中的'建设项目'。公民之间因个体餐馆排放的噪声、空气污染产生争议的，可以依照环境噪声污染防治法和大气污染防治法的有关规定处理，经营管理者应采取有效措施，使其边界噪声、排放物达到国家规定的环境噪声、排放物的排放标准；对他人造成危害的，应承担相应的赔偿责任。"可见，个体餐馆不属于《环境影响评价法》和《建设项目环境保护管理条例》调整的"建设项目"。区环境保护局依据《建设项目环境保护管理条例》第十六条和第二十八条规定，认为王某开办的个体餐馆属于建设项目，应当受《建设项目环境保护管理条例》的调整，必须执行环境影响评价的"三同时"制度，而予以行政处罚，属于适用法律错误。

【案例评析】

1. 本案的相关背景

本案是因原告王某（区贸浩汤锅城业主）在某小区开办餐馆时排放油烟污染引起小区业主委员会不满向区环境保护局投诉所引发。根据《环境保护法》《环境影响评价法》《建设项目环境保护管理条例》的相关规定，被告区环境保护局具有对环境违法行为进行处罚的行政职权和主体资格。原告开办区贸浩汤锅城时，没有进行环境影响评价的事实，原、被告双方均无异议。根据《行政处罚法》《环境行政处罚办法》的相关规定，环境行政处罚的一般程序应当经过立案、调查、告知和听证、集体讨论决定和做出处罚决定等阶段和顺序。被告区环保局在接到举报后，派员到原告餐馆进行了现场检查，在查明事实后，首先要求原告限期整改。在整改期限届满后，再次进行检查，发现原告没有按照要求进行整改后，填写了立案审批表予以立案审查，在查明事实的基础上进行了案件审查，并在做出行政处罚之前向原告送达了行政处罚事先告知书和行政处罚听证告知书，告知原告可以进行陈述、申辩和要求举行听证。在期限届满后，根据查明的事实及原告提出的申辩意见，经被告的负责人集体讨论决定，做出行政处罚决定书，并送达于原告。被告区环保局做出行政处罚的程序符合相关法律规定。

2. 确立裁判要旨的理由

被告做出行政处罚的法律依据是《建设项目环境保护管理条例》第十六条和二十八条，即是认为原告开办的个体餐馆属于建设项目，应当受《建设项目环境保护管理条例》的调整，必须执行环境影响评价的"三同时"制度。法院认为，根据《环境影响评价法》和《建设项目环境保护管理条例》的规定，国家根据建设项目对环境的影响程度，对建设项目的环境影响评价实行分类管理。建设项目属于环境影响评价法和《建设项目环境保护管理条例》的调整范畴，应当按照相关规定进行环境影响评价。对于建设项目的概念和外延，在法律法规和立法解释上没有进行具体、明确规定，而原告开办的个体餐馆是否属于建设项目的认定，则直接决定了被告的法律适用是否正确的问题。对这个问题的认识，虽然没有法律法规的明确规定，但从有关国家机关的文件中可以找到相关的答案。2006年10月17日国务院法制办公室在给最高人民法院行政庭的《关于环保评价许可是否颁发个体工商户营业执照前置条件问题的复函》及同年11月27日最高人民法院行政审判庭在给福建省高级人民法院的《关于工商行政管理部门审查颁发个体工商户营业执照是否以环保评价许可为前置条件问题的答复》，均认为：个体餐馆不属于环境影响评价法和《建设项目环境保护管理条例》调整的"建设项目"。

3. 其他问题

1) 本案虽认定个体餐馆不属于建设项目，但在《建设项目环境影响评价分类管理名录》中规定，"21. 餐饮场所6个基准灶头以上，涉及环境敏感区的，做报告表，其他的做登记表。"对此，环保行政部门执法时需区别对待。

2) 本案虽然以环保局适用法律错误为由撤销被诉行政处罚，但并不意味着原告王某未安装烟道上楼顶行为不需要接受法律处罚。根据《重庆市环境保护条例》第五十二条第一款规定，禁止在主城区、其他区县（自治县）人民政府所在地的城市建成区无公共烟道的综合楼、住宅楼内新建、扩建餐饮项目。该法第一百零五条第一款第二项规定，在主城区、其他区县（自治县）人民政府所在地的城市建成区无公共烟道的综合楼、住宅楼和写字楼内新建、扩建餐饮项目的，由环境保护行政主管部门责令改正，处2000元以上2万元以下罚款。

3) 被诉行政处罚还有一大弊端，即适当性，在处理方式上并不是采取积极主动解决问题的态度。原告方在庭审中也谈到环保局没有出面协调其与某小区业主委员会的矛盾。虽然业主们是否同意原告安装环保设施属于地役权纠纷，环境保护行政部门没有责任出面调解，更没有权力强制业主们同意，但是如果能够出面及时协调，便有助于早日促成原告与小区业主们的谈判。协调不成，告知涉案当事人依法维护其合法权益，从而真正化解矛盾，妥善解决问题。

## 复 习 题

1. 简述建设项目环境影响评价的概念。
2. 建设项目环境影响评价有哪些分类？建设项目环境影响报告书有哪些内容？
3. 什么是建设项目环境保护"三同时"制度？
4. 建设单位违反建设项目环境保护管理法律法规应承担哪些法律责任？
5. 简述民用建筑节能的概念。建设单位违反民用建筑节能法规应承担哪些法律责任？

# 第 10 章 工程建设纠纷处理

工程建设纠纷是指工程建设有关主体之间针对工程建设而发生的纠纷,主要包括民事纠纷、行政纠纷等。

## 10.1 工程建设民事纠纷处理

### 10.1.1 民事纠纷的概念

《民法通则》第二条规定:"中华人民共和国民法调整平等主体的公民之间、法人之间、公民和法人之间的财产关系和人身关系。"《民事诉讼法》第三条规定:"人民法院受理公民之间、法人之间、其他组织之间以及他们相互之间因财产关系和人身关系提起的民事诉讼,适用本法的规定。"《民法总则》第二条规定:"民法调整平等主体的自然人、法人和非法人组织之间的人身关系和财产关系。"

根据上述法律规定,民事纠纷是指平等主体的自然人、法人和非法人组织之间的人身关系和财产关系发生的争议。民事纠纷包括两大类:一类是人身关系的民事纠纷,如人格权纠纷(姓名权、名誉权、肖像权、隐私权等纠纷)、婚姻家庭中的人身纠纷、监护权纠纷等;另一类是财产关系的民事纠纷,如物权纠纷、合同纠纷等。工程建设民事纠纷主要指针对工程建设而发生的合同纠纷。

### 10.1.2 民事纠纷的解决方式

以合同纠纷解决为例,《合同法》第一百二十八条规定:"当事人可以通过和解或者调解解决合同争议。当事人不愿和解、调解或者和解、调解不成的,可以根据仲裁协议向仲裁机构申请仲裁。涉外合同的当事人可以根据仲裁协议向中国仲裁机构或者其他仲裁机构申请仲裁。当事人没有订立仲裁协议或者仲裁协议无效的,可以向人民法院起诉。当事人应当履行发生法律效力的判决、仲裁裁决、调解书;拒不履行的,对方可以请求人民法院执行。"

因此,合同纠纷解决方式包括和解、调解、仲裁、诉讼四种。和解指当事人自行协商解决因合同发生的争议。调解是指在第三人的主持下协调双方当事人的利益,使双方当事人在自愿的原则下解决争议的方式。主要人民调解、律师调解、行政调解、行业调解、商事调解、诉讼调解。下面,专门介绍仲裁和诉讼。

## 10.1.3 工程建设合同纠纷仲裁

1994年8月,国家颁布了《中华人民共和国仲裁法》(2017年9月第二次修正,简称《仲裁法》)。

**1. 可仲裁范围**

平等主体的公民、法人和其他组织之间发生的合同纠纷和其他财产权益纠纷,可以仲裁,当然包括工程建设合同纠纷。

**2. 仲裁委员会**

仲裁委员会可以在直辖市和省、自治区人民政府所在地的市设立,也可以根据需要在其他设区的市设立,不按行政区划层层设立。仲裁委员会由前款规定的市的人民政府组织有关部门和商会统一组建。设立仲裁委员会,应当经省、自治区、直辖市的司法行政部门登记。

仲裁委员会独立于行政机关,与行政机关没有隶属关系。仲裁委员会之间也没有隶属关系。

**3. 仲裁程序**

(1) 申请和受理

1) 当事人采用仲裁方式解决纠纷,应当双方自愿,达成仲裁协议。没有仲裁协议,一方申请仲裁的,仲裁委员会不予受理。当事人达成仲裁协议,一方向人民法院起诉的,人民法院不予受理,但仲裁协议无效的除外。

仲裁协议包括合同中订立的仲裁条款和以其他书面方式在纠纷发生前或者纠纷发生后达成的请求仲裁的协议。仲裁协议应当具有下列内容:①请求仲裁的意思表示;②仲裁事项;③选定的仲裁委员会。有下列情形之一的,仲裁协议无效:①约定的仲裁事项超出法律规定的仲裁范围的;②无民事行为能力人或者限制民事行为能力人订立的仲裁协议;③一方采取胁迫手段,迫使对方订立仲裁协议的。

仲裁协议对仲裁事项或者仲裁委员会没有约定或者约定不明确的,当事人可以补充协议;达不成补充协议的,仲裁协议无效。

当事人对仲裁协议的效力有异议的,可以请求仲裁委员会做出决定或者请求人民法院做出裁定。一方请求仲裁委员会做出决定,另一方请求人民法院做出裁定的,由人民法院裁定。当事人对仲裁协议的效力有异议的,应当在仲裁庭首次开庭前提出。

2) 当事人申请仲裁,应当向仲裁委员会递交仲裁协议、仲裁申请书及副本。仲裁申请书应当载明下列事项:①当事人的姓名、性别、年龄、职业、工作单位和住所,法人或者其他组织的名称、住所和法定代表人或者主要负责人的姓名、职务;②仲裁请求和所根据的事实、理由;③证据和证据来源、证人姓名和住所。

3) 仲裁委员会收到仲裁申请书之日起5日内,认为符合受理条件的,应当受理,并通知当事人;认为不符合受理条件的,应当书面通知当事人不予受理,并说明理由。

4) 当事人达成仲裁协议,一方向人民法院起诉未声明有仲裁协议,人民法院受理后,另一方在首次开庭前提交仲裁协议的,人民法院应当驳回起诉,但仲裁协议无效的除外;另一方在首次开庭前未对人民法院受理该案提出异议的,视为放弃仲裁协议,人民法院应当继续审理。

5) 一方当事人因另一方当事人的行为或者其他原因,可能使裁决不能执行或者难以执行的，可以申请财产保全。当事人申请财产保全的，仲裁委员会应当将当事人的申请依照民事诉讼法的有关规定提交人民法院。

申请有错误的，申请人应当赔偿被申请人因财产保全所遭受的损失。

(2) 仲裁庭的组成

仲裁庭可以由三名仲裁员或者一名仲裁员组成。由三名仲裁员组成的，设首席仲裁员。当事人约定由三名仲裁员组成仲裁庭的，应当各自选定或者各自委托仲裁委员会主任指定一名仲裁员，第三名仲裁员由当事人共同选定或者共同委托仲裁委员会主任指定。第三名仲裁员是首席仲裁员。

当事人约定由一名仲裁员成立仲裁庭的，应当由当事人共同选定或者共同委托仲裁委员会主任指定仲裁员。

当事人没有在仲裁规则规定的期限内约定仲裁庭的组成方式或者选定仲裁员的，由仲裁委员会主任指定。

(3) 开庭和裁决

仲裁应当开庭进行。当事人协议不开庭的，仲裁庭可以根据仲裁申请书、答辩书以及其他材料做出裁决。仲裁不公开进行。当事人协议公开的，可以公开进行，但涉及国家秘密的除外。

当事人申请仲裁后，可以自行和解。达成和解协议的，可以请求仲裁庭根据和解协议做出裁决书，也可以撤回仲裁申请。仲裁庭在做出裁决前，可以先行调解。当事人自愿调解的，仲裁庭应当调解。调解不成的，应当及时做出裁决。调解达成协议的，仲裁庭应当制作调解书或者根据协议的结果制作裁决书。调解书与裁决书具有同等法律效力。

裁决应当按照多数仲裁员的意见做出，少数仲裁员的不同意见可以记入笔录。仲裁庭不能形成多数意见时，裁决应当按照首席仲裁员的意见做出。

裁决书自做出之日起发生法律效力。

仲裁实行一裁终局的制度。裁决做出后，当事人就同一纠纷再申请仲裁或者向人民法院起诉的，仲裁委员会或者人民法院不予受理。

裁决被人民法院依法裁定撤销或者不予执行的，当事人就该纠纷可以根据双方重新达成的仲裁协议申请仲裁，也可以向人民法院起诉。

**4. 撤销仲裁裁决和不予执行仲裁裁决**

当事人提出证据证明裁决有下列情形之一的，可以向仲裁委员会所在地的中级人民法院申请撤销裁决：

1）没有仲裁协议的。
2）裁决的事项不属于仲裁协议的范围或者仲裁委员会无权仲裁的。
3）仲裁庭的组成或者仲裁的程序违反法定程序的。
4）裁决所根据的证据是伪造的。
5）对方当事人隐瞒了足以影响公正裁决的证据的。
6）仲裁员在仲裁该案时有索贿受贿，徇私舞弊，枉法裁决行为的。

人民法院经组成合议庭审查核实裁决有前款规定情形之一的，应当裁定撤销。

人民法院认定该裁决违背社会公共利益的，应当裁定撤销。

当事人申请撤销裁决的，应当自收到裁决书之日起6个月内提出。

人民法院受理撤销裁决的申请后，认为可以由仲裁庭重新仲裁的，通知仲裁庭在一定期限内重新仲裁，并裁定中止撤销程序。仲裁庭拒绝重新仲裁的，人民法院应当裁定恢复撤销程序。

对依法设立的仲裁机构的裁决，一方当事人不履行的，对方当事人可以向有管辖权的人民法院申请执行。受申请的人民法院应当执行。被申请人提出证据证明仲裁裁决有下列情形之一的，经人民法院组成合议庭审查核实，裁定不予执行：

1）当事人在合同中没有订有仲裁条款或者事后没有达成书面仲裁协议的。
2）裁决的事项不属于仲裁协议的范围或者仲裁机构无权仲裁的。
3）仲裁庭的组成或者仲裁的程序违反法定程序的。
4）裁决所根据的证据是伪造的。
5）对方当事人向仲裁机构隐瞒了足以影响公正裁决的证据的。
6）仲裁员在仲裁该案时有贪污受贿，徇私舞弊，枉法裁决行为的。

人民法院认定执行该裁决违背社会公共利益的，裁定不予执行。

裁定书应当送达双方当事人和仲裁机构。

仲裁裁决被人民法院裁定不予执行的，当事人可以根据双方达成的书面仲裁协议重新申请仲裁，也可以向人民法院起诉。

## 10.1.4 工程建设合同纠纷诉讼

建设工程合同纠纷是人民法院受理的民事案件中一类重要的案由，具体包括：建设工程勘察合同纠纷、建设工程设计合同纠纷、建设工程施工合同纠纷、建设工程价款优先受偿权纠纷、建设工程分包合同纠纷、建设工程监理合同纠纷、装饰装修合同纠纷、铁路修建合同纠纷、农村建房施工合同纠纷。向人民法院提起诉讼来解决工程建设合同纠纷，应当遵守《民事诉讼法》的规定。

**1. 第一审普通程序**

（1）起诉和受理

起诉必须符合下列条件：

1）原告是与本案有直接利害关系的公民、法人和其他组织。
2）有明确的被告。
3）有具体的诉讼请求和事实、理由。
4）属于人民法院受理民事诉讼的范围和受诉人民法院管辖。

起诉应当向人民法院递交起诉状，并按照被告人数提出副本。书写起诉状确有困难的，可以口头起诉，由人民法院记入笔录，并告知对方当事人。

人民法院应当保障当事人依照法律规定享有的起诉权利。对符合《民事诉讼法》第一百一十九条的起诉，必须受理。符合起诉条件的，应当在7日内立案，并通知当事人；不符合起诉条件的，应当在7日内做出裁定书，不予受理；原告对裁定不服的，可以提起上诉。

（2）审理前的准备

1）人民法院应当在立案之日起5日内将起诉状副本发送被告，被告应当在收到之日起15日内提出答辩状。答辩状应当记明被告的姓名、性别、年龄、民族、职业、工作单位、住所、联系方式；法人或者其他组织的名称、住所和法定代表人或者主要负责人的姓名、职务、联系方式。人民法院应当在收到答辩状之日起 5 日内将答辩状副本发送原告。被告不提出答辩状的，不影响人民法院审理。

2) 人民法院对决定受理的案件，应当在受理案件通知书和应诉通知书中向当事人告知有关的诉讼权利义务，或者口头告知。

3) 人民法院受理案件后，当事人对管辖权有异议的，应当在提交答辩状期间提出。人民法院对当事人提出的异议，应当审查。异议成立的，裁定将案件移送有管辖权的人民法院；异议不成立的，裁定驳回。当事人未提出管辖异议，并应诉答辩的，视为受诉人民法院有管辖权，但违反级别管辖和专属管辖规定的除外。

4) 合议庭组成人员确定后，应当在 3 日内告知当事人。

5) 审判人员必须认真审核诉讼材料，调查收集必要的证据。

人民法院派出人员进行调查时，应当向被调查人出示证件。调查笔录经被调查人校阅后，由被调查人、调查人签名或者盖章。

人民法院在必要时可以委托外地人民法院调查。委托调查，必须提出明确的项目和要求。受委托人民法院可以主动补充调查。受委托人民法院收到委托书后，应当在 30 日内完成调查。因故不能完成的，应当在上述期限内函告委托人民法院。

6) 必须共同进行诉讼的当事人没有参加诉讼的，人民法院应当通知其参加诉讼。

7) 人民法院对受理的案件，分别情形，予以处理：①当事人没有争议，符合督促程序规定条件的，可以转入督促程序；②开庭前可以调解的，采取调解方式及时解决纠纷；③根据案件情况，确定适用简易程序或者普通程序；④需要开庭审理的，通过要求当事人交换证据等方式，明确争议焦点。

(3) 开庭审理

人民法院审理民事案件，除涉及国家秘密、个人隐私或者法律另有规定的以外，应当公开进行。离婚案件，涉及商业秘密的案件，当事人申请不公开审理的，可以不公开审理。

人民法院审理民事案件，应当在开庭 3 日前通知当事人和其他诉讼参与人。公开审理的，应当公告当事人姓名、案由和开庭的时间、地点。

法庭调查按照下列顺序进行：

1) 当事人陈述。

2) 告知证人的权利义务，证人作证，宣读未到庭的证人证言。

3) 出示书证、物证、视听资料和电子数据。

4) 宣读鉴定意见。

5) 宣读勘验笔录。

当事人在法庭上可以提出新的证据。当事人经法庭许可，可以向证人、鉴定人、勘验人发问。当事人要求重新进行调查、鉴定或者勘验的，是否准许，由人民法院决定。

原告增加诉讼请求，被告提出反诉，第三人提出与本案有关的诉讼请求，可以合并审理。

法庭辩论按照下列顺序进行：

1）原告及其诉讼代理人发言。
2）被告及其诉讼代理人答辩。
3）第三人及其诉讼代理人发言或者答辩。
4）互相辩论。

法庭辩论终结，由审判长按照原告、被告、第三人的先后顺序征询各方最后意见。

书记员应当将法庭审理的全部活动记入笔录，由审判人员和书记员签名。法庭笔录应当当庭宣读，也可以告知当事人和其他诉讼参与人当庭或者在5日内阅读。当事人和其他诉讼参与人认为对自己的陈述记录有遗漏或者差错的，有权申请补正。如果不予补正，应当将申请记录在案。法庭笔录由当事人和其他诉讼参与人签名或者盖章。拒绝签名盖章的，记明情况附卷。

人民法院对公开审理或者不公开审理的案件，一律公开宣告判决。当庭宣判的，应当在10日内发送判决书；定期宣判的，宣判后立即发给判决书。宣告判决时，必须告知当事人上诉权利、上诉期限和上诉的法院。

人民法院适用普通程序审理的案件，应当在立案之日起6个月内审结。有特殊情况需要延长的，由本院院长批准，可以延长6个月；还需要延长的，报请上级人民法院批准。

**2. 第二审程序**

当事人不服地方人民法院第一审判决的，有权在判决书送达之日起15日内向上一级人民法院提起上诉。当事人不服地方人民法院第一审裁定的，有权在裁定书送达之日起10日内向上一级人民法院提起上诉。

上诉应当递交上诉状。上诉状的内容，应当包括当事人的姓名，法人的名称及其法定代表人的姓名或者其他组织的名称及其主要负责人的姓名；原审人民法院名称、案件的编号和案由；上诉的请求和理由。

上诉状应当通过原审人民法院提出，并按照对方当事人或者代表人的人数提出副本。当事人直接向第二审人民法院上诉的，第二审人民法院应当在5日内将上诉状移交原审人民法院。

原审人民法院收到上诉状，应当在5日内将上诉状副本送达对方当事人，对方当事人在收到之日起15日内提出答辩状。人民法院应当在收到答辩状之日起5日内将副本送达上诉人。对方当事人不提出答辩状的，不影响人民法院审理。原审人民法院收到上诉状、答辩状，应当在5日内连同全部案卷和证据，报送第二审人民法院。

第二审人民法院应当对上诉请求的有关事实和适用法律进行审查。

第二审人民法院对上诉案件，应当组成合议庭，开庭审理。经过阅卷、调查和询问当事人，对没有提出新的事实、证据或者理由，合议庭认为不需要开庭审理的，可以不开庭审理。第二审人民法院审理上诉案件，可以在本院进行，也可以到案件发生地或者原审人民法院所在地进行。

第二审人民法院对上诉案件，经过审理，按照下列情形，分别处理：

1）原判决、裁定认定事实清楚，适用法律正确的，以判决、裁定方式驳回上诉，维持原判决、裁定。
2）原判决、裁定认定事实错误或者适用法律错误的，以判决、裁定方式依法改判、撤销或者变更。

3）原判决认定基本事实不清的，裁定撤销原判决，发回原审人民法院重审，或者查清事实后改判。

4）原判决遗漏当事人或者违法缺席判决等严重违反法定程序的，裁定撤销原判决，发回原审人民法院重审。

原审人民法院对发回重审的案件做出判决后，当事人提起上诉的，第二审人民法院不得再次发回重审。

第二审人民法院审理上诉案件，可以进行调解。调解达成协议，应当制作调解书，由审判人员、书记员署名，加盖人民法院印章。调解书送达后，原审人民法院的判决即视为撤销。

第二审人民法院审理上诉案件，除依照本章规定外，适用第一审普通程序。

第二审人民法院的判决、裁定，是终审的判决、裁定。

人民法院审理对判决的上诉案件，应当在第二审立案之日起3个月内审结。有特殊情况需要延长的，由本院院长批准。人民法院审理对裁定的上诉案件，应当在第二审立案之日起30日内做出终审裁定。

**3. 审判监督程序**

各级人民法院院长对本院已经发生法律效力的判决、裁定、调解书，发现确有错误，认为需要再审，应当提交审判委员会讨论决定。最高人民法院对地方各级人民法院已经发生法律效力的判决、裁定、调解书，上级人民法院对下级人民法院已经发生法律效力的判决、裁定、调解书，发现确有错误的，有权提审或者指令下级人民法院再审。

当事人对已经发生法律效力的判决、裁定，认为有错误的，可以向上一级人民法院申请再审；当事人一方人数众多或者当事人双方为公民的案件，也可以向原审人民法院申请再审。当事人申请再审的，不停止判决、裁定的执行。当事人的申请符合下列情形之一的，人民法院应当再审：

1）有新的证据，足以推翻原判决、裁定的。

2）原判决、裁定认定的基本事实缺乏证据证明的。

3）原判决、裁定认定事实的主要证据是伪造的。

4）原判决、裁定认定事实的主要证据未经质证的。

5）对审理案件需要的主要证据，当事人因客观原因不能自行收集，书面申请人民法院调查收集，人民法院未调查收集的。

6）原判决、裁定适用法律确有错误的。

7）审判组织的组成不合法或者依法应当回避的审判人员没有回避的。

8）无诉讼行为能力人未经法定代理人代为诉讼或者应当参加诉讼的当事人，因不能归责于本人或者其诉讼代理人的事由，未参加诉讼的。

9）违反法律规定，剥夺当事人辩论权利的。

10）未经传票传唤，缺席判决的。

11）原判决、裁定遗漏或者超出诉讼请求的。

12）据以做出原判决、裁定的法律文书被撤销或者变更的。

13）审判人员审理该案件时有贪污受贿，徇私舞弊，枉法裁判行为的。

当事人对已经发生法律效力的调解书，提出证据证明调解违反自愿原则或者调解协议的内容违反法律的，可以申请再审。经人民法院审查属实的，应当再审。

当事人申请再审的，应当提交再审申请书等材料。人民法院应当自收到再审申请书之日起 5 日内将再审申请书副本发送对方当事人。对方当事人应当自收到再审申请书副本之日起 15 日内提交书面意见；不提交书面意见的，不影响人民法院审查。人民法院可以要求申请人和对方当事人补充有关材料，询问有关事项。

人民法院应当自收到再审申请书之日起 3 个月内审查，符合本法规定的，裁定再审；不符合本法规定的，裁定驳回申请。有特殊情况需要延长的，由本院院长批准。因当事人申请裁定再审的案件由中级人民法院以上的人民法院审理，但当事人依照《民事诉讼法》第一百九十九条的规定选择向基层人民法院申请再审的除外。最高人民法院、高级人民法院裁定再审的案件，由本院再审或者交其他人民法院再审，也可以交原审人民法院再审。

当事人申请再审，应当在判决、裁定发生法律效力后 6 个月内提出；有《民事诉讼法》第二百条第一项、第三项、第十二项、第十三项规定情形的，自知道或者应当知道之日起 6 个月内提出。

按照审判监督程序决定再审的案件，裁定中止原判决、裁定、调解书的执行，但追索赡养费、扶养费、抚育费、抚恤金、医疗费用、劳动报酬等案件，可以不中止执行。

人民法院按照审判监督程序再审的案件，发生法律效力的判决、裁定是由第一审法院做出的，按照第一审程序审理，所做的判决、裁定，当事人可以上诉；发生法律效力的判决、裁定是由第二审法院做出的，按照第二审程序审理，所做的判决、裁定，是发生法律效力的判决、裁定；上级人民法院按照审判监督程序提审的，按照第二审程序审理，所做的判决、裁定是发生法律效力的判决、裁定。人民法院审理再审案件，应当另行组成合议庭。

最高人民检察院对各级人民法院已经发生法律效力的判决、裁定，上级人民检察院对下级人民法院已经发生法律效力的判决、裁定，发现有《民事诉讼法》第二百条规定情形之一的，或者发现调解书损害国家利益、社会公共利益的，应当提出抗诉。地方各级人民检察院对同级人民法院已经发生法律效力的判决、裁定，发现有《民事诉讼法》第二百条规定情形之一的，或者发现调解书损害国家利益、社会公共利益的，可以向同级人民法院提出检察建议，并报上级人民检察院备案；也可以提请上级人民检察院向同级人民法院提出抗诉。

各级人民检察院对审判监督程序以外的其他审判程序中审判人员的违法行为，有权向同级人民法院提出检察建议。

有下列情形之一的，当事人可以向人民检察院申请检察建议或者抗诉：

1）人民法院驳回再审申请的。
2）人民法院逾期未对再审申请做出裁定的。
3）再审判决、裁定有明显错误的。

人民检察院对当事人的申请应当在 3 个月内进行审查，做出提出或者不予提出检察建议或者抗诉的决定。当事人不得再次向人民检察院申请检察建议或者抗诉。

人民检察院因履行法律监督职责提出检察建议或者抗诉的需要，可以向当事人或者案外人调查核实有关情况。

人民检察院提出抗诉的案件，接受抗诉的人民法院应当自收到抗诉书之日起30日内做出再审的裁定；有民诉法第二百条第一项至第五项规定情形之一的，可以交下一级人民法院再审，但经该下一级人民法院再审的除外。

人民检察院决定对人民法院的判决、裁定、调解书提出抗诉的，应当制作抗诉书。人民检察院提出抗诉的案件，人民法院再审时，应当通知人民检察院派员出席法庭。

**4. 执行程序**

发生法律效力的民事判决、裁定，以及刑事判决、裁定中的财产部分，由第一审人民法院或者与第一审人民法院同级的被执行的财产所在地人民法院执行。法律规定由人民法院执行的其他法律文书，由被执行人住所地或者被执行的财产所在地人民法院执行。

人民法院自收到申请执行书之日起超过6个月未执行的，申请执行人可以向上一级人民法院申请执行。上一级人民法院经审查，可以责令原人民法院在一定期限内执行，也可以决定由本院执行或者指令其他人民法院执行。

发生法律效力的民事判决、裁定，当事人必须履行。一方拒绝履行的，对方当事人可以向人民法院申请执行，也可以由审判员移送执行员执行。调解书和其他应当由人民法院执行的法律文书，当事人必须履行。一方拒绝履行的，对方当事人可以向人民法院申请执行。

申请执行的期间为2年。申请执行时效的中止、中断，适用法律有关诉讼时效中止、中断的规定。前款规定的期间，从法律文书规定履行期间的最后一日起计算；法律文书规定分期履行的，从规定的每次履行期间的最后一日起计算；法律文书未规定履行期间的，从法律文书生效之日起计算。

对判决、裁定和其他法律文书指定的行为，被执行人未按执行通知履行的，人民法院可以强制执行或者委托有关单位或者其他人完成，费用由被执行人承担。

被执行人未按判决、裁定和其他法律文书指定的期间履行给付金钱义务的，应当加倍支付迟延履行期间的债务利息。被执行人未按判决、裁定和其他法律文书指定的期间履行其他义务的，应当支付迟延履行金。

被执行人不履行法律文书确定的义务的，人民法院可以对其采取或者通知有关单位协助采取限制出境，在征信系统记录、通过媒体公布不履行义务信息以及法律规定的其他措施。

## 10.2 工程建设行政纠纷处理

在工程建设实践中，有关当事人与行政机关之间经常发生行政纠纷。解决行政纠纷的途径主要是行政复议和行政诉讼。

### 10.2.1 行政复议

1999年4月29日，第九届全国人大常委会第九次会议通过《中华人民共和国行政复议法》（简称《行政复议法》，2009年8月27日第一次修正，2017年9月1日第二次修正）。公民、法人或者其他组织认为具体行政行为侵犯其合法权益，向行政机关提出行政复议申请，行政机关受理行政复议申请、做出行政复议决定，适用本法。

**1. 行政复议范围**

有下列情形之一的，公民、法人或者其他组织可以依照《行政复议法》申请行政复议：

1）对行政机关做出的警告、罚款、没收违法所得、没收非法财物、责令停产停业、暂扣或者吊销许可证、暂扣或者吊销执照、行政拘留等行政处罚决定不服的。

2）对行政机关做出的限制人身自由或者查封、扣押、冻结财产等行政强制措施决定不服的。

3）对行政机关做出的有关许可证、执照、资质证、资格证等证书变更、中止、撤销的决定不服的。

4）对行政机关做出的关于确认土地、矿藏、水流、森林、山岭、草原、荒地、滩涂、海域等自然资源的所有权或者使用权的决定不服的。

5）认为行政机关侵犯合法的经营自主权的。

6）认为行政机关变更或者废止农业承包合同，侵犯其合法权益的。

7）认为行政机关违法集资、征收财物、摊派费用或者违法要求履行其他义务的。

8）认为符合法定条件，申请行政机关颁发许可证、执照、资质证、资格证等证书，或者申请行政机关审批、登记有关事项，行政机关没有依法办理的。

9）申请行政机关履行保护人身权利、财产权利、受教育权利的法定职责，行政机关没有依法履行的。

10）申请行政机关依法发放抚恤金、社会保险金或者最低生活保障费，行政机关没有依法发放的。

11）认为行政机关的其他具体行政行为侵犯其合法权益的。

公民、法人或者其他组织认为行政机关的具体行政行为所依据的下列规定不合法，在对具体行政行为申请行政复议时，可以一并向行政复议机关提出对该规定的审查申请：

1）国务院部门的规定。

2）县级以上地方各级人民政府及其工作部门的规定。

3）乡、镇人民政府的规定。

上述规定不含国务院部、委员会规章和地方人民政府规章。规章的审查依照法律、行政法规办理。

**2. 行政复议申请**

1）公民、法人或者其他组织认为具体行政行为侵犯其合法权益的，可以自知道该具体行政行为之日起60日内提出行政复议申请；但是法律规定的申请期限超过60日的除外。因不可抗力或者其他正当理由耽误法定申请期限的，申请期限自障碍消除之日起继续计算。

2）依照《行政复议法》申请行政复议的公民、法人或者其他组织是申请人。

有权申请行政复议的公民死亡的，其近亲属可以申请行政复议。有权申请行政复议的公民为无民事行为能力人或者限制民事行为能力人的，其法定代理人可以代为申请行政复议。有权申请行政复议的法人或者其他组织终止的，承受其权利的法人或者其他组织可以申请行政复议。

同申请行政复议的具体行政行为有利害关系的其他公民、法人或者其他组织，可以作为第三人参加行政复议。

公民、法人或者其他组织对行政机关的具体行政行为不服申请行政复议的，做出具体行政行为的行政机关是被申请人。

申请人、第三人可以委托代理人代为参加行政复议。

3）申请人申请行政复议，可以书面申请，也可以口头申请；口头申请的，行政复议机关应当当场记录申请人的基本情况、行政复议请求、申请行政复议的主要事实、理由和时间。

4）对县级以上地方各级人民政府工作部门的具体行政行为不服的，由申请人选择，可以向该部门的本级人民政府申请行政复议，也可以向上一级主管部门申请行政复议。

对海关、金融、国税、外汇管理等实行垂直领导的行政机关和国家安全机关的具体行政行为不服的，向上一级主管部门申请行政复议。

5）对地方各级人民政府的具体行政行为不服的，向上一级地方人民政府申请行政复议。

对省、自治区人民政府依法设立的派出机关所属的县级地方人民政府的具体行政行为不服的，向该派出机关申请行政复议。

6）对国务院部门或者省、自治区、直辖市人民政府的具体行政行为不服的，向做出该具体行政行为的国务院部门或者省、自治区、直辖市人民政府申请行政复议。对行政复议决定不服的，可以向人民法院提起行政诉讼；也可以向国务院申请裁决，国务院依照本法的规定做出最终裁决。

7）对《行政复议法》第十二条、第十三条、第十四条规定以外的其他行政机关、组织的具体行政行为不服的，按照下列规定申请行政复议：①对县级以上地方人民政府依法设立的派出机关的具体行政行为不服的，向设立该派出机关的人民政府申请行政复议；②对政府工作部门依法设立的派出机构依照法律、法规或者规章规定，以自己的名义做出的具体行政行为不服的，向设立该派出机构的部门或者该部门的本级地方人民政府申请行政复议；③对法律法规授权的组织的具体行政行为不服的，分别向直接管理该组织的地方人民政府、地方人民政府工作部门或者国务院部门申请行政复议；④对两个或者两个以上行政机关以共同的名义做出的具体行政行为不服的，向其共同上一级行政机关申请行政复议；⑤对被撤销的行政机关在撤销前所做出的具体行政行为不服的，向继续行使其职权的行政机关的上一级行政机关申请行政复议。

有上述情形之一的，申请人也可以向具体行政行为发生地的县级地方人民政府提出行政复议申请，由接受申请的县级地方人民政府依照《行政复议法》第十八条的规定办理。

8）公民、法人或者其他组织申请行政复议，行政复议机关已经依法受理的，或者法律法规规定应当先向行政复议机关申请行政复议、对行政复议决定不服再向人民法院提起行政诉讼的，在法定行政复议期限内不得向人民法院提起行政诉讼。

公民、法人或者其他组织向人民法院提起行政诉讼，人民法院已经依法受理的，不得申请行政复议。

**3. 行政复议受理**

1）行政复议机关收到行政复议申请后，应当在5日内进行审查，对不符合本法规定的行政复议申请，决定不予受理，并书面告知申请人；对符合《行政复议法》规定，但是不属于本机关受理的行政复议申请，应当告知申请人向有关行政复议机关提出。

除上述规定外，行政复议申请自行政复议机关负责法制工作的机构收到之日起即为受理。

2）依照《行政复议法》第十五条第二款的规定接受行政复议申请的县级地方人民政府，对依照《行政复议法》第十五条第一款的规定属于其他行政复议机关受理的行政复议申请，应当自接到该行政复议申请之日起 7 日内，转送有关行政复议机关，并告知申请人。接受转送的行政复议机关应当依照《行政复议法》第十七条的规定办理。

3）法律法规规定应当先向行政复议机关申请行政复议、对行政复议决定不服再向人民法院提起行政诉讼的，行政复议机关决定不予受理或者受理后超过行政复议期限不作答复的，公民、法人或者其他组织可以自收到不予受理决定书之日起或者行政复议期满之日起 15 日内，依法向人民法院提起行政诉讼。

4）公民、法人或者其他组织依法提出行政复议申请，行政复议机关无正当理由不予受理的，上级行政机关应当责令其受理；必要时，上级行政机关也可以直接受理。

5）行政复议期间具体行政行为不停止执行；但是，有下列情形之一的，可以停止执行：①被申请人认为需要停止执行的；②行政复议机关认为需要停止执行的；③申请人申请停止执行，行政复议机关认为其要求合理，决定停止执行的；④法律规定停止执行的。

**4. 行政复议决定**

1）书面审查原则及例外。行政复议原则上采取书面审查的办法，但是申请人提出要求或者行政复议机关负责法制工作的机构认为有必要时，可以向有关组织和人员调查情况，听取申请人、被申请人和第三人的意见。

2）复议程序事项。行政复议机关负责法制工作的机构应当自行政复议申请受理之日起 7 日内，将行政复议申请书副本或者行政复议申请笔录复印件发送被申请人。被申请人应当自收到申请书副本或者申请笔录复印件之日起 10 日内，提出书面答复，并提交当初做出具体行政行为的证据、依据和其他有关材料。

申请人、第三人可以查阅被申请人提出的书面答复、做出具体行政行为的证据、依据和其他有关材料，除涉及国家秘密、商业秘密或者个人隐私外，行政复议机关不得拒绝。

3）被申请人不得自行取证。在行政复议过程中，被申请人不得自行向申请人和其他有关组织或者个人收集证据。

4）申请的撤回。行政复议决定做出前，申请人要求撤回行政复议申请的，经说明理由，可以撤回；撤回行政复议申请的，行政复议终止。

5）复诉机关对规定的处理。申请人在申请行政复议时，一并提出对《行政复议法》第七条所列有关规定的审查申请的，行政复议机关对该规定有权处理的，应当在 30 日内依法处理；无权处理的，应当在 7 日内按照法定程序转送有权处理的行政机关依法处理，有权处理的行政机关应当在 60 日内依法处理。处理期间，中止对具体行政行为的审查。

6）对具体行政行为依据的审查。行政复议机关在对被申请人做出的具体行政行为进行审查时，认为其依据不合法，本机关有权处理的，应当在 30 日内依法处理；无权处理的，应当在 7 日内按照法定程序转送有权处理的国家机关依法处理。处理期间，中止对具体行政行为的审查。

7）复议决定的做出。行政复议机关负责法制工作的机构应当对被申请人做出的具体行政行为进行审查，提出意见，经行政复议机关的负责人同意或者集体讨论通过后，按照下列规定做出行政复议决定。①具体行政行为认定事实清楚，证据确凿，适用依据正确，程序合法，内容适当的，决定维持；②被申请人不履行法定职责的，决定其在一定期限内履行；③具体行政行为有下列情形之一的，决定撤销、变更或者确认该具体行政行为违法；决定撤销或者确认该具体行政行为违法的，可以责令被申请人在一定期限内重新做出具体行政行为：a. 主要事实不清、证据不足的；b. 适用依据错误的；c. 违反法定程序的；d. 超越或者滥用职权的；e. 具体行政行为明显不当的。

被申请人不按照《行政复议法》第二十三条的规定提出书面答复、提交当初做出具体行政行为的证据、依据和其他有关材料的，视为该具体行政行为没有证据、依据，决定撤销该具体行政行为。

行政复议机关责令被申请人重新做出具体行政行为的，被申请人不得以同一的事实和理由做出与原具体行政行为相同或者基本相同的具体行政行为。

8）行政赔偿。申请人在申请行政复议时可以一并提出行政赔偿请求，行政复议机关对符合国家赔偿法的有关规定应当给予赔偿的，在决定撤销、变更具体行政行为或者确认具体行政行为违法时，应当同时决定被申请人依法给予赔偿。

申请人在申请行政复议时没有提出行政赔偿请求的，行政复议机关在依法决定撤销或者变更罚款、撤销违法集资、没收财物、征收财物、摊派费用以及对财产的查封、扣押、冻结等具体行政行为时，应当同时责令被申请人返还财产，解除对财产的查封、扣押、冻结措施，或者赔偿相应的价款。

9）对侵犯自然资源所有权或使用权行为的先行复议原则。公民、法人或者其他组织认为行政机关的具体行政行为侵犯其已经依法取得的土地、矿藏、水流、森林、山岭、草原、荒地、滩涂、海域等自然资源的所有权或者使用权的，应当先申请行政复议；对行政复议决定不服的，可以依法向人民法院提起行政诉讼。

根据国务院或者省、自治区、直辖市人民政府对行政区划的勘定、调整或者征收土地的决定，省、自治区、直辖市人民政府确认土地、矿藏、水流、森林、山岭、草原、荒地、滩涂、海域等自然资源的所有权或者使用权的行政复议决定为最终裁决。

10）复议决定期限。行政复议机关应当自受理申请之日起 60 日内做出行政复议决定；但是法律规定的行政复议期限少于 60 日的除外。情况复杂，不能在规定期限内做出行政复议决定的，经行政复议机关的负责人批准，可以适当延长，并告知申请人和被申请人；但是延长期限最多不超过 30 日。行政复议机关做出行政复议决定，应当制作行政复议决定书，并加盖印章。行政复议决定书一经送达，即发生法律效力。

11）复议决定的履行。被申请人应当履行行政复议决定。被申请人不履行或者无正当理由拖延履行行政复议决定的，行政复议机关或者有关上级行政机关应当责令其限期履行。

12）不履行复议决定的处理。申请人逾期不起诉又不履行行政复议决定的，或者不履行最终裁决的行政复议决定的，按照下列规定分别处理：维持具体行政行为的行政复议决定，由做出具体行政行为的行政机关依法强制执行，或者申请人民法院强制执行；变更具体行政行为的行政复议决定，由行政复议机关依法强制执行，或者申请人民法院强制执行。

公民、法人或者其他组织对行政复议决定不服的，可以依照行政诉讼法的规定向人民法院提起行政诉讼，但是法律规定行政复议决定为最终裁决的除外。

行政复议机关受理行政复议申请，不得向申请人收取任何费用。行政复议活动所需经费，应当列入本机关的行政经费，由本级财政予以保障。

## 10.2.2 行政诉讼

1989年4月4日第七届全国人民代表大会第二次会议通过《中华人民共和国行政诉讼法》（简称《行政诉讼法》，2014年第一次修正，2017年第二次修正）。《最高人民法院关于行政诉讼证据若干问题的规定》于2002年6月4日由最高人民法院审判委员会第1224次会议通过，自2002年10月1日起施行。《最高人民法院关于适用〈中华人民共和国行政诉讼法〉的解释》于2017年11月13日由最高人民法院审判委员会第1726次会议通过，自2018年2月8日起施行。

**1. 受案范围**

1）人民法院受理公民、法人或者其他组织提起的下列诉讼：①对行政拘留、暂扣或者吊销许可证和执照、责令停产停业、没收违法所得、没收非法财物、罚款、警告等行政处罚不服的；②对限制人身自由或者对财产的查封、扣押、冻结等行政强制措施和行政强制执行不服的；③申请行政许可，行政机关拒绝或者在法定期限内不予答复，或者对行政机关做出的有关行政许可的其他决定不服的；④对行政机关做出的关于确认土地、矿藏、水流、森林、山岭、草原、荒地、滩涂、海域等自然资源的所有权或者使用权的决定不服的；⑤对征收、征用决定及其补偿决定不服的；⑥申请行政机关履行保护人身权、财产权等合法权益的法定职责，行政机关拒绝履行或者不予答复的；⑦认为行政机关侵犯其经营自主权或者农村土地承包经营权、农村土地经营权的；⑧认为行政机关滥用行政权力排除或者限制竞争的；⑨认为行政机关违法集资、摊派费用或者违法要求履行其他义务的；⑩认为行政机关没有依法支付抚恤金、最低生活保障待遇或者社会保险待遇的；⑪认为行政机关不依法履行、未按照约定履行或者违法变更、解除政府特许经营协议、土地房屋征收补偿协议等协议的；⑫认为行政机关侵犯其他人身权、财产权等合法权益的。

除上述规定外，人民法院受理法律、法规规定可以提起诉讼的其他行政案件。

2）人民法院不受理公民、法人或者其他组织对下列事项提起的诉讼：①国防、外交等国家行为；②行政法规、规章或者行政机关制定、发布的具有普遍约束力的决定、命令；③行政机关对行政机关工作人员的奖惩、任免等决定；④法律规定由行政机关最终裁决的行政行为。

**2. 起诉和受理**

1）对属于人民法院受案范围的行政案件，公民、法人或者其他组织可以先向行政机关申请复议，对复议决定不服的，再向人民法院提起诉讼；也可以直接向人民法院提起诉讼。法律法规规定应当先向行政机关申请复议，对复议决定不服再向人民法院提起诉讼的，依照法律法规的规定。

2）公民、法人或者其他组织不服复议决定的，可以在收到复议决定书之日起15日内向人民法院提起诉讼。复议机关逾期不做决定的，申请人可以在复议期满之日起15日内向人民法院提起诉讼。法律另有规定的除外。

3）公民、法人或者其他组织直接向人民法院提起诉讼的，应当自知道或者应当知道做出行政行为之日起6个月内提出。法律另有规定的除外。

因不动产提起诉讼的案件自行政行为做出之日起超过 20 年，其他案件自行政行为做出之日起超过五年提起诉讼的，人民法院不予受理。

4）公民、法人或者其他组织申请行政机关履行保护其人身权、财产权等合法权益的法定职责，行政机关在接到申请之日起 2 个月内不履行的，公民、法人或者其他组织可以向人民法院提起诉讼。法律法规对行政机关履行职责的期限另有规定的，从其规定。

公民、法人或者其他组织在紧急情况下请求行政机关履行保护其人身权、财产权等合法权益的法定职责，行政机关不履行的，提起诉讼不受前款规定期限的限制。

5）公民、法人或者其他组织因不可抗力或者其他不属于其自身的原因耽误起诉期限的，被耽误的时间不计算在起诉期限内。公民、法人或者其他组织因前款规定以外的其他特殊情况耽误起诉期限的，在障碍消除后 10 日内，可以申请延长期限，是否准许由人民法院决定。

6）提起诉讼应当符合下列条件：原告是符合《行政诉讼法》第二十五条规定的公民、法人或者其他组织；有明确的被告；有具体的诉讼请求和事实根据；属于人民法院受案范围和受诉人民法院管辖。

7）起诉应当向人民法院递交起诉状，并按照被告人数提出副本。书写起诉状确有困难的，可以口头起诉，由人民法院记入笔录，出具注明日期的书面凭证，并告知对方当事人。

8）人民法院在接到起诉状时对符合本法规定的起诉条件的，应当登记立案。对当场不能判定是否符合本法规定的起诉条件的，应当接收起诉状，出具注明收到日期的书面凭证，并在 7 日内决定是否立案。不符合起诉条件的，做出不予立案的裁定。裁定书应当载明不予立案的理由。原告对裁定不服的，可以提起上诉。

起诉状内容欠缺或者有其他错误的，应当给予指导和释明，并一次性告知当事人需要补正的内容。不得未经指导和释明即以起诉不符合条件为由不接收起诉状。

对于不接收起诉状、接收起诉状后不出具书面凭证，以及不一次性告知当事人需要补正的起诉状内容的，当事人可以向上级人民法院投诉，上级人民法院应当责令改正，并对直接负责的主管人员和其他直接责任人员依法给予处分。

9）人民法院既不立案，又不做出不予立案裁定的，当事人可以向上一级人民法院起诉。上一级人民法院认为符合起诉条件的，应当立案、审理，也可以指定其他下级人民法院立案、审理。

10）公民、法人或者其他组织认为行政行为所依据的国务院部门和地方人民政府及其部门制定的规范性文件不合法，在对行政行为提起诉讼时，可以一并请求对该规范性文件进行审查。上述规范性文件不含规章。

**3. 第一审普通程序**

1）人民法院应当在立案之日起 5 日内，将起诉状副本发送被告。被告应当在收到起诉状副本之日起 15 日内向人民法院提交做出行政行为的证据和所依据的规范性文件，并提出答辩状。人民法院应当在收到答辩状之日起 5 日内，将答辩状副本发送原告。被告不提出答辩状的，不影响人民法院审理。

2）人民法院审理行政案件，由审判员组成合议庭，或者由审判员、陪审员组成合议庭。合议庭的成员，应当是 3 人以上的单数。

3）行政行为证据确凿，适用法律法规正确，符合法定程序的，或者原告申请被告履行法定职责或者给付义务理由不成立的，人民法院判决驳回原告的诉讼请求。

4）行政行为有下列情形之一的，人民法院判决撤销或者部分撤销，并可以判决被告重新做出行政行为：①主要证据不足的；②适用法律法规错误的；③违反法定程序的；④超越职权的；⑤滥用职权的；⑥明显不当的。

5）人民法院判决被告重新做出行政行为的，被告不得以同一的事实和理由做出与原行政行为基本相同的行政行为。

6）人民法院经过审理，查明被告不履行法定职责的，判决被告在一定期限内履行。

7）人民法院经过审理，查明被告依法负有给付义务的，判决被告履行给付义务。

8）行政行为有下列情形之一的，人民法院判决确认违法，但不撤销行政行为：①行政行为依法应当撤销，但撤销会给国家利益、社会公共利益造成重大损害的；②行政行为程序轻微违法，但对原告权利不产生实际影响的。

行政行为有下列情形之一，不需要撤销或者判决履行的，人民法院判决确认违法：①行政行为违法，但不具有可撤销内容的；②被告改变原违法行政行为，原告仍要求确认原行政行为违法的；③被告不履行或者拖延履行法定职责，判决履行没有意义的。

9）行政行为有实施主体不具有行政主体资格或者没有依据等重大且明显违法情形，原告申请确认行政行为无效的，人民法院判决确认无效。

10）人民法院判决确认违法或者无效的，可以同时判决责令被告采取补救措施；给原告造成损失的，依法判决被告承担赔偿责任。

11）行政处罚明显不当，或者其他行政行为涉及对款额的确定、认定确有错误的，人民法院可以判决变更。人民法院判决变更，不得加重原告的义务或者减损原告的权益。但利害关系人同为原告，且诉讼请求相反的除外。

12）被告不依法履行、未按照约定履行或者违法变更、解除《行政诉讼法》第十二条第一款第十一项规定的协议的，人民法院判决被告承担继续履行、采取补救措施或者赔偿损失等责任。

被告变更、解除《行政诉讼法》第十二条第一款第十一项规定的协议合法，但未依法给予补偿的，人民法院判决给予补偿。

13）复议机关与做出原行政行为的行政机关为共同被告的案件，人民法院应当对复议决定和原行政行为一并做出裁判。

14）人民法院对公开审理和不公开审理的案件，一律公开宣告判决。当庭宣判的，应当在10日内发送判决书；定期宣判的，宣判后立即发给判决书。宣告判决时，必须告知当事人上诉权利、上诉期限和上诉的人民法院。

15）人民法院应当在立案之日起6个月内做出第一审判决。有特殊情况需要延长的，由高级人民法院批准，高级人民法院审理第一审案件需要延长的，由最高人民法院批准。

**4. 第二审程序**

1）当事人不服人民法院第一审判决的，有权在判决书送达之日起15日内向上一级人民法院提起上诉。当事人不服人民法院第一审裁定的，有权在裁定书送达之日起10日内向上一级人民法院提起上诉。逾期不提起上诉的，人民法院的第一审判决或者裁定发生法律效力。

2）人民法院对上诉案件，应当组成合议庭，开庭审理。经过阅卷、调查和询问当事人，对没有提出新的事实、证据或者理由，合议庭认为不需要开庭审理的，也可以不开庭审理。

3）人民法院审理上诉案件，应当对原审人民法院的判决、裁定和被诉行政行为进行全面审查。

4）人民法院审理上诉案件，应当在收到上诉状之日起3个月内做出终审判决。有特殊情况需要延长的，由高级人民法院批准，高级人民法院审理上诉案件需要延长的，由最高人民法院批准。

5）人民法院审理上诉案件，按照下列情形，分别处理：①原判决、裁定认定事实清楚，适用法律法规正确的，判决或者裁定驳回上诉，维持原判决、裁定；②原判决、裁定认定事实错误或者适用法律法规错误的，依法改判、撤销或者变更；③原判决认定基本事实不清、证据不足的，发回原审人民法院重审，或者查清事实后改判；④原判决遗漏当事人或者违法缺席判决等严重违反法定程序的，裁定撤销原判决，发回原审人民法院重审。

原审人民法院对发回重审的案件做出判决后，当事人提起上诉的，第二审人民法院不得再次发回重审。

人民法院审理上诉案件，需要改变原审判决的，应当同时对被诉行政行为做出判决。

**5. 审判监督程序**

1）当事人对已经发生法律效力的判决、裁定，认为确有错误的，可以向上一级人民法院申请再审，但判决、裁定不停止执行。

2）当事人的申请符合下列情形之一的，人民法院应当再审：①不予立案或者驳回起诉确有错误的；②有新的证据，足以推翻原判决、裁定的；③原判决、裁定认定事实的主要证据不足、未经质证或者系伪造的；④原判决、裁定适用法律法规确有错误的；⑤违反法律规定的诉讼程序，可能影响公正审判的；⑥原判决、裁定遗漏诉讼请求的；⑦据以做出原判决、裁定的法律文书被撤销或者变更的；⑧审判人员在审理该案件时有贪污受贿、徇私舞弊、枉法裁判行为的。

3）各级人民法院院长对本院已经发生法律效力的判决、裁定，发现有《行政诉讼法》第九十一条规定情形之一，或者发现调解违反自愿原则或者调解书内容违法，认为需要再审的，应当提交审判委员会讨论决定。

最高人民法院对地方各级人民法院已经发生法律效力的判决、裁定，上级人民法院对下级人民法院已经发生法律效力的判决、裁定，发现有《行政诉讼法》第九十一条规定情形之一，或者发现调解违反自愿原则或者调解书内容违法的，有权提审或者指令下级人民法院再审。

4）最高人民检察院对各级人民法院已经发生法律效力的判决、裁定，上级人民检察院对下级人民法院已经发生法律效力的判决、裁定，发现有《行政诉讼法》第九十一条规定情形之一，或者发现调解书损害国家利益、社会公共利益的，应当提出抗诉。

地方各级人民检察院对同级人民法院已经发生法律效力的判决、裁定，发现有《行政诉讼法》第九十一条规定情形之一，或者发现调解书损害国家利益、社会公共利益的，可以向同级人民法院提出检察建议，并报上级人民检察院备案；也可以提请上级人民检察院向同级人民法院提出抗诉。

各级人民检察院对审判监督程序以外的其他审判程序中审判人员的违法行为，有权向同级人民法院提出检察建议。

**6. 执行**

1）当事人必须履行人民法院发生法律效力的判决、裁定、调解书。

2）公民、法人或者其他组织拒绝履行判决、裁定、调解书的，行政机关或者第三人可以向第一审人民法院申请强制执行，或者由行政机关依法强制执行。

3）行政机关拒绝履行判决、裁定、调解书的，第一审人民法院可以采取下列措施：①对应当归还的罚款或者应当给付的款额，通知银行从该行政机关的账户内划拨；②在规定期限内不履行的，从期满之日起，对该行政机关负责人按日处50元至100元的罚款；③将行政机关拒绝履行的情况予以公告；④向监察机关或者该行政机关的上一级行政机关提出司法建议。接受司法建议的机关，根据有关规定进行处理，并将处理情况告知人民法院；⑤拒不履行判决、裁定、调解书，社会影响恶劣的，可以对该行政机关直接负责的主管人员和其他直接责任人员予以拘留；情节严重，构成犯罪的，依法追究刑事责任。

4）公民、法人或者其他组织对行政行为在法定期限内不提起诉讼又不履行的，行政机关可以申请人民法院强制执行，或者依法强制执行。

## 10.3 工程建设法律实务专题10——建设工程施工合同纠纷案件证据

处理纠纷案件，关键的问题就是证据的问题。我国《民事诉讼法》及相关司法解释规定了系统的民事诉讼证据规则，对于建设工程施工合同纠纷的处理同样适用。

### 10.3.1 民事诉讼证据基本规定

**1. 证据种类**

根据《民事诉讼法》证据种类包括：①当事人的陈述；②书证；③物证；④视听资料；⑤电子数据；⑥证人证言；⑦鉴定意见；⑧勘验笔录。其中电子数据包括下列信息、电子文件：①网页、博客、微博客等网络平台发布的信息；②手机短信、电子邮件、即时通信、通信群组等网络应用服务的通信信息；③用户注册信息、身份认证信息、电子交易记录、通信记录、登录日志等信息；④文档、图片、音频、视频、数字证书、计算机程序等电子文件；⑤其他以数字化形式存储、处理、传输的能够证明案件事实的信息。

**2. 举证期限**

当事人对自己提出的主张应当及时提供证据。人民法院根据当事人的主张和案件审理情况，确定当事人应当提供的证据及其期限。当事人在该期限内提供证据确有困难的，可以向人民法院申请延长期限，人民法院根据当事人的申请适当延长。当事人逾期提供证据的，人民法院应当责令其说明理由；拒不说明理由或者理由不成立的，人民法院根据不同情形可以不予采纳该证据，或者采纳该证据但予以训诫、罚款。

在做出判决前，当事人未能提供证据或者证据不足以证明其事实主张的，由负有举证证明责任的当事人承担不利的后果。

人民法院应当在审理前的准备阶段确定当事人的举证期限。举证期限可以由当事人协商，并经人民法院准许。人民法院确定举证期限，第一审普通程序案件不得少于15日，当事人提供新的证据的第二审案件不得少于10日。举证期限届满后，当事人对已经提供的证据，申请提供反驳证据或者对证据来源、形式等方面的瑕疵进行补正的，人民法院可以酌情再次确定举证期限，该期限不受上述规定的限制。

当事人申请延长举证期限的，应当在举证期限届满前向人民法院提出书面申请。申请理由成立的，人民法院应当准许，适当延长举证期限，并通知其他当事人。延长的举证期限适用于其他当事人。申请理由不成立的，人民法院不予准许，并通知申请人。

当事人逾期提供证据的，人民法院应当责令其说明理由，必要时可以要求其提供相应的证据。当事人因客观原因逾期提供证据，或者对方当事人对逾期提供证据未提出异议的，视为未逾期。

当事人因故意或者重大过失逾期提供的证据，人民法院不予采纳。但该证据与案件基本事实有关的，人民法院应当采纳，并依照规定予以训诫、罚款。当事人非因故意或者重大过失逾期提供的证据，人民法院应当采纳，并对当事人予以训诫。当事人一方要求另一方赔偿因逾期提供证据致使其增加的交通、住宿、就餐、误工、证人出庭作证等必要费用的，人民法院可予支持。

**3. 自认**

一方当事人在法庭审理中，或者在起诉状、答辩状、代理词等书面材料中，对于己不利的事实明确表示承认的，另一方当事人无须举证证明。对于涉及身份关系、国家利益、社会公共利益等应当由人民法院依职权调查的事实，不适用上述自认的规定。

自认的事实与查明的事实不符的，人民法院不予确认。

一方当事人对于另一方当事人主张的于己不利的事实既不承认也不否认，经审判人员说明并询问后，其仍然不明确表示肯定或者否定的，视为对该事实的承认。

当事人委托诉讼代理人参加诉讼的，除授权委托书明确排除的事项外，诉讼代理人的自认视为当事人的自认。当事人在场对诉讼代理人的自认明确否认的，不视为自认。有下列情形之一，当事人在法庭辩论终结前撤销自认的，人民法院应当准许：①经对方当事人同意的；②自认是在受胁迫或者重大误解情况下做出的。人民法院准许当事人撤销自认的，应当做出口头或者书面裁定。

## 10.3.2 建设工程鉴定

在建设工程纠纷案件处理过程中，经常涉及进行司法鉴定的问题，如工程造价、工程质量鉴定等。而鉴定的问题是一个比较复杂的问题，有必要专门进行研究。

**1. 司法鉴定基本概念和法律依据**

2005年2月28日，第十届全国人大常委会第十四次会议通过《全国人民代表大会常务委员会关于司法鉴定管理问题的决定》（简称《决定》，2015年4月修正）。根据该《决定》，司法鉴定是指在诉讼活动中鉴定人运用科学技术或者专门知识对诉讼涉及的专门性问题进行鉴别和判断并提供鉴定意见的活动。关于司法鉴定的主要规定还有：2016年5月1日起施行的国家司法部《司法鉴定程序通则》；2019年6月1日起施行的国家司法部《司法鉴定执业活动投诉处理办法》；2005年9月30日施行的国家司法部《司法鉴定机构登记管理办法》等。

很显然，司法鉴定包括民事诉讼中的鉴定。根据《民事诉讼法》第六十三条规定，鉴定意见属于证据的一种。该法第七十六条规定："当事人可以就查明事实的专门性问题向人民法院申请鉴定。当事人申请鉴定的，由双方当事人协商确定具备资格的鉴定人；协商不成的，由人民法院指定。当事人未申请鉴定，人民法院对专门性问题认为需要鉴定的，应当委托具备资格的鉴定人进行鉴定。"《最高人民法院关于适用〈中华人民共和国民事诉讼法〉的解释》第一百二十一条规定："当事人申请鉴定，可以在举证期限届满前提出。申请鉴定的事项与待证事实无关联，或者对证明待证事实无意义的，人民法院不予准许。人民法院准许当事人鉴定申请的，应当组织双方当事人协商确定具备相应资格的鉴定人。当事人协商不成的，由人民法院指定。符合依职权调查收集证据条件的，人民法院应当依职权委托鉴定，在询问当事人的意见后，指定具备相应资格的鉴定人。"

**2. 建设工程司法鉴定基本规定**

根据 2014 年 3 月 17 日实施的国家司法部《建设工程司法鉴定程序规范》，建设工程司法鉴定主要包括建设工程质量类司法鉴定和建设工程造价类司法鉴定，但该规范于 2018 年 11 月 8 日废止。

**3. 建设工程造价鉴定**

2017 年 8 月 31 日，住房和城乡建设部发布公告，批准《建设工程造价鉴定规范》为国家标准，编号为 GB/T 51262—2017，自 2018 年 3 月 1 日起实施，主要内容如下：

（1）工程造价鉴定的概念

工程造价鉴定，指鉴定机构接受人民法院或仲裁机构委托，在诉讼或仲裁案件中，鉴定人运用工程造价方面的科学技术和专业知识，对工程造价争议中涉及的专门性问题进行鉴别、判断并提供鉴定意见的活动。

（2）出庭做证

鉴定人经委托人通知，应当依法出庭做证，接受当事人对工程造价鉴定意见书的质询，回答与鉴定事项有关的问题。鉴定人因法定事由不能出庭做证的，经委托人同意后，可以书面形式答复当事人的质询。

未经委托人同意，鉴定人拒不出庭做证，导致鉴定意见不能作为认定事实的根据的，支付鉴定费用的当事人要求返还鉴定费用的，应当返还。

鉴定人出庭做证时，应当携带鉴定人的身份证明，包括身份证、造价工程师注册证、专业技术职称证等，在委托人要求时出示。

鉴定人出庭前应做好准备工作，熟悉和准确理解专业领域相应的法律法规和标准、规范以及鉴定项目的合同约定等。

鉴定机构宜在开庭前，向委托人要求当事人提交所需回答的问题或对鉴定意见书有异议的内容，以便于鉴定人准备。

鉴定人出庭做证时，应依法、客观、公正、有针对性地回答与鉴定事项有关的问题。

鉴定人出庭做证时，对与鉴定事项无关的问题，可经委托人允许，不予回答。

（3）证据的采用

鉴定机构应提请委托人对以下事项予以明确，作为鉴定依据：委托人已查明的与鉴定事项相关的事实；委托人已认定的与鉴定事项相关的法律关系性质和行为效力；委托人对证据中影响鉴定结论重大问题的处理决定；其他应由委托人明确的事项。

经过当事人质证认可，委托人确认了证明力的证据，或在鉴定过程中，当事人经证据交换已认可无异议并报委托人记录在卷的证据，鉴定人应当作为鉴定依据。

当事人对证据的真实性提出异议，或证据本身彼此矛盾，鉴定人应及时提请委托人认定并按照委托人认定的证据作为鉴定依据。如委托人未及时认定，或认为需要鉴定人按照争议的证据出具多种鉴定意见的，鉴定人应在征求当事人对于有争议的证据的意见并书面记录后，将该部分有争议的证据分别鉴定并将鉴定意见单列，供委托人判断使用。

当事人对证据的异议，鉴定人认为可以通过现场勘验解决的，应提请委托人组织现场勘验。

当事人对证据的关联性提出异议，鉴定人应提请委托人决定。委托人认为是专业性问题并请鉴定人鉴别的，鉴定人应依据相关法律法规、工程造价专业技术知识，经过甄别后提出意见，供委托人判断使用。

同一事项当事人提供的证据相同，一方当事人对此提出异议但又未提出新证据的；或一方当事人提供的证据，另一方当事人提出异议但又未提出能否认该证据的相反证据的，在委托人未确认前，鉴定人可暂用此证据作为鉴定依据进行鉴定，并将鉴定意见单列，供委托人判断使用。

同一事项的同一证据，当事人对其理解不同发生争议，鉴定人可按不同的理解分别做出鉴定意见并说明，供委托人判断使用。

一方当事人不参加按第4.3.4条和第4.3.5条规定组织的证据交换、证据确认的，鉴定人应提请委托人决定并按委托人的决定执行；委托人未及时决定的，鉴定人可暂按另一方当事人提交的证据进行鉴定并在鉴定意见书中说明这一情况，供委托人判断使用。

（4）鉴定方法

鉴定项目可以划分为分部分项工程、单位工程、单项工程的，鉴定人应分别进行鉴定后汇总。

鉴定人应根据合同约定的计价原则和方法进行鉴定。如因证据所限，无法采用合同约定的计价原则和方法的，应按照与合同约定相近的原则，选择施工图算或工程量清单计价方法或概算、估算的方法进行鉴定。

根据案情需要，鉴定人应当按照委托人的要求，根据当事人的争议事项列出鉴定意见，便于委托人判断使用。

鉴定过程中，鉴定人可从专业的角度，促使当事人对一些争议事项达成妥协性意见，并告知委托人。鉴定人应将妥协性意见制作成书面文件由当事人各方签字（盖章）确认，并在鉴定意见书中予以说明。

鉴定过程中，当事人之间的争议通过鉴定逐步减少，有和解意向时，鉴定人应以专业的角度促使当事人和解，并将此及时报告委托人，便于争议的顺利解决。

（5）计价争议的鉴定

当事人因工程变更导致工程量数量变化，要求调整综合单价发生争议的；或对新增工程项目组价发生争议的，鉴定人应按以下规定进行鉴定：①合同中有约定的，应按合同约定进行鉴定；②合同中约定不明的，鉴定人应厘清合同履行情况，如是按合同履行的，应向委托人提出按其进行鉴定；如没有履行，可按现行国家标准计价规范的相关规定进行鉴定，供委托人判断使用；③合同中没有约定的，应提请委托人决定并按其决定进行鉴定，委托人暂不决定的，可按现行国家标准计价规范的相关规定进行鉴定，供委托人判断使用。

当事人因物价波动，要求调整合同价款发生争议的，鉴定人应按以下规定进行鉴定：①合同中约定了计价风险范围和幅度的，按合同约定进行鉴定；合同中约定了物价波动可以调整，但没有约定风险范围和幅度的，应提请委托人决定，按现行国家标准计价规范的相关规定进行鉴定；但已经采用价格指数法进行了调整的除外；②合同中约定物价波动不予调整的，仍应对实行政府定价或政府指导价的材料按《合同法》的相关规定进行鉴定。

当事人因人工费调整文件，要求调整人工费发生争议的，鉴定人应按以下规定进行鉴定。①如合同中约定不执行的，鉴定人应提请委托人决定并按其决定进行鉴定；②合同中没有约定或约定不明的，鉴定人应提请委托人决定并按其决定进行鉴定，委托人要求鉴定人提出意见的，鉴定人应分析鉴别：如人工费的形成是以鉴定项目所在地工程造价管理部门发布的人工费为基础在合同中约定的，可按工程所在地人工费调整文件做出鉴定意见；如不是，则应做出否定性意见，供委托人判断使用。

当事人因材料价格发生争议的，鉴定人应提请委托人决定并按其决定进行鉴定。委托人未及时决定可按以下规定进行鉴定，供委托人判断使用：①材料价格在采购前经发包人或其代表签批认可的，应按签批的材料价格进行鉴定；②材料采购前未报发包人或其代表认质认价的，应按合同约定的价格进行鉴定；③发包人认为承包人采购的材料不符合质量要求，不予认价的，应按双方约定的价格进行鉴定，质量方面的争议应告知发包人另行申请质量鉴定。

发包人以工程质量不合格为由，拒绝办理工程结算而发生争议的，鉴定人应按以下规定进行鉴定：①已竣工验收合格或已竣工未验收但发包人已投入使用的工程，工程结算按合同约定进行鉴定；②已竣工未验收且发包人未投入使用的工程，以及停工、停建工程，鉴定人应对无争议、有争议的项目分别按合同约定进行鉴定。工程质量争议应告知发包人申请工程质量鉴定，待委托人分清当事人的质量责任后，分别按照工程造价鉴定意见判断采用。

**4. 当事人应认真对待建设工程鉴定**

在建设工程施工合同纠纷处理中，鉴定非常关键，因此当事人必须认真对待。

（1）按期申请鉴定

人民法院在审理案件过程中认为待证事实需要通过鉴定意见证明的，应当向当事人释明，并指定提出鉴定申请的期间。符合《最高人民法院关于适用〈中华人民共和国民事诉讼法〉的解释》第九十六条第一款规定情形的，人民法院应当依职权委托鉴定。

当事人申请鉴定，应当在人民法院指定期间内提出，并预交鉴定费用。逾期不提出申请或者不预交鉴定费用的，视为放弃申请。对需要鉴定的待证事实负有举证责任的当事人，在人民法院指定期间内无正当理由不提出鉴定申请或者不预交鉴定费用，或者拒不提供相关材料，致使待证事实无法查明的，应当承担举证不能的法律后果。

（2）认真参加质证

人民法院应当组织当事人对鉴定材料进行质证。未经质证的材料，不得作为鉴定的根据。经人民法院准许，鉴定人可以调取证据、勘验物证和现场、询问当事人或者证人。

(3) 对鉴定书的内容有异议的应及时提出

当事人对鉴定书的内容有异议的，应当在人民法院指定期间内以书面方式提出。对于当事人的异议，人民法院应当要求鉴定人做出解释、说明或者补充。人民法院认为有必要的，可以要求鉴定人对当事人未提出异议的内容进行解释、说明或者补充。当事人在收到鉴定人的书面答复后仍有异议的，人民法院应当根据《诉讼费用交纳办法》第十一条的规定，通知有异议的当事人预交鉴定人出庭费用，并通知鉴定人出庭。有异议的当事人不预交鉴定人出庭费用的，视为放弃异议。双方当事人对鉴定意见均有异议的，分摊预交鉴定人出庭费用。

(4) 充分利用重新鉴定的权利

当事人申请重新鉴定，存在下列情形之一的，人民法院应当准许：①鉴定人不具备相应资格的；②鉴定程序严重违法的；③鉴定意见明显依据不足的；④鉴定意见不能作为证据使用的其他情形。对鉴定意见的瑕疵，可以通过补正、补充鉴定或者补充质证、重新质证等方法解决的，人民法院不予准许重新鉴定的申请。重新鉴定的，原鉴定意见不得作为认定案件事实的根据。

(5) 自行委托鉴定的反驳

对于一方当事人就专门性问题自行委托有关机构或者人员出具的意见，另一方当事人有证据或者理由足以反驳并申请鉴定的，人民法院应予准许。

实践中，关于鉴定的具体操作问题，可参考常设中国建设工程法律论坛第五工作组编写的《建设工程施工合同纠纷鉴定指引》，该指引对建设工程鉴定进行了系统性地梳理，引导规范鉴定程序、提高鉴定与案件审理质量和效率。

## 案例分析

### A 有限公司与 B 建设集团有限责任公司建设工程施工合同纠纷案

【案情介绍】

上诉人 A 有限公司（简称 A 公司）因与被上诉人 B 建设集团有限责任公司（简称 B 公司）建设工程施工合同纠纷一案，不服四川省高级人民法院（2017）民事裁定，向中华人民共和国最高人民法院提起上诉。

A 公司上诉请求：①撤销四川省高级人民法院民事裁定；②改判支持 A 公司的全部诉讼请求；③本案第一和第二审诉讼费由 B 公司负担。审理过程中变更第二项诉讼请求为：撤销原裁定，指令四川省高级人民法院继续审理本案。事实与理由：第一审法院对 A 公司提交的证据材料未进行全面审查，对基本事实未进行认定，仅以 A 公司未配合提交鉴定检材，无法进行鉴定为由，草率判定 A 公司承担举证不能的法律后果，是基本事实未查清，认定依据明显错误。A 公司提交了加盖有 B 公司印章的资质材料、授权委托书、分包合同、往来函件、结算单、会议纪要、会议签到表等材料，证明合同关系成立并已实际履行。B 公司南充办事处总经理白某代表 B 公司就案涉工程与黄某签订内部承包责任合同，向 B 公司支付管理费、律师费等 B 公司内部管理方面的材料，会东县人力资源与社会保障局出具的"关于 A 公司代付农民工工资的证明"，成都市公安局高新技术产业开发区分局新益州治安派出所关于 B 公司员工李某、夏某的询问笔录等第三方佐证材料，以上材料形成了完整的证据链，足以证明B公司参与了案涉工程的施工管理，是本案适格被告。白某作为B公司南充办事处总经理，参与了案涉工程的前期管理以及合同解除后经济问题的协商谈判，出席了相关会议并签订了会议纪要，以上情况A公司提交了南充市外地企业入南从事建筑活动登记证书、白某与B公司关于工程款管理费的支付凭证、就B公司退场问题进行协商的会议纪要等证据，充分证明B公司对案涉工程是知情的，参与了案涉工程的施工管理。李某作为B公司总部员工（有社保缴费记录），具体负责南充办事处与B公司总部之间的财务往来和联系、报备资料等工作，其在新益州治安派出所的陈述也可以印证，白某为B公司南充办事处负责人，向B公司总部缴纳了年度管理费，并就案涉项目向B公司另行缴纳了管理费，B公司实际参与了涉案工程，对工程是完全知情的。第一审法院启动的鉴定是B公司申请的，用以证明案涉工程中加盖的B公司印章是假的，根据"谁主张、谁举证"的原则，举证责任在B公司。根据A公司了解的情况，案涉合同加盖的印章在其他合同中使用过，A公司要求就案涉合同加盖的印章与其他合同中出现的印章对比鉴定，第一审法院却以"未证明其主张的检材上印章与B公司的关联性"为由驳回鉴定申请，实在难以理解。同时，第一审法院关于"已有生效判决认定存在他人冒用B公司名义私刻B公司印章签订合同从事建设工程施工活动的事实"显示第一审法院已先入为主。

B公司辩称，《四川省会东至河门口公路工程施工Ⅰ标段路基分包合同》未加盖B公司的印章，是黄某、白某伪造B公司印章签订的，B公司不是该合同的当事人。B公司从来没有组织过人员进行该工程施工，也没有收到过A公司的任何支付款项，B公司与本案无关。B公司从未与A公司签订过案涉合同，有多份生效判决、仲裁等法律文书认定B公司与A公司的案涉工程之间没有关系。黄某、白某不是B公司的员工。李某虽然是B公司的员工，但是她只是一般工作人员，在公安机关所做的陈述没有得到B公司的授权和认可。

A公司向第一审法院起诉请求：①判令B公司返还A公司为其垫付的农民工工资10890119元，并按照同期银行贷款利率从资金垫付之日起至实际返还日止支付利息；②判令B公司返还超付工程款3036446元，并按照同期银行贷款利率从工程款超付之日起至实际返还日止支付利息；③判令B公司承担违约金43670000元；④判令B公司赔偿阻工期间造成的人员、设备窝工损失5549880元；⑤判令B公司赔偿工程质量问题返工和维修费用10860000元；⑥由B公司承担本案的诉讼费用。

第一审法院未做事实认定，仅对双方申请鉴定的情况予以描述：第一审审理中，B公司申请对A公司提交的起诉证据《四川省会东至河门口公路工程施工Ⅰ标段路基分包合同》上B公司印章真伪，以及授权委托书、授权委托书变更等相关文件上的B公司印章及法定代表人处"文燕"签名的真实性进行鉴定。A公司申请对B公司在《金源利·中央华城1、2号楼施工总承包合同补充协议》及相关合同、巴中市巴州区大和乡中心小学校学生食堂建设工程施工合同、兰成渝管道K0358+750汛期抢险水毁治理工程施工合同、兰成渝K472+540汛期抢险水毁治理等工程施工合同上加盖的印章与本案涉案工程合同上加盖的印章的一致性进行鉴定，但没有提供相关检材。

**【案例评析】**

第一审法院认为,对于 B 公司是否是本案适格被告的问题,该院根据 B 公司的申请,依法启动司法鉴定程序,对案涉"四川省会东至河门口公路工程施工 I 标段路基分包合同"上 B 公司印章真伪,以及授权委托书、授权委托书变更上法定代表人处"文燕"笔迹真伪进行鉴定。对于 A 公司的鉴定申请,因 A 公司未能证明其申请作为比对的其他工程所涉文件上的印文与本案 B 公司的关联性,且已有生效判决认定存在他人冒用 B 公司名义私刻 B 公司印章签订合同从事建设工程施工活动的事实。且 A 公司既未提供其申请鉴定的检材,也未证明其主张的检材上印章与本案 B 公司的关联性,故对 A 公司的申请不予准许。

根据 A 公司的起诉证据复印件,以及 B 公司的鉴定申请,因 B 公司主张未与 A 公司签订过案涉合同,案涉合同及相关证据是 A 公司提交的起诉证据。因此,第一审法院要求 A 公司提供以下鉴定材料原件:①落款时间为"2012 年 7 月 13 日"的"四川省会东至河门口公路工程施工 I 标段路基分包合同";②落款时间为"2012 年 7 月 15 日"的"金兴字(2012)第 28 号"文件;③落款时间为"2012 年 4 月 23 日"的授权委托书;④落款时间为"2012 年 7 月 15 日"的"金兴字(2012)第 25 号"文件;⑤落款时间为"2012 年 12 月 5 日"的"金兴字(2012)第 45 号"文件;⑥落款时间为"2012 年 12 月 21 日"的《授权委托书变更》;⑦落款时间为"2012 年 12 月 21 日"的"金兴字(2012)第 46 号"文件;⑧落款时间为"2013 年 6 月 25 日"的"金兴字(2012)第 46 号"文件;⑨落款时间为"2013 年 6 月 25 日"的授权委托书变更;⑩落款时间为"2013 年 9 月 3 日"的《关于<终止四川省会东至河门口公路工程施工 I 标段路基分包合同函>的回复函》。A 公司拒绝提供上述检材,并明确表示:"我方认可合同上的印章不是备案印章。"由于 A 公司拒绝提供上述检材原件,导致对上述检材上法定代表人处"文燕"签名是否真实的鉴定事项无法进行。根据《最高人民法院关于民事诉讼证据的若干规定》第二十五条第二款"对需要鉴定的事项负有举证责任的当事人,在人民法院指定的期限内无正当理由不提出鉴定申请或者不预交鉴定费用或者拒不提供相关材料,致使对案件争议的事实无法通过鉴定结论予以认定的,应当对该事实承担举证不能的法律后果"的规定,A 公司应当承担举证不能的法律后果。本案现有证据不能证明 B 公司与 A 公司存在案涉建设工程施工法律关系,也不能证明 A 公司与 B 公司就案涉工程存在事实上的建设工程施工关系。因此,本案尚无证据证明 B 公司是本案适格被告。综上,依照《民事诉讼法》第一百一十九条、第一百五十四条第三项规定,裁定:驳回 A 有限公司的起诉。

B 公司是否是本案的综合证据情况予以认定、对相关事实进行就 A 公司与 B 公司之间是否存在建设工程施工合同关系的问题,即便案涉合同上的印章不是 B 公司的备案印章,也不能当然得出双方不存在合同关系的结论,对该事实的判断仍需结合案涉合同上的印章是否曾为 B 公司使用,是否是 B 公司授权加盖,黄某、白某等人与 B 公司之间的关系等情况综合予以判定。针对该问题,双方当事人在第一审诉讼过程中分别举示了大量的证据,但第一审法院均未做出审查认定,仅以 A 公司认可合同上的印章不是备案印章,拒绝提供 B 公司申请鉴定所需检材,致使案件争议的事实无法通过鉴定结论予认定,A 公司应当承担举证不能的法律后果为由,直接裁定驳回 A 公司的起诉不当,法院予以纠正。裁定法院认为,适格被告,需要人民法院民事实体审理后才能做出判断，相反证据是否足以推翻生效裁判确认的事实以依照《民事诉讼法》第一百七十一条、《最高人民法院关于适用〈中华人民共和国民事诉讼法〉的解释》第三百三十二条之规定，如下：

B公司是否是本案的综合证据情况予以认定、对相关事实进行就A公司与B公司之间是否存在建设工程施工合同关系的问题，即便案涉合同上的印章不是B公司的备案印章，也不能当然得出双方不存在合同关系的结论，对该事实的判断仍需结合案涉合同上的印章是否曾为B公司使用，是否是B公司授权加盖，黄某、白某等人与B公司之间的关系等情况综合予以判定。针对该问题，双方当事人在第一审诉讼过程中分别举示了大量的证据，但第一审法院均未做出审查认定，仅以A公司认可合同上的印章不是备案印章，拒绝提供B公司申请鉴定所需检材，致使案件争议的事实无法通过鉴定结论予认定，A公司应当承担举证不能的法律后果为由，直接裁定驳回A公司的起诉不当，裁定法院予以纠正。裁定：①撤销四川省高级人民法院民事裁定；②本案指令四川省高级人民法院审理。本裁定为终审裁定。

## 复 习 题

1. 民事纠纷的概念是什么？
2. 哪些情形下可以撤销仲裁裁决和不予执行仲裁裁决？
3. 民事诉讼起诉的条件有哪些？
4. 民事诉讼中，当事人的申请符合哪些情形的，人民法院应当再审？
5. 哪些情形可以申请行政复议？
6. 法院行政诉讼的受案范围有哪些？

# 参 考 文 献

[1] 郭斌，王士卿. 企业法律风险防控实务 [M]. 北京：法律出版社，2013.

[2] 朱树英. 建筑工程施工转包违法分包等违法行为认定查处管理办法（试行）适用指南 [M]. 北京：法律出版社，2014.

[3] 任树荣. 新旧建设工程工程量清单计价规范对照使用手册 [M]. 北京：中国电力出版社，2009.

[4] 张雷. 工程造价法律实务：108 个实务问题深度释解 [M]. 北京：法律出版社，2017.

[5] 刘长春，张嘉强，丛林. 中华人民共和国招标投标法释义 [M]. 北京：中国法制出版社，1999.

[6] 刘营. 中华人民共和国招标投标法实施条例实务指南与操作技巧 [M]. 北京：法律出版社，2013.

[7] 黄松有. 最高人民法院建设工程施工合同司法解释的理解与适用 [M]. 北京：人民法院出版社，2004.

[8] 最高人民法院民事审判第一庭. 最高人民法院建设工程施工合同司法解释（二）理解与适用 [M]. 北京：人民法院出版社，2019.

[9] 朱树英. 法院审理建设工程案件观点集成 [M]. 北京：中国法制出版社，2015.

[10] 汪金敏. 工程纠纷100讲 [M]. 北京：中国建筑工业出版社，2019.

[11] 朱树英，曹珊. 最高人民法院建设工程施工合同司法解释（二）理解适用与实务指南 [M]. 北京：法律出版社，2019.

[12] 杜万华.《第八次全国法院民事商事审判工作会议（民事部分）纪要》理解与适用 [M]. 北京：人民法院出版社，2017.

[13] 章建荣. 建筑施工企业内部承包合同：制度规范与风险防范 [M]. 北京：法律出版社，2017.

[14] 朱树英. 工程总承包（EPC/DB）诉讼实务：基于裁判文书网之大数据检索研析 [M]. 北京：法律出版社，2020.

[15] 周吉高.《建设工程施工合同（示范文本）》应用指南与风险提示 [M]. 北京：中国法制出版社，2017.